KB153386

인도네시아 Indonesia

* ■ 인도네시아

남 중 국 해

말레이시아　　　브루나이

싱가포르

Kalimantan
칼리만탄

Sumatra
수마트라

Lombok
롬복

자카르타

Jawa 자와

발리

인 도 양

수 도	자카르타	
면 적	190만㎢	한반도의 약 9배
인 구	2억 7,500만 명	
주요 언어	인도네시아어	
화폐단위	루피아	Rupia

태 평 양

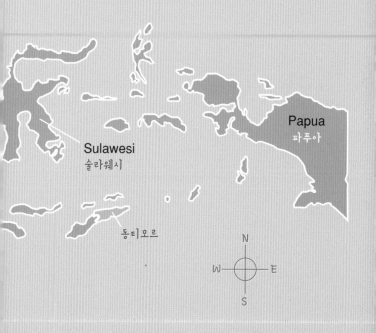

Sulawesi
술라웨시

Papua
파푸아

동티모르

N
W E
S

초보자를 위한 **컴팩트**

인도네시아어

(한인➕인한) 단어

초보자를 위한 컴팩트

인도네시아어
(한인➕인한) 단어

임영호 지음

Vitamin
비타민북 **Book**

우리나라와 인도네시아는 1973년 수교 이후 정치·경제·문화·사회 등 다방면에서 긴밀한 협력 관계를 유지해 왔다. 1988년 올림픽 이후 경제 교류가 급속히 늘어나면서 한국 업체의 인도네시아 진출도 급격하게 늘어났다. 특히 2006년 '전략적 동반자 관계'를 수립하면서 양국 관계는 모든 분야로 폭넓게 확대되었으며, 2017년에는 '특별한 전략적 동반 관계'로 격상되었다. 또한 2018년 올해에는 한국 정부가 지정한 '신 남방 정책의 가장 중요한 대상국'으로, 현재 약 3만 5000여 명의 교민이 2,500여 한인 기업에서 활동하고 있다.

자원과 노동력이 풍부한 인도네시아를 이해하고 현지 진출을 위하여 필수적인 것이 바로 의사소통이다. 이를 위해 이 책은 인도네시아어-한국어, 한국어-인도네시아 두 부분으로 구성하였으며, 인도네시아어에서 꼭 익혀야 할 필수 어휘들을 선별하여 정리하였다. 또한 초보자도 알기 쉽도록 인도네시아어 단어 발음을 한국어로 표기하였다. 따라서 인도네시아어를 처음 공부하는 분들 뿐만 아니라 중급 단어를 활용하고자 하는 분들에게 매우 유용하게 쓰일 것이다.

이 조그만 성과물로 인도네시아어를 완벽하게 익힐 수는 없겠지만, 의사소통에 작으나마 도움이 되었으면 한다.

마지막으로 단어 선별 및 교정에 도움을 준 조교 Asmah Azizah 와 Ni Made Rieke Elitasari 양에게 감사드린다.

임영호

목차

이 책의 구성 및 사용 방법 · · · · · · · · · · 8

　1. 표제어 및 파생어 나열 순서 · · · · · · · · · 8

　2. 표기의 예 · · · · · · · · · · · · · · · · · · · 15

인도네시아어 철자, 발음 및 음절 구조 · · · · 18

　1. 인도네시아어 철자 · · · · · · · · · · · · · · · 18

　2. 인도네시아어 음절의 기본구조 · · · · · · · · 19

　3. 인도네시아어 발음 · · · · · · · · · · · · · · · 20

　숫자 · · · · 29　　　　　방향 · 위치 · 35

　계절 · · · · 31　　　　　단위 · · · · · 36

　월 · 요일 · 32　　　　　국가명 · · · · 37

　시간 · · · · 33

한국어 + 인도네시아어 단어

ㄱ · · · · · · · 40　　　　ㅁ · · · · · · · 136

ㄴ · · · · · · · 88　　　　ㅂ · · · · · · · 164

ㄷ · · · · · · · 103　　　ㅅ · · · · · · · 200

ㄹ · · · · · · · 132　　　ㅇ · · · · · · · 239

ㅈ	· · · · · · 289		ㅌ	· · · · · · 337
ㅊ	· · · · · · 317		ㅍ	· · · · · · 348
ㅋ	· · · · · · 331		ㅎ	· · · · · · 364

인도네시아어 + 한국어 단어

A	· · · · · · 392		N	· · · · · · 631
B	· · · · · · 414		O	· · · · · · 637
C	· · · · · · 445		P	· · · · · · 643
D	· · · · · · 458		Q	· · · · · · 677
E	· · · · · · 476		R	· · · · · · 678
F	· · · · · · 486		S	· · · · · · 699
G	· · · · · · 492		T	· · · · · · 741
H	· · · · · · 509		U	· · · · · · 771
I	· · · · · · 518		V	· · · · · · 780
J	· · · · · · 530		W	· · · · · · 783
K	· · · · · · 543		Y	· · · · · · 788
L	· · · · · · 593		Z	· · · · · · 789
M	· · · · · · 614			

이 책의 구성 및 사용 방법

1. 표제어 및 파생어 나열 순서

인도네시아어는 어근을 중심으로 접사와 결합되어 다양한 품사 변화 및 새로운 의미를 갖는다. 따라서 이 책에서는 일차적으로 어근으로 사용되는 표제어가 알파벳 철자 순서로 나열되었으며, 각 표제어를 기본으로 아래에 사용된 각종 접사가 사용된 파생어순으로 나열되었다.

표제어/어근

ber-	ter-
meN-	ter--i
meN--i	ter--kan
meN--kan	keter--an
pe-/per-	memper--kan
peN-	ke--an
per-an	se-
peN--an	se--nya
-an	

따라서 접두사가 사용되어 파생된 단어는 접사를 제외한 표제어로 나타나는 어근을 찾아야 한다.

예를 들어 단어 melengkapi를 찾으려면 접사 me—i를 제외한 어근 lengkap을 찾으면 아래와 같은 다양한 접사와의 결합 형태를 찾을 수 있다.

lengkap _ⓐ_ 1 완전한; 완벽한; 2 완벽히 준비된; 3 (한 팀 혹은 그룹) 모두;

berlengkap _ⓥ_ 준비하다; 마련하다; 갖추다;

berlengkapan _ⓥ_ ~을 갖추다;

melengkapi _ⓥ_ 보태다; 보충하다;

melengkapkan _ⓥ_ 완벽히 갖추다;

perlengkapan _ⓝ_ 1 도구; 부품; 2 장비;

memperlengkapi _ⓥ_ 1 갖추다; 2 보충하다;

pelengkap _ⓝ_ 1 보충 장비; 보충물; 2 (언어의) 보어;

kelengkapan _ⓝ_ 1 완전함; 완벽; 2 이미 갖추어진 모든 장비;

selengkap _ⓐ_ (옷 등) 한 벌의

언급한 접사들 중 접두사 ber-, meN-, per-, peN-로 시작되는 단어들은 첫 철자의 음에 따라 다음과 같은 접두사의 이형태가 나타남으로 접두사의 이형태를 제외한 어근을 찾아야 하는데 이형태 현상은 다음과 같다.

1) 접두사 ber-는 첫 철자 혹은 음절의 특성에 따라 다음과 같은 현상에 따라 ber-, be-, bel- 3가지 유형으로 나타난다.

   ① 어근 앞에 ber-를 붙여 사용한다. 따라서 아래와 같은 단어는 접두사 ber-를 제외한 표제어 jalan, bicara를 찾아야 한다.

     berjalan 걷다 → ber + jalan

     berbicara 이야기하다 → ber + bicara

   ② 어근의 첫 철자가 r로 시작할 때, 혹은 첫 음절에 -er-이 포함되어 있을 경우, 음의 중복을 피하기 위하여 be-만 붙여 사용한다. 따라서 아래와 같은 단어는 접두사 be-를 제외한 표제어 renang, kerja를 찾아야 한다.

     berenang 수영을 하다 → ber + renang

     bekerja 일하다 → ber + kerja

2) 동사형 접두사 meN-로 시작되는 단어는 접두사의 이형태가 me-, men-, mem-, meng-, meny- 및 접미사 부분을 제외한 어근 lihat, cari, baca, undang, ajar를 표제어로 찾으면 된다.

🔲 동사형 접사 meN−, meN−kan, meN−i:

melihat 보다 → me + lihat

mencari 찾다 → men + cari

membaca 읽다 → mem + baca

mengundang 초대하다 → meng + undang

mengajari ~에게 가르치다 → meng + ajar + i

mengajarkan ~을 가르치다 → meng + ajar + kan

철자에 따른 접두사 변이형은 다음과 같다.

첫 철자	어 근	접사형태	형성된 단어
l	lihat		melihat
m	masak		memasak
n	nilai		menilai
ng	nganga	me−	menganga
ny	nyanyi		menyanyi
r	rusak		merusak
w	wabah		mewabah
y	yakin		meyakin
b	beli		membeli
f	fotokopi		memfotokopi
p (생략)	pilih	mem−	memilih
v	veto		memveto

d	dengar		mendengar
c	cari		mencari
j	jual	men–	menjual
t (생략)	tukar		menukar
z	ziarah		menziarahi
모음 a/i/u/e/o 로 시작되는 단어	ambil		mengambil
	isi		mengisi
	eong	meng–	mengeong
g	ganti		mengganti
h	hitung		menghitung
k (생략)	kunci		mengunci
s (생략)	sapu	meny–	menyapu
단음절로 이루어진 단어	tik		mengetik
	cat		mengecat
	pel	menge–	mengepel
	lap		mengelap
	bom		mengebom

※ 단어의 첫 철자가 무성자음 k, t, p, s로 시작하는 단어는 동화작용에 의해 첫 철자는 생략된다.

kunci ➡ meng + kunci ➡ mengunci 잠그다

tulis ➡ men + tulis ➡ menulis 쓰다

polih ➡ mem + pilih ➡ memilih 선택하다

sapu ➡ meny + sapu ➡ menyapu 비질하다

따라서 이들 단어들을 찾기 위해서는 생략된 철자를 소급하여 찾아야 한다.

※ 단음절로 이루어진 단어는 접두사 menge-가 사용되며 k, t, p, s와 같은 철자의 생략 현상은 일어나지 않는다.

tik ➝ menge + tik ➝ mengetik 타이핑하다

pel ➝ menge + pel ➝ mengepel 걸레질하다

cat ➝ meng + cat ➝ mengecat 칠하다

※ 외래어에서 차용된 어휘 중 이중자음으로 나타나는 단어는 그대로 사용한다.

meng + dramatisasi ➝ mendramatisasi

meng + gratiskan ➝ menggratiskan

meng + klaim ➝ mengklaim

meng + kritik ➝ mengkritik

meng + praktikkan ➝ mempraktikkan

meng + transfer ➝ mentransfer

3) 명사형 접사 pe-, peN-, per-an, peN-an도 동사형 접사 ber-, meN-의 형태 변화를 근거로 per-, pe-, pen-, pem-, peng-, peny-, penge- 형태를 취하므로 언급한 명사형 접사 혹은 분리접사 per-an,

peN-an를 생략한 어근을 찾아야 한다.

pemain 선수 ➡ pe + main

pencuri 도둑 ➡ pen + curi

pembaca 독자 ➡ pem + baca

pengantar 안내자 ➡ peng + antar

penolong 조력자 ➡ pen + tolong

pertambangan 광업 ➡ per-an + tambang

2. 표기의 예

예를 들어 표제어 abai가 갖고 있는 파생어는 일반적인 대사전에서 다음과 같이 그 뜻이 매우 다양하다.

1) 대사전의 표기

abai _ⓐ_ 1 염두에 두지 않는; 태만한; 간과하는; 2 소홀한;

  mengabaikan _ⓥ_ 1 ~을 무시하다; 2 (충고, 비평 등)을 염두에 두지 않다; 경시하다; 3 (의무, 업무 등)을 게을리하다; 태만한; ~을 소홀히 대하다; 4 (기회 등) ~를 잘 활용하지 못하다; 5 중도에 내버려두다; 6 (약속, 관습 등을) 잘 지키지 않다

abakus

  terabai _ⓥ_ 무시되다; 경시되다; 소홀히 되다;

  terabaikan _ⓥ_ 1 깜박 소홀히 되다; 2 경시될 수 있는;

  pengabaian _ⓝ_ 태만; 경시; 소홀함; 무관심

2) 이 책의 표기

이 책에서는 접두사를 사용하여 문법적인 의미를 갖는 파생어 중 일상적으로 많이 쓰이는 표제어와 파생어만 표기하고 한국어 발음과 품사, 그리고 자주 사용되는 의미만 나열하였다.

abai	아바이	@ 염두에 두지 않는; 태만한; 간과하는
mengabaikan	멍아바이깐	ⓥ 1 무시하다; 2 (충고, 비평 등을) 염두에 두지 않다; 경시하다

위의 예에서 표제어 abai는 형용사이지만, mengabaikan과 같이 접사 me-kan이 사용되어 품사가 바뀌며 문장 내에서 기능과 의미가 바뀌는 것은 별도로 발음과 의미를 나열하였다.

반면에 표제어 acu와 같은 경우는 어근은 acu인데 접두사를 사용해서 문장 형식에 따라 같은 접두사 me-를 사용하지 않고도 같은 기능과 의미로 사용될 수 있는 형태이기에 엔트리에 함께 표기한 것이다.

acu, mengacu	멍아쭈	ⓥ 지시하다; 참고하다; 참조하다
mengacukan	멍아쭈깐	ⓥ ~에 대해 관심을 두다/염두에 두다

약어

- n 명사(nomina)
- v 동사(verba)
- a 형용사(adjektiva)
- adv 부사(adberbia)
- num 수사(numeralia)
- $pron$ 대명사(pronomina)
- p 불변화사; 전치사; 접속사, 감탄사 등(partikel)
- Ar Ar 아랍어(Arab)
- Jk 자카르타 방언(Jakarta)
- Jw 자바어(Jawa)
- Mk 미낭까바우어(Minangkabau)

- ki 비유어(kiasan)
- cak 속어(cakapan)
- kl 고어; 옛말투어(arkais)
- kas 거친말(kasar)

인도네시아어 철자, 발음 및 음절구조

1. 인도네시아어 철자

A [아]	**B** [베]	**C** [쩨]	**D** [데]
E [에]	**F** [에프]	**G** [게]	**H** [하]
I [이]	**J** [제]	**K** [까]	**L** [엘]
M [엠]	**N** [엔]	**O** [오]	**P** [뻬]
Q [끼]	**R** [에르]	**S** [에스]	**T** [떼]
U [우]	**V** [붸]	**W** [웨]	**X** [엑스]
Y [예]	**Z** [젯]		

2. 인도네시아어 음절의 기본구조

① 모음 : e-nak[에-낙], a-ku[아-꾸], ma-u[마-우]

② 모음 + 자음 : un-tuk[운뚝], an-da[안-다],
em-pat[음-빳]

③ 자음 + 모음 : sa-ya[사-야], ki-ta[끼-따], bu-ku[부-꾸]

④ 자음 + 모음 + 자음 : ka-mar[까-마르], mo-bil[모-빌]

⑤ 자음 + 자음 + 모음, 혹은 자음 + 자음 + 자음 + 모음
과 같이 한 음절에 자음이 둘 혹은 셋이 연결되어 나오
는 경우는 외래어에서 차용된 것이다:

swa-la-yan[스와-라-얀]

tra-di-si-o-nal[뜨라-디-시-오-날]

khu-sus[꾸-수스]

struk-tur[스뜨룩-뚜르]

3. 인도네시아어 발음

① 모음의 발음

a 우리말의 [아]로 발음된다.

ma-kan[마-깐]　　　pa-da[빠-다]

me-ja[메-자]

i 우리말의 [이]로 발음된다.

i-kan[이-깐]　　　i-bu[이-부]

ca-ri[짜-리]　　　ki-ta[끼-따]

u 우리말의 [우]로 발음된다.

u-dang[우-당]　　　u-bi[우-비]

mi-num[미-눔]　　　ma-u[마-우]

o 우리말의 [오]로 발음된다.

ko-tak[꼬-딱]　　　ko-tor[꼬-또르]

ro-kok[로-꼬]　　　o-rang[오-랑]

e 다음과 같이 세 가지로 발음되는데 단어가 나올 때마다 세심한 신경을 써야 하는 발음이다.

• 우리말의 [에]로 발음 될 경우, 사전에 e 철자를 é로 표시한다.

mé-ja[메-자]   mé-mang[메-망]

én-cok[엔-쪽]   bé-bék[베-벡]

é-nak[에-낙]

- 우리말의 [어]로 발음할 경우 인도네시아어의 접두사 형태
  ber-, me-, pe-, ter-, ke- 속에 나타날 때

  pem-ban-tu[쁨-반-뚜]

  per-gi[뻐르-기]

  ber-main[버르-마인]

  ker-ja[꺼르-자]

  men-ca-ri[먼-짜-리]

  be-sar[버-사르]

  mem-ba-ca[멈-바-짜]

  ter-bang[떠르-방]

  ke-ba-ik-an[꺼-바-익-안]

- 그 이외의 철자 d, s, c, j, r, l, n, h과 같은 자음 혹은
  첫 철자가 모음 e로 시작될 때에는 우리말의 [으]로 발
  음되는 경향이 강하다.

  de-kat[드-깟]   se-nang[스-낭]

  ce-pat[쯔-빳]   je-lek[즐-렉]

  re-kam[르-깜]   le-bih[르-비]

e-nam[으-남]   hen-dak[흔 - 닥]
ne-ga-ra[느-가-라]

*대체로 위와 같이 [어]와 [으] 발음이 구별될 수 있
으나 실제로 k, g, t와 같은 철자와 결합될 때 나타나
는 발음은 개개인의 발음 습관이나 지역 차이에 따라
[어]와 [으] 발음이 혼용되기도 한다.

ke-cil [꺼-찔 / 끄-찔]

kem-bang [껌-방 / 끔-방]

ge-re-ja [거-레-자 / 그-레-자]

ge-muk [거-묵 / 그-묵]

ten-tu [떤-뚜 / 뜬-뚜]

ten-tang [떤-땅 / 뜬-땅]

② 이중모음의 발음

ai 우리말 [아이]로 발음되는데, 간혹 [에이]로도 발음된다.

pa-kai[빠-까이]   pan-tai[빤- 따이]

san-tai[산-따이]

au 우리말 [아우], 혹은 자바어 발음으로 [로]로 발음된다.

ha-ri-mau[하-리-마우(모)]

ka-lau[깔-라우(로)]   pu-lau[뿔-라우(로)]

oi 우리말의 [오이]로 발음된다.

ko-boi[꼬-보이]   am-boi[암-보이]

se-poi[세-뽀이]

③ 자음의 발음

b 우리말의 [ㅂ]으로 발음된다.

ba-ik[바-익]   bi-sa[비-사]

ba-dan[바-단]

p 우리말의 [ㅃ]으로 발음된다.

po-tong[뽀-똥]   se-pa-tu[스-빠-뚜]

leng-kap[릉-깝]

d 우리말의 [ㄷ]으로 발음된다.

da-tang[다-땅]   pa-da[빠-다]

du-duk[두-둑]

t 우리말의 [ㄸ]으로 발음된다.

to-long[똘-롱]   ta-di[따-디]

a-dat[아-닫]

g 우리말의 [ㄱ]으로 발음된다.

ga-ji[가-지]   per-gi[빠르-기]

ba-gus[바-구스]

k 음절 서두에 위치할 때는 우리말의 [ㄲ]으로 발음된다.

ka-pal[까-빨]   ka-mar[까-마르]

ka-ta[까-따]

마지막 음절에 위치할 때는 거의 묵음 '?'가 된다.

ti-dak[띠-다(하)]   ro-kok[로-꼬(호)]

Pak[빠(하)]   ko-tak[꼬-따(하)]

j 우리말의 [ㅈ]으로 발음된다.

ja-ga[자-가]   ja-lan[잘-란]

ju-ta[주-따]

z 우리말의 [ㅈ]으로 발음된다. (아랍어에서 온 것임)

za-man[자-만]   i-ja-zah[이-자-자(하)]

zi-a-rah[지-아-라(하)]

c 우리말의 [ㅉ]으로 발음된다.

ca-ri[짜-리]   cu-ci[쭈-찌]

cu-a-ca[쭈-아-짜]

h 일반적으로 음절의 처음과 모음 사이에 올 때는 [ㅎ]으로 정확히 발음되며, 끝에 위치할 때는 흔히 묵음이 되거나 약하게 발음된다.

ha-sil[하-실]   ha-bis[하-비스]

hu-jan[후-잔]   ta-hun[따-훈]

ta-han[따-한]   le-her[레-헤르]

ta-hu[따-후]   pa-hit[빠-힛]

ma-sih[마-시]   se-dih[스-디]

l 우리말의 [ㄹ]로 발음된다. 두 번째 음절 이후의 [l]은 앞 음절과 붙어 중복되어 발음된다.

la-ri[라-리]   li-ma[리-마]

lu-lus[룰-루스]   ma-lam[말-람]

r 우리의 발음 구조상 힘든 발음으로써 우리말의 [ㄹ떨림음]으로 발음되는데 [l]과는 달리 중복되어 발음되지 않는다. 즉 한 번만 발음하는데 이때 가능한 한 혀를 굴려서 발음해야 한다. 이 발음을 하기 위해 r이 음절의 맨 끝에 나올 때는 [으]를 덧붙이는 듯 읽으면 된다.

do-rong[도-롱]   ki-ri[끼-리]

- 철자가 단어 처음에 나올 때는 [어] 혹은 [으]를

ra-ja[(으)라-재]　　　　**ri-bu**[(으)리-부]

ro-kok[(으)로-꼬(ㅎ)]　　**rum-put**[(어)룸-뿟]

- **pa-gar**[빠-가르]　　　　**pa-sar**[빠-싸르]

m 우리말의 [ㅁ]으로 발음된다.

　　mi-num[미-눔]　　　　**a-man**[아-만]

　　min-ta[민-따]　　　　**ma-lam**[말-람]

n 우리말의 [ㄴ]으로 발음된다.

　　no-na[노-내]　　　　**na-ma**[나-매]

　　da-un[다-운]　　　　**e-nam**[으-남]

s 우리말의 [ㅅ]으로 발음된다.

　　su-su[수-수]　　　　**ma-sa**[마-사]

　　ma-las[말-라스]　　　**sa-te**[사-떼]

f 우리말의 [휘]에 가깝게 발음된다. (외래어에서 온 것)

　　fo-to[훠-토]　　　　**fa-jar**[화-자르]

　　fo-kus[훠-꾸스]　　　**fo-lio**[횔-리오]

　　for-mu-lir[훠르-물-리르]

v 우리말의 [뷔]에 가깝게 발음된다. (외래어에서 온 것)

    vi-ta-min[뷔-따-민]   volt[볼트]

    va-ri-a-si[봐-리-아-시] vi-tal[뷔-딸]

w 우리말의 [와]에 가깝게 발음된다.

    wa-rung[와-룽]   wa-yang[와-양]

    war-na[와르-나]   wak-tu[왁-뚜]

y 우리말의 [이]로 발음된다.

    yang[양]   ya-ya-san[야-야-산]

    ya-itu[야-이뚜]   yo-gia[요-기아]

④ 이중자음의 발음

ng 우리말의 [응]으로 발음된다.

    ma-tang[마-땅]   da-tang[다-땅]

    ngan-tuk[응안-뚝]   deng-an[등-안]

ny 우리말의 [니]로 발음된다.

    nya-nyi[냐-니]   nya-muk[냐-묵]

    ba-nyak[바-냑]   ta-nya[따-냐]

sy 우리말의 [쉬]로 발음된다. (외래어에서 온 것)

ma-sya-ra-kat[마-샤-라-깟]

syu-kur[슈-꾸르]　　　　sya-ir[샤-이르]

sya-rat[쉬아-랏]　　　　ta-ma-sya[따-마-쉬아]

kh 우리말의 [크-/흐-]로 발음된다. (아랍어에서 온 것)

a-khi-rat[아-키/히-랏]　a-khir[아-키/히-르]

a-khi-bat[아-키/히-밧]　khas[카/하스]

khu-sus[쿠-수스]

숫자	단어	발음
0	nol / kosong	놀 / 꼬송
1	satu	사뚜
2	dua	두아
3	tiga	띠가
4	empat	음빳
5	lima	리마
6	enam	으남
7	tujuh	뚜주
8	depalan	들라빤
9	sembilan	슴빌란
10	sepuluh	스뿔루
11	sebelas	스벌라스
12	dua belas	두아 벌라스
13	tiga belas	띠가 벌라스
14	empat belas	음빳 벌라스
15	lima belas	리마 벌라스
16	enam belas	으남 벌라스
17	tujuh belas	뚜주 벌라스
18	delapan belas	들라빤 벌라스

숫자	단어	발음
19	sembilan belas	슴빌란 벌라스
20	dua puluh	두아 뿔루
30	tiga puluh	띠가 뿔루
40	empat puluh	음빳 뿔루
50	lima puluh	리마 뿔루
60	enam puluh	으남 뿔루
70	tujuh puluh	뚜주 뿔루
80	delapan puluh	들라빤 뿔루
90	sembilan puluh	슴빌란 뿔루
100	seratus	스라뚜스
1000	seribu	스리부
10000	sepuluh ribu	스뿔루리부
100000	seratus ribu	스라뚜스 리부
1000000	satu juta	사뚜 주따
10000000	sepuluh juta	스뿔루 주따
0,3	nol koma tiga	놀 꼬마 띠가
70%	tujuh puluh persen	뚜주 뿔루 뻐르센

□ musim semi

무심 스미 **봄**

□ musim panas

무심 빠나스 **여름**

□ musim dingin

무심 딩인 **겨울**

□ musim gugur

무심 구구르 **가을**

월·요일

월

- Januari 자누아리 1월
- Februari 훼브루아리 2월
- Maret 마릿 3월
- April 아쁘릴 4월
- Mei 메이 5월
- Juni 주니 6월
- Juli 줄리 7월
- Agustus 아구스뚜스 8월
- September 셉뗌버르 9월
- Oktober 옥또버르 10월
- November 노뗌버르 11월
- Desember 데셈버르 12월

요일

- Hari Minggu 하리 밍구 일요일
- hari Senin 하리 스닌 월요일
- hari Selasa 하리 슬라사 화요일
- hari Rabu 하리 라부 수요일
- hari Kamis 하리 까미스 목요일
- hari Jumat 하리 주맛 금요일
- hari Sabtu 하리 삽뚜 토요일

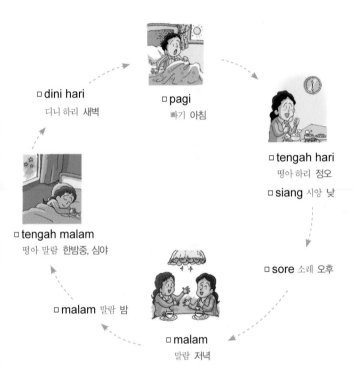

□ dini hari
디니 하리 새벽

□ pagi
빠기 아침

□ tengah hari
떵아 하리 정오

□ siang 시앙 낮

□ tengah malam
떵아 말람 한밤중, 심야

□ sore 소레 오후

□ malam 말람 밤

□ malam
말람 저녁

- dua hari yang lalu 두아 하리 양 랄루 그저께
- kemarin 꺼마린 어제
- hari ini 하리 이니 오늘
- besok 베속 내일
- lusa 루사 모레

- minggu lalu 밍구 랄루 지난주
- minggu ini 밍구 이니 이번 주
- minggu depan 밍구 드빤 다음 주

- setiap hari 까지듸 젠 매일
- setiap minggu 스띠압 밍구 매주
- setiap bulan 스띠압 불란 매월
- setiap tahun 스띠압 따훈 매년

□ timur 띠무르 동쪽
□ barat 바랏 서쪽
□ selatan 슬라딴 남쪽
□ utara 우따라 북쪽

□ atas 아따스 위 ↔ bawah 니스 아래
□ antara 안따라 사이
□ depan 드빤 안 ↔ luar 루아르 밖

□ depan 드빤 앞

□ samping 삼삥 옆

□ belakang 벌라깡 뒤

□ kiri 끼리 왼쪽

□ tengah 떵아 가운데

□ kanan 까난 오른쪽

▢ jarak 자락 거리

▢ luas 루아스 면적

▢ tinggi 띵기 높이

▢ dalam 달람 깊이

▢ berat 버랏 무게

▢ tebal 뜨발 두께

▢ volume 볼루머 부피

▢ meter 메떠르 미터(m)

▢ milimeter 밀리미떠르 밀리미터(mm)

▢ centimeter 센띠미떠르 센티미터(cm)

▢ kilometer 낄로미떠르 킬로미터(km)

▢ gram 그람 그램(g)

▢ kilogram 낄로그람 킬로그램(kg)

▢ ton 똔 톤(t)

▢ liter 리떠르 리터(l)

▢ inch 인츠 인치

□인도네시아
Indonesia 인도네시아

 □한국
Korea 꼬레아

 □일본
Jepang 즈빵

 □중국
Cina 찌나

 □베트남
Vietnam 비엣뜨남

 □태국
Thailand 따일란드

 □인도
India 인디아

 □미국
Amerika Serikat
아메리까 스리깟

 □러시아
Rusia 루시아

 □독일
Jerman 저르만

 □영국
Inggris 잉그리스

 □프랑스
Prancis 쁘란찌스

 □이탈리아
Italia 이딸리아

 □네덜란드
Belanda 벌란다

 □스페인
Spanyol 스빠뇰

 □스웨덴
Swedia 스웨디아

 □스위스
Swiss 스위스

 □브라질
Brazil 브라질

 □캐나다
Kanada 까나다

□뉴질랜드
Selandia Baru
슬란디아 바루

한국어
＋
인도네시아어 단어

가건물	**bangunan sementara**	방운안 스먼따라
가게	**toko**	또꼬
	kedai	꺼다이
가격	**harga**	하르가
가격표	**label harga**	라벨 하르가
가계약	**kontrak sementara**	꼰뜨락 스먼따라
가결하다	**mengesahkan (sah)**	멍어사깐
	menyetujui (setuju)	머녀뚜주이
가공품	**olahan (olah)**	올라한
	produk yang diolah	쁘로둑 양 디올라
가공하다	**mengolah (olah)**	멍올라
가구	**mebel**	메블
가깝다	**dekat**	드깟
가끔	**jarang**	자랑
가난하다	**miskin**	미스낀
가냘프다	**kurus kering**	꾸루스 꺼링
가늘다	**tipis**	띠삐스
가능성	**kemampuan (mampu)**	꺼맘뿌안
가능하다	**mampu**	맘뿌
가다	(움직임) **pergi**	빠르기
	(시간) **berlalu**	버르랄루

가다듬다 (자세, 옷 등)	merapikan (rapi)	머라삐깐
가담하다	ikut serta	이꿋 서르따
가동하다	mengoperasikan (operasi)	멍오퍼라시깐
가두다	(사람을) menahan (tahan)	머나한
	(동물을) mengurung (kurung)	멍우룽
가득	penuh	뻐누
가라앉다	tenggelam	뜽글람
가라앉히다	menenggelamkan (tenggelam)	머넝글람깐
가랑비	(hujan) gerimis	(후잔) 그리미스
가랑이	kelangkang	낄링깡
가래침	lendir	렌디르
가렵다	gatal	가딸
가로	(도로) jalan	잘란
	(폭) lebar	레바르
가로등	lampu jalan	람뿌 잘란
가로막다	menghalangi (halang)	멍할랑이
	merintangi (rintang)	머린땅이
가로수	pohon di jalan	뽀혼 디 잘란
가로지르다	melintasi (lintas)	멀린따시
가로채다	merampas (rampas)	머람빠스

가루	**tepung**	떠뿡
	bubuk	부북
가르다, 쪼개다	**membelah (belah)**	멈벌라
가르마	**belahan rambut**	벌라한
가르치다	**mengajar (ajar)**	멍아자르
가리다	**menutupi (tutup)**	머누뚭삐
가리키다	**menunjuk (tunjuk)**	머눈죽
가만히	**diam**	디암
	diam-diam	디암-디암
가망	**kemungkinan (mungkin)**	꺼뭉낀안
가면	**topeng**	또뼁
가명	**nama palsu**	나마 빨수
가물다	**kemarau**	꺼마라우
가뭄	**kekeringan (kering)**	꺼꺼링안
가발	**rambut palsu**	람붓 빨수
가방	**tas**	따스
가볍다	**ringan**	링안
가사(家事)	**urusan rumah tangga**	우루산 루마 땅가
	pekerjaan rumah tangga	뻐꺼르자안 루마 땅가
가사(歌詞)	**lirik lagu**	리릭 라구
가상의	**khayal**	하얄
	imajiner	이마지네르
가속하다	**mempercepat (cepat)**	멈뻐르쯔빳
가솔린	**bensin**	벤신

가수	penyanyi (nyanyi)	뻐냐니
가스	gas	가스
가스레인지	kompor gas	꼼뽀르 가스
가슴	dada	다다
가습기	mesin pelembab	머신 뻴름밥
가시	duri	두리
가시다 (입을)	berkumur (kumur)	버르꾸무르
가업	usaha keluarga	우사하 껄루아르가
가열하다	memanaskan (panas)	머마나스깐
가엾다	kasihan	까시한
가옥	rumah	루마
가요	lagu populer	라구 뽀뿔레르
가운데	(bagian) tengah	(바기안) 뜽아
가위	gunting	군띵
가을	musim gugur	무심 구구르
가이드	pemandu (pandu)	뻐만두
가입하다	mendaftar (daftar)	먼다프따르
	masuk	마숙
가장(家長)	kepala keluarga	꺼빨라 껄루아르가
가장	paling	빨링
가장자리	pinggiran	삥기란
	tepian	떠삐안
가전제품	peralatan rumah tangga	뻐르알랏딴 루마 땅가
가정(家庭)	keluarga	껄루아르가

가정부	pembantu rumah	쁨반뚜 루마
가정하다	mengasumsikan (asumsi)	멍아숨시깐
	mengandaikan (andai)	멍안다이깐
가져가다	mengambil	멍암빌
가져오다	membawa	멈바와
가족	Keluarga	껄루아르가
가죽	Kulit	꿀릿
가지(나무)	cabang pohon	짜방 포혼
	ranting	란띵
가지(채소)	terong	떼롱
가지다	(소유) ada	아다
	memiliki (milik)	머밀릭끼
	(아이를) hamil	하밀
가짜(의)	palsu	빨수
가차 없는	tanpa ragu - ragu	딴빠 라구 - 라구
가축	ternak	떠르낙
가축병원	klinik hewan	끌리닉 헤완
가치	nilai	닐라이
가치가 있다	bernilai (nilai)	버르닐라이
가톨릭교	Katolik	까똘릭
가판대	kios	끼오스
가해자	penyerang (serang)	뻐녀랑
가혹하다	kejam	꺼잠

각각	**masing-masing**	마싱-마싱
	setiap	스띠압
각박하다	**tak berperasaan (rasa)**	딱버르빠라사안
각본	**skenario**	스께나리오
각서	**memorandum**	메모란둠
각오하다	**siap siaga**	시압 시아가
	bertekad (tekat)	버르떼깟
각자	**setiap**	쓰띠압
	Bayar masing-masing sendiri! 바야르 마싱-마싱 슨디리! 각자 부담합시다.	
각하(고위층에 대한 경칭)	**Yang mulia**	양 물리아
간(신체기관)	**lever**	레버
	Hati	하띠
간간이	**kadang-kadang**	까당-까당
간격	(거리) **ruas**	루아스
	(시간) **interval**	인떠르발
간결한	**ringkas**	링까스
간과하다	**mengabaikan**	멍아바이깐
간단한	**sederhana**	스더르하나
간략한	**singkat**	싱깟
간병	**perawatan (rawat)**	뻐라와딴
간병하다	**merawat (rawat)**	머라왓
간부	**pejabat (jabat)**	뻐자밧

ㄱ ㄴ ㄷ ㄹ ㅁ ㅂ ㅅ ㅇ ㅈ ㅊ ㅋ ㅌ ㅍ ㅎ

간사하다	licik	리찍
간섭하다	campur tangan	짬뿌르 땅안
간식	makanan ringan	마까난 링안
	kudapan (kudap)	꾸답빤
간신히	dengan susah payah	등안 수사 빠야
간암	kanker hati	깐꺼르 하띠
간염	hepatitis	헤빠띠띠스
간장(조미료)	kecap asin	께짭 아신
간절하다	berhasrat (hasrat)	버르하스랏
간접적인	tidak langsung	띠닥 랑숭
간지럽다	geli	걸리
간첩	mata-mata	마따-마따
간청하다	memohon dengan sungguh-sungguh	머모혼 등안 숭구-숭구
간판	papan nama	빠빤 나마
간편하다	simpel	심뻘
간호사	perawat (rawat)	뻐라왓
	juru rawat	주루 라왓
간호하다	merawat (rawat)	머라왓
갇히다	terkurung (kurung)	떠르꾸룽
갈다	(윤이 나게) mengasah (asah)	멍아사
	(가루로) melumatkan (lumat)	멀루맛깐
갈대	gelagah	걸라가
갈등	konflik	꼰플릭

갈라서다	bercerai	버르쯔라이
갈라지다	retak	르딱
	terbelah	떠르벌라
갈매기	burung camar	부룽 짜마르
갈비	iga	이가
갈색	warna coklat	와르나 쪼끌랏
갈아타다	transfer	뜨란스훠르
갈증	kehausan (haus)	꺼하우산
갈채를 보내다	memberi tepuk tangan	멈버리 떠뿍 땅안
갈치	ikan layur	이깐 라유르
감(과일)	kesemek	꺼스먹
감(感)	perasaan (rasa)	뻐라사안
감각	indra	인드라
감격	sentuhan (sentuh)	선뚜한
감격스러운	mengesankan (kesan)	멍어산깐
감기	influenza	인플루엔자
	masuk angin	마숙 앙인
감다	(눈을) menutup (tutup)	머누뚭
	(머리를) mencuci (cuci)	먼쭈찌
	(실을) menggulung (gulung)	멍굴룽
감독하다	mengawasi (awas)	멍아와시
감동시키다	membuat terharu (buat) (terharu)	멈부앗 떠르하루
감동적인	mengharukan (haru)	멍하루깐

감미롭다(맛)	**lezat**	르잣
감사(監査)	**audit**	아우딧
감사하다	**berterima kasih (terima)**	버르뜨리마까시
감상(鑑賞)	**apresiasi**	아프레시아시
감상(感傷)적인	**sentimental**	센띠멘딸
감소하다	**berkurang (kurang)**	버르꾸랑
감속하다	**mengurangi kecepatan (kurang) (cepat)**	멍우랑이 꺼쯔빳딴
감수성(感受性)	**kepekaan (peka)**	꺼뻬까안
감시	**pengawasan (awas)**	뺑아와산
감시하다	**mengawasi (awas)**	멍아와시
감염	**infeksi**	인훽시
감염되다	**tertular (tular)**	떠르뚤라르
감옥	**penjara**	뻔자라
감자	**kentang**	껀땅
감전(感電)	**kena setrum**	껀나 스뚜롬
감정	**perasaan (rasa)**	뻐라사안
	emosi	에모시
감정적	**emosional**	에모시오날
감촉	**rabaan (raba)**	라바한
감추다	**menyembunyikan (sembunyi)**	머념부니깐
감탄하다	**terkejut (kejut)**	떠르꺼즛
	terkagum (kagum)	떠르까굼

감행하다	mengambil tindakan tegas (ambil)	멍암빌 띤닥깐 뜨가스
감히	berani	버라니
갑갑한	merasa sesak (rasa)	머라사 스삭
갑자기	tiba-tiba	띠바-띠바
갑판	dek	덱
값	harga	하르가
값싼	murah	무라
값진	bernilai (nilai)	버르닐라이
	berharga (harga)	버르하르가
강(江)	sungai	숭아이
강당	aula	아울라
강도	perampok (rampok)	뻐람뽁
강력한	kuat	꾸앗
강사	dosen tidak tetap	도센 띠닥 뜨땁
강아지	anak anjing	아낙 안징
강연하다	berceramah (ceramah)	버르쩌라마
강요하다	memaksa (paksa)	머막사
강의	kuliah	꿀리아
강의실	ruang kuliah	루앙 꿀리아
강조하다	menekankan (tekan)	머너깐깐
강좌	mata kuliah	마따 꿀리아
강철	baja	바자
강하다	kuat	꾸앗

강화하다	**memperkukuh (kukuh)**	멈뻐르꾸꾸
	memperkuat (kuat)	멈뻐르꾸앗
갖추다	**melengkapi (lengkap)**	멀릉까삐
같다	**sama**	사마
갚다	**mengembalikan (kembali)**	멍엄발리깐
개	(수량사) **buah**	부아
	(동물) **anjing**	안징
개구리	**katak**	까딱
개구쟁이	**anak nakal**	아낙 나깔
개그	**lawakan (lawak)**	라왁깐
개념	**konsep**	꼰셉
개다	(날씨) **menjadi cerah**	먼자디 쯔라
	(접다) **melipat (lipat)**	멀리빳
개막하다	**membuka (buka)**	멈부까
개미	**semut**	서뭇
개발하다	**mengembangkan (kembang)**	멍엄방깐
개방	**terbuka (buka)**	떠르부까
개봉하다	**merilis (rilis)**	머릴리스
개선하다	**memperbaiki (baik)**	멈뻐르바이끼
	meningkatkan (tingkat)	머닝깟깐
개설하다	**mendirikan (diri)**	먼디리깐
개성	**kepribadian (pribadi)**	꺼쁘리바디안
개시하다	**bermula (mula)**	버르물라

개업하다	membuka usaha (buka)	멈부까 우사하
개인	individu	인디비두
개인적인	individual	인디비두알
개입하다	mencampuri (campur)	먼짬뿌리
개정판	edisi revisi	에디시 레비시
개정하다	merevisi (revisi)	머레비시
개조하다	merenovasi (renovasi)	머레노바시
개찰구	loket tiket	로껫 띠껫
개척자	perintis	뻐린띠스
	pelopor	뻴로뽀르
개척하다	merintis (rintis)	머린띠스
개최하다	membuka (buka)	멈부까
	mengadakan (ada)	멍아다깐
개헌	amandemen konstitusi	아만데멘 꼰스띠뚜시
개혁하다	mereformasikan (reformasi)	머레훠르마시깐
개회식	upacara pembukaan	우빠짜라 뻠부까안
개회하다	membuka acara (buka)	멈부까 아짜라
객관성	objektivitas	오브젝띠비따스
객관적인	objektif	오브젝띱
객석	tempat duduk tamu	떰빳 두둑 따무
객실	kamar tamu	까마르 따무
갱신하다	memperbarui (baru)	멈뻐르바루이
거꾸로	terbalik (balik)	떠르발릭

거대한	**besar**	버사르
거들다	**menolong (tolong)**	머놀롱
거래하다	**bertransaksi (transaksi)**	버르뜨란삭시
거름	**pupuk**	뿌뿍
거리, 간격	**jarak**	자락
거리, 도로, 길	**jalan**	잘란
거만한	**angkuh**	앙꾸
거미	**laba-laba**	라바 라바
거부감	**keengganan**	꺼응간안
	rasa penolakan	라사 뻐놀락깐
거부하다	**menolak (tolak)**	머놀락
거북	**penyu**	뻐뉴
거스름돈	**uang kembalian**	우앙 껌발리안
거실	**ruang tamu**	루앙따무
거울	**cermin**	쩌르민
거위	**angsa**	앙사
거의	**hampir**	함삐르
거인	**raksasa**	락사사
거절하다	**menolak (tolak)**	머놀락
거주자	**penghuni (huni)**	뻥후니
거주하다	**tinggal**	띵갈
	berdomisili (domisili)	버르도미실리
거지	**pengemis**	뻥어미스
거짓	**bohong**	보홍

거짓말쟁이	**pembohong (bohong)**	쁨보홍
거짓말하다	**berbohong (bohong)**	버르보홍
거칠다	**kasar**	까사르
거품	**buih**	부이
	busa	부사
거행하다	**melaksanakan (laksana)**	멀락사나깐
걱정하다	**khawatir**	카와띠르
건강	**kesehatan (sehat)**	꺼세하딴
건강보험	**asuransi kesehatan**	아수란시 꺼세핫딴
건강하다	**sehat**	쎄핫
건너다	**menyeberang (seberang)**	머녀버랑
건너편	**seberang**	스버랑
건널목	**lintasan (lintas)**	린따산
건네다 (말을)	**menegur (tegur)**	머너구르
건드리다	**menyentuh (sentuh)**	머년뚜
	menyinggung (singgung)	머닝궁
건물	**bangunan (bangun)**	방운안
건방짐	**kesombongan (sombong)**	꺼솜봉안
건배하다	**bersulang (sulang)**	버르술랑
건설	**pembangunan (bangun)**	쁨방운안
	konstruksi	꼰스뜨룩시
건장한	**kekar**	꺼까르
건전지	**baterai**	바떠라이
건전한	**bugar**	부가르

ㄱ
ㄴ
ㄷ
ㄹ
ㅁ
ㅂ
ㅅ
ㅇ
ㅈ
ㅊ
ㅋ
ㅌ
ㅍ
ㅎ

건조한	**kering**	꺼링
건지다	(밖으로) **membawa keluar (bawa)**	멈바와 껄루아르
	(벗어나다) **menyelamatkan (selamat)**	머녈라맛깐
	(되찾다) **meraih (raih)**	머라이
건축	**arsitektur**	아르시떽뚜르
건축물	**bangunan (bangun)**	방운안
건포도	**kismis**	끼스미스
걷다	**berjalan (jalan)**	뻐르잘란
걸다	**menggantung (gantung)**	멍간뚱
걸레	**pel**	뻴
걸리다(병에)	**jatuh sakit**	자뚜 사낏
걸음	**langkah**	랑까
검도	**kendo**	껜도
검문하다	**memeriksa (periksa)**	머머릭사
검사(檢事)	**jaksa**	작사
검사(檢査)	**pemeriksaan (periksa)**	뻐머릭사안
	inspeksi	인스뻭시
검색	**penyelidikan (selidik)**	뻐녈리디깐 (쓸리딕)
검소한	**hemat**	헤맛
	sederhana	스더르하나
검역	**karantina**	까란띠나
검열하다	**memeriksa (periksa)**	머머릭사 (뻐릭사)

검은	hitam	히땀
검정	warna hitam	와르나 히땀
검진하다	memeriksa kesehatan	머머릭사 꺼세하딴
검찰	kejaksaan (jaksa)	꺼작사안 (작사)
검토	mengecek (cek)	멍어쩩
겁 많은	takut - takutan	따꿋 – 따꿋안
	penakut	뻐나꿋
겁나다	takut	따꿋
겁쟁이	penakut (takut)	뻐나꿋
겉	luar	루아르
게	kepiting	꺼삐띵
게다가	lagipula	라기뿔라
게시판	papan pengumuman	빠빤 뻥움움만
게양하다	menaikkan (naik)	머나익깐
게으르다	malas	말라스
게으름뱅이	pemalas (malas)	뻐말라스
게을리하다	malas	말라스
게재하다	memuatkan (muat)	머무앗깐
겨냥하다	membidik (bidik)	멈비딕
겨드랑이	ketiak	꺼띠악
겨루다	bertanding (tanding)	뻐르딴딩
	berkompetisi (kompetisi)	버르꼼뻐띠시
겨우	hampir tidak	함삐르 띠닥
겨울	musim dingin	무심 딩인

겨자	moster	몬스떠르
격려하다	memberi semangat (beri)	멈버리 스망앗
격언	peribahasa	뻐리바하사
격차	selisih	슬리시
겪다	mengalami (alam)	멍알라미
견고하다	kukuh	꾸꾸
견본	sampel	쌈뻴
	contoh	쫀또
견인하다	menderek (derek)	먼데렉
견해	pendapat (dapat)	뻔다빳
	opini	오삐니
결과	akibat	아끼밧
	hasil	하실
결국	akhirnya (akhir)	악히르냐
결단력	daya pemutusan	다야 뻐무뚜산
결렬되다	bercerai-berai (cerai-berai)	버르쯔라이 – 버라이
	menjadi pecah	먼자디 뻐짜
결론	kesimpulan (simpul)	꺼심뿔란
결석하다	bolos	볼로스
	absen	압센
결실	hasil	하실
결심하다	membulatkan hati (bulat)	멈불랏깐 하띠
결점	cacat	짜짯

결정하다	**memutuskan (putus)**	머무뚜스깐
결코	**sama sekali tidak**	사마 쓰깔리 띠닥
결합시키다	**menyatukan (satu)**	머냐뚜깐
결핵	**tuberkulosis**	뚜버르꿀로시스
결혼	**pernikahan (nikah)**	뻐르니까한
결혼식	**pesta perkawinan**	뻬스따 뻐르까위난
결혼하다	**menikah (nikah)**	머니까
	nikah	니까
겸손	**kesopanan (sopan)**	꺼소빤안
겸손한	**rendah hati**	런다 하띠
	sopan	소빤
경계(境界)	**perbatasan (batas)**	뻐르바따산
경계하다	**mewaspadai (waspada)**	머와스빠다이
경고	**peringatan (ingat)**	뻐링앗딴
경기(競技)	**pertandingan (tanding)**	뻐르딴딩안
경력	**karier**	까리르
경련	**kejang**	꺼장
경례	**hormat**	호르맛
경로	**jalur**	잘루르
경리	**akuntansi**	아꾼딴시
경마	**pacuan kuda**	빠쭈안 꾸다
경매	**pelelangan (lelang)**	뻘렐랑안
경멸하다	**menghina (hina)**	멍히나
경보(警報)	**tanda peringatan (ingat)**	딴다 뻐링앗딴

ㄱ

경비(經費)	biaya	비아야
경비원	satpam	삿빰
	penjaga (jaga)	뻔자가
경비하다	menjaga (jaga)	먼자가
경사진	miring	미링
경영	manajemen	마나저멘
경영자	manajer	마나저르
경우	kasus	까수스
경유(輕油)	solar	솔라르
경유하여	melalui	멀랄루이
경쟁하다	berkompetisi (kompetisi)	버르꼼뻐띠시
	bersaing (saing)	버르사잉
경적	(자동차) klason	끌락손
	(구급차) sirene	시레느
경제적	ekonomis	에꼬노미스
경제학	ilmu ekonomi	일무 에코노미
경주	perlombaan (lomba)	뻐를롬바안
경주하다	berlomba (lomba)	버를롬바
경찰	polisi	뽈리시
경찰서	kantor polisi	깐또르 뽈리시
경청하다	mendengarkan (dengar)	먼등아르깐
경치	pemandangan (pandang)	뻐만당안
경품	hadiah	하디아

경향	kecenderungan (cenderung)	꺼쩐더룽안
경험하다	mengalami (alam)	멍알라미
경호원	pengawal (awal)	뺑아왈
곁	sisi	시시
계곡	lembah	름바
계급	pangkat	빵깟
계기	peluang	뻘루앙
계단	tangga	땅가
계란	telur	떨루르
계모	ibu tiri	이부 띠리
계산기	kalkulator	깔꿀라또르
계산서	bon	본
계산하다	menghitung (hitung)	멍히뚱
계속하다	meneruskan (terus)	머너루스깐
계승자	penerus (terus)	뻐너루스
계승하다	mewarisi (waris)	머와리시
계약금	biaya kontrak	비아야 꼰뜨락
계약하다	kontrak	꼰뜨락
계절	musim	무심
계좌	rekening	레끄닝
계층	kalangan	깔랑안
계획	rencana	른짜나
계획하다	merencanakan (rencana)	머른짜나깐

고가(高價)	**harga tinggi**	하르가 띵기
고개(언덕)	**bukit**	부낏
고개(머리)	**kepala**	꺼빨라
고객	**pelanggan (langgan)**	뻴랑간
고구마	**ubi**	우비
고급	**mewah**	메와
고기	**daging**	다깅
고대	**zaman kuno**	자만 꾸노
고독하다	**kesepian (sepi)**	꺼스삐안
고등학교	**Sekolah Menengah Atas (SMA)**	스꼴라 머능아 아따스 (에스엠아)
고래	**ikan paus**	이깐 빠우스
고려하다	**mempertimbangkan (timbang)**	멈뻐르띰방깐
고령	**tua**	뚜아
	lansia	란시아
고릴라	**gorila**	고릴라
고립되다	**terisolasi (isolasi)**	떠르이솔라시
고막	**gendang telinga**	근당 떨링아
고맙다	**berterima kasih (terima)**	버르뜨리마 까시
고무	**karet**	까렛
고문(顧問, 사람)	**penasihat (nasihat)**	뻐나시핫
고문하다	**menyiksa (siksa)**	머닉사
고민하다	**gelisah**	글리사

고발하다	menuduh (tuduh)	머누두
고백하다	mengakui (aku)	멍아꾸이
고비	krisis	끄리시스
고상하다	elegan	엘르간
고생하다	menderita (derita)	먼더리따
고소하다(맛)	gurih	구리
고속	ekspres	엑스프레스
고속도로	jalan tol	잘란 똘
고속버스	bus cepat	비스 쯔빳
	bus ekspres	버스 엑스프레스
고아	yatim piatu	야띰 삐아뚜
고안하다	merancang (rancang)	머란짱
고양이	kucing	꾸찡
고요하다	sunyi	수늬
고용인	pekerja (kerja)	뻐꺼르자
고용주	majikan	마지깐
고용하다	mempekerjakan (kerja)	멈뻐꺼르자깐
고원	daratan tinggi	다랏딴 띵기
고유의	istimewa	이스띠메와
고음	nada tinggi	나다 띵기
고의	sengaja	승아자
고자질하다	mengadu (adu)	멍아두
고장	kerusakan (rusak)	꺼루사깐
고장 나다	rusak	루삭

ㄱ ㄴ ㄷ ㄹ ㅁ ㅂ ㅅ ㅇ ㅈ ㅊ ㅋ ㅌ ㅍ ㅎ

고정시키다	menetapkan (tetap)	머너땁깐
	mengencangkan (kencang)	멍언짱깐
고집부리다	mengotot (otot)	멍오똣
고집 센	keras kepala	꺼라스 꺼빨라
고체	benda padat	번다 빠닷
고추	cabai	짜바이
고층 빌딩	gedung tinggi	거둥 띵기
고치다	memperbaiki (baik)	멈뻐르바이끼
고통받다	menderita (derita)	먼더리따
고향	kampung halaman	깜뿡 할라만
고혈압	darah tinggi	다라 띵기
곡괭이	cangkul	짱꿀
곡선	kurva	꾸르바
곡예	akrobat	아끄로밧
곤란	susah	수사
곤충	serangga	스랑가
곧	segera	스그라
골(축구)	gol	골
골동품	barang antik	바랑 안띡
골목	gang	강
골인하다	masuk bola	마숙 볼라
골절	patah tulang	빠따 뚤랑
골키퍼	kiper	끼뻐르

골판지	**kardus**	까르두스
	karton	까르똔
골프장	**lapangan golf**	라빵안 골프
곪다	**bernanah (nanah)**	버르나나
곰	**beruang**	버루앙
곰팡이	**jamur**	자무르
곱슬머리	**rambut keriting**	람붓 꺼리띵
곱하다, 곱셈을 하다	**mengalikan (kali)**	멍알리깐
곳, 장소	**tempat**	떰빳
공, 볼	**bola**	볼라
공간	**ruang**	루앙
공갈, 협박하다	**ancam**	안짬
공감하다	**bersimpati (simpati)**	버르심빠띠
공개하다	**membuka untuk umum**	멈부까 운뚝 움움
공격하다	**menyerang (serang)**	머녀랑
공고(公告)	**mengumumkan (umum)**	멍우뭄깐
공공	**publik**	뿌블릭
공공시설	**fasilitas umum**	화실리따스 움움
공공연하게	**secara terbuka**	스짜라 떠르부까
공교롭게도	**kebetulan (betul)**	꺼버뚤란
공구	**alat**	알랏
공군	**angkatan udara**	앙까딴 우다라
공급하다	**memasok (pasok)**	머마속

공기	udara	우다라
공동으로	secara bersama	스짜라 버르사마
공략하다	merebut (rebut)	머러붓
공룡	dinosaurus	디노사우루스
공립	pendirian pemerintah (diri)	뻔디리안 뻐머린따
공무(公務)	urusan dinas	우루산 디나스
공무원	pegawai negeri	뻐가와이 느그리
공백	kekosongan (kosong)	꺼꼬송안
공모	komplotan (komplot)	꼼쁠롯딴
공범자	pihak terlibat (libat)	삐학 떠르리밧
공복(空腹)	perut kosong	뻐룻 꼬송
공부하다	belajar	벌라자르
공사(工事)	konstruksi	꼰스뜨룩시
공산주의	komunis	꼬무니스
공상하다	mengkhayal (kayal)	멍하얄
공석, 빈자리	lowongan (lowong)	로웡안
공손하게	secara sopan	스짜라 소빤
공습	serangan (serang)	스랑안
공식(工式)	resmi	러스미
공식적인	secara resmi	스짜라 러스미
공업	industri	인두스뜨리
공예	seni kerajinan (rajin)	스니 꺼라진안
공원	taman	따만

공인하다	**mengakui (aku)**	멍아꾸이
	mengesahkan (sah)	멍어사깐
공작(孔雀)	**burung merak**	부룽 머락
공작하다, 만들다	**membuat (buat)**	멈부앗
공장	**pabrik**	빠브릭
공적(功績)	**kontribusi**	꼰뜨리부시
공정	**proses kerja**	쁘로세스 꺼르자
공정한	**adil**	아딜
공제하다	**mengurangi (kurang)**	멍우랑이(꾸랑)
공존하다	**berdampingan (damping)**	뻐르담삥안
공주(工主)	**putri**	뿌뜨리
공중도덕	**etika umum**	에띠까 우뭄
공중전화	**telepon umum**	뗄레뽄 우뭄
공터	**tanah kosong**	따나 꼬송
	alun-alun	알룬-알룬
공통의	**umum**	움움
	lazim	라짐
공통점	**kesamaan (sama)**	꺼사마안
공평한	**setara**	스따라
공포	**ketakutan (takut)**	꺼따꾸딴
공학	**ilmu teknik**	일무 떼흐닉
공항	**bandar udara**	반다르 우다라
공해(公害)	**polusi**	뽈루시

ㄱ ㄴ ㄷ ㄹ ㅁ ㅂ ㅅ ㅇ ㅈ ㅊ ㅋ ㅌ ㅍ ㅎ

공헌하다	**berjasa (jasa)**	버르자사
공화국	**negara republik**	느가라레뿌블릭
공황	**kepanikan (panik)**	꺼빠니깐
과(科)	**jurusan (jurus)**	주루산
과(課)	**bagian**	바기안
	sektor	섹또르
과거	**masa lalu**	마사랄루
과로	**kerja berlebihan (lebih)**	꺼르자버르르비한
과목	**mata kuliah**	마따 꿀리아
과묵한	**pendiam (diam)**	쁜디암
과반수	**kelebihan**	꺼르비한
	mayoritas	마요리따스
과세	**pajak**	빠작
과시하다	**memamerkan (pamer)**	머마메르깐
	mempertunjukkan (tunjuk)	멈뻐르뚠죽깐
과식	**kekenyangan (kenyang)**	꺼끄냥안
과실(過失)	**kelalaian (lalai)**	꺼랄라이안
과일	**buah - buahan**	부아 - 부아한
과잉	**berlebihan (lebih)**	버를르비한
과자	**kue**	꾸에
과장(課長)	**kepala bagian**	꺼빨라 바기안
과장(誇張)	**melebih - lebihkan (lebih)**	멀르비 - 르비깐

과정	**tahap**	따합
과제	**tugas**	뚜가스
과즙	**sari buah**	사리 부아
과학	**sains**	사인스
과학자	**ilmuwan sains**	일무완 사인스
관(棺)	**peti mati**	뻐띠 마띠
관(管)	**pipa**	삐빠
관객	**pengunjung (kunjung)**	뻥운중
관계	**hubungan (hubung)**	후붕안
관공서	**kantor pemerintah**	깐또르 뻐머린따
관광	**wisata**	위사따
관광객	**wisatawan (wisata)**	위사따완
관광버스	**bus wisata**	부스 위사따
관념	**ide**	이데
관념적	**idealis**	이데알리스
관대한	**murah hati**	무라 하띠
관련되다(상호)	**berhubungan (hubung)**	버르후붕안
관례	**tradisi**	뜨라디시
	adat-istiadat	아닷 – 이스띠아닷
관료	**birokrasi**	비로끄라시
관리(管理)	**pengurusan (urus)**	뻥우루산
관상(觀相)	**penafsiran (tafsir)**	뻐납시란
관세	**pajak**	빠작
관심	**minat**	미낫

관심 있는	**berminat (minat)**	버르미낫
관여하다	**partisipasi**	빠르띠시빠시
	keikutsertaan (ikut serta)	꺼이꿋서르따안
관자놀이	**pelipis**	뻘리삐스
관절	**sendi**	슨디
관절염	**radang sendi**	라당 슨디
관점	**sudut pandang**	수둣 빤당
관중	**penonton (tonton)**	뻐논똔
관찰하다	**mengamati (amat)**	멍아마띠
관통하다	**menembus (tembus)**	머넘부스
관하여	**berkaitan (kait)**	버르까잇딴
관할	**wilayah**	윌라야
관현악단	**orkestera**	오르께스뜨라
	gamelan	가믈란
광경	**pemandangan (pandang)**	뻐만당안
광고	**iklan**	이끌란
광고지	**brosur iklan**	부로수르 이끌란
광대뼈	**tulang pipi**	뚤랑 삐삐
광대한	**sangat luas**	상앗 루아스
광물	**mineral**	미네랄
광산	**tambang**	땀방
광선	**sinar**	시나르
광업	**industri pertambangan (tambang)**	인두스뜨리 뻐르땀방안

광장	lapangan (lapang)	라빵안
광택	kilau	낄라우
광학	optika	옵띠까
괜찮다	tidak apa-apa	띠닥 아빠-아빠
괴로움	kesusahan (susah)	꺼수사한
괴롭다	menyakitkan (sakit)	머냐낏깐
괴롭히다	mengganggu (ganggu)	멍강구
	menyakiti (sakit)	머냐낏띠
괴물	monster	몬스떠르
굉장한	luar biasa	루아르 비아사
교과서	buku pelajaran (ajar)	부꾸 뻘라자란
교내	antar kelas	안따르 끌라스
교단	podium	뽀디움
	mimbar	밈바르
교대하다	berganti (ganti)	버르간띠
	bergilir (gilir)	버르길리르
교도소	penjara	뻔자라
교류	pertukaran (tukar)	뻐르뚜까란
교묘한	kecurangan (curang)	꺼쭈랑안
교사	guru	구루
	pengajar (ajar)	뻥아자르
교섭하다	perundingan	뻐룬딩안
	negosiasi	네고시아시
교수	dosen	도센

교실	**kelas**	끌라스
교외	**luar sekolah**	루아르 스꼴라
교육	**pendidikan (didik)**	뻔디딕깐
교육하다	**mendidik (didik)**	먼디딕
교장	**kepala sekolah**	꺼빨라 스꼴라
교재	**bahan pengajaran (ajar)**	바한 뻥아자란
교제하다	**bergaul (gaul)**	버르가울
교차하다	**bersimpangan (simpang)**	버르심빵안
교체하다	**berganti (ganti)**	버르간띠
교통	**lalu lintas**	랄루 린따스
교통사고	**kecelakaan lalu lintas (celaka)**	꺼쯀라까안 랄루 린따스
교통표지	**rambu lalu lintas**	람부 랄루 린따스
교향곡	**simfoni**	심포니
교환하다	**menukar (tukar)**	머누까르
교활한	**licik**	리찍
교회	**gereja**	거레자
교훈	**amanat**	아마낫
구(區)	**wilayah**	윌라야
구간	**bagian**	바기안
	sektor	섹또르
구걸	**mengemis (kemis)**	멍어미스
구경거리	**tontonan (tonton)**	똔똔안

구경하다	melihat - lihat (lihat)	멀리핫 – 리핫
구급차	ambulans	암불란스
구내	dalam wilayah	달람 윌라야
구더기	belatung	벌라뚱
구독	berlangganan (langgan)	버를랑가난
구두	sepatu	쓰빠뚜
구두(口頭)	lisan	리산
구두쇠	orang pelit	오랑 뻴릿
구두약	semir sepatu	스미르 쓰빠뚜
구레나룻	cambang	짬방
구르다	berguling (guling)	버르굴링
구름	awan	아완
구매하다	membeli (beli)	멈벌리
구멍	lubang	루방
구별하다	memisahkan (pisah)	머미사깐
구부러지다	membengkok (bengkok)	멈벵꼭
	menjadi bengkok	먼자디 벵꼭
구부리다	membengkokkan	멈벵꼭깐
구분(區分)	bagian (bagi)	바기안
구상하다	merencanakan (rencana)	머른짜나깐
구석	pojok	뽀족
구성원	anggota	앙고따
구성하다	menyusun (susun)	머뉴순
구술 시험	ujian lisan	우지안 리산

구식	**kuno**	꾸노
구역	**wilayah**	윌라야
	daerah	다에라
구원하다	**menyelamatkan (selamat)**	머녈라맛깐
9월	**September**	셉뗌버르
구인하다	**menawarkan pekerjaan (tawar)**	머나와르깐 뻐꺼르자안
구입하다	**membeli (beli)**	멈벌리
구조(構造)	**struktur**	쓰뜨룩뚜르
구조조정	**rekonstrukturisasi**	레꼰스뜨룩뚜리사시
구조하다	**menyelamatkan (selamat)**	머녈라맛깐
구직하다	**mencari pekerjaan (cari)**	먼짜리 뻐꺼르자안
구차하다	**miskin**	미스낀
구체적인	**konkrit**	꼰끄릿
구충제	**insektisida**	인섹띠시다
구토하다	**muntah**	문따
구(救)하다	**mendapat (dapat)**	먼다빳
	mencari (cari)	먼짜리
구혼하다	**meminang (pinang)**	머미낭
국가(國家)	**negara**	느가라
국가원수	**kepala negara**	꺼빨라 느가라
국경	**batas**	바따스
국경일	**hari libur nasional**	하리 리부르 나시오날

국교	agama nasional	아가마 나시오날
국기(國旗)	bendera nasional	번데라 나시오날
국내	domestik	도메스띡
국력	ketahanan nasional (tahan)	꺼따하난 나시오날
국립	nasional	나시오날
국민	warga negara	와르가 느가라
국방	pertahanan nasional (tahan)	뻐르따하난 나시오날
국보	pusaka nasional	뿌사까 나시오날
국산	produksi dalam negeri	쁘로둑시 달람 느그리
국어	bahasa nasional	바하사 나시오날
국자	sendok sup	센독 숩
국적	kewarganegaraan (warga negara)	꺼와르가느가라안
국제	internasional	인떠르나시오날
국화(國花)	bunga nasional	붕아 나시오날
국회	dewan perwakilan rakyat	데완 뻐르와낄란 라핫
국회의원	anggota legislatif	앙고따 레기슬라띱
군(郡)	kabupaten	까부빠뗀
군대	wajib militer	와집 밀리떼르
군인	tentara	뜬따라
굳다	kaku	까꾸
굴(패류)	kerang	꺼랑
굴뚝	cerobong asap	쩌로봉 아삽

굴절	pembiasan sinar (bias)	쁨비아산 시나르
굵기	kebesaran (besar)	꺼버사란
굵다	besar	버사르
굶주리다	kelaparan	꺼라빠란
굽다	panggang	빵강
굽히다	menunduk (tunduk)	머눈둑
궁전	istana raja	이스따나 라자
궁지	dilema	딜레마
~권(책)	jilid	질릿
권력	kekuatan	꺼꾸앗딴
권리	prinsip	쁘린십
권위	wibawa	위바와
권유하다	menyarankan	머냐란깐
	mengajak (ajak)	멍아작
권하다	menawarkan (tawar)	머나와르깐
	menganjurkan (anjur)	멍안주르깐
권한	wewenang	워워낭
귀	telinga	떨링아
귀걸이	anting-anting	안띵 – 안띵
귀금속	logam mulia	로감 물리아
귀뚜라미	jangkrik	장끄릭
귀신	hantu	한뚜
귀여워하다	menyayangi (sayang)	머냐양이

귀엽다	**manis**	마니스
	imut	이뭇
귀족	**bangsawan (bangsa)**	방사완
귀중품	**barang berharga (harga)**	바랑버르하르가
귀중한	**berharga (harga)**	버르하르가
귀찮은	**merepotkan (repot)**	머레뽓깐
귀향	**pulang ke kampung**	뿔랑 꺼 깜뿡
규모	**skala**	스깔라
규율	**disiplin**	디시쁠린
규정	**peraturan (atur)**	뻬라뚜란
규칙적인	**teratur (atur)**	떠라뚜르
	rutin	루띤
균열	**retakan (retak)**	르따깐
균형	**keseimbangan**	꺼스임방안
귤	**jeruk mandarin**	저룩 만다린
그것	**itu**	이뚜
그네	**ayunan (ayun)**	아유난
그녀	**dia (perempuan)**	디아 (뻬름뿌안)
그늘	**tempat berteduh(teduh)**	뜸빳 버르떠두
	naungan (naung)	나웅안
그늘지다	**berteduh (teduh)**	버르떠두
	dinaungi (naung)	디나웅이
그들	**mereka**	머레까
그때까지	**sampai saat itu**	삼빠이 사앗 이뚜

그래서	jadi	자디
	kemudian	꺼무디안
그래프	grafik	그라휙
그램	gram	그람
그러나	tetapi	떠따삐
그러면	kalau begitu	깔라우 버기뚜
그러므로	karena itu	까레나 이뚜
그럭저럭	begitu-begitu saja	버기뚜-버기뚜 사자
그런	seperti itu	스뻐르띠 이뚜
그런데	tetapi	떠따삐
그룹	grup	그룹
그릇	mangkuk	망꾹
그리고	dan	단
	kemudian	꺼무디안
그리다	menggambar (gambar)	멍감바르
그리워하다	merindukan (rindu)	린두
그림	gambar	감바르
그림자	bayangan	바양안
그림책	buku gambar	부꾸 감바르
그만두다	berhenti (henti)	버르헌띠
그물	jala	잘라
그밖에	selain itu	슬라인 이뚜
그저께	kemarin lusa	꺼마린 루사
그쪽	sebelah situ	스벌라 시뚜

극단적인	**ekstrem**	엑스뜨림
극복하다	**menaklukkan (takluk)**	머낙룩깐
극작가	**penulis drama teater**	뻐눌리스 드라마 떼아떠르
극장(연극)	**gedung teater**	거둥 떼아떠르
극장(영화)	**bioskop**	비오스꼽
극한	**batas**	바따스
	limit	리밋
극히	**sangat**	상앗
	luar biasa	루아르 비아사
근거	**bukti**	북띠
근거하다	**berdasarkan (dasar)**	버르다사르깐
근력	**tenaga**	뜨나가 / 떠나가
근면한	**rajin**	라진
	tekun	떠꾼
근무하다	**bekerja (kerja)**	버꺼르자
근본	**dasar**	다사르
	sumber	숨버르
근본적인	**mendasar (dasar)**	먼다사르
근성	**watak**	와딱
근시	**rabun dekat**	라분 드깟
	miopi	미오삐
근원	**asal**	아살
	sumber	숨버르
근육	**otot**	오똣

근육통	**nyeri otot**	녜리 오똣
근절하다	**memberantas (berantas)**	멈버란따스
근처	**sekitar**	스끼따르
글	**tulisan (tulis)**	뚤리산
글자	**huruf**	후룹
글피	**tiga hari kemudian**	띠가 하리 꺼무디안
긁다	**menggaruk (garuk)**	멍가룩
금(金)	**emas**	아마스 / 으마스
금고	**brankas**	브랑까스
금괴	**emas batangan (batang)**	으마스 바땅안
금리	**suku bunga**	수꾸 붕아
금메달	**medali emas**	머달리 으마스
금발	**rambut emas**	람붓 으마스
금붕어	**ikan mas koki**	이깐 마스 꼬끼
금성	**bintang timur**	빈땅 띠무르
금세	**segera**	스그라
금속	**logam**	로감
금액	**jumlah uang**	줌라 우앙
금연하다	**berhenti merokok (henti) (rokok)**	버르헌띠 머로꼭
금요일	**hari Jumat**	하리 주맛
금욕	**pengendalian nafsu (kendali)**	뻥언달리안 납수

금전	uang	우왕
금지하다	melarang (larang)	멀라랑
급격한	tiba-tiba	띠바-띠바
급등하다	naik drastis	나익 드라스띠스
급료	gaji	가지
급변	perubahan (ubah)	뻐루바한
급성	akut	아꿋
급속한	pesat	뻐삿
급수	suplai air	수쁠라이 아이르
급식	pemberian makanan (beri)	뻠버리안 마깐안
급여	upah	우파
급진적인	secara cepat	스짜라 쯔빳
급한	cepat	쯔빳
	segera	스그라
급행열차	kereta cepat	꺼레따 쯔빳
긍정하다	menyetujui (setuju)	머녀뚜주이
기(氣)	semangat	스망앗
기간	waktu	왁뚜
기계	mesin	머신
기관	lembaga	름바가
기관지	tenggorokan	떵고록깐
기관지염	bronkitis	브론끼띠스
	radang tenggorokan	라당 떵고록깐

기교	trik	뜨릭
기구(氣球)	balon terbang	발론 떠르방
기구(器具)	peralatan (alat)	뻐르알랏딴
	perlengkapan (lengkap)	뻐를릉깝빤
기권	abstensi	압스뗀시
기금	dana	다나
기꺼이	rela	렐라
기껏해야	paling – paling	빨링 – 빨링
기념	peringatan (ingat)	뻐링앗딴
기념일	hari peringatan	하리 뻐링앗딴
기능	fungsi	풍시
기다, 기어가다	merayap (rayap)	머라얍
	merangkap (rangkap)	머랑깍
기다리다	menunggu (tunggu)	머눙구
기대다	sandar	산다르
기대하다	mengharapkan (harap)	멍하랍깐
기도	doa	도아
기독교	kristen	끄리스뗀
기둥	pilar	삘라르
기록하다	mencatat (catat)	먼짜땃
	merekam (rekam)	머르깜
기르다	membina (bina)	멈비나
기름	minyak	미냑
기린	jerapah	즈라파

기말시험	ujian akhir semester (UAS)	우지안 아키르 세메스떠르 (우아스)
기묘하다	aneh	아네
기민한	cekatan (cekat)	쯔깟딴
기반	dasar	다사르
기발하다	cemerlang	쯔머르랑
기법, 기교, 기술	teknik	떼흐닉
기본	dasar	다사르
기본적인	mendasar (dasar)	먼다사르
기부하다	menyumbang (sumbang)	머늄방
기분	perasaan (rasa)	뻐라사안
기뻐하다	senang	스낭
기쁘게 하다	menyenangkan (senang)	머녀낭깐
기쁘다	senang	스낭
기쁨	kesenangan (senang)	꺼스낭안
기사(記事)	berita	버리따
	kabar	까바르
기사(技師)	insinyur	인시뉴르
	teknisi	떼끄니시
기생충	parasit	빠라싯
기소하다	menuntut (tuntut)	머눈뚯
기숙사	asrama	아스라마
기술	teknik	떼흐닉

기술하다	**mendeskripsikan (deskripsi)**	먼데스끄립시깐
기아	**anak terlantar**	아낙 떠르란따르
기압	**tekanan udara (tekan)**	뜨까난 우다라
기억력	**daya ingat**	다야 잉앗
기억하다	**ingat**	잉앗
기업	**perusahaan (usaha)**	뻐르우사하안 / 뻐루사하안
기업가	**pengusaha (usaha)**	뻥우사하
기온	**temperatur**	뗌뻐라뚜르
기와	**genteng**	근뗑
기울다	**miring**	미링
기원(起源)	**asal mula**	아살 물라
기입하다	**mengisi (isi)**	멍이시
	mencatat (catat)	먼짜땃
기자	**wartawan (warta)**	와르따완
기저귀	**popok**	뽀뽁
기적	**keajaiban (ajaib)**	까아자입안
기적적인	**ajaib**	아자입
기절하다	**pingsan**	삥산
기준	**standar**	쓰딴다르
기지	**akal**	아깔
기차	**kereta api**	꺼레따 아삐
기초	**dasar**	다사르
기초적인	**mendasar (dasar)**	먼다사르

기침	**batuk**	바뚝
기침약	**obat batuk**	오밧 바뚝
기타(其他), 등등	**lain - lain**	라인 라인
기특한	**mengagumkan (kagum)**	멍아굼깐
기한	**batas waktu**	바따스 왁뚜
	jangka waktu	장까 왁뚜
기호(嗜好)	**selera**	슬레라
기호(記號)	**tanda**	딴다
기혼의	**sudah menikah (nikah)**	수다 머니까
기회	**kesempatan (sempat)**	꺼슴빳딴
	mendapat kesempatan (dapat) 먼다빳 꺼슴빳딴 기회를 잡다	
기획하다	**berencana (rencana)**	버른짜나
기후	**iklim**	익흘림
긴급	**darurat**	다루랏
	keadaan mendesak (desak)	꺼아다안 먼드삭
긴장(하는)	**tegang**	뜨강
긴축	**pengetatan (ketat)**	뻥어땃딴
길	**jalan**	잘란
길다	**panjang**	빤장
길이	**panjang**	빤장
김 (해조류)	**rumput laut kering**	룸뿟 라웃 끄링

깁스	gips	깁스
깊다	dalam	달람
깊어지다	semakin dalam	스마낀 달람
깊이	kedalaman	꺼달람안
까다롭다	(의견 등) tajam	따잠
	(성격) sangat memilih (pilih)	상앗 머밀리
까마귀	burung gagak	부룽 가각
~까지	sampai	삼빠이
까칠하다	sensitif	센시띱
깎아주다	memotong (potong)	머모똥
깔끔한	rapi	라삐
	bersih	버르시
깔다	memasang (pasang)	머마상
깔보다	meremehkan (remeh)	머레메깐
깜박이다	mengedipkan mata (kedip)	멍어딥깐 마따
깜빡이	sekejap mata (kejap)	스꺼잡 마따
깡통	kaleng kosong	깔렝 꼬송
깨	wijen	위젠
깨끗한	bersih	버르시
깨닫다	sadar	사다르
깨뜨리다	memecahkan (pecah)	머머짜깐
꺼내다	mengeluarkan (keluar)	멍얼루아르깐

꺼림칙하다	**khawatir**	카와띠르
	gelisah	글리사
꺾다	**mematahkan (patah)**	머마따깐
껌	**permen karet**	뻐르멘 까렛
껍질	**kulit**	꿀릿
껴안다	**peluk**	뻘룩
꼬리	**ekor**	에꼬르
꼬집다	**cubit**	쭈빗
꼭, 반드시	**pasti**	빠스띠
	harus	하루스
꼭두각시	**boneka**	보네까
꼴사나운	**tercela**	떠르쩰라
꼴찌	**paling akhir**	빨링 아키르
꼼꼼한	**teliti**	떨리띠
꽃	**bunga**	붕아
꽃다발	**buket bunga**	부껫 붕아
꽃병	**vas bunga**	바스 붕아
꽃잎	**kelopak**	껄로빡
꽃집	**toko bunga**	또꼬 붕아
꽤	**lumayan**	루마얀
꾀병	**pura-pura sakit**	뿌라뿌라 사깃
꾸다	**bermimpi (mimpi)**	버르밈삐
꾸러미	**bungkusan (bungkus)**	붕꾸산
	paket	빠껫

꾸미다	menghias (hias)	멍히아스
꾸짖다	membentak (bentak)	멈번딱
	menegur (tegur)	머너구르
꿀	madu	마두
꿀벌	lebah madu	르바 마두
꿈	mimpi	밈삐
꿩	burung merak	부룽 머락
꿰매다	menjahit (jahit)	먼자힛
끄다	mematikan (mati)	머마띠깐
끈	tali	딸리
끈기	putus	뿌뚜스
끈기 있는	telaten	떨라뗀
	cermat	쩌르맛
끈적끈적한	lengket	렝껫
끊다	memutuskan (putus)	머무뚜스깐
	menghentikan (henti)	멍헌띠깐
끊어지다	terputus (putus)	떠르뿌뚜스
끌어당기다	menarik (tarik)	머나릭
끓다	mendidih (didih)	먼디디
끔찍하다	mengerikan (ngeri)	멍어리깐
끝	akhir	악히르
끝나다	selesai	슬러사이 / 슬르사이
	berakhir (akhir)	버르악히르
끝내다	menyelesaikan (selesai)	머널러사이깐

끼었다	**menyiramkan (siram)**	머늬람깐
	mengguyur (guyur)	멍구유르
끼워 넣다	**menyisipkan (sisip)**	머늬십깐
	menyelipkan (selip)	머녈립깐
끼이다	**terselip (selip)**	떠르슬립
낌새	**isyarat**	이샤랏

ㄱ

ㄴ

ㄷ

ㄹ

ㅁ

ㅂ

ㅅ

ㅇ

ㅈ

ㅊ

ㅋ

ㅌ

ㅍ

ㅎ

나	aku	아꾸
나가다	keluar	껄루아르
나그네	pengembara (embara)	뼁엄바라
	pengelana (kelana)	뼁얼라나
나누다	bagi	바기
나눗셈	pembagian (bagi)	뻠바기안
나눠주다	membagikan (bagi)	멈바기깐
나라	negara	느가라
나르다	mengangkut (angkut)	멍앙꿋
나른하다	lelah	럴라 / 를라
	lesu	러수 / 르수
나머지	sisanya	시사냐
나무	pohon	뽀혼
나무라다	memarahi (marah)	머마라히
나물	lalapan (lalap)	랄랍빤
나뭇잎	daun	다운
나방	laron	라론
나비	kupu-kupu	꾸뿌 꾸뿌
나비넥타이	dasi kupu-kupu	다시 꾸뿌 꾸뿌
나빠지다	memburuk (buruk)	멈부룩

나쁘다	**buruk**	부룩
	jelek	즐렉
나사	**baut**	바웃
나아가다	**maju**	마주
나오다	**muncul**	문쭐
	keluar	껄루아르
나이	**umur**	우무르
나이 먹다	**berumur (umur)**	버르우무르
나일론	**nilon**	닐론
나중에	**nanti**	난띠
나체	**telanjang**	떨란장 / 뜰란장
나침반	**kompas**	꼼빠스
나타나다	**muncul**	문쭐
나태한	**malas**	말라스
나팔	**terompet**	뜨롬뻿
나팔꽃	**bunga terompet**	붕아 뜨롬뻿
낙관적인	**optimis**	옵띠미스
낙관하다	**berpandangan optimis (pandang)**	버르빤당안 옵띠미스
낙담하다	**prihatin**	쁘리하띤
낙뢰	**petir**	뻐띠르
낙서하다	**coret－coret**	쪼렛 － 쪼렛
낙엽	**daun gugur**	다운 구구르
낙오자	**orang terbelakang**	오랑 떠르벌라깡

낙오하다	tertinggal (tinggal)	떠르띵갈
낙원	surga	수르가
낙제하다	tidak lulus	띠닥 룰루스
낙타	unta	운따
낙태하다	aborsi	아보르시
낙하산	terjun payung	떠르준 빠융
낙하하다	terjun	떠르준
낚다	memancing (pancing)	머만찡
낚시	pemancingan (pancing)	뻐만찡안
낚싯대	(alat) pancing	(알랏) 빤찡
난국	situasi sulit	시뚜아시 술릿
난로	kompor	꼼뽀르
	pemanas	뻐마나스
난민	pengungsi (ungsi)	뻥웅시
난방	penghangat (hangat)	뻥항앗
난센스	tidak masuk akal	띠닥 마숙 아깔
난자	sel telur	셀 떨루르
	ovum	오붐
난잡한	kacau	까짜우
난처한	dilema	딜레마
난초	anggrek	앙그렉
난치병	penyakit yang sukar disembuhkan	뻐냐낏 양 수까르 디섬부깐
난투	perkelahian (kelahi)	뻐르껄라히안

난파	**kapal karam**	까빨 까람
난폭	**kekerasan (keras)**	꺼꺼라산
난해하다	**sulit dimengerti (erti)**	술릿 디멍어르띠
날	**hari**	하리
날개	**sayap**	사얍
날개깃	**bulu sayap**	불루 사얍
날것	**bahan mentah**	바한먼따
날다	**terbang**	떠르방
날리다	**menjauh (jauh)**	먼자우
	menghilang (hilang)	멍힐랑
날씨	**cuaca**	쭈아짜
날씬한	**langsing**	랑싱
날아가다	**terbang**	떠르방
날인하다	**mengecap (cap)**	멍어짭
날조	**isapan jempol**	이삽빤 점뽈
날짜	**tanggal**	땅갈
날카롭다	**tajam**	따잠
날품팔이	**bekerja harian**	버꺼르자 하리안
남	**orang lain**	오랑라인
	urusan orang lain 우루산 오랑 라인 남의 일	
남극	**kutub selatan**	꾸뚭 슬라딴
	antartika	안따르띠까
남기다	**menyisakan (sisa)**	머니사깐

ㄱ
ㄴ
ㄷ
ㄹ
ㅁ
ㅂ
ㅅ
ㅇ
ㅈ
ㅊ
ㅋ
ㅌ
ㅍ
ㅎ

남녀	laki-laki dan perempuan	라끼라끼 단 뻐럼뿌안
남다	tersisa (sisa)	떠르시사
남동생	adik laki-laki	아딕 라끼라끼
남부	bagian selatan	바기안 슬라딴
남성	pria	쁘리아
남성적인	maskulin	마스꿀린
남용하다	menyalahgunakan (salah guna)	머날라구나깐
남자	laki-laki	라끼 – 라끼
남장	busana pria	부사나 쁘리아
남쪽	sebelah selatan	스벌라 슬라딴
남편	suami	수아미
납(금속)	timah hitam	띠마 히땀
	timbel	띰벌
납(蠟)	lilin	릴린
납기	batas waktu pembayaran	바따스 왁뚜 뺌바야란
납득하다	memahami (paham)	머마하미
납세	pembayaran pajak (bayar)	뺌바야란 빠작
납작한	tipis	띠삐스
	datar	다따르
	rata	라따
납치하다	menculik (culik)	먼쭐릭
납품	pengiriman barang (kirim)	뻥이림안 바랑

낫다	(호전) **sembuh**	슴부 / 섬부
	(우세) **lebih baik**	르비 바익 / 러비 바악
낭독하다	**deklamasi**	데끌라마시
낭만적인	**romantis**	로만띠스
낭비하다	**membuang – buang (buang)**	멈부앙 – 부앙
낭패	**kegagalan (gagal)**	꺼가갈란
낮	**siang**	시앙
낮다	**rendah**	른다
낮잠	**tidur siang**	띠두르 시앙
낮추다	**merendahkan (rendah)**	머른다깐
낯설다	**asing**	아싱
낯익다	**sudah dikenal (kenal)**	수다 디꺼날
낳다	**melahirkan (lahir)**	멀라히르깐
내각	**kabinet**	까비넷
내과 의사	**dokter penyakit dalam**	독떠르 뻐냐낏 달람
내구성	**daya tahan**	다야 따한
내기	**pertaruhan (taruh)**	뻐르따루한
내년	**tahun depan**	따훈 드빤
내놓다, 주다, 건네주다	(밖으로) **menaruh di luar (taruh)**	머나루 디 루아르
	(생각을) **menganjurkan (anjur)**	멍안주르깐

내다, 꺼내다	(밖으로) mengeluarkan (luar)	멍얼루아르깐
	(돈을) membayar (bayar)	멈바야르
내던지다	melempar ke luar (lempar)	멀렘빠르 꺼 루아르
내려가다	turun	뚜룬
내부의, 내면적인	batin	바띤
내색하다	menampakkan emosi (tampak)	머남빡깐 에모시
내성적인	introvert	인뜨로버르뜨
내세(來世)	alam baka	알람 바까
내심(內心)	lubuk hati	루북 하띠
	dalam hati	달람 하띠
내열성의	tahan panas	따한 빠나스
내용	isi	이시
	kandungan (kandung)	깐둥안
내의, 속옷	pakaian dalam (pakai)	빠까이안 달람
내일	besok	베속
내장(內臟), 창자	usus	우수스
내정(內政)	administrasi dalam negeri	아드미니스뜨라시 달람 느그리
내조	membantu suami (bantu)	멈반뚜 수아미
내쫓다	mengusir (usir)	멍우시르
냄비	panci	빤찌
냄새	bau	바우

냄새 맡다	**mencium bau (cium)**	먼찌움 바우
	berbau tidak enak 버르바우 띠닥 에낙 불쾌한 냄새가 나다	
냉각하다	**pendinginan (dingin)**	뻰딩인안
냉기	**hawa dingin**	하와 딩인
냉난방	**pendingin dan penghangat ruangan**	뻰딩인 단 뼁항앗 루앙안
냉담한	**tidak peduli**	띠닥 뻐둘리
냉동하다	**mendinginkan (dingin)**	먼딩인깐
냉방	**pendingin ruangan**	뻰딩인 루앙안
냉장고	**kulkas**	꿀까스
냉정한	**kepala dingin**	꺼빨라 딩인
냉혹하다	**kejam**	꺼잠
너	**kamu**	까무
너구리	**rakun**	라꾼
	musang	무상
너그럽다	**murah hati**	무라 하띠
넉넉하다	**cukup**	쭈꿉
널다(빨래를)	**menggantungkan (gantung)**	멍간뚱깐
널빤지	**papan**	빠빤
넓다	**(a) luas**	루아스
넓이	**(a) luas**	루아스
넓적다리	**betis**	버띠스
넓히다	**memperluas (luas)**	멈뻐르루아스

넘겨주다 (책임, 권한)	menyerahkan (serah)	머녀라깐
넘다, ~를 통과하다	melewati (lewat)	멀레와띠
	melampaui (lampau)	멀람빠우이
넘어지다	jatuh	자뚜
넘치다	penuh	뻐누
넣다	memasukkan (masuk)	머마숙깐
네덜란드	belanda	벌란다
네모	segi empat	스기 음빳
넥타이	dasi	다시
녀석	anak laki-laki	아낙 라끼 – 라끼
노(櫓)	dayung	다융
노골적인	terus terang	떠루스 떠랑
	secara langsung	스짜라 랑숭
노년	lansia	란시아
노동	kerja	꺼르자
노동 시간	waktu kerja	왁뚜 꺼르자
노동자	pekerja (kerja)	빠꺼르자
노동조합	serikat pekerja	스리깟 빠꺼르자
노동하다	bekerja (kerja)	버꺼르자
노란색	warna kuning	와르나 꾸닝
노래방	karaoke	까라오께
노래하다	menyanyi (nyanyi)	머냐니
노려보다	memandangi (pandang)	머만당이

노력	**usaha**	우사하
노력하다	**berusaha (usaha)**	버르우사하
노리다 (기회를)	**mengincar (incar)**	멍인짜르
	mengincar kesempatan 멍인짜르 꺼슴빳딴 기회를 노리다	
노선	**rute**	루뜨
	jalur	잘루르
노안	**presbiopi**	쁘레스비오삐
	rabun tua	라분 뚜아
노여움	**kemarahan (marah)**	꺼마라한
노예	**budak**	부닥
노인	**orang tua**	오랑뚜아
노점	**pedagang kaki lima**	뻐다강 까끼 리마
노출하다	**menyingkap (singkap)**	머닝깝
노크하다	**mengetuk (ketuk)**	멍어뚝
노트	**catatan (catat)**	찌짯딴
노파	**wanita tua**	와니따 뚜아
노하우	**cara**	짜라
노화하다/되다	**menua (tua)**	머누아
노후한	**tua**	뚜아
	usang	우상
	kuno	꾸노
녹다	**mencair (cair)**	먼짜이르
녹색	**warna hijau**	와르나 히자우

ㄱ ㄴ ㄷ ㄹ ㅁ ㅂ ㅅ ㅇ ㅈ ㅊ ㅋ ㅌ ㅍ ㅎ

녹음하다	**merekam (rekam)**	머르깜
녹차	**teh hijau**	떼 히자우
녹화(錄畫)	**rekaman (rekam)**	르깜안
논(沓)	**padi**	빠디
논리	**logika**	로기까
논리적인	**logis**	로기스
논문	**makalah**	마깔라
논스톱	**tanpa henti**	딴빠 헌띠
논의	**debat**	드밧
	diskusi	디스꾸시
논쟁하다	**berdebat (debat)**	버르드밧
놀다	**bermain (main)**	버르마인
놀라게 하다	**mengejutkan (kejut)**	멍어줏깐
놀라다	**terkejut (kejut)**	떠르꺼줏
놀람	**kejutan (kejut)**	꺼주딴
놀리다(장난)	**mempermainkan (main)**	멈뻐르마인깐
놀리다(움직임)	**memainkan (main)**	머마인깐
농가(農家)	**rumah petani**	루마 뻐따니
	keluarga petani	껄루아르가 뻐따니
농구	**basket**	바스껫
농담	**canda**	짠다
농담하다	**bercanda (canda)**	버르짠다
농도	**kadar**	까다르
	kekentalan (kental)	꺼껀딸란

농민	petani	뻐따니
농산물	produk pertanian (tani)	쁘로둑 뻐르따니안
농아자(聾啞者)	orang cacat	오랑 짜짯
농업	pertanian (tani)	뻐르따니안
농장	perkebunan (kebun)	뻐르꺼분안
농촌	desa pertanian (tani)	데사 뻐르따니안
농축하다	mengekstrak (ekstrak)	멍엑스뜨락
높다	tinggi	띵기
높아지다	meninggi (tinggi)	머닝기
	meningkat (tingkat)	머닝깟
높이	tinggi	띵기
높이다	meninggikan (tinggi)	머닝기깐
놓다	menaruh (taruh)	머나루
	meletakkan (letak)	멀르딱깐
놓아주다	melepaskan (lepas)	멀르빠스깐
	membebaskan (bebas)	멈베바스깐
놓치다	melewatkan (lewat)	멀레왓깐
	ketinggalan (tinggal)	꺼띵갈란
	kehilangan (hilang)	꺼힐랑안
	kelepasan (lepas)	꺼르빠산
뇌	otak	오딱
뇌물	uang suap	우앙 수압
뇌진탕	gegar otak	거가르 오딱
누구	siapa	시아빠

ㄱ
ㄴ
ㄷ
ㄹ
ㅁ
ㅂ
ㅅ
ㅇ
ㅈ
ㅊ
ㅋ
ㅌ
ㅍ
ㅎ

누군가	seseorang	스스오랑
누나, 누이	kakak perempuan (bagi laki-laki)	까깍 뻐럼뿌안
누드	bugil	부길
	telanjang bulat	떨란장 불랏
누르다	menekan (tekan)	머너깐
	memencet (pencet)	머먼쩻
누설하다	membocorkan (bocor)	멈보쪼르깐
누에	ulat sutera	울랏 수뜨라
누적되다	terkumpul (kumpul)	떠르꿈뿔
누차	beberapa kali	버버라빠 깔리
눅눅하다	lembap	름밥
눈(眼)	mata	마따
	menutup mata (tutup) 머누뚭 마따 눈 감다	
눈(雪)	salju	살주
눈가리개	penutup mata (tutup)	뻐누뚭 마따
눈곱	tahi mata	따히 마따
눈금	skala	스깔라
눈꺼풀	kelopak mata	껠로빡 마따
눈동자	bola mata	볼라 마따
눈물	air mata	아이르 마따
눈물겹다	mengharukan (haru)	멍하루깐

눈부시다	berkilau (kilau)	버르낄라우
	bersinar (sinar)	버르시나르
눈사태	longsor salju	롱소르 살주
눈썹	alis mata	알리스 마따
눈엣가시	hal yang tidak enak dilihat	할 양 띠닥 에낙 디리핫
눈짓	kerdipan mata (kerdip)	꺼르딥빤 마따
눈치가 빠르다	cepat memahami situasi	쯔빳 머마함이 시투아시
	cepat tangkap	쯔빳 땅깝
눈치 채다	sudah tahu maksudnya	수다 따후 막숫냐
눕다	berbaring (baring)	버르바링
뉘앙스	nuansa	누안사
뉘우치다	menyesali (sesal)	머녀살리
뉴스	berita	버리따
느끼다	merasa (rasa)	머라사
느낌	perasaan (rasa)	뻐라사안
느리다	lambat	람밧
느슨한	lega	르가
늑골	tulang rusuk	뚤랑 루숙
늑대	serigala	스리갈라
늘다	bertambah (tambah)	버르땀바
	meningkat (tingkat)	머닝깟
늘어놓다	menyusun (susun)	머뉴순
늘어서다	berbaris (baris)	버르바리스
늙다	tua	뚜아

ㄱ
ㄴ
ㄷ
ㄹ
ㅁ
ㅂ
ㅅ
ㅇ
ㅈ
ㅊ
ㅋ
ㅌ
ㅍ
ㅎ

능가하다	**mengungguli (unggul)**	멍웅굴리
능동적인	**aktif**	악띱
능력	**kemampuan (mampu)**	꺼맘뿌안
능률	**efisiensi**	에휘시엔시
능률적인	**efisien**	에휘시엔
능숙한	**terampil**	뜨람삘 / 떠람삘
능숙함	**keterampilan (terampil)**	꺼떠람삘란 / 꺼뜨람삘란
늦다	**terlambat (lambat)**	떠르람밧
늦잠 자다	**bangun kesiangan (siang)**	방운 꺼시앙안
늦추다	**menunda (tunda)**	머눈다
	menangguhkan (tangguh)	머낭구깐
늪	**rawa**	라와
니스	**pernis**	뻐르니스
니코틴	**nikotin**	니꼬띤
니트웨어	**pakaian rajutan (pakai) (rajut)**	빠가이안 라줏딴

ㄷ

다가가다	mendekati (dekat)	먼드깟띠
다가오다	mendekat (dekat)	먼드깟
다국적	multinasional	물띠나시오날
다니다	datang dan pergi	다땅 단 뻐르기
다다음주	dua minggu kemudian	두아 밍구 꺼무디안
다듬다	menata (tata)	머나따
	merapikan (rapi)	머라삐깐
다락	loteng	로뗑
다람쥐	tupai	뚜빠이
다루다	menangani (tangan)	머낭안이
	mengurus (urus)	멍우루스
다르다	beda	베다
	lain	라인
다름없다	tidak berbeda (beda)	띠닥 버르베다
다리(脚)	kaki	까끼
	menyilangkan kaki (silang) 머닐랑깐 까끼 다리를 꼬다	
다리(橋), 교량	jembatan	즘바딴
다리미	setrika	스뜨리까
다만	hanya	하냐

ㄷ

다발	**seikat**	스이깟
	serangkai	스랑까이
	seberkas	스버르까스
다방면의	**banyak bidang**	바냑 비당
	banyak sisi	바냑 시시
다소	**sedikit banyak**	스디낏 바냑
다수	**banyak**	바냑
다수결	**keputusan suara terbanyak**	꺼뿌뚜산 수아라 떠르바냑
다스	**lusin**	루신
다스리다	**mengatur (atur)**	멍아뚜르
다시	**lagi**	라기
다시마	**rumput laut (untuk bumbu)**	룸뿟 라웃
다시하다	**melakukan lagi (laku)**	멀라꾸깐 라기
다운로드하다	**mengunduh (unduh)**	멍운두
다음	**berikut**	버리꿋
	setelahnya	스뜰라냐
다음날	**hari berikutnya**	하리 버리꿋냐
다이빙	**selam**	슬람
다이아몬드	**intan**	인딴
	berlian	버를리안
다이어트	**diet**	디엣
다채로운	**berwarna-warni**	버르와르나 – 와르니
	beraneka ragam	버르아네까 라감

다큐멘터리	**dokumenter**	도꾸멘떼르
다투다	**berkelahi (kelahi)**	버르껄라히
	bertengkar (tengkar)	버르뜽까르
다툼	**perkelahian (kelahi)**	뻐르껄라히안
	pertengkaran (tengkar)	뻐르뜽까란
다행	**keuntungan (untung)**	꺼운뚱안
다혈질	**watak panas**	와딱 빠나스
	temperamental	뗌뻐라멘딸
닦다	**menggosok (gosok)**	멍고속
단거리	**jarak pendek**	자락 뻰덱
단결	**persatuan (satu)**	뻐르사뚜안
단계	**tahap**	따합
단골	**langganan (langgan)**	랑가난
단기(短期)	**periode pendek**	뻬리오더 뻰덱
단념하다	**menyerah (serah)**	머녀라
단단하다	**keras**	꺼라스
단독	**terpisah (pisah)**	떠르삐사
단련	**melatih (latih)**	멀라띠
단면	**penampang (tampang)**	뻐남빵
	irisan melintang (lintang)	이리산 멀린땅
단발	**rambut pendek**	람붓 뻰덱
	gadis berambut pendek 가디스 버르람붓 뻰덱 단발머리 소녀	
단백질	**protein**	쁘로떼인

단상(壇上), 연단	**podium**	뽀디움
	mimbar	밈바르
단서	**petunjuk (tunjuk)**	뻐뚠죽
	kunci	꾼찌
단속하다	**memeriksa (periksa) dan menangkap (tangkap)**	머머릭사 단 머낭깝
	melakukan razia (laku) 말라꾸깐 라지아 일제 단속하다	
단순하다	**simpel**	심뻴
	sederhana	스데르하나
단식하다	**berpuasa (puasa)**	버르뿌아사
단어	**kata**	까따
단언하다	**menegaskan (tugas)**	머너가스깐
단위	**satuan**	사뚜안
	unit	우닛
단절하다	**memutuskan (putus)**	머무뚜스깐
단점	**kekurangan (kurang)**	꺼꾸랑안
단정(斷定)하다	**memutuskan ~ dengan tegas (putus)**	머무뚜스깐 ~ 등안 뜨가스/떠가스
단정(端正)하다	(품행이) **sopan; baik; anggun**	소빤; 바익; 앙군
	(깨끗한 정리) **rapi; apik**	라삐; 아삑
단조로운	**monoton**	모노똔
단지(團地)	(산업 단지) **kawasan**	까와산
	komplek apartemen 꼼쁠렉 아빠르뜨멘 아파트 단지	

단체	grup	그룹
	kelompok	껠롬뽁
단추	kancing	깐찡
단축하다	mengurangi (kurang)	멍우랑이
단풍	perubahan warna daun pada musim gugur	뻐루바한 와르나 다운 빠다 무심 구구르
단호히	dengan tegas	등안 떠가스
닫다	menutup (tutup)	머누뚭
달	bulan	불란
달걀	telur ayam	떨루르 아얌
달걀 프라이	telur ceplok	떨루르 쩌쁠록
	telur mata sapi	떨루르 마따 싸삐
달다(맛)	manis	마니스
달라붙다	melekat (lekat)	멀르깟
	menempel (tempel)	머넴뻴
달래다	mengelus (elus)	멍얼루스
	menenangkan (tenang)	머너낭깐
달려들다	menyerang (serang)	머녀랑
달력	kalender	깔렌더르
달리다	berlari (lari)	버르라리
달밤	malam terang bulan	말람 떠랑 불란
달성하다	mencapai (capai)	먼짜빠이
	menghasilkan (hasil)	멍하실깐
달팽이	bekicot	버끼쫏

ㄱ
ㄴ
ㄷ
ㄹ
ㅁ
ㅂ
ㅅ
ㅇ
ㅈ
ㅊ
ㅋ
ㅌ
ㅍ
ㅎ

달하다, 이르다, 도달하다	mencapai (capai)	먼짜빠이
닭	ayam	아얌
닭고기	daging ayam	다깅 아얌
닮다	mirip	미립
	serupa	서루빠
닳다, 낡은	usang	우상
담	tembok	뗌복
담그다	merendam (rendam)	머른담
담당자	petugas (tugas)	뻐뚜가스
담당하다	bertugas (tugas)	버르뚜가스
담배	rokok	로꼭
담배 피우다	merokok (rokok)	머로꼭
	berhenti merokok 버르헌띠 머로꼭 담배를 끊다	
담보	jaminan (jamin)	자민안
담화하다	berbicara (bicara)	버르비짜라
	berwacana (wacana)	버르와짜나
답	jawaban (jawab)	자왑반
답답하다(불안)	cemas	쩌마스
	gelisah	글리사
답변하다	menjawab pertanyaan (jawab)	먼자왑 뻐르따냐안
당(黨)	partai	빠르따이
당구	biliar	빌리아르

당국	yang berwenang (wenwng)	양 버르워낭
당근	wortel	워르뗄
당기다	menarik (tarik)	머나릭
당나귀	keledai	껄르다이
당뇨병	diabetes	디아베떼스
당당하다	berani	버라니
	gagah bersikap gagah (sikap) 버르시깝 가가 자세가 당당하다	가가
당번	petugas piket	뻐뚜가스 삐껫
당분간	untuk beberapa waktu	운뚝 버버라빠 왁뚜
당시	saat itu	사앗 이뚜
당신	Anda	안다
당연하다	sewajarnya (wajar) hal yang wajar 할 양 와자르 당연한 일	스와자르냐
당원(黨員)	anggota partai	앙고따 빠르따이
당일	hari yang sama	하리 양 사마
당장	segera	스그라
당첨되다	menang (undian)	머낭 (운디안)
당하다	terkena (kena)	떠르꺼나
당혹	gugup	구굽
닻	jangkar	장까르
닿다	menyentuh (sentuh)	머년뚜

ㄱ ㄴ ㄷ ㄹ ㅁ ㅂ ㅅ ㅇ ㅈ ㅊ ㅋ ㅌ ㅍ ㅎ

대(對)	banding	반딩
	terhadap	떠르하답
대강	secara garis besar	스짜라 가리스 버사르
대개	kebanyakan (banyak)	꺼바냑깐
	pada umumnya	빠다 움움냐
대결(하다)	bertarung (tarung)	버르따룽
대규모	skala besar	스깔라 버사르
대금	uang	우왕
	biaya	비아야
대기(大氣), 공기	udara	우다라
	atmosfer	앗뜨모스페르
	polusi udara 뽈루시 우다라 대기오염	
대나무	pohon bambu	뽀혼 밤부
대다(건드리다), ~에 닿다	menyentuh (sentuh)	머년뚜
대다수	sebagian besar	스바기안 버사르
	kebanyakan (banyak)	꺼바냑깐
대단하다	hebat	헤밧
	luar biasa	루아르 비아사
대담한	berani	버라니
대답	jawaban (jawab)	자왑반
대등하다	seimbang	스임방
대략	kira-kira	끼라 – 끼라

대량	massa	마싸
	jumlah besar	줌라 버사르
대령 (군사)	kolonel	꼴로넬
대륙	benua	버누아
	kontinen	꼰띠넨
대리, 대리인	wakil	와낄
	pengganti (ganti)	뻥간띠
대리석	marmer	마르머르
대립하다	berlawanan (lawan)	버르라완안
대머리	kepala botak	꺼빨라 보딱
대면하다	bertatap muka (tatap)	버르따땁 무까
대범하다	murah hati	무라 하띠
	berhati besar (hati)	버르하띠 버사르
대법원	mahkamah agung	마흐까마 아궁
대법원장	ketua mahkamah agung	꺼뚜아 마흐까마 아궁
대변(大便)	buang air besar	부앙 아이르 버사르
대본	naskah	나스까
대부(大父)	bapak angkat	바빡 앙깟
대부분	sebagian besar (bagi)	스바기안 버사르
대비하다	mempersiapkan (siap)	멈뻐르시압깐
대사(大使)	duta besar	두따 버사르
대사(臺詞)	dialog	디알로그
대사관	kedutaan besar (duta)	꺼두따안 버사르

대상(對象)	**objek**	오브젝
	target	따르겟
대서양	**samudra Atlantik**	사무드라 아뜰란띡
대세	**tren**	뜨렌
	populer	뽀뿔레르
대신하다	**menggantikan (ganti)**	멍간띠깐
대안	**alternatif**	알떼르나띱
대야	**ember**	엠베르
	baskom	바스꼼
대열	**barisan (baris)**	바리산
대용품	**barang pengganti (ganti)**	바랑 뻥간띠
대우하다	**memperlakukan (laku)**	멈뻐르라꾸깐
대응하다	**melakukan penyesuaian (laku) (sesuai)**	멀라꾸깐 뻐녀수와 이안
대인관계	**hubungan personal (hubung)**	후붕안 뻐르소날
대장(大長)	**jenderal berbintang empat**	즌더랄 버르빈땅 음빳
대장(大腸)	**usus besar**	우수스 버사르
대전 성적	**rekor pertandingan (tanding)**	레꼬르 뻐르딴딩안
대전하다	**bertanding (tanding)**	버르딴딩
대접하다	**menjamu (jamu)**	먼자무
	menyuguhi (suguh)	머뉴구히

대조(하다)	**membandingkan (banding)**	멈반딩깐
	mengontraskan (kontras)	멍온뜨라스깐
대조적인	**kontrastif**	꼰뜨라스띱
대주다(물건이나 돈을)	**menyuplai (suplai)**	머뉴쁠라이
	mendanai (dana)	먼다나이
	memasok (pasok)	머마속
대중	**publik**	뿌블릭
대지(垈地)	**lokasi bangunan**	로까시 방우난
대차대조표	**lembaran neraca (lembar)**	름바란 느라짜
대책	**tindakan penanggulangan (tanggulang)**	띤닥깐 뻐낭굴랑안
대추	**kurma**	꾸르마
대출	**pinjaman (pinjam)**	삔자만
대칭	**simetri**	시메뜨리
대통령	**presiden**	쁘레시덴
대패	**ketam**	꺼땀
	serut	서룻
대포	**meriam**	머리암
대표	**wakil**	와낄
	perwakilan (wakil)	뻐르와낄란
대표이사	**direktur utama**	디렉뚜르 우따마
대표하다	**mewakili (wakil)**	머와낄리
대피시키다	**mengevakuasi (evakuasi)**	멍에바꾸아시

ㄱ
ㄴ
ㄷ
ㄹ
ㅁ
ㅂ
ㅅ
ㅇ
ㅈ
ㅊ
ㅋ
ㅌ
ㅍ
ㅎ

대피하다	berevakuasi (evakuasi)	버르에바꾸아시
대하다	memperlakukan (laku)	멈뻐르라꾸깐
	memperlakukan secara ramah	
	멈뻐르라꾸깐 스짜라 라마	
	친절하게 대하다	
대학	perguruan tinggi (guru)	뻐르구루안띵기
	universitas	우니버르시따스
대학생	mahasiswa	마하시스와
대학원	pascasarjana	빠스까사르자나
대합실	kamar tunggu	까마르 뚱구
대항	perlawanan (lawan)	뻐를라와난
	pertentangan (tentang)	뻐르떤땅안
대행하다	mewakili (wakil)	뻘르와낄란
대형	ukuran besar	우꾸란 버사르
대화	percakapan (cakap)	뻐르짜깝빤
대회	lomba	롬바
댁, 거주지	rumah	루마
	tempat tinggal	떰빳 띵갈
더	lebih	르비
더 낫다	lebih baik	르비 바익
	mending	먼딩
더듬다	meraba-raba (raba)	머라바 – 라바
더러움	kekotoran (kotor)	꺼꼬또란
더러워지다	menjadi kotor (jadi)	먼자디 꼬또르
더럽다	kotor	꼬또르

더불어	**bersama (sama)**	버르사마
	dengan	등안
더욱더	**lebih lagi**	르비 라기
	apa lagi	아빠 라기
더위	**panas**	빠나스
더하다 (첨가하다)	**menambahkan (tambah)**	머남바깐
덕택	**berkah**	버르까
	berkat	버르깟
	dukungan (dukung)	두꿍안
	dengan bantuan Anda 등안 반뚜안 안다 당신의 도움 덕택에	
던지다	**melempar (lempar)**	멀렘빠르
덤	**ekstra**	엑스뜨라
	tambahan (tambah)	땀바한
덤비다	(달려들다) **menerkam (terkam); menyerang (serang)**	머너르깜; 머녀랑
	(서둘다) **buru-buru; tergesa-gesa**	부르 – 부르; 떠르거사 – 거사
덥다	**panas**	빠나스
덧니	**gigi gingsul**	기기 깅술
덧셈	**penjumlahan (jumlah)**	뻔줌라한
덧없다	**sia-sia**	시아 – 시아
덩어리	**gumpalan (gumpal)**	굼빨란
	bongkah	봉까

덫	jebakan (jebak)	즈바깐
	perangkap (rangkap)	뻐랑깝
	memasang perangkap (pasang) 머마상 뻐랑깝 덫을 놓다	
덮개	penutup (tutup)	뻐누뚭
덮다	menutupi (tutup)	머누뚭삐
덮치다	menimpa (timpa)	머님빠
데려가다	membawa (bawa)	멈바와
데모	unjuk rasa	운죽 라사
	demo	데모
데뷔하다	debut	더붓
데스크, 책상	meja	메자
데이터	data	다따
데이트하다	kencan	껀짠
데치다 (나물, 채소를)	menumis (tumis)	머누미스
도(度), 각도, 온도	derajat	드라잣
도구	alat	알랏
	perkakas	뻐르까까스
도금하다	menyepuh (sepuh)	머녀뿌
도깨비	hantu	한뚜
	makhluk halus bertanduk dan membawa tongkat pemukul	마흐룩 할루스 양 버르딴둑 양 멈바와 똥깟 뻐무꿀
도끼	palu	빨루

도난	**kecurian (curi)**	꺼쭈리안
	alarm pencuri (curi) 알라름 뻔쭈리 도난경보기	
도넛	**donat**	도낫
도달하다	**tiba**	띠바
	sampai	삼빠이
	mencapai (capai)	먼짜빠이
도대체	**sebenarnya**	스버나르냐
	sesungguhnya	서승구냐
	memangnya	메망냐
도덕	**moral**	모랄
도도하다	**sombong**	솜봉
	angkuh	앙꾸
도둑	**pencuri (curi)**	뻔쭈리
	maling	말링
도둑질	**pencurian (curi)**	뻔쭈리안
도둑질하다	**mencuri (curi)**	먼쭈리
	memaling (maling)	머말링
도로	**jalan**	잘란
도마	**talenan**	딸르난
도마뱀	**kadal**	까달
도망가다	**lari**	라리
	minggat	밍갓
	kabur	까부르

ㄱ
ㄴ
ㄷ
ㄹ
ㅁ
ㅂ
ㅅ
ㅇ
ㅈ
ㅊ
ㅋ
ㅌ
ㅍ
ㅎ

도매가	harga grosir	하르가 그로시르
도면	gambar	감바르
	sketsa	스껫사
도무지	sama sekali	사마 스깔리
도박	judi	주디
도보	berjalan kaki (jalan)	버르잘란 까끼
도서관	perpustakaan (pustaka)	뻐르뿌스따까안
도시	kota	꼬따
도시락	bekal	버깔
	ompreng	옴쁘렝
도안	rancangan (rancang)	란짱안
	sketsa	스껫사
도약하다	melompat (lompat)	멀롬빳
도와주다	menolong (tolong)	머놀롱
도움	pertolongan (tolong)	뻐르똘롱안
도움이 되다	menjadi bantuan	먼자디 반뚜안
도입하다	menerima (terima)	머너리마
	memasukkan (masuk)	머마숙깐
도자기	keramik	꺼라믹 / 꼬라믹
도장(圖章)	stempel	스뗌뻴
도장(塗裝)	pelapisan (lapis)	뻘람삐아산
	pengecatan (cat)	뺑어짜딴
도저히	sama sekali	사마 스깔리
도전자	penantang (tantang)	뻐난땅

도전하다	**menantang (tantang)**	머난땅
	menghadapi (hadap)	멍하다삐
도중	(진행되고 있는 일의 중간) **dalam pelaksanaan**	달람 뻐르잘란안
	(길을 가는 중간) **di tengah jalan**	디 뜽아 잘란
	berhenti di tengah jalan 버르헌띠 디 뜽아 잘란 도중하차하다	
도착하다	**tiba**	띠바
	sampai	삼빠이
도청하다	**menyadap (sadap)**	머냐답
도취되다	**terpikat (pikat)**	떠르삐깟
도토리	**buah pohon ek**	부아 뽀혼 엑
도표	**diagram**	디아그람
	grafik	그라픽
도피하다	**melarikan diri (lari)**	멀라리깐 디리
	lari dari dunia kenyataan 라리 다리 두니아 꺼냐따안 현실 도피하다	
도형	**bentuk gambar**	번뚝 감바르
도화선	**sumbu**	숨부
독	(毒) **racun**	라쭌
	(항아리) **guci**	구찌
독감	**influenza**	인플루엔자
	demam	드맘

독립하다	**merdeka**	머르데까
	proklamasi kemerdekaan 쁘로끌라마시 꺼머르데까안 독립선언	
독방	**kurungan tersendiri (kurung) (sendiri)**	꾸룽안 떠르슨디리
독사(毒蛇)	**ular berbisa (bisa)**	울라르 버르비사
독서하다	**membaca buku (baca)**	멈바짜 부꾸
독선(獨善)	**egois**	에고이스
독설(毒舌)	**perkataan yang pedas (kata)**	뻐르까따안 양 뻐다스
독수리	**burung elang**	부룽 얼랑
독신	**tidak menikah (nikah)**	띠닥 머니까
독일	**Jerman**	저르만
독자(獨子)	**anak lelaki tunggal**	아낙 를라끼 뚱갈
독자(讀者)	**pembaca (baca)**	뻠바짜
독재(자)	**diktator**	딕따또르
독점하다	**memonopoli (monopoli)**	머모노뽈리
독창적	**secara kreatif**	스짜라 끄레아띱
독창하다	**menyanyi solo (nyanyi)**	머냐니 솔로
독촉장	**surat tagihan mendesak**	수랏 따기한 먼드삭
독촉하다	**tagihan mendesak (tagih) (desak)**	따기한 먼드삭
독특한	**unik**	우닉
독학하다	**belajar sendiri (ajar)**	벌라자르 슨디리
독해력	**kemampuan memahami bacaan (mampu) (paham)**	꺼맘뿌안 머마하미 바짜안

돈	**uang**	우앙
	mengumpulkan uang (kumpul) 멍움뿔깐 우앙 돈을 모으다	
돈가스	**donkatsu**	돈깟수
돋보기	**kaca pembesar (besar)**	까짜 뺌버사르
돌	**batu**	바뚜
돌고래	**lumba-lumba**	룸바 – 룸바
돌다	**berputar (putar)**	버르뿌따르
돌려보내다	**mengirim kembali (kirim)**	멍이림 껌발리
돌리다	**memutar (putar)**	머무따르
	berbalik (balik)	버르발릭
돌발적인	**mendadak**	먼다닥
	tidak terduga	띠닥 떠르두가
돌보다	**merawat (rawat)**	머라왓
	mengasuh (asuh)	멍아수
돌아가다	**kembali**	껌발리
돌아가시다 (죽다의 존대)	**meninggal (tinggal)**	머닝갈
돌아오다	**pulang**	뿔랑
	kembali	껌발리
돌연변이	**mutasi**	무따시
돌출하다	**muncul tiba-tiba**	문쭐 띠바 – 띠바
돌파하다	**melewati (lewat)**	멀레와띠
	memecahkan (pecah)	머머짜깐
돔	**kubah**	꾸바

돕다	menolong (tolong)	머놀롱
동(銅)	tembaga	뜸바가 / 떰바가
동감	pendapat	쁜다빳
	perasaan yang sama	뻐라사안 양 사마
동거하다	tinggal bersama	띵갈 버르사마
동격	sederajat (derajat)	스드라잣
동경하다	merindukan (rindu)	머린두깐
동굴	gua	구아
동그라미	lingkaran (lingkar)	링까란
동급생	teman sekelas	뜨만 스끌라스
동기(動機)	motif	모띱
	alasan	알라산
동남아시아	asia tenggara	아시아 뜽가라
동등하다	setara (tara)	스따라
	sederajat (derajat)	스드라잣
동료	rekan	르깐
동맥	pembuluh nadi (buluh)	뻠불루 나디
	arteri	아르떼리
동맹하다	bersekutu (sekutu)	버르스꾸뚜
동메달	medali perunggu	머달리 뻐룽구
동면	hibernasi	히버르나시
동물	binatang	비나땅
	hewan	헤완
동물원	kebun binatang	꺼분 비나땅

동반자	**pendamping (damping)**	쁜담삥
동반하다	**mendampingi (damping)**	먼담삥이
	menemani (teman)	머너마니
동봉하다	**melampirkan (lampir)**	멀람삐르깐
동부(東部)	**bagian timur**	바기안 띠무르
동사하다	**mati kedinginan (dingin)**	마띠 꺼딩인난
동성(同性)	**jenis kelamin sama**	제니스 껄라민 사마
동성애	**homoseksual**	호모섹수알
동시	**saat yang sama**	사앗 양 사마
	penerjemahan secara serentak 뻐너르쪄마한 스짜라 스렌딱 동시통역	
동시대의	**sezaman (zaman)**	스자만
동양	**oriental**	오리엔딸
동원하다	**mengerahkan (kerah)**	멍어라깐
동의어	**sinonim**	시노님
동의하다	**setuju**	서뚜주
동일	**sama**	사마
	identik	이덴띡
동작	**gerakan (gerak)**	그락깐 / 거락깐
동전	**uang logam**	왕 로감
	koin	꼬인
동점	**nilai yang sama**	닐라이 양 사마
동정(童貞)	**keperawanan (perawan)**	꺼뻐라완안
동정(同情)하다	**berbelaskasihan (belas kasih)**	버르벌라스까시한

동조(하다)	mengikuti (ikut)	멍이꾸띠
	sepakat	스빠깟
동지(同志)	kawan seperjuangan (juang)	까완 스뻐르주앙안
동질	homogen	호모겐
동쪽	sebelah timur	스벌라 띠무르
동창생	alumni	알룸니
동창회	himpunan alumni (himpun)	힘뿐안 알룸니
동포	saudara sebangsa	사우다라 스방사
동행(하다)	menemani (teman)	머너마니
동화(同化)	asimilasi	아시밀라시
동화(童話)	cerita anak-anak	쯔리따 아낙 – 아낙
돛	layar	라야르
돛단배	kapal layar	까빨 라야르
돼지	babi	바비
돼지고기	daging babi	다깅 바비
되는대로	sebagaimana adanya jawab sebagaimana adanya 자왑 스바가이마나 아다냐 되는대로 대답하다	스바가이마나 아다냐
되다	menjadi	먼자디
되도록	sedapat mungkin	스다빳 뭉낀
되돌리다	mengembalikan (kembali)	멍엠발리깐
되돌아가다	kembali	껌발리
되찾다	mencari kembali (cari)	먼짜리 껌발리

되풀이하다	mengulangi (ulang)	멍울랑이
된장국	sup kuah tauco	숩 꾸아 따우쪼
두개골	tengkorak	떵꼬락
두건	penutup kepala (tutup)	뻐누뚭 꺼빨라
두근거리다	berebar-debar	버르드바르 – 드바르
	deg -deg-an	덱 – 덱안
두꺼비	katak	까딱
	katak puru	까딱 뿌루
두꺼운	tebal	뜨발
두께	ketebalan (tebal)	꺼뜨발란
	tebal	뜨발
두뇌	otak	오딱
	(명석) akal sehat	아깔 세핫
두다, 놓다	meletakkan (letak)	멀르딱깐
두드리다	menepuk-nepuk (tepuk)	머너뿍 – 너뿍
두목	bos penjahat (jahat)	보스 뻔자핫
두부	tahu	따후
두통	sakit kepala	사낏 꺼빨라
둔하다	bodoh	보도
둘, 2	dua	두아
둘러대다	berbohong (bohong)	버르보홍
	mencari alasan (cari)	먼짜리 알라산
둘러매다	membelitkan (belit)	멈벌릿깐
둘러보다	melihat sekeliling (lihat)	멀리핫 스껄리링

둘러싸다	**dikelilingi (keliling)**	디껄릴링이
	danau yang dikelilingi hutan 다나우 양 디껄릴링이 후딴 숲으로 둘러싸인 호수	
둥글다	**bulat**	불랏
뒤	**belakang**	벌라깡
뒤돌아보다	**melihat ke belakang (lihat)**	멀리핫 꺼 벌라깡
뒤바꾸다	**membolak-balikkan urutan (bolak-balik)**	멈볼락발릭깐 우룻딴
뒤(떨어)지다	**tertinggal di belakang (tinggal)**	떠르띵갈 디 벌라깡
뒤지다(수색)	**menggeledah (geledah)**	멍걸러다
뒤집다	**menggulingkan (guling)**	멍굴링깐
	membalikkan (balik)	멈발릭깐
뒤쪽	**bagian belakang**	바기안 벌라깡
뒷골목	**gang belakang**	강 벌라깡
뒷맛	**rasa akhir**	라사 아키르
듀엣	**duet**	두엣
드나들다	**keluar masuk**	껄루아르 마숙
드디어	**akhirnya (akhir)**	악히르냐
드라마	**drama**	드라마
드라이버	**pengendara (kendara)**	뺑언다라
	sopir	소삐르
드라이브(하다)	**mengendarai (kendara)**	멍언다라이

드라이클리닝	**laundry**	라운드리
	pencucian baju	쁜쭈찌안 바주
드러내다	**menyingkapkan (singkap)**	머닝깝깐
	membuka (buka)	멈부까
드레스	**gaun**	가운
드리다, 주다	**memberi (beri)**	멈버리
드물다	**jarang**	자랑
	langka	랑까
득, 이득, 이익	**keuntungan (untung)**	꺼운뚱안
득점하다	**mendapat nilai (dapat)**	먼다빳 닐라이
듣다	**mendengar (dengar)**	먼등아르
	mendengar nasihat teman 먼등아르 나시핫 뜨만 친구의 충고를 듣다	
들것	**tandu**	딴두
들다(물건을)	**mengangkat (angkat)**	멍앙깟
들르다	**mampir**	맘삐르
들리다	**terdengar (dengar)**	떠르등아르
들어가다	**masuk**	마숙
들어 올리다	**mengangkat (angkat)**	멍앙깟
들이마시다	**menghirup (hirup)**	멍히룹
들판	**hamparan datar (hampar)**	함빠란 다따르
등(사람·동물의)	**punggung**	뿡궁
등급	**peringkat**	뻐링깟
등대	**mercusuar**	머르쭈수아르

등록하다	**mendaftar (daftar)**	먼다프따르
	merek terdaftar	
	메렉 떠르다프따르	
	등록상표	
등본	**duplikat**	두쁠리깟
등뼈	**tulang punggung**	뚤랑 뿡궁
등산	**naik gunung**	나익 구눙
등장하다	**muncul**	문쭐
	tampil	땀삘
	penampil (tampil)	
	뻐남삘	
	등장인물	
디자이너	**desainer**	데사이너르
디지털	**digital**	디기딸
딜레마	**dilema**	딜레마
따다(과일, 꽃 등)	**memetik (petik)**	머머띡
따뜻하다	**hangat**	항앗
따뜻해지다	**menghangat (hangat)**	멍항앗
따라가다	**mengikuti (ikut)**	멍이꾸띠
따라잡다	**menyusul (susul)**	머뉴술
따라서(맞추어)	**sesuai dengan**	서수아이 등안
따라서(그러므로)	**dengan demikian**	등안 드미끼안
따로	**terpisah (pisah)**	떠르삐사
따르다	**sesuai**	서수아이
따분하다	**bosan**	보산
따옴표	**tanda kutip**	딴다 꾸띱

따지다	menghitung (hitung)	멍히뚱
딱따구리	burung pelatuk	부룽 뻴라뚝
딱딱하다	keras	꺼라스
딸	anak perempuan	아낙 뻐럼뿌안
	putri	뿌뜨리
딸기	stroberi	스뜨로베리
딸꾹질	cegukan (ceguk)	쩌국깐
땀(나다)	berkeringat (keringat)	버르꺼링앗
땀띠	biang keringat	비앙 꺼링앗
땅	tanah	따나
땅콩	kacang tanah	까짱 따나
때	ketika	꺼띠까
	saat	사앗
	kalau saatnya datang 깔라우 사앗냐 다땅 때가 무르익으면	
때(더러움)	daki	다끼
때때로	kadang-kadang	까당 – 까당
때리다	memukul (pukul)	머무꿀
떠나다	meninggalkan (tinggal)	머닝갈깐
	pergi	뻐르기
떠돌다	mengapung (apung)	멍아뿡
떠들다	berisik	버리식
떠맡다	mengambil alih (ambil)	멍암빌 알리

ㄱ
ㄴ
ㄷ
ㄹ
ㅁ
ㅂ
ㅅ
ㅇ
ㅈ
ㅊ
ㅋ
ㅌ
ㅍ
ㅎ

떠오르다	(생각이) **teringat (ingat); muncul**	떠르잉앗; 문쭐
	(물/땅 위로) **timbul**	띰불
	(해가) **terbit**	떠르빗
떡	**kue beras**	꾸에 버라스
떨다	**menggetarkan (getar)**	멍거따르깐
	menggoyangkan (goyang)	멍고양깐
떨리다	**getar**	그따르 / 거따르
	goyang	고양
떨어뜨리다	**menjatuhkan (jatuh)**	먼자뚜깐
떨어지다	**jatuh**	자뚜
	lepas	르빠스
	kancing kemeja lepas 깐찡 꺼메자 르빠스 셔츠에서 단추가 떨어지다	
떳떳하다	**adil dan jujur**	아딜 단 주주르
또는	**atau**	아따우
똑똑하다	**pintar**	삔따르
	cerdas	쩌르다스
똑똑히	**dengan pintar**	등안 삔따르
	dengan cerdas	등안 쩌르다스
똥	**tinja**	띤자
	tahi	따히
뚜껑	**tutup**	뚜뚭
	penutup	뻐누뚭

뚜렷이	**jelas**	즐라스
	nyata	냐따
뚫다	**melubangi (lubang)**	멀루방이
뛰다	(위로) **lompat**	롬빳
	(달리다) **lari**	라리
뛰어나다	**unggul**	웅굴
	menonjol (tonjol)	머논졸
뛰어들다	**terjun ke-**	떠르준 꺼 –
뛰어오르다	**melompat ke atas (lompat)**	멀롬빳 꺼 아따스
뜨거운	**panas**	빠나스
뜨개바늘	**jarum rajut**	자룸 라줏
뜨다, 떠오르다	(부상하다) **muncul**	문쭐
	(해가) **terbit**	떠르빗
뜯다	(열다) **membuka (buka)**	멈부까
	(뽑다) **mencabut (cabut)**	먼짜붓
뜰	**pekarangan**	뻐까랑안
	kebun	꺼분
	halaman	할라만
뜻	**makna**	막흐나
	arti	아르띠
뜻밖의	**di luar dugaan**	디 루아르 두가안
뜻하다	**berarti (arti)**	버르아르띠
띠	**shio**	시오

라면	mie instan	미 인스탄
라벨	label	라벨
라이벌	rival	리발
	lawan	라완
	saingan	사잉안
라이터	pemantik (pantik)	뻐만띡
라켓	raket	라껫
랭킹	peringkat	뻐링깟
러시아	Rusia	루시아
러시아워	jam padat	잠 빠닷
	jam sibuk	잠 시북
럭비	rugbi	룩비
레벨	level	레벨
	tingkatan (tingkat)	띵깟딴
레스토랑	restoran	레스또란
레슨	pelajaran (ajar)	뻘라자란
레이더	radar	라다르
레이스	(경주) lomba lari	롬바 라리
	(옷) renda	렌다

레이아웃	susunan (susun)	수수난
	tatanan (tata)	따따난
레이저	laser	라서르
레이저 프린터	printer laser	쁘린떠르 라서르
레저	hiburan (hibur)	히부란
	rekreasi	레끄레아시
레즈비언	lesbian	레스비안
레코드	rekaman (rekam)	르깜안
레퍼토리	daftar lagu (opera)	다프따르 라구 (오페라)
렌즈	lensa	렌사
렌터카	mobil sewaan (sewa)	모빌 세와안
로맨스	roman	로만
	percintaan (cinta)	뻐르찐따안
로맨틱한	romantis	로만띠스
로봇	robot	로봇
로비	lobi	로비
	ruang tunggu	루앙 뚱구
로션	losion	로시온
	bedak cair	버닥 짜이르
로열티	royalti	로얄띠
로켓	roket	로껫
로터리	putaran (putar)	뿌따란
	bundaran (bundar)	분다란

ㄱ
ㄴ
ㄷ
ㄹ
ㅁ
ㅂ
ㅅ
ㅇ
ㅈ
ㅊ
ㅋ
ㅌ
ㅍ
ㅎ

로테이션	pergiliran (gilir)	뻐르길리란
	pergantian (ganti)	뻐르간띠안
로프	tali	딸리
록 음악	musik rok	무식 록
루비	batu delima	바뚜 덜리마
루트	rute	루뜨
	jalur	잘루르
룰	peraturan (atur)	뻐라뚜란
룸	kamar	까마르
룸메이트	teman sekamar (kamar)	뜨만 스까마르
류머티즘	encok	엔쪽
	rematik	레마띡
리그	liga	리가
리더	pemimpin (pimpin)	뻐밈삔
리더십	kepemimpinan (pimpin)	꺼뻐밈삐난
리드하다	memimpin (pimpin)	머밈삔
리듬	ritme	리뜨머
	irama	이라마
리모컨	remote kontrol	레못 콘트롤
리무진	limusin	리무신
리본	pita	삐따
리사이틀	deklamasi	데끌라마시
리스	sewa	세와
	kontrak	꼰뜨락

리스크	resiko	레시꼬
리스트	daftar	다프따르
리어카	gerobak	거로박
리얼리티	kenyataan (nyata)	꺼냐따안
리조트	resor	레소르
리퀘스트	permintaan (minta)	뻐르민따안
리터	liter	리떠르
리포트	laporan (lapor)	라뽀란
리프트	kereta gantung	꺼레따 간뚱
리필	isi ulang	이시 울랑
리허설	geladi resik	글라디 르식
	geladi bersih	글라디 버르시
린스하다	mencuci (cuci)	먼쭈찌
릴레이 경주	lari beranting	라리 버르안띵
	perlombaan estafet	뻐르 롬바안 에스따헷
링크를 걸다	mengatur hiperlink	멍아뚜르 히뻐르링꼬

ㅁ

마감하다	**menutup (tutup)**	머누뚭
	menyelesaikan (selesai)	머녈러사이깐
마개	**penyumbat (sumbat)**	뻐늄밧
	penutup (tutup)	뻐누뚭
마구	**dengan sembrono**	등안 슴부로노
마구간	**kandang kuda**	깐당 꾸다
마냥	(줄곧, 계속) **seterusnya**	스떠루스냐
	(부족함이 없이 실컷) **sepenuh hati**	스뻐누 하띠
마네킹	**manekin**	마네낀
마녀	**penyihir (sihir)**	뻐니히르
마늘	**bawang putih**	바왕뿌띠
마니아	**maniak**	마니악
마당	**halaman**	할라만
마라톤	**maraton**	마라똔
마력(魔力)	**tenaga kuda**	떠나가 / 뜨나가 꾸다
마루	**lantai**	란따이
마르다	(물기가) **kering**	끄링/꺼링
	(몸이) **kurus**	꾸루스
마름모	**belah ketupat**	벌라 꺼뚜빳
	rombus	롬부스

마무리하다	**menyelesaikan (selesai)**	머녈러사이깐
마법	**ilmu hitam**	일무 히땀
마비되다	**menjadi lumpuh (jadi)**	먼자디 룸뿌
마사지	**pijat**	삐잣
마술사	**pesulap (sulap)**	뻐술랍
마스코트	**maskot**	마스꼿
마스크	**masker**	마스꺼르
마시다	**minum**	미눔
마약	**narkoba**	나르꼬바
	kecanduan narkoba (candu) 꺼짠두안 나르꼬바 마약중독	
마요네즈	**mayones**	마요네스
마우스(컴퓨터)	**maus**	마우스
	tetikus	떼띠꾸스
마운드	**gundukan (gunduk)**	군두깐
마을	**desa**	데사
마음	(성질, 의도) **hati**	하띠
	(느낌) **perasaan**	쁘라사안
마음먹다	**bertekad (tekad)**	버르떼깟
마이너스	**minus**	미누스
	kurang	꾸랑
마이크	**mikrofon**	미끄로폰
마주 보다	**tatap muka**	다땁 무까
	berhadapan (hadap)	버르하다빤

마주치다, 만나다	bertemu (temu)	버르떠무
	(우연히) memergoki (pergok)	머머르고끼
마지막	terakhir (akhir)	떠르아키르
마지못해	terpaksa (paksa)	떠르빡사
마진	margin	마르긴
마찬가지	sama	사마
마찰하다	bergeser (geser)	버르게세르
마취	bius	비우스
마치	seolah-olah	스올라 – 올라
마치다	menyelesaikan (selesai)	머녈르사이깐
마침내	akhirnya (akhir)	악히르냐
마케팅	pemasaran (pasar)	뻐마사란
막내	bungsu	붕수
막다(구멍)	menyumbat (sumbat)	머늄밧
	menutup (tutup)	머누뚭
막다(차단)	mencegah (cegah)	먼쩨가
	menghalangi (halang)	멍할랑이
막다른 곳	jalan buntu	잘란 분뚜
막대한	luar biasa	루아르 비아사
	banyak sekali	바냑 스깔리
막연하다	samar-samar	사마르 – 사마르
막차	kendaraan terakhir (bis/kereta)	껀다라안 떠르악히르

막히다	**pampat**	빰빳
	tersumbat (sumbat)	떠르숨밧
만(萬)	**sepuluh ribu**	서뿔루 리부
만개한	**mekar**	머까르
만기	**batas waktu**	바따스 왁뚜
만끽하다	**menikmati (nikmat)**	머닉마띠
만나다	**bertemu (temu)**	버르떠무
만년필	**pulpen**	뿔뻰
만두	**mandu**	만두
만들다	**membuat (buat)**	멈부앗
	cara membuat kapal 짜라 멈부앗 까빨 배 만드는 법	
만류하다	**mencegah (cegah)**	먼쯔가
	melarang (larang)	멀라랑
만만치 않다	**tidak mudah**	띠닥 무다
만무하다	**mustahil**	무스따힐
만물	**segalanya**	스갈라냐
	segala benda	스갈라번다
만세	**merdeka**	머르데까
만약	**kalau**	깔라우
	apabila	아빠빌라
만연하다	**bertebaran (tebar)**	버르뜨바란
	tersebar (sebar)	떠르스바르
만원(滿員)	**penuh sesak**	뻐누 스삭

ㄱ ㄴ ㄷ ㄹ ㅁ ㅂ ㅅ ㅇ ㅈ ㅊ ㅋ ㅌ ㅍ ㅎ

만장일치	kebulatan suara (bulat)	꺼불랏딴 수아라
만점	nilai sempurna	닐라이 슴뿌르나
만족시키다, 만족스러운	memuaskan (puas)	머무아스깐
만족하다	puas	뿌아스
만지다	menyentuh (sentuh)	머년뚜
	memegang (pegang)	머머강
만찬	makan malam bersama	마깐 말람 버르사마
~만큼	se	스
	sama	사마
	sama-dengan	사마 – 등안

saya tidak setinggi Anda
사야 띠닥 스띵기 안다
나는 너만큼 크지 않다.

만행	kejahatan (jahat)	꺼자하딴
만화	komik	꼬믹
많다	banyak	바냑
말(馬)	kuda	꾸다
말(言)	perkataan (kata)	뻐르까따안
말기(末期)	tahap akhir	따합 악히르
	bagian akhir	바기안 악히르
말다툼	silat lidah	실랏 리다
	adu mulut	아두 물룻
말다툼하다	bertengkar (tengkar)	버르뜽까르
	berdebat (debat)	버르드밧

말대꾸하다	**membantah (bantah)**	멈반따
	menyanggah (sanggah)	머냥가
말려들다	**terlibat dalam (libat)**	떠를리밧 달람
말리다(만류)	**mencegah (cegah)**	먼쯔가
	menghentikan (henti)	멍헌띠깐
말리다(건조)	**mengeringkan (ngeri)**	멍어리깐
말버릇	**kebiasaan berbicara (biasa) (bicara)**	꺼비아사안 버르비짜라
말을 걸다	**menegur (tegur)**	머너구르
말 없는	**diam saja**	디암 사자
말하다	**berbicara (bicara)**	버르비짜라
말하자면 (이를테면)	**sebenarnya**	스버나르냐
	boleh dikatakan (kata)	볼레 디가따깐
맑다	**cerah**	쯔라
맑음	**kecerahan (cerah)**	꺼쯔라한
맛	**rasa**	라사
맛보다	**mencicipi (cicip)**	먼찌찌삐
	merasakan (rasa)	머라사깐
맛있다	**enak**	에낙
	lezat	르잣
	sedap	스답
망명하다	**mencari suaka (cari)**	먼짜리 수아까
망보다	**mengawasi (awas)**	멍아와시

ㄱ
ㄴ
ㄷ
ㄹ
ㅁ
ㅂ
ㅅ
ㅇ
ㅈ
ㅊ
ㅋ
ㅌ
ㅍ
ㅎ

망설이다	**ragu-ragu**	라구 라구
	tanpa keraguan (ragu) 딴빠 꺼라구안 망설이지 않고	
망원경	**teleskop**	뗄레스꼽
망측하다	**tidak senonoh**	띠닥 스노노
망치	**palu**	빨루
	martil	마르띨
망하다	**bangkrut**	방끄룻
맞다(적합)	**benar**	버나르
	sesuai	서수아이
맞벌이	**yang berkerja dua-duanya**	양 버꺼르자 두아 – 두아냐
맞붙다	**saling berkelahi (kelahi)**	살링 버르껄라히
맞서다	**bertentangan (tentang)**	버르떤땅안
맞은편	**seberang**	스버랑
맞이하다	**menyambut (sambut)**	머남붓
맞장구치다	**merespon (respon)**	머레스뽄
맞추다(기준에)	**mencocokkan (cocok)**	먼쪼쪽깐
	menyesuaikan (sesuai)	머녀수아이깐
맞추다(옷을)	**menempah(tempah)**	머넘빠
맞히다 (알아맞히다)	**menebak (tebak)**	머너박
맡기다	**menitipkan (titip)**	머니띱깐
맡다	**bertugas(tugas)**	버르뚜가스
	menerima tugas (terima)	머느리마 뚜가스

매너	**etiket**	에띠껫
매년	**setiap tahun**	쓰띠압 따훈
매니저	**manajer**	마나저르
매니큐어	**manikur**	마니꾸르
매다, 묶다	**mengikat (ikat)**	멍이깟
매달	**setiap bulan**	스띠압 불란
매듭 짓다	**menyimpulkan (simpul)**	머님뿔깐
매력	**daya tarik**	다야따릭
매력적인	**menarik (tarik)**	머나릭
매료하다	**menarik (tarik)**	머나릭
	memikat (pikat)	머미깟
매립하다	**menimbun (timbun)**	머님뿐
	menguruk (uruk)	멍우룩
	tanah urukan (uruk)	
	따나 우룩깐	
	매립지	
매매하다	**membeli (beli)**	멈벌리
매번	**setiap kali**	스띠압 깔리
매상	**penjualan (jual)**	뻔주알란
매수하다	**menyuap (suap)**	머뉴압
매우	**sangat**	상앗
매일	**setiap hari**	스띠압 하리
매장하다, 파묻다	**menguburkan (kubur)**	멍우부르깐
	mengebumikan (kebumi)	멍어부미깐
매점	**toko**	또꼬

매정한	berhati dingin (hati)	버르하띠 딩인
매진	terjual habis (jual)	떠르주알 하비스
매체	media	메디아
매춘	pelacuran (lacur)	뻴라쭈란
매춘부	pelacur (lacur)	뻴라쭈르
매출	penjualan (jual)	뻔주알란
매혹하다	memikat (pikat)	머미깟
	menawan (tawan)	머나완
맥(脈)	tenaga	떠나가
	daya	다야
맥주	bir	비르
맨발	kaki telanjang	까끼 떨란장
맨살	kulit	꿀릿
맵다	pedas	뻐다스
맹렬한	gagah berani	가가버라니
	keras	꺼라스
맹세하다	berjanji (janji)	버르잔지
맹수	binatang buas	비나땅 부아스
맹신하다	percaya yang berlebihan (lebih)	뻐르짜야 양 버르르비한
맹장(염)	usus buntu	우수스 분뚜
	apendiks	아뻰딕스

맺다	**mengikat (ikat)**	멍이깟
	menjalin (jalin)	먼잘린
	menjalin hubungan dengannya 먼잘린 후붕안 등안나 그와 관계를 맺다	
머리	**kepala**	꺼빨라
머리 감다	**keramas**	끄라마스/꺼라마스
머리말	**pembukaan (buka)**	뻠부까안
	pendahuluan (dahulu)	뻰다훌루안
머리카락	**rambut**	람붓
머물다	(묵다) **menginap**	멍이납
	(살다) **tinggal (inap)**	띵갈
머플러	**syal tebal**	샬 뜨발
	selendang	슬렌당
먹다	**makan**	마깐
먹어 치우다	**habis dimakan (makan)**	하비스 디마깐
먹이	**makanan (makan)**	마까난
먼지	**debu**	더부
멀다	**jauh**	자우
멀리하다	**menjauh (jauh)**	먼자우
멈추다	**berhenti (henti)**	버르헌띠
	menghentikan (henti)	멍헌띠깐
멋	**cakap; perlente**	짜깝; 뻐르렌떼
	berpakaian yang modis (pakai) 버르빠까이안 양 모디스 멋을 부리다	

멋있다	keren	꺼렌 / 끄렌
	cakep	짜껩
멋쟁이	orang yang keren	오랑 양 꺼렌
멍, 멍든	memar	머마르
멎다	tenang	뜨낭 / 떠낭
	mereda (reda)	머르다
메뉴	menu	메누
메달	medali	머달리
메뚜기	belalang	벌라랑
메모하다	mencatat (catat)	먼짜땃
	membuat memo	멈부앗 메모
메슥거리다	mual	무알
메시지	pesan	뻐산
메아리	gaung	가웅
	gema	거마
메우다	mengisi (isi)	멍이시
	memenuhi (penuh)	머머누히
메추라기	burung puyuh	부룽 뿌유
메커니즘	mekanisme	메카니스머
멜로디	melodi	멜로디
멤버	member	멤버르
	anggota	앙고따
며느리	menantu perempuan	머난뚜 뻐럼뿌안

며칠	**tanggal berapa**	땅갈 버라빠
	hari ini tanggal berapa?	
	하리이니 땅갈 버라빠	
	오늘은 며칠입니까?	
면(綿)	**kain katun**	까인 까뚠
면담하다	**konsultasi**	꼰술따시
면도	**bercukur (cukur)**	버르쭈꾸르
면세점	**toko bebas pajak**	또꼬 베바스 빠작
면역	**imunisasi**	이무니사시
면적	**luas**	루아스
면접	**wawancara**	와완짜라
면제하다	**membebaskan (bebas)**	멈베바스깐
면직되다	**dipecat (pecat)**	디뻐짯
	diberhentikan (henti)	디버르헌띠깐
면하다	**menjadi bebas (jadi)**	먼자디 베바스
면허	**surat izin**	수랏 이진
	lisensi	리센시
면회하다	**bertemu dengan**	버르떠무 등안
	menolak menerima tamu	
	머놀락 머너리마 따무	
	면회사절	
멸망하다	**musnah**	무스나
명가	**keluarga terhormat**	껄루아르가 떠르호르맛
명곡	**lagu populer**	라구 뽀뿔레르
명랑한	**gembira**	검비라
	ceria	쯔리아

명령	**perintah**	뻐린따
	suruhan	수루한
명령하다	**memerintah (perintah)**	머머린따
	menyuruh (suruh)	머뉴루
명료한	**jelas**	즐라스 / 절라스
명물	**hasil istimewa**	하실 이스띠메와
명백하다	**jelas**	즐라스 / 절라스
명부	**daftar nama-nama**	다프따르 나마 – 나마
명상하다	**bermeditasi (meditasi)**	버르메디따시
명성	**popularitas**	뽀뿔라리따스
명세	**penguraian (uraian)**	뻥우라이안
명세서	**perincian (rinci)**	뻐린찌안
명소	**tempat terkenal (kenal)**	뜸빳 떠르꺼날
명심하다	**mengingat dengan baik (ingat)**	멍잉앗 등안 바익
명예	**kehormatan (hormat)**	꺼호르마딴
	nama baik	나마 바익
	mengembalikan nama baik 멍엄발리깐 나마 바익 내 명예를 회복하다	
명인	**ahli**	아흘리
	profesional	프로훼시오날
명작	**karya terkenal**	까르야 떠르꺼날
명중하다	**mengenai (kena)**	멍어나이
명칭	**nama panggilan**	나마 빵길란

명쾌한	**terang**	뜨랑/떠랑
명하다	**memerintah (perintah)**	머머린따
	menyuruh (suruh)	머뉴루
명함	**kartu nama**	까르뚜 나마
몇	**berapa**	버라빠
모교	**almamater**	알마마떠르
모금	**pengumpulan dana (kumpul)**	뻥움뿔란 다나
모기	**nyamuk**	냐묵
모니터	**monitor**	모니또르
모닥불	**api unggun**	아삐 웅군
모델	**model**	모델
모독하다	**memfitnah (fitnah)**	멈휘뜨나
모두	**semua**	스무아
모래	**pasir**	빠시르
모래시계	**jam pasir**	잠 빠시르
모레	**besok lusa**	베속 루사
모르다	**tidak tahu**	띠닥 따후
	tanpa sadar 딴빠 사다르 나도 모르게	
모바일	**ponsel**	뽄셀
모발	**rambut**	람붓
모방하다	**meniru (tiru)**	머니루

모범	**percontohan(contoh)**	뻐르쫀또한
	teladan	뜰라단
모색	**menduga-duga**	먼두가 – 두가
	mencari solusi	먼짜리 솔루시
모서리	**sudut**	수둣
	pojok	뽀족
모순	**pertentangan (tentang)**	뻐르떤땅안
모습	**bentuk**	번뚝
	tampilan	땀삘란
모시다	**melayani (layan)**	멀라야니
모양	**bentuk**	번뚝
모여들다	**berkumpul (kumpul)**	버르꿈뿔
모욕	**hinaan (hina)**	히나안
모욕하다	**menghina (hina)**	멍히나
모으다	**mengumpulkan (kumpul)**	멍움뿔깐
모이다	**berkumpul (kumpul)**	버르꿈뿔
모임	**pertemuan (temu)**	뻐르뜨무안
모자	**topi**	또삐
모자라다	**kurang**	꾸랑
모자이크	**mozaik**	모자익
모조	**tiruan**	띠루안
	imitasi	이미따시
모직물	**tenunan dari wol**	떠눈안 다리 월
모질다	**kejam**	꺼잠

모집하다	**merekrut (rekrut)**	머레끄룻
모친	**ibu kandung**	이부 깐둥
모터	**mesin motor**	머신 모또르
모피	**bulu binatang**	불루 비나땅
모험하다	**bertualang (tualang)**	버르뚜알랑
모형	**prototipe**	쁘로또띠뻐
목	**leher**	레헤르
	tenggorokan	떵고록깐
목걸이	**kalung**	깔룽
목격자	**saksi**	삭시
목격하다	**menyaksikan (saksi)**	머냑시깐
목록	**daftar**	다프따르
목사	**pendeta**	뻔데따
목수	**tukang kayu**	뚜깡 까유
목숨	**nyawa** bertaruh nyawa 버르따루 냐와 목숨을 걸다	냐와
목요일	**kamis**	까미스
목욕탕	**pemandian umum (mandi)**	뻐만디안 움움
목욕하다	**mandi**	만디
목장	**peternakan (ternak)**	뻐떠르낙깐
목재	**kayu**	까유
목적	**tujuan**	뚜주안
목적지	**tempat tujuan**	뜸빳 뚜주안

ㄱ ㄴ ㄷ ㄹ **ㅁ** ㅂ ㅅ ㅇ ㅈ ㅊ ㅋ ㅌ ㅍ ㅎ

목차	**daftar isi**	다프따르 이시
목표	**target**	따르겟
	sasaran	사사란
	tujuan	뚜주안
몫	**bagian**	바기안
	jatah	자따
몰두	**ketekunan (tekun)**	꺼떠꾼난
몰락하다	**bangkrut**	방끄룻
	jatuh	자뚜
	musnah	무수나
몰수하다	**menyita (sita)**	머늬따
몰아넣다	**memaksa (paksa)**	머막사
몸	**badan**	바단
몸짓	**gerak tubuh**	그락 뚜부
몸통	**tubuh**	뚜부
	badan	바단
몹시	**terlalu**	떠르랄루
못, 나사	**paku**	빠꾸
못, 연못	**kolam**	꼴람
묘(墓), 묘지	**kuburan (kubur)**	꾸부란
묘기	**gerakan akrobatik**	그락깐 아끄로바띡
묘미	**daya tarik**	다야 따릭
묘사하다	**menggambarkan (gambar)**	멍감바르깐
	mendeskripsikan (deskripsi)	먼데스끄립시깐

묘안	**ide bagus**	이데 바구스
묘하다	**misterius**	미스떼리우스
무(채소)	**lobak**	로박
무게, 무겁다	**berat**	버랏
	titik berat 띠띡 버랏 무게 중심	
무관(無關)	**tidak berkaitan (kait)**	띠닥 버르까이딴
무관심하다	**tidak berminat (minat)**	띠닥 버르미낫
무기(武器)	**senjata**	슨자따
무기력한	**lemah**	르마
무기한	**tidak terbatas (batas)**	띠닥 떠르바따스
무난한	**mudah**	무다
무너뜨리다	**menjatuhkan (jatuh)**	먼자뚜깐
무너지다	**jatuh**	자뚜
	runtuh	룬뚜
	roboh	로보
무능하다	**tidak berkemampuan**	띠닥 버르꺼맘뿌안
무늬	**pola**	뽈라
	corak	쪼락
무대	**panggung**	빵궁
	peralatan panggung 쁘랄라딴 빵궁 무대장치	
무덥다	**panas lembap**	빠나스 름밥 / 럼밥
무드	**suasana hati**	수아사나 하띠

무뚝뚝한	**ketus**	꺼뚜스
무력(武力)	**kekuatan militer**	꺼구아딴 밀리떼르
무례하다	**tidak sopan**	띠닥 소빤
	kurang senonoh	꾸랑 스노노
무료	**gratis**	그라띠스
무릎 꿇다	**berlutut (lutut)**	루뚯
무리	**kelompok**	껄롬뽁
	kumpulan	꿈뿔란
무리다, 도를 넘기다, 지나치게 하다	**berlebihan (lebih)**	버를르비한
무모하다	**gegabah**	그가바
무사하다	**selamat**	슬라맛
	aman	아만
무사히	**dengan aman**	등안 아만
	dengan selamat	등안 슬라맛
무상(無償)	**gratis**	그라띠스
	cuma-cuma	쭈마 – 쭈마
무색	**tidak berwarna**	띠닥 버르와르나
무서워하다	**takut**	따꿋
무선	**nirkabel**	니르까벌
무섭다	**takut**	따꿋
무성하다, 울창하다	**rimbun**	림분
	lebat	르밧 / 러밧
무승부	**seri**	스리

무시하다	mengabaikan (abai)	멍아바이깐
무신론	atheisme	아떼이스머
무심코	tanpa disadari	딴빠 디사다리
무언(無言), 침묵	kebisuan (bisu)	꺼비수안
무엇	apa	아빠
무역	perdagangan (dagang)	뻐르다강안
	liberalisasi perdagangan 리베랄리사시 뻐르다강안 무역 자유화	
무용	tarian (tari)	따리안
무의미하다	tidak berarti (arti)	띠닥 버르아르띠
무의식	ketidaksadaran (sadar)	꺼띠닥사다란
무인도	pulau tak berpenghuni (huni)	뿔라우 딱 버르뻥후니
무일푼이다	tidak punya uang sepeser pun	띠닥 뿌냐 우앙 스뻬세르 뿐
무임승차	tumpangan gratis (tumpang)	뚬빵안 그라띠스
무자비하다	kejam	끄잠 / 꺼잠
무장하다	bersenjata (senjata)	버르슨자따
무장해제	pelucutan senjata	뻴루쭛딴 슨자따
무제한	tidak terbatas (batas)	띠닥 떠르바따스
무조건	tanpa syarat	딴빠 샤랏
	sudah pasti	수다 빠스띠
무좀	penyakit kutu air (sakit)	뻐냐낏 꾸뚜 아이르
무죄	tidak bersalah (salah)	띠닥 버르살라

ㄱ
ㄴ
ㄷ
ㄹ
ㅁ
ㅂ
ㅅ
ㅇ
ㅈ
ㅊ
ㅋ
ㅌ
ㅍ
ㅎ

무지개	**pelangi**	뻴랑이
무직	**pengangguran (anggur)**	뻥앙구란
무찌르다	**mengalahkan (kalah)**	멍알라깐
	menaklukkan (takluk)	머낙룩깐
무책임한	**yang tidak bertanggung jawab**	양 띠닥 버르땅궁 자왑
무한하다	**tanpa batas**	딴빠 바따스
무해한	**tidak berbahaya (bahaya)**	띠닥 버르바하야
무효의	**tidak berlaku (berlaku)**	띠닥 버르라꾸
	tidak syah	띠닥 샤
묵다(오래된)	**lama**	라마
	tua	뚜아
묵묵히	**diam**	디암
묵인하다	**mengakui secara diam-diam (aku)**	멍아꾸이 스짜라 디암 – 디암
묶다	**mengikat (ikat)**	멍이깟
문	**pintu**	삔뚜
문맹	**buta huruf**	부따 후룹
문명	**peradaban (adab)** masyarakat beradab (adab) 마사라깟 버르아답 문명 사회	뻐르아답반
문방구	**alat-alat tulis**	알랏 – 알랏 뚤리스
문법	**tata bahasa**	따따 바하사

문병하다	**besuk**	버숙
	menjenguk (jenguk)	먼정욱
문서	**dokumen**	도꾸멘
문신	**tato**	따또
문어	**gurita**	구리따
문의하다	**bertanya (tanya)**	버르따냐
문자	**tulisan (tulis)**	뚤리산
문자메시지	**pesan teks**	빠산 떽스
문장	**kalimat**	깔리맛
문제	**masalah**	마살라
	menyelesaikan masalah 머녈러사이깐 마살라 문제를 풀다	
문지르다	**menggosok (gosok)**	멍고속
	menggesek (gesek)	멍게섹
문패	**pelat nama**	뻴랏 나마
문학	**sastra**	사스뜨라
문화	**budaya**	부다야
문화적인	**berbudaya (budaya)**	버르부다야
묻다	(질문) **bertanya (tanya)**	버르따냐
	(매장) **mengubur (kubur)**	멍우부르
	(더럽게 묻다) **ternoda (noda)**	떠르노다
물	**air**	아이르
물가(物價)	**harga barang**	하르가 바랑
물건	**barang**	바랑

물고기	ikan	이깐
물구나무서기	berdiri terbalik (diri) (balik)	버르디리 떠르발릭
물다	menggigit (gigit)	멍기깃
물러나다	mengundurkan diri (mundur)	멍운두르깐 디리
	mundur	문두르
물려받다	mewarisi (waris)	머와리시
물론	tentu saja	뜬뚜 사자
물류	distribusi	디스뜨리부시
물리	fisika	휘시까
물리치다	menolak (tolak)	머놀락
물물교환	barter	바르떠르
물방울	tetes air	떼떼스 아이르
	corak tetes air 쪼락 떼떼스 아이르 물방울무늬	
물색하다	mencari (cari)	먼짜리
	memilih (pilih)	머밀리
물음표	tanda tanya	딴다 따냐
물질	substansi	숩스딴시
물질적인	substantif	숩수딴띱
물집	bengkak berair	벙깍 버르아이르
물체	benda	번다
	jasad	자삿

물통	**ember**	엠베르
	wadah air	와다 아이르
물품	**barang**	바랑
	produk	뿌로둑
묽게 하다	**meluluhkan (luluh)**	멀룰루깐
묽은	**encer**	엔쩨르
뭉치다	**menggumpal (gumpal)**	멍굼빨
뭔가	**sesuatu**	서수아뚜
뮤지컬	**musikal**	무시깔
미, 아름다움	**kecantikan (cantik)**	꺼짠띠깐
미각	**indera perasa**	인드라 뻐라사
미국인	**orang amerika serikat**	오랑 아메리까 스리깟
미궁	**misteri**	미스떼리
미꾸라지	**belut**	벌룻
미끄러지다	**meleset (leset)**	멀르셋 / 멀러셋
미끼	**umpan**	움빤
미남	**lelaki tampan**	르라끼 담빤
미네랄	**mineral**	미네랄
미녀	**perempuan cantik**	뻐럼뿌안 짠띡
미니스커트	**rok pendek**	록 뻰덱
미덕	**kebajikan (bajik)**	꺼바직깐
미디어	**media**	메디아
미래	**masa depan**	마사 드빤
미련(후회)	**penyesalan (sesal)**	뻐녀살란

미로	**labirin**	라비린
미리	**terlebih dahulu**	떠르 르비 다훌루
미만	**di bawah**	디 바와
	kurang dari	꾸랑 다리
미망인	**janda**	잔다
미모	**wajah cantik**	와자 짠띡
	tampan	땀빤
미묘한	**delikat**	덜리깟 / 들리깟
	lembut	럼붓 / 름붓
미사일	**misil**	미실
	rudal	루달
미생물	**mikroorganisme**	미끄로오르가니스머
미성년	**di bawah umur**	디 바와 우무르
미소 짓다	**tersenyum**	떠르서늄
미숙하다	**belum berpengalaman (pengalaman)**	벌룸 버르뼁알라만
미술	**seni**	스니
미스	**nona**	노나
	gadis	가디스
미스터리	**misteri**	미스테리
미신	**takhayul**	따하율
	orang yang percaya takhayul 오랑 양 뻐르짜야 따하율 미신을 믿는 사람	
미아	**anak hilang**	아낙 힐랑

미역	**rumput laut**	룸뿟 라웃
미완성	**belum lengkap**	벌룸 릉깝
미용(실)	**salon**	살론
미움	**kebencian (benci)**	꺼번찌안
미워하다	**benci**	번찌
	tidak suka	띠닥 수까
미라	**mumi**	무미
미인	**perempuan cantik**	뻐럼뿌안 짠띡
미정의	**belum pasti**	벌룸 빠스띠
미지근하다	**hangat-hangat kuku**	항앗 – 항앗 꾸꾸
미치다	(정신) **gila**	길라
	(도달) **mencapai (capai)**	먼짜빠이
미터	**meter**	메떠르
미학	**estetika**	에스떼띠까
미해결의	**belum terpecahkan**	벌룸 떠르뻐짜깐
미행하다	**membuntuti (buntut)**	멈분뚯띠
미혼의	**lajang**	라장
	belum kawin	벌룸 까윈
미화(美化)	**pengindahan (indah)**	뻥인다한
믹서	**mikser**	믹서르
민간의	**sipil**	시삘
민간인	**orang sipil**	오랑 시삘
민감한	**sensitif**	센시띱
민박하다	**menginap di rumpeng**	멍이납 디 룸뼁

민속	**folklor**	훨크로르
민요	**lagu rakyat**	라구 라흐얏
민족	**suku**	수꾸
민주국가	**negara demokrasi**	느가라 데모끄라시
민주주의	**demokrasi**	데모끄라시
민주화	**demokratisasi**	데모끄라띠사시
민중	**masyarakat**	마샤라깟
민첩한	**cekatan**	쯔깟딴
믿다	**percaya**	뻐르짜야
믿음	**kepercayaan (percaya)**	꺼뻐르짜야안
믿음직한	**terpercaya (percaya)**	떠르뻐르짜야
밀	**gandum**	간둠
밀가루	**tepung terigu**	떠뿡 뜨리구
밀다	**menarik (tarik)**	머나릭
밀도	**kepadatan (padat)**	꺼빠닷딴
밀리미터	**milimeter**	밀리메떠르
밀림	**rimba**	림바
	hutan lebat	후딴 러밧
밀수하다	**menyelundupkan (selundup)**	머녈룬둡깐
밀월	**bulan**	불란
밀접한	**dekat**	드깟
	erat	으랏 / 어랏
밀집하다	**berkerumun (kerumun)**	버르꺼루문

밀크셰이크	**milkshake**	밀크셰이크
밀폐하다	**menutup rapat**	머누뚭 라빳
밀회	**pertemuan rahasia**	빠르떠무안 라하시아
및	**dan**	단
밑	**bawah**	바와

ㄱ

ㄴ

ㄷ

ㄹ

ㅁ

ㅂ

ㅅ

ㅇ

ㅈ

ㅊ

ㅋ

ㅌ

ㅍ

ㅎ

ㅂ

바가지	**gayung**	가융
	centong	쩬똥
바겐세일	**obral**	오브랄
바구니	**keranjang**	끄란장 / 꺼란장
바깥	**luar**	루아르
바깥쪽	**sisi luar**	시시 루아르
바꾸다	**mengubah (ubah)**	멍우바
	mengganti (ganti)	멍간띠
바나나	**pisang**	삐상
바늘	**jarum**	자룸
바닐라	**vanilla**	바닐라
바다	**laut**	라웃
바다낚시	**pemancingan di laut (pancing)**	뻐만찡안 디 라웃
바닥	**lantai**	란따이
바닷가	**tepi laut**	떠삐 라웃
바둑	**baduk**	바둑
	catur ala Asia Timur	짜뚜르 알라 아시아 띠무르
바라다	**mengharapkan (harap)**	멍하랍깐
바람	**angin**	앙인

바람(소망)	**harapan (harap)**	하랍빤
	keinginan(ingin)	꺼잉인안
바람직하다	**diinginkan (ingin)**	디잉인깐
	dianjurkan (anjur)	디안주르깐
바래다(색깔이)	**pudar**	뿌다르
	luntur	룬뚜르
바로, 즉시	**segera**	스그라 / 스거라
	langsung	랑숭
바로미터	**barometer**	바로메떠르
바로잡다	**langsung menangkap (tangkap)**	랑숭 머낭깝
바르다	**mengoles (oles)**	멍올레스
바르다(칠함)	**mengecat (cat)**	멍어짯
바보	**bodoh**	보도
바비큐	**daging panggang**	다깅 빵강
바쁘다	**sibuk**	시북
바위	**batu**	바뚜
바이러스	**virus**	비루스
바이어	**pembeli (beli)**	뺌벌리
바이올린	**biola**	비올라
바지	**celana panjang**	쯜라나 빤장
바치다, 넘겨주다	**menyerahkan (serah)**	머녀라깐
	mempersembahkan (sembah)	멈뻐르슴바깐
바코드	**kode batang**	코드 바땅

ㄱ ㄴ ㄷ ㄹ ㅁ ㅂ ㅅ ㅇ ㅈ ㅊ ㅋ ㅌ ㅍ ㅎ

바퀴벌레	kecoa	꺼쪼아
박다, 찔러 넣다	menancapkan (tancap)	머난짭깐
	memalu (palu)	머말루
박람회	pameran	빠메란
박력	daya dorong	다야 먼도롱
박물관	museum	무세움
박사	doktor	독또르
박수갈채	tepuk tangan	떠뿍 땅안
박쥐	kelelawar	껄럴라와르
박탈하다	mencabut (cabut)	먼짜붓
박해하다	menganiaya (aniaya)	멍아니아야 (아니아야)
밖	luar	루아르
반(半)	setengah	스뜽아
반(班)	kelas	껄라스
반감	antipasi	안띠바시
반격하다	menyerang balik (serang)	머녀랑 발릭
반경	jari-jari (lingkaran)	자리 – 자리 (링까란)
반달	(반개월) setengah bulan	스뜽아불란
	(모양) bulan perempat	불란 뻐르엄빳
반대의	lawan	라완
반대하다	berlawanan (lawan)	버를라완안
	menentang (tentang)	머넌땅
반도	semenanjung	스머난중
반도체	semikonduktor	세미꼰둑또르

반드시	**pasti**	빠스띠
	tentu	떤뚜
반딧불이	**kunang-kunang**	꾸낭꾸낭
반란	**kudeta**	꾸데따
	pemberontakan (berontak)	뻠버론딱깐
반론하다	**menyangkal (sangkal)**	머냥깔
	membantah (bantah)	멈반따
반바지	**celana pendek**	쫄라나 뻰덱
반발하다	**melambung (lambung)**	멀람붕
	memantul (pantul)	머만뚤
반복	**pengulangan (ulang)**	뻥울랑안
반복하다	**mengulangi (ulang)**	멍울랑이
반사하다	**memantulkan (pantul)**	머만뚤깐(빤뚤)
반성하다	**introspeksi**	인뜨로스뻭시
반액	**setengah dari total**	스뜽아 다리 또딸
	Diskon setengah harga 디스꼰 스뜽아 하르가 반액 할인	
반역하다	**berkhianat (khianat)**	버르키아낫
	menghianati (khianat)	멍히아나띠
반영하다	**mencerminkan (cermin)**	먼쩌르민깐
반응하다	**bereaksi (reaksi)**	버레악시
반작용	**reaksi berlawanan (lawan)**	레악시 버를라와난
반점	**noda**	노다
	bercak	버르짝

반죽하다	mengadoni (adon)	멍아돈이
반지	cincin	찐찐
반짝거리다	berkelap-kelip	버르껄랍 - 끌립
반찬	lauk pauk	라욱 빠욱
반창고	plester	쁠레스떠르
반칙	kecurangan (curang)	꺼쭈랑안
	pelanggaran (langgar)	뻘랑가란
반품	pengembalian barang (kembali)	뺑엄발리안 바랑
반하다(사랑)	terpikat hatinya	떠르삐깟 하띠냐
	jatuh cinta	짜뚜 찐따
반항	perlawanan (lawan)	뻐르라와난
반항적인	(bersikap) menentang	(버르시깝) 머넌땅
반환하다	mengembalikan (kembali)	멍엄발리깐
받다	menerima (terima)	머너리마
	mendapat (dapat)	먼다빳
받아들이다	menerima (terima)	머너리마
받아쓰기	dikte	딕떼
받침대	penopang (topang)	뻐노빵
	penyangga (sangga)	뻐냥가
발(사람, 동물)	kaki	까끼
발가락	jari kaki	자리 까끼
발견되다	ditemukan (temu)	디떠무깐
발견하다	menemukan (temu)	머너무깐

발군의	unggul	웅굴
발굴하다	menggali (gali)	멍갈리
발끈하다	meletup kemarahan	멀러뚭 꺼마라한
발끝	ujung kaki	우중 까끼
발달하다	berkembang (kembang)	버르껨방
발뒤꿈치	tumit	뚜밋
발랄하다	penuh semangat	뻐누 스망앗
발레	balet	발렛
발명가	penemu (temu)	뻐너무
발명하다	menemukan (temu)	머너무깐
	menciptakan (cipta)	먼찝따깐
발목	pergelangan tangan (gelang)	뻐르글랑안 땅안
발사하다	menembak (tembak)	머넴박
	meluncurkan (luncur)	멀룬쭈르깐
발산하다	melampiaskan (lampias)	멀람삐아스깐
발생하다	terjadi (jadi)	떠르자디
발송하다	mengirimkan (kirim)	멍이림깐
발언권	hak berbicara (bicara)	학 버르비짜라
	memiliki hak berbicara (milik) 머밀리끼 학 버르비짜라 발언권을 얻다	
발언하다	menyatakan (nyata)	머냐따깐
발음하다	melafalkan (lafal)	멀리활깐
발작	kejang	꺼장

발전적인	maju	마주
발전(發電)하다	membangkitkan tenaga listrik (bangkit)	멈방낏깐떠나가 리스뜨릭
발전하다	berkembang (kembang)	버르껌방
발족	pembentukan baru (bentuk)	뻠번뚝깐 바루
발주하다	memesan (pesan)	머머산
발췌하다	mengutip (kutip)	멍우띱
발코니	balkoni	발꼬니
발판	pijakan (pijak)	삐작깐
발표하다	mempresentasikan (presentasi)	멈쁘레산따시깐
발행 부수	jumlah terbitan	줌라떠르빗딴
발행하다	menerbitkan (terbit)	머너르빗깐
발휘하다	menampilkan (tampil)	머남삘깐
밝다	(환하다) terang	떠랑
	(표정) riang; cerah	리앙; 쯔라
밝히다(불을)	menerangi (terang)	머너랑이
밟다	menginjak (injak)	멍인작
밤(夜)	malam	말람
밤낮	siang malam	시앙 말람
밤새도록	semalaman (malam)	스말라만
밥	nasi	나시
방	kamar	까마르
방관하다	hanya menonton saja (tonton)	하냐머논똔 사자

인도네시아어 단어

방광	kandung kemih	깐둥꺼미
방귀	kentut	껀뜻
방랑하다	mengembara (kembara)	멍엄바라
	bertualang (tualang)	버르뚜알랑
방문객	pengunjung (kunjung)	뻥운중
방문하다	mengunjungi (kunjung)	멍운중이
방법	cara	짜라
	metode	메또드
방부제	bahan pengawet (awet)	바한 뻥아웻
방석	alas duduk	알라스 두둑
방송국	stasiun siaran	스따시운 시아란
방송 프로	program siaran	프로그람 시아란
방송하다	menyiarkan (siar)	머니아르깐
방수	kedap air	꺼답 아이르
방심하다	tidak berhati-hati	띠닥 버르하띠 – 하띠
방아쇠	pelatuk	뻘라뚝
	menarik pelatuk (tarik) 머나릭 뻘라뚝 방아쇠를 당기다	
방어	pertahanan (tahan)	뻐르따하난
방어하다	mempertahankan (tahan)	멈뻐르따한깐
방영하다	(방송) menyiarkan (siar)	머니아르깐
	(드라마) menayangkan (tayang)	머나양깐
방울	(소리나는) genta	건따
	(물방울) tetes	떼떼스

방위, 방향	**arah**	아라
방음하다	**membuat kedap suara (buat)**	멈부앗 꺼답 수아라
	peralatan kedap suara (alat) 쁘르알라딴 꺼답 수아라 방음 장치	
방임	**pengabaian (abai)**	뻥아바이안
방지하다	**mencegah (cegah)**	먼쯔가
방충제	**insektisida**	인섹띠시다
방치하다	**menelantarkan (telantar)**	머널란따르깐
방침	**kebijakan (bijak)**	꺼비자깐
	pedoman	뻐도만
방패	**tameng**	따멩
	perisai	뻐리사이
방해물	**pengganggu (ganggu)**	뻥강구
방해하다	**mengganggu (gangu)**	멍강구
방화하다	**membakar dengan sengaja (bakar)**	멈바까르 등안 승아자
밭	**ladang**	라당
배(과일)	**buah pir**	부아 삐르
배(船), 선박	**kapal laut**	까빨 라웃
배경	**latar belakang**	라따르 벌라깡
배관	**pemasangan pipa (pasang)**	뻐마상안 삐빠
배구	**voli**	볼리

배급하다	membagi (bagi)	멈바기
	mendistribusikan (distribusi)	먼디스뜨리부시깐
배꼽	pusar	뿌사르
배달하다	mengantarkan (antar)	멍안따르
배당하다	mendistribusikan (distribusi)	먼디스뜨리부시깐
	menjatah (jatah)	먼자따
배드민턴	bulu tangkis	불루 땅끼스
배려하다	menembang (tembang)	머넘방
배반하다	berkhianat (khianat)	버르키아낫
	menghianati (khianat)	멍히아나띠
배상하다	mengganti rugi (ganti)	멍간띠 루기
배서하다	mengesahkan (sah)	멍어사깐
배설하다	membuang kotoran (buang)	멈부앙 꼬또란
배수(排水)	pembuangan air (buang)	쁨부앙안 아이르
	perbaikan pembuangan air 빠르바이깐 쁨부앙안 아이르 배수 공사	
배양하다	membiakkan (biak)	멈비악깐
배역	peran	뻐란
배열하다	mengatur (atur)	멍아뚜르
	menyusun (susun)	머뉴순
배영	renang gaya punggung	르낭 가야 뿡궁
배우	(남자) aktor	악또르
	(여자) artis	아르띠스

배우다	mempelajari (ajar)	멈뻴라자리
배우자	pasangan (pasang)	빠상안
배제하다	menyingkirkan (singkir)	머닝끼르깐
배지	lencana	른짜나
배짱	keberanian (berani)	꺼버라니안
배추	sawi putih	사위 뿌띠
배치하다	menempatkan (tempat)	머넘빳깐
배타적	eksklusif	엑스끌루십
배터리	baterai	바떠라이
배포하다	mendistribusikan (distribusi)	먼디스뜨리부시깐 (디스뜨리부시)
배후	dukungan (dukung)	두꿍안
백	(숫자) seratus	스라뚜스
	(희다) putih	뿌띠
백과사전	ensikolopedi	엔시끌로뻬디
백만	juta	주따
백만장자	jutawan	쭈따완
	milioner	밀리오네르
백발	uban	우반
백분율	persentase	뻐르센따스
백신	vaksin	박신
백일몽	khayalan (khayal)	카얄란
	lamunan (lamun)	라문안
백조	angsa	앙사

백지	**kertas kosong**	꺼르따스 꼬송
백합	**bunga lili**	붕아 릴리
백혈구	**sel darah putih**	셀 다라 뿌띠
	leukosit	레우꼬싯
백화점	**mal**	말
밴드, 반창고	**plester**	쁠레스떠르
	isolasi	이솔라시
밸런스	**keseimbangan (seimbang)**	꺼스임방안
밸브	**klep**	끌렙
	katup	까뚭
뱀	**ular**	울라르
뱃멀미	**mabuk kapal laut**	마북 까빨 라웃
뱃사람	**nelayan**	늘라얀
버너	**kompor**	꼼뽀르
버릇	**kebiasaan (biasa)**	꺼비아사안
버리다	**membuang (buang)**	멈부앙
버섯	**jamur**	자무르
버스	**bus**	부스
버스 정류장	**halte bus**	할떠 부스
버전	**versi**	베르시
버찌	**buah ceri**	부아 쩨리
버터	**mentega**	먼떼가
버티다	**bertahan (tahan)**	버르따한

먹차다	di luar kemampuan (mampu)	디 루아르 꺼맘뿌안
번갈아서	bergantian (gantian)	버르간띠안
번개	kilat	낄랏
번거롭다	repot	레뽓
번데기	kepompong	꺼뽐뽕
번복하다	berubah (ubah)	버르우바
	mengganti (ganti)	멍간띠
번식하다	berkembang biak	버르껌방 비악
번역가	penerjemah (terjemah)	뻐너르즈마 / 뻐너르저마
번역하다	menerjemahkan (terjemah)	머너르즈마깐
번영하다	berkembang (kembang)	버르껌방
	makmur	막무르
번잡한	ramai	라마이
번지다	melebar (lebar)	멀레바르
번호	nomor	노모르
번화가	daerah ramai	다에라 라마이
벌(罰)	hukuman (hukum)	후꿈안
벌(蜂)	lebah	러바 / 르바
	tawon	따원
벌금	denda	든다
	mengenakan denda (kena) 멍어나깐 든다 벌금을 부과하다	
벌다	mencari (uang)	먼짜리 (우왕)

벌레	**serangga**	스랑가
벌써	**sudah**	수다
벌집	**sarang lebah**	사랑 르바
범람하다	**meluap (luap)**	멀루압
	melimpah (limpah)	멀림빠
범위	**area**	아레아
	cakupan (cakup)	짜꿉빤
범인(犯人)	**penjahat (jahat)**	뻔자핫
범주	**kategori**	까떼고리
범칙금	**denda**	든다
범하다, 침해하다	**melanggar (langgar)**	멀랑가르
범행	**kejahatan (jahat)**	꺼자하딴
법	**hukum**	후꿈
법규	**peraturan (atur)**	뻐라뚜란
법안	**rancangan undang-undang**	란짱안 운당 – 운당
	rancangan undang-undang disetujui 란짱안 운당 – 운당 디서뚜주이 법안이 통과되다	
법인	**badan hukum**	바단 후꿈
법정	**pengadilan (adil)**	뻥아딜란
벗겨지다	**terlepas (lepas)**	떠를르빠스
벗기다	**melepaskan (lepas)**	멀르빠스깐
벗다	**membuka (buka)**	멈부까
벗어나다	**lolos dari**	롤로스 다리
	lepas dari	러빠스 다리

벚꽃	**bunga ceri**	붕아 쩨리
베개	**bantal**	반딸
베끼다, 복사하다	**menyalin (salin)**	머냘린
베란다	**beranda**	베란다
베스트셀러	**buku laris**	베스트 셀러
베어 먹다	**memotong dan memakan (potong) (makan)**	머모똥 단 머마깐
베이다	**teriris**	떠르아리스
	tersayat	떠르사얏
베이지색	**warna kuning gading**	와르나 꾸닝 가딩
베일	**cadar**	짜다르
베테랑	**veteran**	베테란
베풀다	**memberi pertolongan** memberkati 멈버르 깟띠 은혜를 베풀다	멈버리 뻐르똘롱안
벤치	**bangku**	방꾸
벨	**bel**	벨
벨트	**ikat pinggang**	이깟 삥강
벼	**padi** menanam padi 머나남 빠디 벼농사 짓다	빠디
벼락	**petir**	뻐띠르
벼락부자	**orang kaya mendadak**	오랑 까야 먼다닥
벽	**tembok**	뗌복

벽돌	batu bata	바뚜 바따
벽보	poster	뽀스떠르
벽시계	jam dinding	잠 딘딩
벽지	kertas dinding	꺼르따스 딘딩
벽화	mural	무랄
변경하다	mengubah (ubah)	멍우바
변덕스럽다	plinplan	쁠린쁠란
	plintat-plintut	쁠린땃 – 쁠린뚯
변덕쟁이	orang yang plinplan	오랑 양 쁠린쁠란
변두리	daerah pinggiran (pinggir)	다에라 삥기란
변명(하다)	berdalih (dalih)	버르달리
	beralasan (alasan)	버르알라산
변변치 못한	tidak cukup	띠닥 쭈꿉
	kurang mampu	꾸랑 맘뿌
변비	sembelit	슴벌릿
	konstipasi	꼰스띠빠시
변상	penggantian rugi (ganti)	뼁간띠안 루기
변색	pudar	뿌다르
	luntur	룬뚜르
변소, 화장실	toilet	또일렛
	WC	웨쎄
변신하다	mengubah rupa (ubah)	멍우바 루빠
변심하다	berubah pikiran (ubah)	버루바 삐끼란
변장하다	menyamar (samar)	머냐마르

변제하다	membayar hutang (bayar)	멈바야르 후땅
변천하다	berubah (ubah)	버루우바
변태적	mesum	머숨
	tidak senonoh	띠닥 스노노
변하다	berubah (ubah)	버르우바
변호사	pengacara (acara)	뻥아짜라
변호하다	membela (bela)	멈벨라
별	bintang	빈땅
별관	gedung tambahan (tambah)	거둥 땀바한
별명	julukan (juluk)	줄룩깐
별자리	rasi bintang	라시 빈땅
별장	villa	빌라
병(瓶)	botol	보똘
병(病)	penyakit (sakit)	뻐냐낏
병균	virus	비루스
병력(兵力)	sejumlah tentara	서줌라 떤따라
병사, 군인	prajurit	뿌라주릿
병아리	anak ayam	아낙 아얌
병약한	lemas	르마스
	lemah	르마
병원	rumah sakit	루마 사낏
보고하다	melaporkan (lapor)	멀라뽀르깐
보관하다	menyimpan (simpan)	머님빤
보급	logistik	로기스띡

보급하다(공급)	menyuplai (suplai)	머뉴쁠라이
	memasok (pasok)	머마속
보내다	mengirim (kirim)	멍이림
보너스	bonus	보누스
보다	melihat (lihat)	멀리핫
보답하다	membalas (balas)	멈발라스
보도하다	memberitahu (beritahu)	멈버리따후
보디가드	pengawal (awal)	뼁아왈
보라색	warna ungu	와르나 웅우
보류하다	menunda (tunda)	머눈다
보름달	bulan purnama	불란 뿌르나마
보리	gandum	간둠
보물	barang berharga (harga)	바랑 버르하르가
보복하다	balas dendam	발라스 든담
보살피다	merawat (rawat)	머라왓
보상하다	kompensasi	꼼뻰사시
	ganti rugi	간띠 루기
보석(寶石)	permata	뻐르마따
보수적인	konservatif	꼰서르바띱
보안	sekuriti	세꾸리띠
	keamanan (aman)	꺼아만안
보완하다	melengkapi (lengkap)	멀렁깝삐
보이다	terlihat (lihat)	떠르리핫
보이콧하다	memboikot (boikot)	멈보이콧

보일러	**boiler**	보일러르
보자기	**kain pembungkus (bungkus)**	까인 뺌붕꾸스
보장	**jaminan (jamin)**	자민안
보조개	**lesung pipit**	러숭 삐삣
보조금	**uang subsidi**	우앙 숩시디
보조하다	**mengasisteni (asisten)**	멍아싯텐이
보존하다	**melestarikan (lestari)**	멀러스따리깐
보증서	**surat jaminan**	수랏 자민안
보증인	**penjamin (jamin)**	뻰자민
보충하다	**mencukupi (cukup)**	먼쭈꿉삐
보통	**biasanya**	비아사냐
보통의	**biasa**	비아사

berbeda dengan orang biasanya
버르베다 등안 오랑 비아사
보통 사람과 다르다

보트	**perahu**	뻐라후
보편성	**universalitas**	우니베르살리따스
보편적인	**universal**	우니베르살
	umum	움움
보행하다	**berjalan kaki (jalan)**	버르잘란 까끼
보험	**asuransi**	아수란시

perusahaan asuransi
뻐루사하안 아수란시
보험회사

| 보호하다 | **melindungi (lindung)** | 멀린둥이 |

복권	lotre	로뜨레
복도	koridor	꼬리도르
복사뼈	tulang pergelangan (gelang)	뚤랑 뻐르걸랑안
복사하다	memfotokopi (fotokopi)	멈훠또꼬삐
복수하다	membalas denda (balas)	멈발라스 든담
복숭아	buah persik	부아 뻐르식
복습하다	mengulang (ulang)	멍울랑
복어	ikan kembung	이깐 껌붕
복역하다	menjalani hukuman penjara (jalan) (hukum)	먼잘라니 후꾸만 뻔자라
복용량	dosis	도시스
복원하다	pemulihan (pulih)	뻐물리한
복잡한	rumit	루밋
복장	pakaian	빠까이안
	kostum	꼬스뚬
복제하다	mereproduksi (reproduksi)	머레쁘로둑시
복종하다	mematuhi (patuh)	머마뚜히
복지	kesejahteraan (sejahtera)	꺼스자뜨라안
복통	sakit perut	사낏 뻐룻
복합	kompleks	꼼쁠렉스
볶다	menumis (tumis)	머누미스
본가	keluarga utama	껄루아르가 우따마
본격적인	secara nyata	스짜라 냐따

본관(本館)	gedung pusat	거둥 뿌삿
본능	naluri	날루리
본래	asalnya; pada dasarnya	아살냐; 빠다 다사르냐
본론	inti pembahasan (bahas)	인띠 쁨바하사안
본명	nama asli	나마 아슬리
본문	naskah	나스까
	teks	떽스
	pokok tulisan	뽀꼭 뚤리산
본받다	mengikuti contoh (ikut)	멍이꾸띠 쫀또
본부	markas	마르까스
	kantor pusat	깐또르 뿌삿
본성	sifat dasar	시핫 다사르
본심	maksud sebenarnya	막숫 스버나르냐
본인	diri sendiri	디리 슨디리
본질	inti	인띠
본체	bentuk yang benar	번뚝 양버나르
	identitas	이덴띠따스
	jati diri	자띠디리
볼, 뺨	pipi	삐삐
볼륨	volume	볼루머
볼링	bowling	보울링
볼트	volt	볼뜨
볼펜	bolpoin	볼뽀인
봄	musim semi	무심 스미

봉급	**gaji**	가지
봉사하다	**bersukarela (sukarela)**	버르수까렐라
봉쇄하다	**memblokade (blokade)**	멈블로까드
봉우리	**puncak gunung**	뿐짝 구눙
봉투	**amplop**	암쁠롭
부(部)	**bagian**	바기안
부(副)	**wakil**	와낄
부(富)	**kekayaan (kaya)**	꺼까야안
부결되다	**ditolak (tolak)**	디똘락
부과하다(세금)	**memungut (pungut)**	머뭉웃
부기(簿記)	**pembukuan (buku)**	뺌부꾸안
부끄럽다	**malu**	말루
부담스럽다	**berkeberatan (berat)**	버르꺼버랏딴
부담하다	**menanggung biaya (tanggung)**	머낭궁 비아야
부당한	**tidak adil**	띠닥 아딜
	PHK yang tidak adil 뻬하까 양 띠닥 아딜 부당한 해고	
부대, 무리, 떼	**kesatuan (satu)**	꺼사뚜안
	pasukan	빠수깐
부동산	**properti**	뿌로뻐르띠
부두	**dermaga**	더르마가
부드러운	**lembut**	럼붓
부드럽게 하다	**melembutkan (lembut)**	멀럼붓깐

부딪치다, 충돌하다	**ditabrak (tabrak)**	디따브락
부러워하다	**iri**	이리
부록	**lampiran (lampir)**	람삐란
부르다	**memanggil (panggil)**	머망길
부리(새)	**sudu**	수두
부메랑	**bumerang** efek bumerang 에ﬁ 부메랑 부메랑 효과	부메랑
부모	**orang tua**	오랑뚜아
부부	**suami istri**	수아미 이스뜨리
부분	**bagian**	바기안
부상당하다	**terluka**	떠르루까
부상자	**orang yang terluka (luka)**	오랑 양 떠르루까
부서지다	**rusak**	루삭
부수다	**menghancurkan (hancur)**	멍한쭈르깐
	merusak (rusak)	머루삭
부식되다	**menjadi busuk**	먼자디 부숙
부실한	**tidak lengkap**	띠닥 릉깝
부양하다 (돌보다)	**memelihara (pelihara)**	머멀리하라
부업	**pekerjaan sampingan**	뻐꺼르자안 삼삥안
부엌	**dapur**	다뿌르
부여하다	**memberi (beri)**	멈버리
	menganugerahi (anugerah)	멍아누거라히

부인, 아내	**istri**	이스뜨리
부인하다(부정)	**mengingkari (ingkar)**	멍잉까리
부자(富者)	**orang kaya**	오랑까야
부작용	**efek samping**	에휔 삼삥
부장	**kepala bagian**	꺼빨라 바기안
부재	**ketidakhadiran (hadir)**	꺼띠닥하디란
부적	**jimat**	지맛
부적당한	**tidak sesuai**	띠닥 서수아이
부정적인	**negatif**	네가띰
부정(否定)하다	**menyangkal (sangkal)**	머냥깔
부정(不正)한	**curang**	쭈랑
	cara yang curang 짜라 양 쭈랑 부정한 수단으로	
부정확한	**tidak tepat**	띠닥 뜨빳
부조리	**irasional**	이라시오날
부족하다	**kurang**	꾸랑
부주의	**kecerobohan (ceroboh)**	꺼쩌로보
부지런히	**rajin**	라진
부진	**tidak ada kemajuan (maju)**	띠닥 아다 꺼마주안
부채(負債)	**hutang**	후땅
부채	**kipas**	끼빠스
부추	**kucai**	꾸짜이
부추기다	**membujuk (bujuk)**	멈부죽
부축하다	**memapah (papah)**	머마빠

부치다	mengirim (kirim)	멍이림
부탁	permohonan (mohon)	뻐르모호난
~부터	dari	다리
부패하다	berkorupsi (korupsi)	버르꼬룹시
부풀다	muai	무아이
	memuai	머무아이
부품	suku cadang	수꾸 짜당
	komponen	꼼뽀넨
부피	ukuran isi	우꾸란 이시
	volume	볼루머
부하	anak buah	아낙 부아
부호	kode	꼬드
부활하다	lahir kembali	라히르 껌발리
	bangkit kembali	방낏 껌발리
부흥	rehabilitasi	레하빌리따스
북	(악기) gendang	건당
	(방향) utara	우따라
북부	bagian utara	바기안 우따라
북적거리다	ramai	라마이
북쪽	sebelah utara	스벌라 우따라
북한	korea utara	꼬레아 우따라
분(시간)	menit	머닛
분간하다, 구별하다	membedakan (beda)	멈베다깐

분노	**amarah**	아마라
분담하다(일을)	**membagi kerja**	멈바기 꺼르자
분량	**jumlah**	줌라
	(약) **dosis**	도시스
분류하다	**mengklasifikasi (klasifikasi)**	멍끌라시휘까시
분리하다	**memilah (pilah)**	머밀라
	Pemilahan sampah 뻐밀라한 삼빠 쓰레기 분리수거	
분만	**kelahiran anak (lahir)**	꺼라히란 아낙
분명하다	**jelas**	즐라스
분무기	**alat penyemprot (semprot)**	알랏 뻐넘쁘롯
분배하다	**membagi (bagi)**	멈바기
분산되다	**tersebar (sebar)**	떠르스바르
분석하다	**menganalisis (analisis)**	멍아날리시스
분쇄하다	**menumbuk (tumbuk)**	머눔북
	menggiling (giling)	멍길링
분수(噴水)	**air mancur**	아이르 만쭈르
분수(分數)	**bilangan pecahan**	빌랑안 뻐짜안
분실물	**barang hilang**	바랑 힐랑
	pusat pelayanan barang hilang 뿌삿 뻴라얀안 바랑 힐랑 분실물 취급소	
분실하다	**kehilangan (hilang)**	꺼힐랑안
분야	**bagian**	바기안
분업	**pembagian kerja (bagi)**	뻠바기안 꺼르자

분열되다	terpecah-pecah (pecah)	떠르뻬짜 – 뻬짜
분위기	suasana	수아사나
분재	bonsai	본사이
분쟁	perselisihan (selisih)	뻐르슬리시안
분지	lembah	렘바
분출	menyembur (sembur)	머념부르
분투하다	berjuang keras	버르주앙 꺼라스
분하다, 화가 치미다	menjengkelkan (jengkel)	먼젱껠깐
분할하다	membagi (bagi)	멈바기
분해(分解)	pembongkaran (bongkar)	뻠봉까란
불	api	아삐
불가능한	tidak mungkin	띠닥 뭉낀
불가사의	ajaib	아자입
불결한	kotor	꼬또르
불경기	kegoncongan ekonomi (goncang)	꺼곤짱안 에꼬노미
불고기	daging panggang	다깅 빵강
불공평	ketidakadilan (adil)	꺼띠닥아딜란
불교	Agama Buddha	아가마 붇다
불구하고	meskipun	머스끼뿐
불규칙하다	tidak teratur (atur)	띠닥 떠라뚜르
불균형	tidak seimbang (imbang)	띠닥 스임방
불길한	berfirasat buruk (firasat)	버르휘라삿 부룩

불다	**bertiup (tiup)**	버르띠웁
불도저	**buldoser**	불도서르
불량배	**preman**	뿌레만
불륜	**perbuatan asusila (buat)**	뻐르부앗딴 아수실라
불리한	**yang merugikan (rugi)**	양머루기깐
불만스러운	**ketidakpuasan (tidak puas)**	꺼띠닥뿌아산
불매운동	**kampanye pemboikotan pembelian**	깜빠녀 뻠보이꼿딴 뻠벌리안
불면증	**insomnia**	인솜니아
불명예	**tidak terhormat (hormat)**	띠닥 떠르호르맛
불모의	**tandus**	딴두스
	gersang	거르상
불법적인	**ilegal**	일레갈
불변	**tidak berubah**	띠닥 버루바
	kekal	꺼깔
불사신	**kebal**	꺼발
불상사	**kecelakaan (celaka)**	꺼쯜라까안
불순하다	**tidak sopan**	띠닥 소빤
불신	**kecurigaan (curiga)**	꺼쭈리가안
불쌍한	**kasihan**	까시한
불안	**ketidaknyamanan (tidak nyaman)**	꺼띠닥냐만안
불안정	**tidak aman**	띠닥 아만

불어나다	semakin bertambah (tambah)	스마낀 버르땀바
불운	kemalangan (malang)	꺼말랑안
불의(不義)	tidak moral	띠닥 모랄
불이익	kerugian (rugi)	꺼루기안
불일치	ketidaksamaan (tidak sama)	꺼띠닥사마안
불임증	kemandulan (mandul)	꺼만둘란
불충분한	tidak cukup	띠닥 쭈꿉
불쾌하다	ketidaksenanganan (tidak senang)	꺼띠닥스낭안
불편하다	tidak nyaman	띠닥 냐만
불평하다	mengeluh (keluh)	멍얼루
불필요한	tidak perlu	띠닥 뻐를루
불합리한	tidak masuk akal	띠닥 마숙 아깔
불행하다	malang	말랑
불화	konflik	꼰훌릭
불확실한	tidak pasti	띠닥 빠스띠
불황	depresi	데뿌레시
불효	durhaka	두루하까
붐	booming	부밍
붐비다	ramai	라마이
붓다	(살이) bengkak	벙깍
	(쏟다) menuangkan (tuang); mengguyur (guyur)	머누앙깐; 멍구유르

붕괴되다	**keruntuhan (runtuh)**	꺼룬뚜한
붕대	**perban**	뻐르반
붕어(물고기)	**ikan karper**	이깐 까르뻐르
붙다, 달라붙다	**menempel (tempel)**	머넴뻴
	melekat (lekat)	멀르깟
붙이다	**menempelkan (tempel)**	뗌뻴
붙잡다	**memegang (pegang)**	머머강
뷔페	**prasmanan**	쁘라스마난
브래지어	**bra**	브라
브랜드	**merek**	메렉
브레이크	**rem**	렘
브로치	**bros**	브로스
브로콜리	**brokoli**	브로콜리
블라우스	**blus**	블루스
블라인드	**buta**	부따
블랙리스트	**daftar hitam**	다프따르 히땀
블록	**blok**	블록
비(청소)	**sapu**	사뿌
비(雨)	**hujan**	후잔
비겁한	**mengecut (kecut)**	멍어쭛
비결	**cara rahasia**	짜라 라하시아
비공식의	**tidak resmi**	띠닥 러스미
비관적인	**pesimis**	뻬시미스
비교하다	**membandingkan (banding)**	멈반딩깐

비굴한	**tidak berani**	띠닥 버라니
비극	**tragedi**	뜨라게디
비기다	**seri**	스리
	seimbang (imbang)	스임방
비난하다	**mengkritik (kritik)**	멍끄리띡
비뇨기과	**bagian uriner**	바기안 우리네르
비누	**sabun**	사분
비늘	**sisik**	시식
비닐	**plastik**	플라스띡
	kantong plastik 깐똥 플라스띡 비닐봉지	
비다, 빈	**kosong**	꼬송
비단	**sutera**	수뜨라
비둘기	**burung merpati**	부룽 머르빠띠
비등하다	**sebanding (banding)**	스반딩
비례	**perbandingan (banding)**	뻐르반딩안
비록	**meskipun**	머스끼뿐
비료	**pupuk**	뿌뿍
비린내 나다	**bau amis**	바우 아미스
비만	**kegemukan (gemuk)**	꺼거묵깐
비명 지르다	**menjerit (jerit)**	먼저릿
비밀	**rahasia**	라하시아
	menjaga rahasia 먼자가 라하시아 비밀을 지키다 (폭로하다)	

비밀번호	nomor pin	노모르 핀
비번	libur	리부르
비범한	istimewa	이스띠메와
비법	cara rahasia	짜라 라하시아
비비다 (문지르다)	mengucek-ucek (ucek)	멍우쩩 – 우쩩
비상(非常)	tidak umum	띠닥 움움
	darurat	다루랏
비상구	pintu darurat	삔뚜 다루랏
비서	sekretaris	세크레따리스
비수기	musim sepi	무심 스삐
비슷하다	mirip	미립
비싼	mahal	마할
비약(하다)	melompat (lompat)	멀롬빳
비열하다	berhati busuk (hati)	버르하띠 부숙
비염	sinusitis	시누시띠스
비옥	subur	수부르
비용	biaya; ongkos	비아야; 옹꼬스
비웃다	meremehkan (remeh)	머레메깐
비율	perbandingan (banding)	뻐르반딩안
	rasio	라시오
비자	visa	비사
비장한	tabah	따바
	tegas	뜨가스 / 떠가스

비전	**visi**	뷔시
비좁다	**sempit**	슴삣
비준하다	**mengesahkan (sah)**	멍어사깐
	menyetujui (setuju)	머녀뚜주이
비즈니스	**bisnis**	비스니스
비참한	**sangat menyedihkan (sedih)**	상앗 머녀디깐
비추다	**menyinari (sinar)**	머니나리
비치다	**bercahaya (cahaya)**	버르짜하야
비키니	**bikini**	비키니
비타민	**vitamin**	비타민
비탈길	**jalan miring**	잘란 미링
비틀거리다	**sempoyong**	슴뽀용
비틀다	**memilin (pilin)**	머밀린
비판하다	**mengkritik (kritik)**	멍끄리띡
비프스테이크	**steak daging sapi**	스테익 다깅 사삐
비행(非行)	**kenakalan (nakal)**	꺼나깔란
비행기	**pesawat**	뻐사왓
비행(飛行)하다	**terbang**	떠르방
비화(秘話)	**cerita rahasia**	쯔리따 라하시아
빈곤	**kemiskinan (miskin)**	꺼미스낀안
빈도	**frekuensi**	후레꾸엔시
빈둥거리다	**luntang-lantung**	룬땅 – 란뚱
빈말	**omong kosong**	오몽 꼬송

빈민가	**daerah kumuh**	다에라 꾸무
빈방	**kamar kosong**	까마르 꼬송
빈번한	**sering**	스링
	kerap kali	꺼랍깔리
빈혈	**anemia**	아네미아
빌다(사죄)	**minta maaf**	민따 마아프
빌딩	**gedung**	거둥
빌려주다	**meminjamkan (pinjam)**	머민잠깐
빗	**sisir**	시시르
빗방울	**tetesan hujan (tetes)**	떼떼산 후잔
빚	**hutang**	후땅
	membereskan hutang (beres) 멈베레스깐 후잔 빚을 청산하다	
빚쟁이	**tukang hutang**	뚜깡 후땅
빛	**cahaya**	짜하야
빛나다	**bersinar (sinar)**	버르시나르
빠뜨리다 (갖출 것을)	**melewatkan (lewat)**	멀레왓깐
빠르다	**cepat**	쯔빳
빠지다(구멍에)	**terperosok (perosok)**	떠르뻐로속
	teperlus (perlus)	떠뻐르루스
빨강	**merah**	메라
빨다, 빨래하다	**mencuci (cuci)**	먼쭈찌
빨리	**dengan cepat**	등안 쯔빳

ㄱ ㄴ ㄷ ㄹ ㅁ ㅂ ㅅ ㅇ ㅈ ㅊ ㅋ ㅌ ㅍ ㅎ

빵집	**toko roti**	또꼬 로띠
빼다, 집어가다, 줄이다	**mengambil (ambil)**	멍암빌
빼앗기다	**direbut (rebut)**	디러붓
빼앗다	**merebut (rebut)**	머러붓
	mengambil (ambil)	멍암빌
빼어나다	**menonjol (tonjol)**	머논졸
뺄셈	**pengurangan (kurang)**	뻥우랑안
뺨	**pipi**	삐삐
뻐근하다	**tegang**	떠강
뻐꾸기	**burung tekukur**	부룽 떠꾸꾸르
뻔뻔하다	**tidak tahu malu**	띠닥 따후 말루
	muka tebal	무까 떠발
뻗다	**merentangkan (rentang)**	머런땅깐
뼈	**tulang**	뚤랑
뽐내다	**berlagak (lagak)**	버르라각
뽑다	**memilih (pilih)**	머밀리
뾰족한	**tajam**	따잠
	lancip	란찝
뿌리	**akar** mengakar (akar) 멍아까르 뿌리를 내리다	아까르
뿌리다	**menaburkan (tabur)**	머나부르깐
뿌리치다	**menolak ajakan (tolak)**	머놀락 아작깐

뿔	tanduk	딴둑
뿜다	menghembuskan (hembus)	멍험부스깐
삐걱거리다	gemertak	거머르딱
삐다	terkilir (kilir)	떠르낄리르
	keseleo	꺼슬레오

ㄱ
ㄴ
ㄷ
ㄹ
ㅁ
ㅂ
ㅅ
ㅇ
ㅈ
ㅊ
ㅋ
ㅌ
ㅍ
ㅎ

사각형	**segi empat**	스기음빳
사거리	**perempatan (empat)**	뻐럼빳딴
사건	**kejadian**	꺼자디안
	peristiwa	뻐리스띠와
사격	**penembakan (tembak)**	머넴박깐
	berlatih menembak 버르라띠 머넴박 사격 연습을 하다	
사고(事故)	**kecelakaan (celaka)**	꺼쯜라까안
사고(思考)	**pikiran**	삐끼란
	pemikiran (pikir)	뻐미끼란
사과(과일)	**apel**	아뻴
사과(하다)	**meminta maaf (minta)**	머민따 마아프
사귀다	**bergaul (gaul)**	버르가울
	berteman (teman)	버르뜨만/버르떠만
사기(士氣)	**semangat juang**	스망앗 주앙
사기(詐欺)	**penipuan (tipu)**	뻐니뿌안
사기꾼	**penipu (tipu)**	뻐니뿌
사납다	**buas**	부아스
	galak	갈락
사냥	**berburu (buru)**	버르부루
사다, 구매하다	**membeli (beli)**	멈블리

사다리	tangga	땅가
사들이다	memborong (borong)	멈보롱
사라지다	menghilang (hilang)	멍힐랑
	lenyap	르냡
사람	orang	오랑
사랑니	gigi geraham bungsu	기기 그라함 붕수
사랑스러운	tercinta (cinta)	떠르찐따
사랑하다	mencintai (cinta)	먼찐따이
	menyayangi (sayang)	머냐양이
사려 깊다	bijaksana	비작사나
사령관	panglima daerah militer (PANGDAM)	빵리마 다에라 밀리떼르 (빵담)
사례	kasus	까수스
	contoh	쫀또
사로잡다	(체포) menangkap (tangkap)	머낭깝
	(마음을) memikat (pikat)	머미깟
사리(事理)	logika	로기까
	sesuai dengan logika 서수아이 등안 로기까 사리에 맞다	
사립	swasta	스와스따
사마귀(곤충)	belalang sembah	벌랄랑 슴바
사막	padang pasir	빠당 빠시르
사망하다	meninggal (tinggal)	머닝갈
사명	misi	미시

ㄱ ㄴ ㄷ ㄹ ㅁ ㅂ ㅅ ㅇ ㅈ ㅊ ㅋ ㅌ ㅍ ㅎ

사무	**urusan**	우루산
	pekerjaan kantor	빠꺼르자안 깐또르
사무실	**kantor**	깐또르
사무 직원	**pegawai kantor**	뻐가와이 깐또르
사물	**benda mati**	번다 마띠
사방	**segala penjuru**	스갈라 뻰주루
사복	**pakaian biasa**	빠까이안 비아사
사본	**duplikat (dokumen)**	두쁠리깟
사상(思想)	**pemikiran (pikir)**	뻐미끼란
	ide	이데
사상(史上)	**sepanjang sejarah (panjang)**	쓰빤장 스자라
	rekor terbaik sepanjang sejarah 레꼬르 떠르바익 쓰빤장 스자라 사상 최고의 기록	
사색(思索)	**meditasi**	메디따시
사생활	**kehidupan pribadi (hidup)**	꺼히두빤 쁘리바디
사소한	**kecil**	꺼찔
	remeh	레메
사슴	**rusa**	루사
사실	**kenyataan (fakta)**	꺼냐따안
	nyata	냐따
사악하다	**jahat**	자핫
사업	**usaha**	우사하
	bisnis	비스니스

사업가	pengusaha (usaha)	뻥우사하
	usahawan (usaha)	우사하완
사용료	biaya penggunaan (guna)	비아야 뻥구나안
사용법	cara pemakaian	짜라 뻐마까이안
	cara penggunaan	짜라 뻥구나안
사용하다	memakai (pakai)	머마까이깐
	menggunakan (guna)	멍구나깐
사우나	sauna	사우나
4월	April	아쁘릴
사위	menantu laki-laki	머난뚜 라끼 – 라끼
사이	(관계) hubungan; relasi	후붕안; 렐라시
	(공간적) jarak	자락
	(시간적) antara	안따라
사이다	soda	소다
사이비	palsu	빨수
사이즈	ukuran	우꾸란
사이클	siklus	시끌루스
사인하다	menandatangani (tanda tangan)	머난다땅안이
사임하다	mengundurkan diri (undur)	멍운두르깐 디리
사장	bos	보스
	direktur utama	디렉뚜르 우따마
	presiden direktur	쁘레시덴 디렉뚜르
사적인	individual	인디비두알

ㅅ

사전(事前)	terlebih dahulu; sebelumnya konsultasi awal 꼰술따시 아왈 사전협의	떠를르비 다훌루; 스벌룸냐
사전(辭典)	kamus	까무스
사정, 상황	kondisi	꼰디시
	keadaan	꺼아다안
사진	foto	훠토
사진가	juru foto	주르 훠또
	fotografer	포토그라훠르
사촌 형제	saudara sepupu	사우다라 스뿌뿌 / 서뿌뿌
사춘기	masa puber	마사 뿌버르
사치	kemewahan (mewah)	꺼메와한
사치스럽다	mewah	메와
사태(事態)	situasi	시뚜아시
	keadaan	꺼아다안
사퇴하다	mengundurkan diri (undur diri)	멍운두르깐 디리
사투리	dialek	디알렉
	logat	로갓
사항	pasal	빠살
	artikel	아르띠껄
	poin-poin	뽀인-뽀인
	pokok bahasan	뽀꼭 바하산
	hal	할

사형	**hukuman mati (hukum)**	후꿈안 마띠
사회	**masyarakat**	마샤라깟
	sosial	소시알
	status sosial 스따뚜스 소시알 사회적 지위	
사회자	**pembawa acara (bawa)**	쁨바와 아짜라
사회주의	**sosialisme**	소시알리스머
삭제하다	**menghapus (hapus)**	멍하뿌스
산(山)	**gunung**	구눙
산뜻한	**segar**	스가르
산림	**hutan**	후딴
산맥	**pegunungan (gunung)**	뻐구눙안
산보하다	**berjalan-jalan (jalan)**	버르잘란 – 잘란
산부인과	**klinik ibu dan anak**	끌리닉 이부 단 아낙
	klinik bersalin (salin)	끌리닉 버르살린
산불	**kebakaran gunung (bakar)**	꺼바까란 구눙
산소마스크	**masker oksigen**	마스꺼르 옥시겐
산업	**industri**	인두스뜨리
	revolusi industri 레볼루시 인두스뜨리 산업혁명	
산출하다	**mengalkulasi (kalkulasi)**	멍알꿀라시
산타클로스	**santaklaus**	산타끌라우스
산호	**batu karang**	빠뚜 까랑
살	**daging**	다깅
	kulit	꿀릿

살균하다	**mensterilkan (steril)**	먼스떼릴깐
살그머니	**diam-diam**	디암 – 디암
살다	**tinggal**	띵갈
	hidup	히듑
살리다	**menyelamatkan (selamat)**	머녈라맛깐
	menghidupkan (hidup)	멍히듑깐
살림	**kehidupan**	꺼히두빤
살아나다	**hidup kembali**	히듑 껌발리
살인	**pembunuhan (bunuh)**	쁨부누한
살인자	**pembunuh (bunuh)**	쁨부누
살찌다	**menggemuk (gemuk)**	멍거묵
	menjadi gemuk	먼자디 거묵
살충제	**obat pembasmi serangga (basmi)**	오밧 쁨바스미 스랑가
삶	**kehidupan (hidup)**	거히듑빤
삶다	**merebus (rebus)**	머러부스
삼각형	**segi tiga**	스기띠가
	hubungan (cinta) segitiga 후붕안 (찐따) 스기띠가 삼각관계	
삼림	**hutan**	후딴
	rimba	림바
삼월(3월)	**Maret**	마렛
삼촌	**paman**	빠만
삼키다	**menelan (telan)**	머널란

삽	sekop	스꼽
삽입하다	menyisipkan (sisip)	머니십깐
상가	pertokoan (toko)	뻐르또꼬안
상관관계	hubungan (hubung)	후붕안
	korelasi	꼬렐라시
상관없다	tidak ada hubungan	띠닥 아다 후붕안
상급자	atasan (atas)	아따산
상기하다	mengingat kembali (ingat)	멍잉앗 껌발리
상냥하다	ramah dan sopan	라마 단 소빤
상담하다	berkonsultasi (konsultasi)	버르꼰술따시
상당한(양이)	banyak sekali	바냑 스깔리
상대방	lawan	라완
상대적인	relatif	렐라띱
상대하다	melawan (lawan)	멀라완
상류(강)	hulu sungai	훌루 숭아이
상륙	pendaratan (darat)	뻔다랏딴
상복(喪服)	baju berkabung (kabung)	바주 버르까붕
상봉	bertemu kembali (bertemu)	버르떠무 껌발리
상사, 상관, 보스	atasan (atas)	아따산
상상하다	berkhayal (khayal)	버르카얄
상세한	detail	드따일
	rinci	린찌
상속인	ahli waris	아흘리 와리스

ㄱ ㄴ ㄷ ㄹ ㅁ ㅂ ㅅ ㅇ ㅈ ㅊ ㅋ ㅌ ㅍ ㅎ

상속하다	mewarisi	머와리시
상쇄하다	saling mengimbangi (imbang)	살링 멍임방이
상습적	sudah biasa	수다 비아사
상승	kenaikan (naik)	꺼나익깐
상승하다	naik	나익
상식	akal sehat	아깔 세핫
	pengetahuan umum (tahu)	뺑어따후안 움움
상실	kehilangan (hilang)	꺼힐랑안
상아	gading	가딩
상어	ikan hiu	이깐 히우
상업	perdagangan (dagang)	뻐르다강안
상인	penjual (jual)	뻔주알
상자	kotak	꼬딱
상장(賞狀)	sertifikat penghargaan (harga)	세르띠휘깟 뻥하르가안
상장주(上場株)	saham terdaftar di bursa	사함 떠르다프따르 디 부르사
	mendaftarkan ke pasar saham 먼답따르깐 꺼 빠사르 사함 증시에 상장시키다	
상점	warung	와룽
상중하	tiga tingkat kualitas	띠가 띵깟 꾸알리따스
상징하다	menggambarkan (gambar)	멍감바르깐
	menyimbolkan (simbol)	머님볼깐
상책, 최선책	kebijakan terbaik (bijak)	꺼비작깐 떠르바익

상처	luka	루까
상쾌하다	segar	스가르
상태	keadaan (ada)	꺼아다안
상표	label	라벨
상품	produk	쁘로둑
	barang	바랑
상호	nama toko	나마 또꼬
새(鳥)	burung	부룽
새끼	anak	아낙
새다(구멍 나서)	bocor	보쪼르
새롭게 하다	memperbarui (baru)	멈뻐르바루이
새롭다	baru	바루
새벽	pagi-pagi	빠기-빠기
	fajar	화자르
새우	udang	우당
새치기하다 (차례)	menyela (sela)	머녈라
	menyelip (selip)	머녈립
새해	tahun baru	따훈 바루
색, 색깔, 색상	warna	와르나
색다른	berbeda (beda)	버르베다
색맹	buta warna	부따 와르나
색안경	kacamata berwarna (warna)	까짜마따 버르와르나
샌드위치	sandwich	샌드위치
샌들	sandal	산달

샐러드	**salad**	살라드
샐러리맨	**orang bergaji (gaji)**	오랑버르가지
	karyawan	까르야완
샘플	**sampel**	삼뻴
	contoh	쫀또
생각	**pikiran (pikir)**	삐끼란
생각하다	**berpikir (pikir)**	버르삐끼르
	memikirkan (pikir)	머미끼르깐
생강	**jahe**	자헤
생년월일	**tanggal kelahiran (lahir)**	땅갈 꺼라히란
생략하다	**melesap (lesap)**	멀러삽
생리	**haid**	하이드
	menstruasi	멘스트루아시
생리대	**pembalut wanita (balut)**	뼴발룻 와니따
생명	**hidup**	히둡
	jiwa	지와
	asuransi jiwa 아수란시 지와 생명보험	
생물	**makhluk hidup**	마크룩 히둡
생방송	**siaran langsung**	시아란 랑숭
생산	**produksi**	쁘로둑시
생생하다	**segar**	스가르
생선(구이)	**ikan (panggang)**	이깐 (빵강)
	ikan (bakar)	이깐 (바까르)

생식기	**alat kelamin**	알랏 껄라민
생애	**hidup**	히둡
생일	**hari ulang tahun**	하리 울랑 따훈
생존하다	**bertahan hidup (tahan)**	버르따한 히둡
생활	**kehidupan (hidup)**	꺼히둡빤
생활하다	**hidup**	히둡
샤워	**shower**	샤워
	mengguyur (guyur)	멍구유르
	menyiram (siram)	머니람
샤프펜슬	**pensil mekanik**	뻰실 메까닉
샴푸	**sampo**	삼뽀
서늘하다	**sejuk**	서죽 / 스죽
서다, 우뚝 서다	**berdiri (diri)**	버르디리
서두르다	**buru-buru**	부루 – 부루
서랍	**laci**	라찌
서로	**saling**	살링
서론	**pendahuluan (dahulu)**	뻔다훌루안
서류	**dokumen**	도꾸멘
서명하다	**menandatangani (tanda tangan)**	머난다땅아니
	kampanye pengumpulan tanda tangan 깜빠녀 뻥움뿔란 딴다 땅안 서명 운동	
서문, 머리말	**kata pengantar (antar)**	까따 뼁안따르
서민	**rakyat**	라캿

서버	**server**	서르버르
서비스	**servis**	세르비스
	pelayanan	뻴라야난
서서히	**dengan perlahan**	등안 뻐를라한
	secara bertahap	스짜라 버르따합
서약하다	**bersumpah (sumpah)**	버르숨빠
서양	**Barat**	바랏
서운하다	**sedih**	스디
	kecewa	꺼쩨와
서점	**toko buku**	또꼬 부꾸
서쪽	**sebelah barat**	스벌라 바랏
서투르다	**canggung**	짱궁
	kikuk	끼꾹
서핑	**selancar**	슬란짜르
석고	**gipsum**	깁숨
석양	**matahari terbenam (benam)**	마따하리 떠르버남
석유	**minyak tanah**	미냑 따나
석탄	**batu bara**	바뚜 바라
섞다	**mencampur (campur)**	먼짬뿌르
선(線)	**garis**	가리스
선거하다	**memilih (pilih)**	머밀리
선고하다	**memvonis (vonis)**	멈보니스
선교사	**misionaris**	미시오나리스

선구자	**perintis**	뻐린띠스
	pelopor	뻴로뻐르
선글라스	**kacamata berwarna (warna)**	까짜마따 버르와르나
선동하다	**menghasut (hasut)**	멍하숫
선두	**posisi terdepan (depan)**	뽀시시 떠르드빤
선량한	**kebaikan (baik)**	꺼바익깐
선망하다	**berhasrat (hasrat)**	버르하스랏
	berharap (harap)	버르하랍
선명한	**jelas**	즐라스
선물	**hadiah**	하디아
	(여행 선물) **oleh-oleh**	올레 – 올레
선박	**kapal**	까빨
선반	**rak gantung**	락 간뚱
선발하다	**menyeleksi (seleksi)**	머녈렉시
선배	**senior**	세니오르
선불	**uang tempah**	우왕 떰빠
	uang muka	왕무까
	menempah (tempah); membayar uang muka (bayar) 머넘빠; 멈바야르 우왕 무까 선불을 지불하다	
선생, 교사	**guru**	구루
선서하다	**bersumpah (sumpah)**	버르숨빠
선수	**pemain olahraga**	버마인 올라라가
	atlet	아뜰렛

선실	**kabin**	까빈
선악	**kebaikan dan kejahatan (baik) (jahat)**	꺼바익깐 단 꺼자하딴
선언	**pernyataan (nyata)**	뻐르냐따안
	proklamasi	쁘로끌라마시
선언하다	**menyatakan (nyata)**	머냐따깐
	mendeklarasikan (deklarasi)	먼데끌라라시
선원	**awak kapal**	아왁 까빨
선인장	**kaktus**	깍뚜스
선입견	**prasangka**	쁘라상까
선장	**nahkoda; kapten**	나흐꼬다; 깝뗀
선전하다	**mempropagandakan (propaganda)**	멈쁘로빠간다깐 (쁘로빠간다)
선진국	**negara maju**	느가라 마주
선택	**pilihan (pilih)**	삘리한
선택하다	**memilih (pilih)**	머밀리
선풍기	**kipas angin**	끼빠스 앙인
설계자	**desainer**	데사이너르
설계하다	**mendesain (desain)**	먼데사인
	merancang (rancang)	머란짱
설교하다	**berdakwah (dakwah)**	버르닥와 (닥와)
설득하다	**memersuasi (persuasi)**	머머르수아시
	mengajak (ajak)	멍아작
설레다	**berdebar-debar (debar)**	버르드바르 - 드바르

설립하다	**mendirikan (diri)**	먼디리깐
설마	**masa**	마사
	tidak mungkin	띠닥 뭉낀
설명하다	**menjelaskan (jelas)**	먼즐라스깐
설비	**fasilitas**	화실리따스
	perlengkapan (lengkap)	뻐르릉깝빤
설사하다	**mencret**	멘쯔렛
	diare	디아레
설치하다	**menginstal (instal)**	멍인스탈
	memasang (pasang)	머마상
설탕	**gula**	굴라
섬	**pulau**	뿔라우
섬뜩하다	**terperanjat (peranjat)**	떠르뻐란잣
섬세한	**terperinci (perinci)**	떠르뻐린치
섬유	**tekstil**	떽스띨
섭씨	**derajat celsius**	드라잣 셀시우스
섭취하다	**mengasup (asup)**	멍아숩
성(性)	**jenis kelamin**	저니스 껄라민
성(姓)	**nama keluarga**	나마 껄루아르가
성(城)	**benteng**	벤뗑
성격	**karakter**	까락떠르
	sifat	시홧
	perbedaan sifat 뻐르베다안 시홧 성격 차이	

ㄱ ㄴ ㄷ ㄹ ㅁ ㅂ ㅅ ㅇ ㅈ ㅊ ㅋ ㅌ ㅍ ㅎ

성경	**kitab suci**	끼땁 수찌
성공하다	**sukses**	숙세스
성급하다	**terburu-buru**	떠르부루 – 부루
성기	**kemaluan**	꺼말루안
	alat kelamin	알랏 껄라민
성나다	**murka**	무르까
	marah	마라
성내다	**marah**	마라
	memarahi	머마라히
성냥	**korek api**	꼬렉 아삐
성능	**kinerja**	끼너르자
성대한	**megah**	메가
	mengagumkan (kagum)	멍아굼깐
성립하다	**berwujud**	버르우줏
	diwujudkan (wujud)	디우줏깐
성명	**nama**	나마
성병	**penyakit kelamin**	뻐냐낏 껄라민
성분	**komposisi**	꼼뽀시시
성숙	(잘 익은) **kematangan (matang)**	꺼마땅안
	(성인의) **kedewasaan (dewasa)**	꺼데와사안
성실한	**tulus**	뚤루스
	tekun	떠꾼
성욕	**nafsu seks**	납수 섹스
성원하다	**mendukung (dukung)**	먼두꿍

성의	**ketulusan (tulus)**	꺼뚤루산
성인, 어른	**dewasa**	데와사
성장하다	**tumbuh**	뚬부
	maju	마주
성적	**nilai**	닐라이
성질	**watak**	와딱
성취	**pencapaian (capai)**	뻔짜빠이안
성형수술	**operasi plastik**	오뻬라시 쁠라스띡
성희롱	**penghinaan seksual (hina)**	뻥히나안 섹수알
세계	**dunia**	두니아
	peta dunia 뻬따 두니아 세계지도	
세계적인	**global**	글로발
세관	**bea cukai**	베아쭈까이
세균	**bakteri**	박떼리
세금	**pajak**	빠작
세기	**abad**	아받
세뇌	**cuci otak**	쭈찌오딱
세다(강하다)	**kuat**	꾸앗
세대	(가구) **keluarga**	껄루아르가
	(世代) **generasi**	게너라시
	perbedaan generasi 뻐르베다안 게너라시 세대차이	
세련(된)	**elegan**	엘레간

세로	**vertikal**	베르띠깔
세면대	**wastafel**	와스따휄
세무서	**kantor pajak**	깐또르 빠작
세미나	**seminar**	세미나르
세부 사항	**hal rincian**	할 린찌안
	perincian	뻐린찌안
세상	**dunia**	두니아
세속적	**duniawi**	두니아위
세수하다	**membasuh (basuh)**	멈바수
세심한	**teliti**	떨리띠
세우다	(멈추게 하다) **menghentikan (henti)**	멍헌띠깐
	(만들다) **menyusun (susun)**	머뉴순
세월	**masa**	마사
	waktu	왁뚜
	waktu berlalu bagaikan anak panah 왁뚜 버를랄루 바가이깐 아낙 빠나 세월은 쏜살같이 흐른다.	
세일하다	**mengobral (obral)**	멍오브랄
세제	**deterjen**	데떠르젠
세주다	**menyewakan (sewa)**	머녜와깐
세탁기	**mesin cuci**	머신 쭈찌
세탁하다	**mencuci (cuci)**	먼쭈찌
세포	**sel**	셀
센서	**sensor**	센서르

센스	**indera**	인드라
	perasaan (rasa)	빠라사안
센티미터	**sentimeter**	센띠메떼르
셀프서비스	**self-service**	셀프서비스
셈하다, 계산을 하다	**menghitung (hitung)**	멍히뚱
셋집	**rumah sewaan**	루마 세와안
셔츠	**kemeja**	꺼메자
소(牛)	**sapi**	사삐
소개하다	**memperkenalkan (kenal)**	멈뻐르꺼날깐
소극적인	**pasif**	빠십
소금	**garam**	가람
소나기	**hujan deras**	후잔 드라스
	menghadap hujan lalu (hadap) 멍하답 후잔 랄루 소나기를 만나다	
소나무	**pinus**	삐누스
소녀	**gadis**	가디스
소년	**anak kecil**	아낙 꺼찔
소독	**sterilisasi**	스떼릴리사시
소독약	**antiseptik**	안띠셉띡
소동	**kerusuhan (rusuh)**	꺼루수한
소득	**penghasilan (hasil)**	뻥하실란
소리	**suara**	수아라
소매, 옷소매	**lengan baju**	릉안 바주

소매치기	**tukang copet**	뚜깡 쪼뻿
소멸하다	**lenyap**	르냡
	hilang	힐랑
	musnah	무스나
소모품	**barang konsumsi**	바랑 꼰숨시
소모하다	**mengonsumsi (konsumsi)**	멍온숨시
소문	**rumor**	루모르
	desas-desus	드사스 – 드수스
소박한	**sederhana**	스더르하나
소변	**buang air kecil**	부앙 아이르 꺼찔
소비자	**konsumen**	꼰수멘
소비하다	**mengonsumsi (konsumsi)**	멍온숨시
소설	**novel**	노블
소설가	**novelis**	노블리스
소스	**saus**	사우스
소시지	**sosis**	소시스
소식	**kabar**	까바르
	berita	버리따
소아과	**klinik anak**	끌리닉 아낙
소용돌이	**pusaran air**	뿌사란 아이르
소용없다	**tidak ada gunanya**	띠닥 아다 구나냐
소원, 소망	**kehendak**	꺼흔닥
	keinginan	꺼잉인이난
소유하다	**memiliki (milik)**	머밀리끼

소유권	**hak milik**	학 밀릭
소유자	**pemilik (milik)**	뻐밀릭
소음	**keributan (ribut)**	꺼리붓딴
소중히	**dengan sangat menghargai (harga)**	등안 상앗 멍하르가이
소지품	**barang pribadi**	바랑 쁘리바디
소질	**bakat**	바깟
소집하다	**mengimbau (imbau)**	멍임바우
	memanggil (panggil)	머망길
소총	**senapan**	스나빤
소파	**sofa**	소파
소포	**paket**	빠껫
소풍	**piknik**	삐끄닉
소프트웨어	**perangkat lunak (angkat)**	뻐랑깟 루낙
소형의	**ukuran kecil (ukur)**	우꾸란 꺼찔 / 끄찔
소홀히 하다	**mengabaikan (abai)**	멍아바이깐
소화기	**pemadam api (padam)**	뻐마담 아삐
소화불량	**gangguan pencernaan (ganggu) (cerna)**	강구안 뻔쩌르나안
소화(消火)하다	**memadamkan api**	머마담깐 아삐
소화하다(음식)	**mencerna (cerna)**	먼쩌르나
속, 안	**dalam**	달람
속눈썹	**bulu mata**	불루 마따
속다	**tertipu (tipu)**	떠르띠뿌

속담	**peribahasa**	뻐리바하사
속도	**kecepatan (cepat)**	꺼쯔빳딴
속도계	**spidometer**	스삐도메떠르
속도제한	**batas kecepatan (cepat)**	바따스 꺼쯔빳딴
속물(사람)	**orang picik**	오랑 삐찍
속박	**belenggu**	벌렁구
속삭이다	**berbisik-bisik (bisik)**	버르비식 – 비식
속셈(궁리)	**pikiran terpendam (pendam)**	삐끼란 떠르뻔담
속어	**bahasa bergaul (gaul)**	바하사 버르가울
속옷	**pakaian dalam (pakai)**	빠까이안 달람
속이다	**membohongi (bohong)**	멈보홍이
속임수	**tipuan (tipu)**	띠뿌안
속하다, 포함되다	**termasuk (masuk)**	떠르마숙
손	**tangan**	땅안
손가락	**jari tangan**	자리 땅안
손금	**garis tangan**	가리스 땅안
손녀	**cucu perempuan**	쭈쭈 뻐럼뿌안
손님	**tamu**	따무
손등	**punggung tangan**	뿡궁 땅안
손목	**pergelangan tangan (gelang)**	뻐르글랑안 땅안
손목시계	**jam tangan**	잠 땅안
손바닥	**telapak tangan**	떨라빡 땅안

손뼉 치다	bertepuk tangan (tepuk)	버르떠뿍 땅안
손상	kerusakan (rusak)	꺼루삭깐
손수건	sapu tangan	사뿌 땅안
손쉬운	mudah	무다
	gampang	감빵
손자	cucu	쭈쭈
손잡이	pegangan tangan (pegang)	뻐강안 땅안
손짓	isyarat tangan	이샤랏 땅안
손톱	kuku tangan	꾸꾸 땅안
손톱깎이	pemotong kuku (potong)	뻐모똥 꾸꾸
손해	kerugian (rugi)	꺼루기안
솔로	solo	솔로
솔직하다	jujur	주주르
솜	kapas	까빠스
솜씨	keahlian tangan (ahli)	꺼아흘리안 땅안
솟다	membumbung (bumbung)	멈붐붕
송곳니	gigi taring	기기 따링
송금	pengiriman uang (kirim)	뻥이림안 우앙
송별	perpisahan (pisah)	뻐르삐사한
송아지	anak sapi	아낙 사삐
솥	periuk	뻐리욱
쇠(금속)	besi	버시
쇠고기	daging sapi	다깅 사삐
쇠사슬	rantai besi	란따이 버시

쇠약해지다	**menjadi lemah**	먼자디 르마
쇠퇴하다	**merosot (rosot)**	머로솟
	turun	뚜룬
쇼핑	**belanja**	벌란자
수, 숫자	**bilangan**	빌랑안
수갑	**borgol**	보르골
수건	**handuk**	한둑
수고	**jasa**	자사
수난	**penderitaan (derita)**	뻔더리따안
수녀	**biarawati**	비아라와띠
수다 떨다	**mengobrol (obrol)**	멍어브롤
수단	**akal**	아깔
	cara	짜라
	sebagai cara terakhir (akhir) 스바가이 짜라 떠르악히르 마지막 수단으로써	
수도(首都)	**ibu kota**	이부 꼬따
수도(水道)	**air leding**	아이르 레딩
수도꼭지	**keran**	꺼란
수동적인	**manual**	마누알
수류탄	**granat**	그라낫
수리하다	**memperbaiki (baik)**	멈뻐르바이끼
수면, 자다	**tidur**	띠두르
수면제	**obat tidur**	오밧 띠두르
수박	**semangka**	스망까

수분	**kelembapan (lembap)**	꺼름밥빠
수비하다	**bertahan**	버르따한
수사하다	**menyelidiki (selidik)**	머녈리디끼
수산물	**hasil laut**	하실 라웃
수상(受賞)하다	**memenangkan hadiah (menang)**	머머낭깐 하디아
수소	**hidrogen**	알라맛
수속	**prosedur**	쁘로세두르
수송하다	**mengangkut (angkut)**	멍앙꿋
수수께끼	**teka-teki**	뜨까 – 뜨끼
수수료	**biaya**	비아야
수술하다	**mengoperasi (operasi)**	오뻬라시 쁠라스띡
수습하다	**mengumpulkan (kumpul)**	멍움뿔깐(꿈뿔)
수업	**kuliah**	꿀리아
	kelas	끌라스 / 껄라스
수업료	**biaya kuliah**	비아야 꿀리아
수염	**kumis**	꾸미스
수영복	**pakaian renang (pakai)**	빠까이안 르낭
수영하다	**berenang (renang)**	버르낭
수요	**permintaan (minta)**	뻐르민따안
수요일	**Rabu**	라부
수의사	**dokter hewan**	독떠르 해완
수익	**keuntungan (untung)**	꺼운뚱안
수입	**impor**	임뽀르

수입하다	**mengimpor (impor)**	멍임뽀르
수정, 수선, 수리	**perbaikan (baik)**	뻐르바이깐
수정하다, 고치다	**memperbaiki (baik)**	멈뻐르바이끼
수족관	**akuarium**	아꾸아리움
수준	**standar**	스딴다르
	derajat	드라잣
수줍어하는	**merasa segan**	머라사 스간
수집하다	**mengumpulkan (kumpul)**	멍움뿔깐
수첩	**buku catatan**	부꾸 짜땃딴
수축되다	**mengerut (kerut)**	멍어룻
	mengecil (kecil)	멍어찔
수출하다	**mengekspor(ekspor)**	멍엑스뽀르
수컷	**ayam jantan**	아얌 잔딴
수평	**horizontal**	호리존딸
수평선	**garis horizontal**	가리스 호리존딸
수표	**cek**	쩩
수필	**esai**	에사이
수학	**matematika**	마떼마띠까
수행(遂行), 실행	**pelaksanaan (laksana)**	뻴락사나안
수행(隨行)하다	**mengiringi (iring)**	멍이링이
	mengiringi presiden 멍이링이 쁘레시덴 대통령을 수행하여	
수혈	**transfusi**	뜨란스푸시

수화	**bahasa isyarat tangan**	바하사 이샤랏 땅안
수확	**panen**	빠넨
숙박료	**biaya inap**	비아야 이납
숙박하다	**menginap (inap)**	멍이납
숙소	**penginapan (inap)**	뻥이납빤
숙어	**idiom**	이디옴
숙제	**pekerjaan rumah**	뻐꺼르자안 루마
순간	**saat**	사앗
	momen	모멘
순결	**kesucian (suci)**	꺼수찌안
순서	**urutan (urut)**	우룻딴
순수성	**kemurnian (murni)**	꺼무르니안
순수한	**polos**	뽈로스
	murni	무르니
순위	**urutan**	우루딴
	peringkat	뻐링깟
순조롭다	**lancar**	란짜르
순진한	**polos**	뽈로스
순환	**sirkulasi**	시르꿀라시
숟가락	**sendok**	센독
술	**minuman keras (miras)**	미누만 꺼라스 (미라스)
	minum miras sambil bercerita 미눔 미라스 삼빌 버르쯔리따 술을 마시며 이야기하다	
술 취하다	**mabuk**	마북

술집	**tempat miras**	뜸빳 미라스
숨	**nafas**	나화스
숨기다	**menyembunyikan (sembunyi)**	머념부니깐
숫자	**angka**	앙까
숯	**arang**	아랑
숯불구이	**panggangan oleh arang**	빵강안 올레 아랑
숲	**hutan**	후딴
쉬다	(목소리) **serak**	스락
	(휴식) **istirahat**	이스띠라핫
쉽다	**mudah**	무다
슈퍼마켓	**supermarket**	수뻐르마르껫
스노보드	**papan luncur salju**	빠빤 룬쭈르 살주
스며들다	**meresap (resap)**	머르삽
스스로	**sendiri**	슨디리
	memutuskan sendiri (putus) 머무뚜스깐 슨디리 스스로 결정하다	
스웨터	**sweater**	스웨터
스위치	**saklar**	사끌라르
스카우트하다	**mengangkat tenaga (angkat)**	멍앙깟 뜨나가
스카프	**syal**	샬
스캔들	**skandal**	스깐달
스케일	**skala**	스깔라
스케줄	**jadwal**	잣드왈

스쿠터	skuter	스꾸떠르
스키	ski	스끼
스킨십	kontak fisik	꼰딱 휘식
스타	bintang	빈땅
스타일	gaya	가야
스타킹	stocking	스또킹
스태프	staf	스땁
스토커	penguntit (kuntit)	쁭운띳
스튜어디스	pramugari	쁘라무가리
스트레스	stres	스트레스
스티커	stiker	스티꺼르
스파게티	spageti	스빠게띠
스파이	mata-mata	마따마따
스펀지	spons	스폰스
스페셜	spesial	스페시알
스페인(어)	(bahasa) Spanyol	(바하사) 스빠뇰
스펠링	ejaan (eja)	에자안
스포츠	olahraga	올라라가
스포츠맨	olahragawan (olahraga)	올라라가완
스프레이	semprotan (semprot)	슴쁘롯딴
스피드	kecepatan (cepat)	꺼쯔빳딴
스피커	pengeras suara (keras)	쁑어라스 수아라
슬기	kearifan (arif)	꺼아립환
슬라이스	potongan (potong)	뽀똥안

슬럼프	kejatuhan (jatuh)	꺼자뚜한
	kemerosotan (perosot)	꺼머로솟딴
슬로건	slogan	슬로간
슬리퍼	sandal	산달
슬프다	sedih	스디
슬픔	kesedihan (sedih)	꺼스디한
습격하다	menyerbu (serbu)	머녀르부
습관	kebiasaan (biasa)	꺼비아사안
습기	kelembaban (lembab)	껄럼밥반
습도	kelembaban (udara)	껄럼밥반 (우다라)
승객	penumpang (tumpang)	뻐눔빵
승낙하다	menyetujui (setuju)	머녀뚜주이(서뚜주)
승리하다	menang kemenangan yang menentukan 꺼머낭안 양 머넌뚜깐 결정적인 승리	머낭
승무원	(항공기, 배) awak	아왁
승용차	sedan	세단
승인하다	menyetujui (setuju)	머녀뚜주이(서뚜주)
승진	naik pangkat	나익 빵깟
승차하다	naik kendaraan (kendara)	나익 껀다라안
시(詩)	jam	잠
시간표	daftar waktu	다프따르 왁뚜
시계	jam	잠

시골	**desa**	데사
	kampung	깜뿡
시금치	**bayam**	바얌
시급(時給)	**bayaran per jam (bayar)**	바야란 뻐르 잠
시기	**waktu**	왁뚜
	masa	마사
시끄럽다	**ribut**	리붓
시나리오	**skenario**	스께나리오
시내	**pusat kota**	뿌삿 꼬따
시다(맛)	**asam**	아쌈
시달리다	**didesak (desak)**	디드삭
시대	**zaman**	자만
	masa	마사
시도하다	**mencoba (coba)**	먼쪼바
시들다	**layu**	라유
시력	**daya penglihatan (lihat)**	다야 뻥리하딴
시련	**sengsara**	승사라
시리즈	**serial**	세리알
시멘트	**semen**	세멘
시민	**warga kota**	와르가 꼬따
시선	**pandangan mata (pandang)**	빤당안 마따
시설	**fasilitas**	화실리따스
시스템	**sistem**	시스템

시아버지	**ayah mertua**	아야머르뚜아
시어머니	**ibu mertua**	이부 머르뚜아
시원하다	**segar**	스가르
	sejuk	서죽
10월	**Oktober**	옥또버르
시인(詩人)	**penyair (sair)**	뻐나이르
시작	**mulai**	물라이
시작하다	**memulai (mulai)**	머물라이
시장(市長)	**gubernur**	구버르누르
시장(市場)	**pasar**	빠사르
	perbandingan pangsa pasar	
	뻐르반딩안 빵사 빠사르	
	시장점유율	
시차	**perbedaan waktu (beda)**	뻐르베다안 왁뚜
시청	**balai kota**	발라이 꼬따
시체	**mayat**	마얏
시키다	**menyuruh (suruh)**	머뉴루
시행하다	**melaksanakan (laksana)**	멀락사나깐
시험하다	**menguji (uji)**	멍우지
	mengetes (mengetes)	멍어떼스
식다, 추워지다	**menjadi dingin**	먼자디 딩인
식당	**tempat makan**	뜸빳 마깐
	restoran	레스또란
식량	**pangan**	빵안
식료품점	**toko bahan makanan**	또꼬 바한 마까난

식물	**tanaman (tanam)**	따남안
식빵	**roti tawar**	로띠 따와르
식사	**makan**	마깐
	menjamu makan (jamu) 먼자무 마깐 식사 대접을 하다	
식욕	**nafsu makan**	납수 마깐
식용	**asupan (asup)**	아수빤
	yang dapat dimakan	양 다빳 디마깐
식초	**cuka**	쭈까
식칼	**pisau makan**	삐사우 마깐
식히다, 냉각시키다	**mendinginkan (dingin)**	먼딩인깐
신(神)	**tuhan**	뚜한
	dewa	데와
신경 쓰다	**perhati**	뻐르하띠
신경통	**sakit saraf**	사낏 사랖
	rematik	레마띡
신고하다	**melapor (lapor)**	멀라뽀르
신기록	**rekor baru**	레꼬르 바루
신다, 착용하다	**memakai (di kaki)**	머마까이
신드롬	**sindrom**	신드롬
신랑	**pengantin laki-laki**	뻥안띤 라끼라끼
신뢰하다	**mempercayai (percaya)**	멈뻐르짜야이
신맛	**rasa asam**	라사 아삼

신문	**koran**	꼬란
	harian	하리안
신발	**sepatu**	스빠뚜
신부(新婦)	**pengantin perempuan**	뼁안띤 쁘럼뿌안
신분	**identitas**	이덴띠따스
신분증	**kartu identitas**	까르뚜 이덴띠따스
신비	**misteri**	미스떼리
신비로운	**misterius**	미스테리우스
신빙성	**kepercayaan (percaya)**	꺼뻐르짜야안
신선하다	**segar**	스가르
신세, 은혜	**utang budi**	우땅 부디
신세(身世), 운명, 숙명	**nasib**	나십
신용카드	**kartu kredit**	까르뚜 끄레딧
신음하다	**merintih (rintih)**	머린띠
신인	**pendatang baru (datang)**	뻰다땅 바루
	wajah baru	와자 바루
신장(腎臟), 콩팥	**ginjal**	긴잘
신장(身長), 키	**tinggi**	띵기
신중하다	**berhati-hati (hati)**	버르하띠 – 하띠
신청하다	**mendaftar (daftar)**	먼다프따르
신체	**fisik**	휘식
신축성 있는	**fleksibel**	훌렉시벌

신형(新型)	model baru	모델 바루
신호등	lampu lalu lintas	람뿌 랄루 린따스
신호하다	memberi sinyal (beri)	멈버리 시날
신혼부부	pengantin baru	뼁안띤 바루
신화	dewa	데와
싣다, 운송하다	mengangkut (angkut)	멍앙꿋
실	benang	버낭
실격	diskualifikasi	디스꾸알리휘까시
실내	dalam ruangan	달람 루앙안
실력	kemampuan (mampu)	꺼맘뿌안
	kemampuan matematikanya meningkat 꺼맘뿌안 마떼마띠까냐 머닝깟 수학 실력이 늘다	
실례(失禮)	tidak sopan	띠닥 소빤
실리콘	silikon	실리콘
실망하다	kecewa	꺼쩨와
실수하다	berbuat salah (buat)	버르부앗 살라
실습하다	berpraktik (praktik)	버르쁘락띡
실시하다	menjalankan (jalan)	먼잘란깐
실업	pengangguran (anggur)	뼁앙구란
실업자	tuna karya	뚜나 까르야
실외	luar ruangan	루아르 루앙안
실용적인	praktis	쁘락띠스
실제	kenyataan (nyata)	꺼냐따안
실존하다	berada secara nyata	버르아다 스짜라 냐따

실종	kehilangan (hilang)	꺼힐랑안
실천하다	mempraktikkan (praktik)	멈쁘락띠깐
실패하다	gagal	가갈
실행하다	menjalankan (jalan)	먼잘란깐
실험	melaksanakan eksperimen	멀락사나깐 엑스뻬리멘
실현하다	mewujudkan (wujud)	머우주드깐
싫어하다	tidak menyukai (suka)	띠닥 머뉴까이
싫증나다	bosan	보산
심각하다	serius	세리우스
	parah	빠라
심다	menanam (menanam)	머나남
심리	psikologi	삐지꼴로기
심문하다	mengusut (usut)	멍우숫
	mengintegorasi (integorasi)	멍인테고라시
심부름	suruhan (suruh)	수루한
	mengirim suruhan (kirim) 멍이림 수루한 그를 심부름 보내다	
심사하다	menilai (nilai)	머닐라이
심야	tengah malam	떵아 말람
심장	hati	하띠
심장마비	serangan jantung	스랑안 잔뚱
심하다	parah	빠라

심호흡	**napas dalam-dalam**	나빠스 달람 – 달람
십대	**belasan tahun (belas)**	벌라산 따훈
12월	**Desember**	데셈베르
11월	**November**	노벰베르
십자가	**salib**	살립
싱크대	**bak cuci di dapur**	박 쭈찌 디 다뿌르
싸다(가격)	**murah**	무라
싸우다	**bertengkar (tengkar)**	버르뜽까르
싸움	**pertengkaran (tengkar)**	뻐르뜽까란
	mencegah pertengkaran (cegah) 먼쯔가 뻐르뜽까란 싸움을 말리다	
싹	**pucuk**	뿌쭉
싹트다	**bertunas**	버르뚜나스
쌀	**beras**	버라스
쌍	**pasangan (pasang)**	빠상안
쌍꺼풀	**lipatan kelopak mata**	리빳딴 껄로빡 마따
쌍둥이	**anak kembar**	아낙 껨바르
쌓다	**menumpuk (tumpuk)**	머눔뿍
쌓이다	**bertumpuk (tumpuk)**	버르뚬뿍
썩다	**membusuk (busuk)**	멈부숙
썰매	**kereta seluncur es**	꺼레따 설룬쭈르 에스
썰물	**air surut**	아이르 수룻
쏘다, 발사하다	**menembak (tembak)**	머넴박

쓰다	(맛) pahit	빠힛
	(글씨) menulis (tulis)	머눌리스
	(사용) menggunakan (guna)	멍구나깐
쓰다듬다	mengelus (elus)	멍얼루스
쓰러지다	jatuh	자뚜
	pingsan	삥산
쓰레기	sampah	삼빠
쓸개	nyali	냘리
	empedu	음뻐두 / 엄뻐뚜
쓸다	menyapu (sapu)	머냐뿌
쓸데 없는	(용도) tidak ada guna	띠닥 아다 구나
	(헛된) sia-sia	시아 – 시아
	kekhawatiran yang sia-sia 꺼하와띠란 양 시아 – 시아 쓸데없는 걱정	
쓸모 있다	ada manfaat	아다 만화앗
쓸쓸하다	sepi	스삐
	sunyi	수니
씌우다, 덮다	menutupi (tutup)	머누뚭뻬
씨앗	benih	버니
씹다	mengunyah (kunyah)	멍운냐
씻다	mencuci (cuci)	먼쭈찌

#

아가씨	**nona**	노나
	gadis	가디스
아기	**bayi**	바이
아까, 조금 전	**tadi**	따디
아깝다	**sayang** (uang, kesempatan)	사양
아내	**istri**	이스뜨리
아는 사람	**kenalan**	꺼날란
아동	**anak-anak**	아낙아낙
아들	**anak laki-laki**	아낙 라끼라끼
아라비아숫자	**angka Arab**	앙까 아랍
아래	**bawah**	바와
아랫사람	**bawahan**	바와한
아르바이트	**kerja sambilan**	꺼르자 삼빌란
아름답다	**indah**	인다
아마	**mungkin**	뭉낀
아마추어	**amatir**	아마티르
아몬드	**almond (kacang)**	알몬드
아무렇게나	**dengan ceroboh**	등안 쩌로보
	sembarangan	슴바랑안

아버지	ayah	아야
아쉽다	sayang	사양
	terdapat kekurangan	떠르다빳 꺼꾸랑안
아스팔트	aspal	아스빨
아슬아슬하다	hampir saja	함삐르 사자
아이돌	idola	이돌라
아이디어	ide	이데
아이러니	ironi	이로니
아이쇼핑	cuci mata	쭈찌 마따
아이스크림	es krim	에스 끄림
아이콘	ikon	이꼰
아저씨	om	옴
아주머니	embak	음바
	bibi	비비
	ibu	이부
아직	masih	마시
	belum	벌룸
아침	pagi	빠기
아침 식사	sarapan	사랍빤
	makan pagi	마깐 빠기
아토피	ruam kulit	루암꿀릿
아티스트	artis	아르띠스
아파트	apartemen	아빠르뜨멘
아프다	sakit	사낏

아픔	**kesakitan**	꺼사낏딴
	rasa sakit	라사 사낏
악하다, 사악하다	**jahat**	자핫
악기	**alat musik**	알랏 무식
악마	**setan**	세딴
악몽	**mimpi buruk**	밈삐부룩
악성의	**ganas**	가나스
악수하다	**bersalaman (salam)**	버르살람안
악어	**buaya**	부아야
악용하다	**menyalahgunakan (salah)**	머냘라구나깐
악의(惡意)	**maksud jahat**	막숫 자핫
악취	**bau busuk**	바우 부숙
	bau menyengat (sengat)	바우 머녕앗
악화되다	**memburuk (buruk)**	멈부룩
안(內)	**dalam**	달람
안개	**kabut**	까붓
안경	**kacamata**	까짜마따
안과	**klinik mata**	끌리닉 마따
안내	**mengantar (antar)**	멍안따르
안다, 포옹하다	**memeluk (peluk)**	머멀룩
안락사	**suntik mati**	순띡 마띠
안락하다	**nyaman**	냐만
안색	**raut wajah**	라웃 와자

안심하다	tenang	떠낭 / 뜨낭
	lega	르가
	tenteram	뜬떠람 / 떤뜨람
안약	obat mata	오밧 마따
안전벨트	sabuk pengaman (aman)	사북 뻥아만
안전하다	aman	아만
안정되다	tenang	뜨낭
	stabil	스따빌
	aman	아만
안타깝다	menyayangkan (sayang)	머냐양깐
	menyesalkan (sesal)	머녀살깐
앉다	duduk	두둑
알다	tahu	따후
알레르기	alergi	알레르기
알로에	lidah buaya	리다 부아야
알루미늄	aluminium	알루미늄
알리다	memberitahukan (beritahu)	멈버리따후깐
알리바이	alibi	알리비
알코올	alkohol	알코홀
알파벳	abjad	압잣
암(癌)	kanker	깡꺼르
암기하다	menghafal (hafal)	멍하활
암모니아	amonia	암모니아
암살하다	membunuh (bunuh)	멈부누

암소	**sapi betina**	사삐 버띠나
암시하다	**memberi isyarat (beri)**	멈버리 이샤랏
암컷	**betina**	버띠나
암탉	**ayam betina**	아얌 버띠나
암호	**sandi**	산디
압도하다	**mengungguli (unggul)**	멍웅굴리
압력	**tekanan (tekan)**	뜨깐안
압박하다	**menekan (tekan)**	머너깐
	mengepres (pres)	멍어쁘레스
	menindas (tindas)	머닌다스
압축	**memadatkan**	머마닷깐
	memampatkan	머맘빳깐
	menekan	머너깐
앞	**depan**	드빤
앞으로	**ke depan**	꺼 드빤
	maju	마주
애교 있는	**imut-imut**	이뭇 – 이뭇
	ganjen	간전
애국심	**patriotisme**	빠뜨리오띠스므
애매하다	**ambigu**	암비구
애인	**kekasih (kasih)**	꺼까시
	pacar	빠짜르
애정	**kasih sayang**	까시 사양

ㄱ
ㄴ
ㄷ
ㄹ
ㅁ
ㅂ
ㅅ
ㅇ
ㅈ
ㅊ
ㅋ
ㅌ
ㅍ
ㅎ

애프터서비스	**layanan purna jual**	라야난 뿌르나 주알
	layanan tindak lanjut	라야난 띤닥 란줏
액세서리	**aksesoris**	악세소리스
액수	**jumlah**	줌라
액자	**bingkai**	빙까이
	kerangka	꺼랑까
액정	**kristal cair**	끄리스딸 짜이르
	LCD	엘시디
액체	**cairan (cair)**	짜이란
앨범	**album**	알붐
앵무새	**burung kakak tua**	부룽까깍뚜아
야간 근무	**kerja malam**	꺼르자 말람
야간경기	**pertandingan malam (tanding)**	뻐르딴딩안 말람
야구	**bisbol**	비스볼
야근하다	**kerja malam (lembur)**	꺼르자 말람
야당	**partai oposisi**	빠르따이 오뽀시시
야만적인	**biadab**	비아답
야무지다	**tegas**	뜨가스 / 떠가스
야생	**liar**	리아르
야외	**luar ruangan**	루아르 루앙안
야하다	**vulgar**	불가르
	seksi	섹시
약(約)	**kira-kira**	끼라 – 끼라
약(藥)	**obat**	오밧

약국	**apotek**	아뽀떽
약속하다	**berjanji (janji)**	버르잔지
약점	**titik lemah**	띠띡 르마
	kelemahan (lemah)	꺼르마한
약초	**tumbuhan obat (tumbuh)**	뚬부한 오밧
약품	**obat-obatan (obat)**	오밧오밧딴
약하다	**lemah**	르마
약해지다	**melemah (lemah)**	멀르마
약혼자	**tunangan (tunang)**	뚜낭안
약혼하다	**bertunangan (tunang)**	버르뚜낭
약화시키다	**melemahkan (lemah)**	멀르마깐
얄밉다	**menyebalkan (sebal)**	머녀발깐
얇다	**tipis**	띠삐스
양(量)	**kuantitas**	꾸안띠따스
양(羊)	**domba**	돔바
양념	**bumbu**	붐부
양말	**kaus kaki**	까우스 까끼
양배추	**kol**	콜
	kubis	꾸비스
양보하다	**mendahulukan (dahulu)**	먼다훌루깐
양식	(형식) **formulir**	훠르물리르
	(유행) **gaya; model**	가야; 메또데
양식하다	**membudidayakan (budidaya)**	멈부디다야깐

양치질	**menggosok gigi (gosok)**	멍고속 기기
양파	**bawang bombai**	바왕봄바이
얕다	**dangkal**	당깔
어그러지다 (일이)	**berbuat kelir**	버르부앗 껄리르
	gagal (buat)	가갈
어금니	**geraham**	그라함
어기다(약속)	**tidak menepati (janji)**	띠닥 머너빠띠
어깨	**bahu**	바후
	pundak	뿐닥
어느	**yang mana**	양 마나
어느 날	**suatu hari**	수아뚜 하리
어느새	**tanpa sadar**	딴빠 사다르
	tahu tahu sudah	따후 따후 수다
어느 쪽	**sebelah mana**	스벌라 마나
어둠	**kegelapan (gelap)**	꺼걸랍빤
어둡다	**gelap**	글랍
어디	**di mana**	디 마나
어딘가	**di suatu tempat**	디 수아뚜 떰빳
어렵다	**sulit**	술릿
	susah	수사
어른	**dewasa**	데와사
어리다	**muda**	무다
	kecil	꺼찔
어리석은	**bodoh**	보도

어머니	**ibu**	이부
어부	**nelayan**	널라얀
어색하다	**canggung**	짱궁
	tak nyaman	딱 냐만
어업	**perikanan (ikan)**	뻐르이깐안
어울리다	**cocok**	쪼쪽
	selaras	슬라라스
	harmonis	하르모니스
어제	**kemarin**	꺼마린
어젯밤	**kemarin malam**	꺼마린 말람
어지럽다	**pusing**	뿌싱
어쨌든	**bagaimanapun juga**	바가이마나뿐 주가
어학	**ilmu bahasa**	일무 바하사
어휘	**kosa kata**	꼬사까따
억(億)	**seratus juta**	스라뚜스 주따
억압하다	**menindas (tindas)**	머닌다스
억울하다	**merasa jadi korban (rasa)**	머라사 자디 꼬르반
억제하다	**mengendalikan (kendali)**	멍언달리깐
억측하다	**dugaan (duga)**	두가안
	mengira (kira)	멍이라
언덕	**lereng**	레렝
	bukit	부낏
언어	**bahasa**	바하사
언쟁하다	**bertengkar mulut (tengkar)**	버르떵까르 물룻

기
ㄴ
ㄷ
ㄹ
ㅁ
ㅂ
ㅅ
ㅇ
ㅈ
ㅊ
ㅋ
ㅌ
ㅍ
ㅎ

언제	**kapan**	까빤
언제까지나	**sampai kapan pun**	삼빠이 까빤 뿐
언제나	**kapan saja**	까빤 사자
언젠가	**suatu saat**	수아뚜 사앗
얻다, 획득하다	**mendapatkan (dapat)**	먼다빳깐
얼굴	**wajah**	와자
	muka	무까
얼다	**beku**	버꾸
얼룩	**noda**	노다
얼마나	**berapa**	버라빠
	berapa banyak	버라빠 바냑
얼음	**es**	에스
	es batu	에스 바뚜
얼큰하다	**agak pedas**	아각 뻐다스
엄격한	**ketat**	꺼땃
	keras	꺼라스
엄마	**mami**	마미
	mama	마마
	ibu	이브
엄벌	**hukuman yang keras (hukum)**	후꿈안 양 꺼라스
엄숙하다	(분위기) **sungguh-sungguh**	숭구 – 숭구
	(경건) **khidmat**	키드맛
엄지손가락	**ibu jari**	이부자리

엄하다	**tegas**	떠가스
	ketat	꺼땃
업계	**dunia usaha**	두니아 우사하
업다	**menggendong (gendong)**	멍겐동
업데이트	**update**	업데이트
	pemutakhiran	뻐무딱히란
업무	**pekerjaan (kerja)**	뻐꺼르자안
	urusan (urus)	우루산
없다	**tidak ada**	띠닥 아다
없애다	**menghilangkan (hilang)**	멍힐랑깐
없어지다	**menghilang (hilang)**	멍힐랑
	raib	라입
엉덩이	**pantat**	빤땃
엉망진창	**berantakan**	버란따깐
	kacau-balau	까짜우 – 발라우
엉터리	(행동) **sembrono**	슴부로노
	(말) **tidak tepercaya (percaya)**	띠닥 떠뻐르짜야
엎드리다	**tiarap**	띠아랍
	menelungkup (telungkup)	머널룽꿉
엎지르다	**menumpahkan (tumpah)**	머눔빠깐
에너지	**energi**	에네르기
에스컬레이터	**tangga jalan**	땅가잘란
	eskalator	에스칼라또르
에어로빅	**aerobik**	아에로빅

에어컨	**AC**	아쎄
	pendingin ruangan (dingin) (ruang)	쁜딩인루앙안
에이전트	**agen**	아겐
에티켓	**etiket**	에띠껫
엑스트라	**ekstra**	엑스트라
엔지니어	**insyinyur**	인시뉴르
엘리트	**elit**	엘릿
여가	**waktu luang**	왁뚜 루앙
여관	**penginapan (inap)**	쁭이납안
여권	**paspor**	빠스뽀르
여기	**sini**	시니
여기저기	**sana sini**	사나 시니
여당	**partai pemerintah**	빠르따이 쁘머린따
여덟	**delapan**	들라빤
여드름	**jerawat**	즈라왓
여러 가지	**beberapa**	버버라빠
여론	**pandangan umum (pandang)**	빤당안 우뭄
여름	**musim panas**	무심빠나스
여름방학	**liburan musim panas (libur)**	리부란 무심빠나스
여배우	**artis perempuan**	아르띠스 쁘럼뿌안
여신	**dewi**	데위
여왕	**ratu**	라뚜

여우	**rubah**	루바
여유롭다	**senggang**	승강
	luang	루앙
여자	**perempuan**	뻐럼뿌안
여전히	**tetap**	떠땁 / 뜨땁
여행사	**agen wisata**	아겐 위사따
여행하다	**berwisata (wisata)**	버르위사따
역(驛)	**stasiun**	스따시운
역사	**sejarah**	스자라
역습하다	**menyerang balik (serang)**	머녀랑 발릭
역시	**tentu saja**	떤뚜 사자
역할	**peran**	뻐란
연(날리는 기구)	**layang-layang**	라양 – 라양
연(年)	**tahun**	따훈
연결하다	**menyambung (sambung)**	머남붕
	menghubungkan (hubung)	멍후붕깐
연구소	**pusat penelitian (teliti)**	뿌삿 뻐널리띠안
연구하다	**meneliti (teliti)**	머널리띠
연극	**teater**	떼아떠르
연금(年金)	**uang pensiun**	왕 뻰시운
연기(煙氣)	**asap**	아삽
연기(延期)하다	**menunda (tunda)**	머눈다
연단	**podium**	뽀디움
	mimbar	밈바르

연락하다	menghubungi (hubung)	멍후붕이
	mengontak (kontak)	멍온딱
연료	bahan bakar	바한 바까르
연말	akhir tahun	아키르따훈
연못	kolam	꼴람
연봉	gaji tahunan	가지 따훈안
	pendapatan tahunan (dapat)	뻔다빳딴 따훈안
연상(聯想)하다	berasosiasi (asosiasi)	버르아소시아시
연설하다	berpidato (pidato)	버르삐다또
연소하다, 태우다	membakar (bakar)	멈바까르
연속적으로	berturut-turut (turut)	버르뚜룻 – 뚜룻
연쇄적으로	beruntun (runtun)	버룬뚠
	berturut-turut	버르뚜룻 – 뚜룻
연습하다	berlatih (latih)	버르라띠
연애하다	berpacaran	버르빠짜란
	menjalin hubungan kekasih	먼잘린후붕안 꺼까시
연어	salmon	살몬
연예인	selebriti	셀레브리띠
연장하다	memperpanjang (panjang)	멈뻐르빤장
연주	pertunjukan musik (tunjuk)	뻐르뚠주깐 무식
연주하다	memainkan musik (main)	머마인깐 무식
연출하다	menyutradarai (sutradara)	머뉴뜨라다라이

연필	**pensil**	뻰실
연하의	**lebih muda**	르비 무다
열광하다	**antusias**	안뚜시아스
열기	**panas**	빠나스
	(열정) **gelora**	글로라
열다, 벗다	**membuka (buka)**	멈부까
열대	**tropis**	뜨로삐스
열량	**kalori**	칼로리
열렬한	**antusias**	안뚜시아스
열리다	**terbuka (buka)**	떠르부까
열리다(열매)	**berbuah (buah)**	버르부아
열매	**buah**	부아
열병	**demam**	드맘
열쇠	**kunci**	꾼찌
열심히	**dengan giat**	등안 기앗
열중하다	**mengonsentrasikan (konsentrasi)**	멍온센뜨라시깐
열차	**kereta api**	꺼레따 아삐
엷다	**tipis**	띠삐스
염색하다	**mencelup (celup)**	먼쩰룹
염소	**kambing**	깜빙
염증	**radang**	라당
엽서	**kartu pos**	까루뚜 뽀스
엿듣다	**menguping (kuping)**	멍우삥

ㄱ
ㄴ
ㄷ
ㄹ
ㅁ
ㅂ
ㅅ
ㅇ
ㅈ
ㅊ
ㅋ
ㅌ
ㅍ
ㅎ

엿보다	**mengintip (intip)**	멍인띱
영(0)	**nol**	놀
	kosong	꼬송
영광	**kemuliaan (mulia)**	꺼물리아안
영국	**Inggris**	잉그리스
영국인	**orang Inggris**	오랑 잉그리스
영리하다	**pintar**	삔따르
	cerdas	쩌르다스
영상	**video**	비디오
영수증	**kuitansi**	꾸이딴시
영양분	**nutrisi**	누뜨리시
	unsur gizi	운수르 기지
영어	**Bahasa Inggris**	바하사 잉그리스
영업하다	**memasarkan (pasar)**	머마사르깐
영역	**wilayah**	윌라야
영웅	**pahlawan** pahlawan rakyat 빨라완 라얏 국민적인 영웅	빨라완
영웅적인	**heroik**	헤로익
영원	**keabadian (abadi)**	꺼아바디안
영토	**teritori**	떼리또리
영하	**di bawah derajat nol**	디 바와 드라잣 놀
영향	**pengaruh** mempengaruhi (pengaruh) 멈뻥아루히 영향을 미치다	뻥아루

영혼	**jiwa**	지와
영화	**film**	필름
영화감독	**sutradara film**	수트라다라 휠름
옆	**samping**	삼삥
옆구리	**sisi tubuh**	시시 뚜부
옆모습	**tampak samping**	땀빡 삼삥
예(yes)	**ya**	야
	iya	이야
예(例)	**contoh**	쫀또
예감	**firasat**	휘라삿
예고하다	**memberitahu sebelumnya (beritahu)**	멈버리따후 스벌룸냐
예능	**kesenian (seni)**	꺼스니안
예매하다	**memesan (pesan)**	머머산
예민한	**sensitif**	센시티브
예방약	**obat pencegah (cegah)**	오밧 뻔쯔가
예방주사	**suntik imunisasi**	순떡 이무니사시
예방하다	**mencegah (cegah)**	먼쯔가
	menangkal (tangkal)	머낭깔
예배	**ibadah**	이바다
예비	**persiapan (siap)**	뻐르시아빤
예비조사	**survei persiapan**	서르베이 뻐르시아빤
예쁘다	**cantik**	짠띡
예산	**anggaran**	앙가란

예상하다	**memperkirakan (kira)**	멈뻐르끼라깐
예선(豫選)	**(babak) eliminasi**	엘리미나시
예술	**seni**	스니
예술가	**seniman (seni)**	스니만
예습하다	**mempersiapkan pelajaran (siap)**	멈뻐르시압깐 뻴라자란
예약하다	**memesan (pesan)**	머머산
예언하다	**mewahyukan (wahyu)**	머와흐유깐
예외	**pengecualian (kecuali)**	뻥어쭈알리안
예의	**sopan santun**	소빤 산뚠
	tata krama	따따 끄라마
예의 바르다	**sopan**	소빤
예측하다	**memprakirakan (prakira)**	멈쁘라끼라깐
옛날	**dahulu kala**	다훌루 깔라
	zaman dahulu	자만 다훌루
오각형	**segi lima**	스기 리마
오늘	**hari ini**	하리 이니
오다	**datang**	다땅
오디션	**audisi**	아우디시
오디오	**audio**	아우디오
오락	**hiburan (hibur)**	히부란 (히부르)
오랫동안	**lama**	라마
오렌지	**jeruk**	저룩
오르다	**naik**	나익

오른쪽	**kanan**	까난
오리	**bebek**	베벡
오리엔테이션	**orientasi**	오리엔따시
오만	**sombong**	솜봉
	congkak	쫑깍
오믈렛	**omelet**	오믈렛
오븐	**oven**	오븐
오빠	**kakak laki-laki (bagi perempuan)**	까깍 라끼 – 라끼
오솔길	**jalan setapak**	잘란 스따빡
오아시스	**oasis**	오아시스
오염되다	**tercemar (cemar)**	떠르쯔마르
5월	**bulan Mei**	불란 메이
오이	**timun**	띠문
	mentimun	먼띠문
오전	**pagi hari**	빠기 하리
오존	**ozon**	오존
오줌	**air kencing**	아이르 껀찡
	pipis kencing; pipis 껀찡; 삐삐스 오줌을 누다	삐삐스
오징어	**cumi-cumi**	쭈미 – 쭈미
오케스트라	**orkestra**	오르께스트라
오토바이	**sepeda motor**	스뻬다 모또르

오해하다	**salah paham**	살라 빠함
오후	**sore**	소레
오히려	**malah**	말라
	sebaliknya	스발릭냐
옥상	**atas atap**	아따스 아땁
옥수수	**jagung**	자궁
온도	**suhu**	수후
	temperatur	뗌뻐라뚜르
온도계	**termometer**	떠르모메떠르
온라인	**online**	온라인
	dalam jaringan (daring)	달람 자링안 (다링)
온수	**air panas**	아이르 빠나스
온실	**rumah kaca**	루마 까짜
온천	**sumber air panas (dari bumi)**	숨버르 아이르 빠나스
	mandi air panas dari bumi 만디 아이르 빠나스 다리 부미 온천욕 하다	
온화한 (인품/성격)	**lembut**	럼붓
	ramah	라마
올라가다	**naik**	나익
올리다	**menaikkan (naik)**	머나익깐
올리브	**zaitun**	자이뚠
올림픽	**olimpiade**	올림삐아드
올챙이	**kecebong**	꺼쩨봉

옮기다	**memindahkan (pindah)**	머민다깐
옳다	**benar**	버나르
옵션	**opsi**	옵시
	pilihan dari sejumlah alternatif (pilih)	삘리한 다리 서줌라 알떠르나띱
옷	**baju**	바주
옷걸이	**gantungan baju (gantung)**	간뚱안 바주
옷깃	**kerah**	꺼라
옷차림	**pakaian (pakai)**	빠까이안
와이셔츠	**kemeja putih**	꺼메자 뿌띠
와이퍼(자동차)	**penyeka kaca (seka)**	뻐녀까 까짜
와인	**wine**	와인
	minuman anggur	미눔안 앙구르
왁스	**lilin**	릴린
	malam	말람
완공하다	**merampungkan bangunan (rampung)**	머람뿡깐 방운안
완구	**mainan (main)**	마이난
완료하다	**menyelesaikan (selesai)**	머녈러사이깐
완벽	**sempurna**	섬뿌르나
	akting yang sempurna 악띵 양 섬뿌르나 완벽한 연기	
완성하다	**menyempurnakan (sempurna)**	머념뿌르나깐

완행열차	**kereta api lambat**	끄레따 아삐 람밧
왕	**raja**	라자
왕국	**kerajaan (raja)**	꺼라자안
왕래하다	**berlalu lalang (lalu)**	버르 랄루 랄랑
왕복표	**tiket pulang pergi**	티켓 뿔랑뻐르기
왕성한	**bersemangat (semangat)**	버르스망앗
왕자	**pangeran**	빵에란
왜	**kenapa**	꺼나빠
왜냐하면	**oleh karena**	올래 까레나
외과	**klinik bedah**	끌리닉 버다
외교	**diplomasi**	디쁠로마시
외교관	**diplomat**	디쁠로맛
외국	**luar negeri**	루아르 느그리
외국인	**orang asing**	오랑 아싱
외래어	**bahasa asing**	바하사 아싱
외래품	**barang buatan negara asing**	바랑 부앗딴 느가라 아싱
외롭다	**kesepian (sepi)**	꺼스삐안
외부	**luar**	루아르
외식하다	**makan di luar**	마깐 디 루아르
외출하다	**keluar (luar)**	껄루아르
외치다	**berteriak (teriak)**	버르뜨리악
외톨이	**orang yang kesepian**	오랑 양 꺼스삐안
왼손잡이	**kidal**	끼달

왼쪽	**sebelah kiri**	스벌라 끼리
요가	**yoga**	요가
요구하다	**meminta (minta)**	머민따
요금	**biaya**	비아야
	gratis	그라띠스 무료입니다
요란하다	**ribut**	리붓
요람	**buaian (buai)**	부아이안
요리하다	**memasak (masak)**	머마삭
요소	**unsur**	운수르
	komponen	꼼뽀넨
요약	**rangkuman (rangkum)**	랑꾸만
	ringkasan (ringkas)	링까산
요양소	**sanatorium**	사나또리움
	petirahan (tirah)	뻐띠라한
요양하다	**tetirah (tirah)**	떠디라
	memulihkan kesehatan (pulih) (sehat)	머물리깐 꺼세핫딴
요원	**agen**	아겐
	anggota	앙고따
	aparat	아빠랏
요율	**tarif**	따립
요인	**alasan**	알라산
	penyebab (sebab)	뻐녀밥
요일	**hari**	하리

ㄱ ㄴ ㄷ ㄹ ㅁ ㅂ ㅅ **ㅇ** ㅈ ㅊ ㅋ ㅌ ㅍ ㅎ

요즈음	**akhir-akhir ini**	악히르 – 악히르 이니
요청하다	**meminta (pinta)**	머민따
요컨대	**pokoknya (pokok)**	뽀꼭냐
요통	**sakit pinggang**	사낏 삥강
요트	**kapal pesiar**	까빨 뻐시아르
욕 (상스런 말)	**caci maki**	짜찌 마끼
	umpatan (umpat)	움빳딴
욕망	**harapan (harap)**	하라빤
	keinginan (ingin)	꺼잉인안
	keinginan akan kekuasaan 꺼잉인안 아깐 꺼꾸아사안 권력에 대한 욕망	
욕실	**kamar mandi**	까마르 만디
욕심	**hawa nafsu**	하와 납수
욕조	**bak mandi**	박 만디
욕하다	**menghina (hina)**	멍히나
	memaki (maki)	머마끼
용	**naga**	나가
용감하다	**berani**	버라니
용기	**keberanian (berani)**	꺼버라니안
용도	**manfaat**	만화앗
용모	**penampilan (tampil)**	뻐남삘란
	rupa	루빠
용서하다	**memaafkan (maaf)**	머마아프깐
용수철	**pegas**	뻐가스

용암	lava	라바
	lahar	라하르
용액	pelarut (larut)	뻘라룻
용어	istilah	이스띨라
용의자	tersangka (sangka)	떠르상까
우대하다	memperlakukan secara khusus (laku)	멈뻐르라꾸깐 스짜라 쿠수스
우두머리	kepala	꺼빨라
	pemimpin (pimpin)	뻐밈삔
우등, 상위권	peringkat atas	뻐링깟 아따스
우려하다	memprihatinkan (prihatin)	멈쁘리하띤깐
우리	kami	까미
	kita	끼따
우물	sumur	수무르
우박	hujan es	후잔 에스
우산	payung	빠융
우상	berhala	버르할라
	patung dewa	빠뚱 데와
우선	yang utama	양 우따마
우선 순위	prioritas	쁘리오리따스
우세하다	dominan	도민안
우수하다	unggul	웅굴
우습다	lucu	루쭈
	jenaka	즈나까

우승하다	**menang**	머낭
우아하다	**anggun**	앙군
우연히	**kebetulan (betul)**	꺼버뚤란
	kesamaan yang kebetulan 꺼버르사마안 양 꺼버뚤란 우연의 일치	
우울한	**murung**	무룽
우유	**susu**	수수
우의(비옷)	**jas hujan**	자스 후잔
우정	**persahabatan (sahabat)**	뻐르사하밧딴
우주	**luar angkasa**	루아르 앙까사
우주비행사	**astronaut**	아스뜨로나웃
우체국	**kantor pos**	깐또르 뽀스
우편	**pos surat**	뽀스 수랏
우편번호	**kode pos**	꼬드 뽀스
우호적인	**bersahabat (sahabat)**	버르사하밧
우회하다	**melewati jalan alternatif (lewat)**	멀레왓띠 잘란 알떠르나띱
운(運)	**nasib**	나십
	rejeki	레즈끼
운 좋은	**beruntung (untung)**	버르운뚱
운동, 스포츠	**olahraga**	올라라가
운동화	**sepatu olahraga**	스빠뚜 올라라가
운명	**nasib**	나십
	takdir	딱디르

운반하다	**mengangkut (angkut)**	멍앙꿋
운송	**pengangkutan (angkut)**	뻥앙꾸딴
	transportasi	뜨란스뽀르따시
운영하다	**mengelola (kelola)**	멍얼롤라
운임	**tarif angkutan (angkut)**	따립 앙꿋딴
운전사, 운전 기사	**sopir**	소삐르
운전하다	**mengendarai (kendara)**	멍언다라이
	SIM (Surat Izin Mengemudi) 심 (수랏 이진 멍어무디) 운전면허증	
운하	**kanal**	까날
	sungai buatan	숭아이 부아딴
운행하다	**menjalankan (jalan)**	먼잘란깐
울다	**menangis (tangis)**	머낭이스
울음	**tangisan (tangis)**	땅이산
울창하다	**rimbun**	림분
	lebat	르밧
울타리	**pagar**	빠가르
울퉁불퉁한 (표면이)	**tidak rata**	띠닥 라따
	kasar	까사르
움직이다	**bergerak (gerak)**	버르거락
웃기는	**lucu**	루쭈
웃기다	**menggelikan (geli)**	멍걸리깐
	mentertawakan (tertawa)	먼떠르따와깐

웃다(소리내어)	tertawa (tawa)	떠르따와
웃음	(소리) tawa	따와
	(미소) senyum	서늄
웅대하다, 웅장하다	megah	메가
	besar dan indah	버사르 단 인다
웅덩이	kubang	꾸방
	kubangan	꾸방안
	(물) palung; paluh	빨룽; 빨루
웅성대다	ribut suaranya	리붓 수아라냐
	bergaduh (gaduh)	버르가두
웅크리다	meringkuk (ringkuk)	머링꾹
워크숍	lokakarya	로까가르야
원, 둘레	lingkaran (lingkar)	링까란
원가	harga pokok	하르가 뽀꼭
원격제어	pengendalian jarak jauh (kendali)	뻥언달리안 자락 자우
원고(原稿)	naskah	나스까
원고(原告)	penggugat (gugat)	뻥구갓
원단	kain material	까인 마떼리알
원래	awalnya	아왈냐
원료	bahan	바한
	materi	마떼리
원리	asas	아사스
	prinsip	쁘린십

원만하다	**luwes**	루웨스
	serasi	스라시
원본	**naskah asli**	나스까 아슬리
원산지	**tempat asal**	떰빳 아살
원서(願書)	**surat lamaran kerja (lamar)**	수랏 라마란 꺼르자
원수(怨讐), 적	**musuh**	무수
원숭이	**monyet**	모녯
원시(原始)	**asal mula**	아살 물라
원시림	**hutan belantara**	후딴 벌란따라
원시적인	**primitif** zaman primitif 자만 쁘리미띱 원시시대	쁘리미띱
원액	**larutan asli**	라루딴 아슬리
원인	**sebab**	스밥
원자	**atom**	아똠
원작	**karya asli**	까르야 아슬리
원정하다	**melakukan ekspedisi (laku)**	멀라꾸깐 엑스뻬디시
원조하다	**menolong (tolong)**	머놀롱
원칙	**prinsip**	쁘린십
원피스	**baju terusan (terus)**	바주 떠루산
원하다	**keinginan (ingin)**	꺼잉인안
원한	**dendam**	든담
원형(原型)	**pola dasar**	뽈라 다사르
	bentuk dasar	번뚝 다사르

원활하다	lancar	란짜르
	berjalan baik (jalan)	버르잘란 바익
월	bulan	불란
월경	datang bulan	다땅 불란
	haid	하이드
월급	gaji	가지
월드컵	piala dunia (worldcup)	삐알라 두니아 (월드컵)
월등하다	lebih unggul	르비 웅굴
월말	akhir bulan	악히르 불란
월수입	pendapatan satu bulan (dapat)	쁜다빳딴 사뚜 불란
월요일	hari Senin	하리 스닌
위(胃)	lambung	람붕
위(上)	atas	아따스
위기	krisis	끄리시스
위대하다	menganggumkan (kagum)	멍아굼깐
위독한	gawat	가왓
	parah	빠라
위로	penghiburan (hibur)	뼁히부란
위반하다	melanggar (langgar)	멀랑가르
위생	kebersihan (bersih)	버르시
위생적인	saniter	사니떠르
위성	satelit	사떨릿
위스키	wiski	위스끼

위약금	denda pelanggaran kontrak (langgar)	든다 뻴랑가란 꼰뜨락
위엄	kewibawaan (wibawa)	꺼위바와안
위원	anggota panitia	앙고따 빠니띠아
	anggota komite	앙고따 꼬미떼
위원회	panitia	빠니띠아
	komite	꼬미떼
위인	pahlawan	빨라완
위임하다	memberi wewenang (beri)	멈버리 워워낭
위자료	uang ganti rugi	우앙 간띠 루기
위장하다	menyamar (samar)	머냐마르
위조하다	memalsukan (palsu)	머말수깐
위축되다	merasa canggung	머라사 짱궁
위치	lokasi	로까시
위탁하다	menitipkan (titip)	머니띱깐
위하여	untuk	운뚝
	supaya	수빠야
위험하다	bahaya	바하야
위협하다	mengancam (ancam)	멍안짬
윗사람	atasan (atas)	아따산
윙크하다	mengedipkan mata (kedip)	멍어딥깐 마따
유감스러운	sebal	스발
유괴하다	menculik (culik)	먼쭐릭

ㄱ
ㄴ
ㄷ
ㄹ
ㅁ
ㅂ
ㅅ
ㅇ
ㅈ
ㅊ
ㅋ
ㅌ
ㅍ
ㅎ

유능한	berbakat (bakat)	버르바깟
	berkemampuan (mampu)	버르꺼맘뿌안
유니폼	seragam	스라감
유도(운동)	yudo	유도
유도하다, 이끌다	memimpin	머밈삔
유람선	kapal pesiar	까빨 뻐시아르
유래하다	berasal dari (asal)	버라살 다리
유럽	Eropa	에로빠
유력한	berkuasa (kuasa)	버르꾸아사
유령	siluman	실루만
유료의	tidak gratis	띠닥 그라띠스
	berbayar (bayar)	버르바야르
유리	kaca	까짜
유리한	menguntungkan (untung)	멍운뚱깐
유망한	prospektif	뿌로스뻭띱
유머	humor	후모르
유명한	terkenal (kenal)	떠르꺼날
유모차	kereta bayi	꺼레따 바이
유발하다	menyebabkan (sebab)	머녀밥깐
유방	payudara	빠유다라
유사품	imitasi	이미따시
	barang tiruan	바랑 띠루안
유사하다	menyerupai (rupa)	머녀루빠이

유산(遺産)	**warisan (waris)**	와리산
	ahli waris 아흘리 와리스 유산 상속인	
유산(流産)	**keguguran (gugur)**	꺼구구란
유서	**surat wasiat**	수랏 와시앗
유아	**balita**	발리따
유연한	**lentur**	런뚜르
	fleksibel	훌렉시벌
유예하다	**menunda waktu (tunda)**	머눈다 왁뚜
유용하다	**bermanfaat (manfaat)**	버르만화앗
유원지	**taman hiburan (hibur)**	따만 히부란
6월	**bulan Juni**	불란 주니
유의하다	**memperhatikan (hati)**	멈뻐르하띠깐
유일한	**hanya satu**	하냐 사뚜
유입되다	**dialir masuk (alir)**	디알리르 마숙
유적	**bekas tempat peninggalan bersejarah (tinggal) (sejarah)**	버까스 떰빳 뻐닝갈란 버르스자라
유전(油田)	**ladang minyak**	라당 미냑
유전(遺傳)	**hereditas**	헤레디따스
유전자	**faktor keturunan (turun)**	확또르 꺼뚜루난
	gen	겐
유전적	**genetik**	게네띡
유조선	**kapal tangker**	까빨 땅꺼르

ㄱ ㄴ ㄷ ㄹ ㅁ ㅂ ㅅ **ㅇ** ㅈ ㅊ ㅋ ㅌ ㅍ ㅎ

유족	keluarga yang tertinggal (tinggal)	껄루아르가 양 떠르띵갈
유죄	kesalahan (salah)	꺼살라한
유지(維持)하다	mempertahankan (tahan)	멈뻐르따한깐
	memelihara (pelihar)	머멀리하라
유창하다	fasih	화시
	lancar	란짜르
유출하다	membocorkan (bocor)	멈보쪼르깐
	mengeluarkan (keluar)	멍어루아르깐
유치원	taman kanak-kanak	따만 까낙 까낙
유치하다	kekanak-kanakan (kanak)	꺼까낙 – 까나깐
유쾌하다	senang	스낭
	gembira	검비라
유쾌한	menyenangkan (senang)	머녀낭깐
	menggembirakan (gembira)	멍검비라깐
유턴하다	putar balik	뿌따르 발릭
유통기한	masa berlaku (laku)	마사 버르라꾸
유통되다	beredar (edar)	버르에다르
	berputar (putar)	버르뿌따르
유통시키다	mendistribusikan (distribusi)	먼디스쯔리부시깐
	mengedarkan (edar)	멍에다르깐
유학생	pelajar yang belajar di luar negeri (ajar)	뻴라자르 양 벌라자르 디 루아르 느그리

유학하다	belajar di luar negeri	벌라자르 디 루아르 느그리
유해한	membahayakan (bahaya)	멈바하야깐
유행	kepopuleran (populer)	꺼뽀뿔레란
	tren	뜨렌
유행하다	populer	뽀뿔레르
유형	wujud	우줏
	bentuk	번뚝
유혹하다	menggoda (goda)	멍고다
	memikat (pikat)	머미깟
	memancing (pancing)	머만찡
유화(油畵)	lukisan cat minyak	루끼산 짯 미낙
유황	belerang	벌레랑
유효하다	berlaku (laku)	버르라꾸
육감	sensualitas	센수알리따스
육교	jembatan penyeberangan (seberang)	점바딴 뼈녀버랑안
육군	angkatan darat (angkat)	앙깟딴 다랏
육식	makan daging	마깐 다깅
육식동물	karnivor	까르니보르
육아	mengasuh anak (asuh)	멍아수 아낙
육안	mata telanjang	마따 떨란장
육지	darat	다랏
육체	tubuh	뚜부

윤곽	**garis bentuk**	가리스 번뚝
	raut benda	라웃 번다
윤기가 나다, 광채가 나다	**berkilauan**	버르낄라우안
윤리	**etika**	에띠까
윤리적인	**etis**	에띠스
융자 받다	**meminjam (pinjam)**	머민잠
으뜸가다	**pertama**	뻐르따마
	unggul	웅굴
으레, 당연한	**seharusnya**	스하루스냐
	selalu	슬랄루
~으로서, ~처럼	**sebagai**	스바가이
은(銀)	**perak**	뻬락
은메달	**medali perak**	머달리 뻬락
은신처	**persembunyian (sembunyi)**	뻐르섬부니안
은인	**penolong (tolong)**	뻐놀롱
	penyelamat (selamat)	뻐녈라맛
은퇴하다	**pensiun**	뻰시운
은하수	**galaksi**	갈락시
은행	**bank**	방
은혜	**kebaikan (baik)**	꺼바이깐
음란하다	**bercabul (cabul)**	버르짜불
	tidak senonoh	띠닥 스노노
음료수	**minuman (minum)**	미누만

음미하다	**menikmati (nikmat)**	머닉마띠
음성, 목소리	**suara**	수아라
음식	**makanan (makan)**	마깐안
음식점	**restoran**	레스또란
음악	**musik**	무식
음악가	**pemusik (musik)**	뻐무식
음치	**buta nada**	부따 나다
음침한	**gelap**	걸랍
	suram	수람
응급	**darurat**	다루랏
응급실	**ruang darurat**	루앙 다루랏
	pengobatan darurat (obat) 뻥오바딴 다루랏 응급치료	
응답하다	**menjawab (jawab)**	먼자왑
응모하다	**mendaftar (daftar)**	먼답프따르
	melamar (lamar)	멀라마르
응시(凝視)하다	**menatap (tatap)**	머나땁
응용하다	**menerapkan (terap)**	머너랍깐
	mempraktekkan (praktek)	멈쁘락떽깐
응원하다	**bersorak (sorak)**	버르소락
	mendukung (dukung)	먼두꿍
응접실	**ruang tamu**	루앙 따무
의견	**pendapat (dapat)**	뻔다빳
의논	**diskusi**	디스꾸시

ㄱ ㄴ ㄷ ㄹ ㅁ ㅂ ㅅ **ㅇ** ㅈ ㅊ ㅋ ㅌ ㅍ ㅎ

의뢰하다	**permohonan (mohon)**	뻐르모호난
	permintaan (minta)	뻐르민따안
의료	**pengobatan (obat)**	뼁오바딴
	medis	메디스
의료보험	**asuransi kesehatan (sehat)**	아수란시 꺼세하딴
의리 있는	**setia**	스띠아
의무	**kewajiban (wajib)**	꺼와집반
	pendidikan wajib 뻔디디깐 와집 의무교육	
의문	**pertanyaan (tanya)**	뻐르따냐안
의미	**arti**	아르띠
	makna	마크나
의복	**pakaian (pakai)**	빠까이안
의사	**dokter**	독떠르
의식하다	**sadar**	사다르
	menyadari (sadar)	머냐다리
의심스럽다	**curiga**	쭈리가
의심하다	**mencurigai (curiga)**	먼쭈리가이
의외의	**tidak disangka (sangka)**	띠닥 디상까
의욕	**kemauan**	꺼마우안
	niat	니앗
	ambisi	암비시
의자	**kursi**	꾸르시
의존	**ketergantungan (gantung)**	꺼떠르간뚱안

의지 (意志, 마음)	**cita-cita**	찌따 – 찌따
	hasrat	하스랏
	kegigihan (gigih)	꺼기기한
의지(依支)하다	**bergantung kepada (gantung)**	버르간뚱 꺼빠다
의학	**ilmu kedokteran (dokter)**	일무 꺼독떠란
의향	**maksud**	막숟
	tujuan	뚜주안
의회	**Dewan Perwakilan Rakyat**	데완 뻐르와낄란 라캇
이(2), 둘	**dua**	두아
이, 치아	**gigi**	기기
이, 머릿니	**kutu**	꾸뚜
이것	**ini**	이니
이국적인	**asing**	아싱
이기다	**menang**	머낭
이기적인	**egois**	에고이스
이기주의	**egoisme**	에고이스머
이끌다	**memimpin (pimpin)**	머밈삔
	membawa (bawa)	멈바와
이끼	**lumut**	루뭇
이념	**ideologi**	이데올로기
이달(에)	**bulan ini**	불란 이니
이동하다	**pindah**	삔다
	berpindah	버르삔다

이듬해	**tahun berikut**	따훈 버리꿋
이런, 이토록	**seperti ini**	스뻐르띠 이니
	semacam ini	스마짬 이니
이력, 프로필	**riwayat hidup**	리와얏 히둡
이력서	**surat riwayat hidup**	수랏 리와얏 하둡
이례적인	**luar biasa**	루아르 비아사
	secara kekecualian (kecuali)	스짜라 꺼꺼주알리안
이론	**teori**	떼오리
이론적인	**teoretis**	떼오레띠스
이루다	**mewujudkan (wujud)**	머우줏깐
	menghasilkan (hasil)	멍하실깐
이륙하다	**lepas landas**	르빠스 란다스
이르다(시간)	**pagi sekali**	빠기 스깔리
이르다(도달)	**tiba**	띠바
	sampai	삼빠이
	mencapai (capai)	먼짜빠이
이름	**nama**	나마
이마	**dahi**	다히
	kening	꺼닝
이메일	**pos el**	뽀스 엘
	e-mail	에 – 메일

이미, 벌써	**sudah**	수다
	telah	떨라
	surat elektronik (surel)	수랏 엘렉뜨로닉
이미지	**kesan**	끄산 / 꺼산
이민	**imigrasi**	이미그라시
이발	**memotong rambut (potong)**	머모똥 람붓
이발사	**tukang cukur**	뚜깡 쭈꾸르
이발소	**tempat potong rambut**	뜸빳 뽀똥 람붓
	salon	살론
이별하다	**berpisah (pisah)**	버르삐사
이불	**selimut**	슬리뭇
이사, 임원	**direktur**	디렉뚜르
이사하다, 옮기다	**pindah**	삔다
이산화탄소	**karbon dioksida**	까르본 디옥시다
이상(理想)	**idaman**	이다만
	cita-cita	찌따 – 찌다
이상(以上)	**lebih**	르비
	atas	아따스
이상적인	**ideal**	이데알
이상(異常)하다	**aneh**	아네
이색적인	**unik**	우닉
	khas	카스

이성(理性)	**rasional**	라시오날
	perilaku yang masuk akal 뻐리라꾸 양 마숙 아깔 이성적인 행동	
이성(異性)	**daya nalar**	다야 날라르
이성적	**masuk akal**	마숙 아깔
	rasional	라시오날
이슬	**embun**	엄분
이슬람교	**agama Islam**	아가마 이슬람
이식	**transplantasi**	뜨란스쁠란따시
이쑤시개	**tusuk gigi**	뚜숙 기기
이야기	**cerita**	쯔리따
이어지다	**bersambung (sambung)**	버르삼붕
	berlanjut (lanjut)	버르란줏
이어폰	**earphone**	이어르폰
	pelantang telinga	뻴란땅 떨링아
이외	**selain**	슬라인
이용하다	**menggunakan (guna)**	멍구나깐
이웃	**tetangga**	떠땅가
이웃집	**rumah sebelah**	루마 스벌라
2월	**Februari**	훼브루아리
이유(理由)	**alasan**	알라산
	tanpa alasan apapun 딴빠 알라산 아빠뿐 아무 이유도 없이	
이율	**rasio bunga**	라시오 붕아

이익	untung	운뚱
이자	suku bunga	수꾸 붕아
이전	dulu	둘루
	sebelumnya	스벌룸냐
이전하다	pindah	삔다
이제	sekarang	스까랑
이주하다	bertransmigrasi (transmigrasi)	버르뜨란스미그라시
이중	dobel	도블
	ganda	간다
이질적인	berbeda jenis (beda)	버르베다 저니스
이쪽	arah ini	아라 이니
	pihak kita	삐학 끼따
이하	kurang dari	꾸랑 다리
	bawah	바와
이해력	daya paham	다야 빠함
이해하다	mengerti (erti)	멍어르띠
이혼하다	bercerai (cerai)	버르쩌라이
이후	setelah	스떨라
익다	matang	마땅
익명	nama samaran	나마 사마란
익사하다	mati tenggelam	마띠 떵걸람
익살스러운	lucu	루쭈
익숙하다	telah biasa	떨라 비아사

익히다	**memahiri (mahir)**	머마히리
	mempelajari (ajar)	멈뻘라자리
인간	**manusia**	마누시아
인건비	**biaya tenaga kerja**	비아야떠나까 꺼르자
인격	**watak**	와딱
	budi pekerti	부디 뻐꺼르띠
인공	**artifisial**	아르띠휘시알
	buatan (buat) napas buatan 나빠스 부아딴 인공호흡	부아딴
인구	**jumlah penduduk**	줌라 뻔두둑
인구밀도	**kepadatan penduduk (padat) (duduk)**	꺼빠닫딴 뻔두둑
인구조사	**sensus penduduk**	센수수 뻔두둑
인권	**hak asai manusia**	학 아사시 마누시아
인기	**popularitas**	뽀뿔라리따스
인내하다	**bersabar (sabar)**	버르사바르
인도적인	**segi kemanusiaan (manusia)**	스기 꺼마누시아안
인류	**umat manusia**	우맛 마누시아
인맥	**koneksi pribadi**	꼰넥시
인물	**tokoh**	또꼬
인사(人事)	**salam**	살람
인사하다	**mengucapkan salam (ucap)**	멍우짭깐 살람

인상(느낌)	**kesan**	꺼산
	impresi	임쁘레시
인상(얼굴)	**roman muka**	로만 무까
	wajah	와자
인상적	**mengesankan (kesan)**	버르꺼산
인색한	**pelit**	뻴릿
	kikir	끼끼르
인생	**kehidupan (hidup)**	꺼히둡깐
인세, 로열티	**royalti**	로얄띠
인솔하다	**memimpin (pimpin)**	머밈삔
인쇄	**cetakan (cetak)**	쩨딱깐
인수하다	**mengambil alih (ambil)**	멍암빌 알리
인식하다	**memahami (paham)**	머마하미
인용하다	**mengutip (kutip)**	멍우띱
인재	**orang yang berbakat (bakat)**	오랑 양 버르바깟
인정하다	**mengakui (aku)**	멍아꾸이
인종	**ras**	라스
	diskriminasi ras 디스끄리미나시 라스 인종차별	
인질	**sandera**	산드라
인출	**menarik (tarik)**	머나릭
인터뷰	**wawancara**	와완짜라
인테리어	**interior**	인떼리오르

ㄱ
ㄴ
ㄷ
ㄹ
ㅁ
ㅂ
ㅅ
ㅇ
ㅈ
ㅊ
ㅋ
ㅌ
ㅍ
ㅎ

인프라	**infrastruktur**	인프라스뜨룩뚜르
인형	**boneka**	보네까
일, 용무, 문제	**urusan**	우루산
	masalah	마살라
일, 업무, 직업	**kerja**	꺼르자
	pekerjaan	뻐꺼르자안
일곱, 7	**tujuh**	뚜주
일과	**pekerjaan sehari-hari**	뻐꺼르자안 스하리 – 하리
일관성	**konsistensi**	꼰시스뗀시
일기	**catatan harian**	짜땃딴 하리안
	menulis catatan harian 머눌리스 짜따딴 하리안 일기를 쓰다	
일기예보	**ramalan cuaca (ramal)**	라말란 쭈아짜
일등	**peringkat pertama**	뻐링깟 뻐르따마
일몰	**matahari terbenam (benam)**	마따하리 떠르버남
	senja	슨자
일반적인	**secara umum**	스짜라
일방적인	**sepihak**	스삐학
일방통행	**jalan satu arah**	잘란 사뚜 아라
일본	**Jepang**	즈빵 / 저빵
일부	**sebagian**	스바기안
일부러	**sengaja**	승아자
일산화탄소	**karbon monoksida**	까르본 모녹시다

일상생활	**kehidupan sehari-hari (hidup)**	꺼히둡빤 스하리 – 하리
일시(日時)	**suatu ketika**	수아뚜 꺼띠까
일식(해)	**gerhana matahari**	거르하나 마따하리
일어나다(기상)	**bangun**	방운
일어나다(발생)	**terjadi**	떠르자디
일요일	**hari Minggu**	하리 밍구
1월	**bulan Januari**	불란 자누아리
일으키다(문제)	**menyebabkan (sebab)**	머녀밥깐
	menimbulkan (timbul)	머님불깐
일일이	**satu per satu**	사뚜 뻐르 사뚜
일자리	**lowongan pekerjaan (lowong) (kerja)**	로웡안 뻐꺼르자안
일정	**jadwal**	자드왈
	jadwal yang padat 자드왈 양 빠닷 꽉 찬 바쁜 일정	
일정한	**rutin**	루띤
	teratur (atur)	떠르아뚜르
일제히	**serentak**	스렌딱
	serempak	스렘빡
일찍	**lebih awal**	르비 아왈
일체	**seluruh**	설루루
	semua	스무아
일출	**fajar**	화자르
	matahari terbit	마따하리 떠르빗

일치하다	**sama**	사마
	bertepatan (tepat)	버르떠빳딴
일평생	**seumur hidup**	서우무르 히둡
일하다	**bekerja (kerja)**	버꺼르자
일행	**rombongan (rombong)**	롬봉안
	grup	그룹
읽다	**membaca (baca)**	멈바짜
잃다	**hilang**	힐랑
	kehilangan	꺼힐랑안
임금	**upah**	우빠
임대료	**uang sewa**	우앙 세와
임대하다	**menyewa (sewa)**	머녜와
임명하다	**melantikan (lantik)**	멀란띡깐
임무	**tugas**	뚜가스
임산부	**ibu hamil**	이부 하밀
임시의	**untuk sementara waktu**	운뚝 스먼따라 왁뚜
임신	**hamil**	하밀
임업	**perhutanan (hutan)**	뻐르후딴안
입	**mulut**	물룻
입구	**pintu masuk**	삔뚜 마숙
	jalan masuk	잘란 마숙
입국	**masuk ke suatu negara**	마숙 꺼 수아뚜 느가라

입금하다	memasukkan uang (masuk)	머마숙깐 우앙
	menyetorkan (setor)	머녜또르간
입다	memakai (pakai)	머마까이
입력	memasukkan data (masuk)	머마숙깐 다따
입법	penyusunan undang-undang (susun)	뻐뉴수난 운당 – 운당
입사(入社)하다	masuk perusahaan	마숙 뻐루사하안
입상하다	memenangkan hadiah (menang)	머머낭깐 하디아
입술	bibir	비비르
입시	ujian masuk	우지안 마숙
입원하다	dirawat inap (rawat)	디라왓 이납
입장하다	masuk	마숙
입주자	penghuni baru (huni)	뻥후니 바루
입주하다	mulai tinggal di rumah baru	물라이 띵갈 디 루마 바루
	menghuni rumah baru (huni)	멍후니 루마 바루
입증하다	membuktikan (bukti)	멈북띠깐
입찰	tender	뗀더르
입학하다	masuk sekolah	마숙 스꼴라
입히다	memakaikan (pakai)	머마까이깐
잇다(연결)	menghubungkan (hubung)	멍후붕깐
잇달아	berkelanjutan (lanjut)	버르껄란주딴

잇몸	**gusi**	구시
있다	**ada**	아다
잊다	**lupa**	루빠
잊어버리다	**hilang**	힐랑
	kehilangan	꺼힐랑안
	(기억) **terlupakan**	떠르루빠깐
잉꼬	**burung nuri**	부룽 누리
잉크	**tinta**	띤따
잎	**daun**	다운

ㅈ

자	**penggaris (garis)**	뻥가리스
자가용	**kendaraan pribadi (kendara)**	껀다라안 쁘리바디
자각	**sadar**	사다르
자갈	**kerikil**	꺼리낄
자격	**kualifikasi**	꾸알리피까시
	ujian sertifikasi 우지안 세르띠휘까시 자격시험	
자국, 흔적	**jejak**	즈작
	bekas	비까스
자궁	**rahim**	라힘
자극하다	**menstimulasi (stimulasi)**	먼스띠물라시
	merangsang (rangsang)	머랑상
자금	**modal**	모달
	dana	다나
자금난	**kesulitan modal (sulit)**	꺼술릿딴 모달
자기(自己)	**ego**	에고
자기(磁氣)	**magnet**	마그넷
자기(瓷器)	**keramik**	꺼라믹
자다	**tidur**	띠두르
자동으로	**secara otomatis**	스짜라 오또마띠스

자동의	**otomatis**	오또마띠스
	telepon penjawab otomatis 뗄레폰 뻔자왑 오또마띠스 자동응답 전화기	
자동차	**mobil**	모빌
	kendaraan (kendara)	껀다라안
자동판매기	**mesin jual otomatis**	머신 주알 오또마띠스
자두	**plum**	쁠룸
자라다	**tumbuh**	뚬부
자랑하다	**membanggakan (bangga)**	멈방가깐
자력	**upaya sendiri**	우빠야 슨디리
자료	**data**	다따
자르다	**memotong (potong)**	머모똥
자리	**tempat**	뜸빳
자립하다	**mandiri**	만디리
자막	**teks di bawah layar**	떽스 디 바와 라야르
자매	**saudara perempuan**	사우다라 뻐럼뿌안
자멸	**penghacuran diri sendiri (hancur)**	뻥한쭈란 디리 슨디리
자물쇠	**gembok**	검복 / 금복
자발적인	**secara spontan**	스짜라 스뽄딴
자백하다	**mengakui (aku)**	멍아꾸이
자본	**modal**	모달
자부심	**kebanggaan diri (bangga)**	꺼방가안 디리
자산	**dana**	다나

자살하다	**bunuh diri**	부누 디리
자서전	**autobiografi**	아우또비오그라피
자석	**magnet**	마그넷
자선	**amal**	아말
자세	**postur**	뽀스뚜르
자세히	**dengan teliti**	등안 떨리띠
자손	**keturunan (turun)**	꺼뚜룬안
자수	**penyerahan diri (serah)**	뻐녀라한 디리
자숙하다	**mengendalikan diri (kendali)**	멍언달리깐 디리
자식	**anak**	아낙
자신감	**kepercayaan diri (percaya)**	꺼뻐르짜야안 디리
자신 있게	**dengan kepercayaan diri**	등안 꺼뻐르짜야안 디리
자연	**alam**	알람
자외선	**sinar ultraviolet**	시나르 울뜨라비올렛
자원	**sukarela**	수까렐라
자유	**bebas** pilihan bebas 삘리한 베바스 자유 선택	베바스
자장가	**ninabobo**	니나보보
자전거	**sepeda**	스뻬다
자제	**pengendalian diri (kendali)**	뺑언달리안 디리
자존심	**harga diri**	하르가 디리
자주	**sering**	스링

ㄱ
ㄴ
ㄷ
ㄹ
ㅁ
ㅂ
ㅅ
ㅇ
ㅈ
ㅊ
ㅋ
ㅌ
ㅍ
ㅎ

자중하다	menghargai diri sendiri (harga)	멍하르가이 디리 슨디리
자취하다	tinggal sendiri	띵갈 슨디리
자택	rumah sendiri	루마 슨디리
작가	penulis (tulis)	뻐눌리스
작곡가	komponis	꼼뽀니스
작곡하다	menggubah lagu (gubah)	멍구바 라구
작년	tahun lalu	따훈 랄루
작다	kecil	꺼찔
작문하다	karangan (karang)	까랑안
작별	perpisahan (pisah)	뻐르삐사한
작성하다	menyusun (susun)	머뉴순
	membuat (buat)	멈부앗
작업	pekerjaan (kerja)	뻐꺼르자안
작용	efek	에펙
	pengaruh	뻥아루
작전	strategi	스뜨라떼기
작품	karya seni	까르야 스니
	karya terbaru 까르야 떠르바루 최근 작품	
잔고	saldo	살도
잔돈	uang kecil	우앙 꺼찔
	uang kembalian (kembali)	우앙 껌발리안
잔디	rumput halaman	룸뽓 할라만

잔소리	omelan (omel)	오멜란
잔업	kerja lembur	꺼르자 럼부르
잔치	pesta	뻬스따
잘	dengan baik	등안 바익
잘라내다	memotong (potong)	머모똥
	menggunting (gunting)	멍군띵
잘못	kesalahan (salah)	꺼살라한
잠	tidur	띠두르
잠기다	(물에) terendam (rendam)	떠른담
	(열쇠) terkunci (kunci)	떠르꾼찌
잠깐	sebentar	스번따르
잠들다	tertidur (tidur)	떠르띠두르
잠수하다	menyelam (selam)	머녈람
잠옷	baju tidur	바주 띠두르
잠자리	tempat tidur	떰빳 띠두르
	(곤충) capung	짜뿡
잡다	memegang (pegang)	머머강
	menangkap (tangkap)	머낭깝
잡담하다	mengobrol (obrol)	멍오브롤
잡아당기다	menarik (tarik)	머나릭
장(腸)	usus	우수스
장(章)	bab	밥
장갑	sarung tangan	사룽 땅안
장군	jenderal	전드랄

장기(長期)	jangka panjang	장까 빤장
장난	permainan (main)	뻐르마인안
장난감	mainan (main)	마인안
장난치다	bermain (main)	버르짠다
장남	putra sulung	뿌뜨라 술룽
장대	galah	갈라
장딴지	betis	버띠스
장래	masa depan	마사 드빤
장례식	upacara kematian (mati)	우빠짜라 꺼마띠안
장마	musim hujan	무심 후잔
장면	adegan	아드간
장미	bunga mawar	붕아 마와르
장부	buku	부꾸
장비	peralatan (alat)	뻐르알랏딴
	perlengkapan (lengkap)	뻐르릉깝빤
장사	perdagangan (dagang)	뻐르다강안
장소	tempat	뜸빳 / 떰빳
장수하다	berumur panjang (umur)	버루우무르 빤장
장식물	dekorasi	데꼬라시
장식하다	menghias (hias)	멍히아스
장애물	halangan (halang)	할랑안
장애인	orang cacat	오랑 짜짯
장인(丈人)	mertua (ayah dari istri)	머르뚜아(아야 다리 이스뜨리)

장점	**kelebihan (kelebihan)**	꺼러비한
	keunggulan (unggul)	꺼웅굴란
장티푸스	**tifus**	띠푸스
장학금	**beasiswa**	베아시스와
장화	**sepatu bot hujan**	스빠뚜 봇 후잔
잦다(회수)	**sering**	스링
재검토하다	**meninjau ulang (tinjau)**	머닌자우 울랑
재고(在庫)	**stok**	스똑
재난	**bencana**	번짜나
재능	**bakat**	바깟
재떨이	**asbak**	아스박
재력	**kekayaan (kaya)**	꺼까야안
재료	**bahan**	바한
	materi	마떼리
재미있다	**menarik (tarik)**	머나릭
	asyik	아식
재발하다	**kambuh**	깜부
재배하다	**menanam (tanam)**	머나남
재빠르다	**cepat**	쯔빳
	tangkas	땅까스
	cekatan	쯔깟딴
재산	**harta**	하르따
	hartawan 하르따완 재산가	

재생하다	mengolah kembali (olah)	멍올라 껌발리
재우다	menidurkan (tidur)	머니두르깐
재작년	dua tahun yang lalu	두아 따훈 양 랄루
재주 있는	berbakat (bakat)	버르바깟
재즈	jaz	자즈
재채기	bersin	버르신
재촉하다	mendesak (desak)	먼드삭
재치 있는	cerdas	쩌르다스
	cerdik	쩌르딕
재킷	jaket	자껫
재택근무	bertugas di rumah (tugas)	버르뚜가스 디 루마
재판하다	mencetak ulang (cetak)	먼쩨딱 울랑
	mengadili (adil)	멍아딜리
재혼하다	menikah lagi	머니까 라기
재활용하다	mendaur ulang (daur)	먼다우르 울랑
잼	selai	슬라이
쟁반	nampan	남빤
	dulang	둘랑
저	saya	사야
저금하다	menabung (tabung)	머나붕
저급한	bermutu rendah (mutu)	버르무뚜 른다
저기압	tekanan udara rendah	뜨까난 우다라 른다
저널리스트	jurnalis	주르날리스
저녁	malam	말람

저녁밥	makan malam	마깐 말람
저런	seperti itu	스뻐르띠 이뚜
저리다	nyeri	녀리
저명한	terkemuka (kemuka)	떠르꺼무까
저수지	waduk	와둑
저술하다	karya sastra	까르야 사스뜨라
저승	akhirat	악히랏
저울	timbangan (timbang)	띰방안
저자	penulis (tulis)	뻐눌리스
저작권	hak cipta	학 찝다
저장하다	menyimpan (simpan)	머님빤
저지하다	merintangi (rintang)	머린땅이
저축하다	menabung (tabung)	머나붕
저항력	daya tahan	다야 따한
저항하다	menentang (tentang)	머넌땅
적극적인	aktif	악띱
	giat	기앗
적다(少)	sedikit	스디낏
적다(書)	mencacat (catat)	먼짜땃
적당한	cukup	쭈꿉
적도	khatulistiwa	카뚤리스띠와
적어도	setidaknya	스띠닥냐
적용하다	menerapkan (terap)	머너랍깐

적응하다	mengadaptasikan (adaptasi)	멍아답따시깐
전갈	kalajengking	깔라정낑
전공하다	berspesialisasi (spesialisasi)	버르스페시알리사시
전기(電氣)	listrik	리스뜨릭

penanak nasi listrik; rice cooker
뻐나낙 나시 리스뜨릭: 라이스 쿠커
전기밥솥

전달(하다)	menyampaikan (sampai)	머냠빠이깐
전등	lampu listrik	람뿌 리스뜨릭
전락하다	terjatuh	떠르자뚜
전람회	pameran (pamer)	빠메란
전략	strategi	스뜨라떼기
전력	tenaga listrik	떠나가 / 뜨나가 리스뜨릭
전망	(경치) pemandangan (pandang)	뻐만당안
	(전망) prospek	쁘로스펙
전문(專門)	profesional	쁘로풰시오날
전문가	ahli	아흘리
전반적으로	seluruhnya	설루루냐
전부	semua	스무아
전선(電線)	kabel listrik	까블 리스뜨릭
전설	legenda	르겐다

전시	**pameran (pamer)**	빠메란
	pameran otomotif (pamer) 빠메란 오또모띱 자동차 전시회	
전에	**sebelumnya (belum)**	스벌룸냐
전염되다	**tertular (tular)**	떠르뚤라르
전염병	**penyakit menular (sakit) (tular)**	뻐냐낏 머눌라르
전원(全員)	**kekuatan (kuat)**	꺼꾸앗딴
전원(電源)	**daya**	다야
전자	**elektronik**	엘렉뜨로닉
전자레인지	**microwave**	미끄로웨브
전자파	**gelombang elektromagnetik**	걸롬방엘렉뜨로마그네띡
전쟁하다	**berperang (perang)**	버르뻐랑
전체	**semua**	스무아
	seluruh	설루루
전통	**tradisional**	뜨라디시오날
전투하다	**bertempur (tempur)**	버르떰뿌르
전파하다	**menyebar (sebar)**	머녀바르
전하다	**menyampaikan (sampai)**	머냠빠이깐
전학하다	**pindah sekolah**	삔다 스꼴라
전혀	**sama sekali**	사마 스깔리
전화	**telepon**	뗄레뽄
절	**kuil**	꾸일

절하다	**bersujud (sujud)**	버르수줏
절단하다	**memotong (potong)**	머모똥
절대적인	**mutlak**	무뜰락
절반	**setengah (tengah)**	스뜽아 / 스떵아
젊다	**muda**	무다
젊은이	**pemuda**	뻐무다
점(點)	**titik**	띠띡
점(占)	**ramalan (ramal)**	라말란
점검하다	**memeriksa (periksa)**	머머릭사
점령하다	**menduduki (duduk)**	먼두두끼
점수	**nilai**	닐라이
점심식사	**makan siang**	마깐 시앙
점잖다	**ramah**	라마
	sopan	소빤
점쟁이	**peramal (ramal)**	뻐라말
접근하다	**mengakses (akses)**	멍악세스
	mendekati (dekat)	먼드까띠
접다	**melipat (lipat)** payung lipat 빠융 리빳 접는 우산	멀리빳
접대하다	**menjamu (jamu)**	먼자무
접속하다	**menghubungkan (hubung)**	멍후붕깐
	menghubungi	멍후붕이

접수하다	(권한) **mengambil alih (ambil)**	멍암빌 알리
	(등록) **mendaftar (daftar)**	먼다프따르
접시	**piring**	삐링
접착제	**lem**	렘
접촉하다	**menyentuh (sentuh)**	머년뚜
	menyinggung (singgung)	머닝궁
젓가락	**sumpit**	숨삗
정가	**harga tetap**	하르가 떠땁
정강이	**tulang kering**	뚤랑 꺼링
정권	**kekuasaan politik (kuasa)**	꺼꾸아사안 뽈리띡
정기적인	**secara berkala (kala)**	스짜라 버르깔라
정년	**umur pensiun**	우무르 뻰시운
정답	**jawaban benar (jawab)**	자왑안 버나르
정돈하다	**mengapikkan (apik)**	멍아삑깐
정리하다	**membereskan (beres)**	멈베레스깐
	menyusun (susun)	머뉴순
정말로	**sungguh-sungguh**	숭구 – 숭구
	memang	메망
정맥	**vena**	베나
	pembuluh balik (buluh)	뻠불루 발릭
정면	**depan**	드빤
정문	**gerbang depan**	거르방 드빤
정밀한	**teliti**	떨리띠
정보	**informasi**	인포르마시

ㄱ
ㄴ
ㄷ
ㄹ
ㅁ
ㅂ
ㅅ
ㅇ
ㅈ
ㅊ
ㅋ
ㅌ
ㅍ
ㅎ

정부	**pemerintah (perintah)**	뻐머린따
정비하다 (기계를)	**merawat (rawat)**	머라왓
	memperbaiki (baik)	멈뻐르바이끼
정사각형	**bujur sangkar**	부주르 상까르
정상	**puncak**	뿐짝
정상적인	**normal**	노르말
정성껏	**dengan tulus ikhlas**	등안 뚤루스 익크라스
정숙한	**suci dan setia**	수찌 단 스띠아
정식	**resmi**	러스미
정신	**spirit**	스삐릿
	jiwa	지와
	mental	멘딸
정액(定額)	**harga tetap**	하르가 떠땁
정오	**tengah hari**	뜽아 하리
정원(庭園)	**taman**	따만
	kebun	꺼분
정육점	**toko daging**	또꼬 다깅
정의(正義)	**kebenaran (benar)**	꺼버나란
정의(定義)	**definisi**	데피니시
정적	**lawan politik**	라완 뽈리띡
정전	**mati listrik**	마띠 리스뜨릭
정중한	**sopan santun**	소빤 산뚠
정책	**kebijakan**	꺼비작깐

정체(正體)	(신분) **sifat asli**	시핫 아슬리
	identitas	이덴띠따스
정치	**politik**	뽈리띡
정치가	**politikus**	뽈리띠꾸스
정하다	**menentukan (tentu)**	머넌뚜깐
정확한	**tepat**	떠빳
	akurat	아꾸랏
젖	**susu**	수수
젖다	**basah**	바사
젖소	**sapi perah**	사삐 뻐라
제거하다	**menghilangkan (hilang)**	멍힐랑깐
제공하다	**menyediakan (sedia)**	머녀디아깐
제도(制度)	**sistem**	시스뗌
제목	**judul**	주둘
제발	**mohon**	모혼
제방	**tambak**	땀박
제복	**seragam (ragam)**	스라감
제비뽑다	**menarik undian (tarik)**	머나릭 운디안
제삼자	**pihak ketiga**	삐학 꺼띠가
제시하다	**menganjurkan (anjur)**	멍안주르깐
제안하다	**menyarankan (saran)**	머냐란깐
제외하다	**mengecualikan (kecuali)**	멍어쭈알리깐
제일	**paling**	빨링
제작하다	**membuat (buat)**	멈부앗

제출하다	**menyerahkan (serah)**	머녀라깐
제품	**produk**	쁘로둑
제한하다	**membatasi (batas)**	멈바따시
조개	**kerang**	꺼랑
조건	**syarat**	샤랏
조국	**tanah air**	따나 아이르
조난되다	**tertimpa bencana (timpa)**	떠르띰빠 번짜나
조류(鳥類)	**unggas**	웅가스
조리하다	(요리) **memasak (masak)**	머마삭
	(건강) **menjaga kesehatan (jaga) (sehat)**	먼자가 꺼세핫딴
조립하다	**merakit (rakit)**	머라낏
조만간	**dalam waktu dekat**	달람 왁뚜 드깟
조명	**penerangan (terang)**	뻐너랑안
조미료	**bumbu penyedap masakan (sedap) (masak)**	붐부 뻐녀답 마삭깐
조부모	**kakek dan nenek**	까껙 단 네넥
조사	**pemeriksaan (priksa)**	뻐머릭사안
	penyelidikan (selidik)	뻐녀리딕깐
	survei	수르베이
조사하다	**memeriksa (periksa)**	머머릭사
	menyelidiki (selidik)	머녀리딕끼
조숙한(나이)	**dewasa dini**	데와사 디니
조심하다	**hati-hati**	하띠 – 하띠

조언하다	**menasihati (nasihat)**	머나시하띠
조용하게	**dengan diam**	등안 디암
조정하다	**mengatur (atur)**	멍아뚜르
조종하다	(기계) **mengendalikan (kendali)**	멍언달리깐
	(사람) **mendalangi (dalang)**	먼달랑이
조직하다	**mengorganisasi (organisasi)**	멍오르가니사시
~조차	**saja ~**	사자~
	pun ~	뿐~
조카	**keponakan**	꺼뽀나깐
조퇴	**pulang lebih awal**	뿔랑 러비 아왈
조항	**ayat**	아얏
조회하다	**menyelidiki (selidik)**	머녀리딕끼
족하다	**cukup**	쭈꿉
존경하다	**menghormati (hormat)**	멍호르마띠
존재하다	**berada (ada)**	버르아다
졸리다	**mengantuk (kantuk)**	멍안뚝
졸업	**lulus**	룰루스
졸업생	**lulusan (lulus)**	룰루산
졸음	**kantuk**	깐뚝
	rasa kantuk	라사 깐뚝
좁다	**sempit**	슴삣
종	**lonceng**	론쩽

ㄱ
ㄴ
ㄷ
ㄹ
ㅁ
ㅂ
ㅅ
ㅇ
ㅈ
ㅊ
ㅋ
ㅌ
ㅍ
ㅎ

종교	**agama**	아가마
종료하다	**selesai**	슬르사이 / 슬러사이
	tamat	따맛
종류	**jenis**	저니스
종이	**kertas**	꺼르따스
종착역	**stasiun terakhir (akhir)**	스따시운 떠르악키르
좋다	**bagus**	바구스
좋아하다	**suka**	수까
	menyukai (suka)	머뉴까이
좌석	**tempat duduk**	뗌빳 두둑
	kursi	꾸르시
좌약	**obat anus**	오밧 아누스
좌회전하다	**belok kiri**	벨록 끼리
죄	**kejahatan (jahat)**	꺼자하딴
주(州)	**propinsi**	쁘로삔시
주(週)	**minggu**	밍구
주간	**mingguan (minggu)**	밍구안
주거	**tempat tinggal**	뗌빳 띵갈
주관적인	**subyektif**	수브옉띱
주다	**memberi (beri)**	멈버리
주름	**kerutan (kerut)**	꺼룻딴
주말	**akhir pekan**	악키르 뻐깐
주머니	**saku**	사꾸
주먹	**kepalan tangan**	꺼빨란 땅안

주목하다	**memerhatikan (perhati)**	머머르하띠깐
주문하다	**memesan (pesan)**	머머산
	surat pesanan 수랏 뻐사난 주문서	
주민	**penduduk (duduk)**	뻔두둑
주민등록	**pendaftaran penduduk (daftar) (duduk)**	뻔다프따란 뻔두둑
주방	**dapur**	다뿌르
주변	**sekitar**	스끼따르
주부	**ibu rumah tangga**	이부 루마 땅가
주사 놓다	**menyuntik (suntik)**	머늉띡(순띡)
주사기	**alat suntik**	알랏 순띡
주사위	**dadu**	다두
주소	**alamat**	알라맛
주스	**jus**	주스
주식	**saham**	사함
주연배우	**aktor berperan utama**	악또르 버르뻐란 우따마
주요한	**penting**	뻔띵
주위	**sekeliling (keliling)**	스껄릴링
	sekitar	스끼따르
주유소	**pompa bensin**	뽐빠 벤신
주의사항	**hal yang harus diperhatikan**	할 양 하루스 디뻐르하띠깐
주의하다	**memperhatikan (perhati)**	먼뻐르하띠깐
주인	**pemilik (milik)**	뻐밀릭

주인공	tokoh utama	또꼬 우따마
주장하다	menyatakan (nyata)	머냐따깐
	menegaskan (tegas)	머너가스깐
주저하다	ragu-ragu	라구 – 라구
주제	topik	또삑
주차장	tempat parkir	떰빳 빠르끼르
주차하다	memarkir (parkir)	머마르끼르
주택	rumah	루마
주행거리	jarak tempuh	자락 떰뿌
주행하다	menjalani (jalan)	먼잘라니
죽	bubur	부부르
죽다	mati	마띠
죽음	kematian (mati)	꺼마띠안
죽이다	membunuh (bunuh)	멈부누
준비하다	meyiapkan (siap)	머니압깐
줄	tali	딸리
줄기	batang kayu	바땅 까유
줄넘기	lompat tali	롬빳 딸리
줄다	menyusut (susut)	머뉴숫
줄다리기	tarik tambang	따릭 땀방
줄무늬	belang	벌랑
줄이다	mengurangi (kurang)	멍우랑이
중간	pertengahan	빠르뜽아한

중개인	**calo**	짤로
	pedagang perantara (dagang) (antara)	뻐다강 뻐란따라
중고	**bekas**	버까스
	barang bekas 바랑 버까스 중고품	
중국(어)	**bahasa Mandarin**	바하사 만다린
중급	**tingkat menengah (tengah)**	띵깟 머능아
중년	**setengah baya**	스뜽아 바야
중단하다	**menghentikan (henti)**	멍헌띠깐
중독	**kecanduan (candu)**	꺼짠두안
중량	**bobot**	보봇
중력	**gravitasi**	그라비따시
중립	**netral**	네뜨랄
중매결혼	**perkawinan melalui comblang (kawin)**	뻐르까위난 멀랄루이 쫌블랑
중복되다	**bertumpang tindih (tumpang)**	버르뚬빵 띤디
중소기업	**perusahaan kecil dan menengah (usaha) (tengah)**	뻐루사한 꺼찔 단 머능아
중심	**pusat**	뿌삿
	sentral	센뜨랄
중앙	**pusat**	뿌삿
중얼거리다	**menggerutu (gerutu)**	멍거루뚜
중요하다	**penting**	뻔띵

중재인	penengah (tengah)	쁘능아
	perantara (antara)	뻐란따라
중재하다	menengahi (tengah)	머능아히
중절하다	melakukan aborsi (laku)	멀라꾸깐 아보르시
중점	prioritas	쁘리오리따스
중지하다	berhenti (henti)	버르헌띠
중퇴하다	putus sekolah	뿌뚜스 스꼴라
중학교	Sekolah Menengah Pertama (SMP)	쓰꼴라 머넝아 뻐르따마
중화요리	masakan cina (masak)	마사깐 찌나
쥐	(동물) tikus	띠꾸스
	(경련) kram	끄람
쥐다	menggenggam (genggam)	멍겅감
즉	yaitu	야이뚜
즉시	segera	스그라
즐겁다	gembira	검비라
	senang	스낭
즐기다	menikmati (nikmat)	머닉마띠
증가하다	meningkat	머닝깟
증거	bukti	북띠
	bukti yang kuat 북띠 양 꾸앗 충분한 증거	
증기	uap	우압
증류하다	menyuling (suling)	머뉼링

증명서	**sertifikat**	서르띠휘깟
	ijazah	이자자
증명하다	**membuktikan (bukti)**	멈북띠깐
증상	**gejala**	거잘라
증언하다	**bersaksi (saksi)**	버르삭시
증여	**hibah**	히바
증오하다	**benci**	번찌
증인	**saksi**	삭시
지각하다	**terlambat**	떠르람밧
지갑	**dompet**	돔뻿
지구	**bumi**	부미
지금	**sekarang**	스까랑
지급하다	**membayar (bayar)**	멈바야르
지나가다	**lewat**	레왓
지난달	**bulan lalu**	불란 라루
지느러미	**sirip**	시립
지다	(패배) **kalah**	깔라
	(해, 달) **tenggelam**	뜽걸람
	(빚, 의무) **berhutang (hutang)**	버르후땅
지도	**peta**	뻬따
지렁이	**cacing**	짜찡
지뢰	**ranjau**	란자우
지름길	**jalan pintas**	잘란 빈따스
지리학	**geografi**	게오그라휘

ㄱ
ㄴ
ㄷ
ㄹ
ㅁ
ㅂ
ㅅ
ㅇ
ㅈ
ㅊ
ㅋ
ㅌ
ㅍ
ㅎ

지문	**sidik jari**	시딕 자리
지방(地方)	**desa**	데사
지배하다	**menguasai (kuasa)**	멍우아사이
지불	**pembayaran (bayar)**	쁨바야란
지불하다	**membayar (bayar)**	멈바야르
지붕	**atap**	아땁
지속하다	**melanjutkan (lanjut)**	멀란줏깐
지시	**petunjuk (tunjuk)** mengikuti petunjuk 멍이꾸띠 뻐뚠죽 지시에 따르다	뻐뚠죽
지식	**pengetahuan (tahu)**	뼁어따후안
지역	**wilayah**	윌라야
지연하다	**menunda (tunda)**	머눈다
지옥	**neraka**	느라까
지우개	**penghapus (hapus)**	뼁하뿌스
지원(支援)하다	**membantu (bantu)**	멈반뚜
	mendukung (dukung) mendapat bantuan 먼다빳 반뚜안 지원을 받다	먼두꿍
지원(志願)하다	**melamar (lamar)**	멀라마르
지위	**kedudukan (duduk)**	꺼두둑깐
지점(支店)	**kantor cabang**	깐또르 짜방
지점(地點)	**posisi**	뽀시시
지정석	**tempat duduk yang ditetapkan**	뗌빳 두둑 양 디뜨땁깐

지정하다	**menentukan (tentu)**	머넌뚜깐
지진	**gempa**	검빠 / 금빠
지치다	**lelah**	럴라 / 를라
지키다	**menjaga (jaga)**	먼자가
	melindungi (lindung)	멀린둥이
지폐	**uang kertas**	우앙 꺼르따스
지하	**bawah tanah**	바와 따나
지하도	**jalan bawah tanah**	잘란 바와 따나
지하실	**ruang bawah tanah**	루앙 바와 따나
지하철	**kereta api bawah tanah**	꺼레따 아삐
지혜	**kearifan (arif)**	꺼아립환
직경	**diameter**	디아메떠르
직권	**wewenang**	워워낭
직면하다	**menghadapi (hadap)**	멍하다삐
직무	**kewajiban (wajib)**	꺼와집반
직선	**garis lurus**	가리스 루루스
직업	**pekerjaan (kerja)**	빼꺼르자안
직원	**pegawai**	빼가와이
직위	**jabatan (jabat)**	자밧딴
직접	**langsung**	랑숭
직진하다	**lurus**	루루스
직함	**gelar**	걸라르
직행하다	**langsung**	랑숭
	melantas (lantas)	멀란따스

ㄱ ㄴ ㄷ ㄹ ㅁ ㅂ ㅅ ㅇ ㅈ ㅊ ㅋ ㅌ ㅍ ㅎ

진공	**vakum**	화꿈
	hampa udara	함빠 우다라
진급하다	**naik pangkat**	나익 빵깟
진눈깨비	**hujan bersalju (salju)**	후잔버르살주
진단하다	**memeriksa (periksa)**	머머릭사
	surat keterangan dokter 수랏 꺼떠랑안 독떠르 병원 진단서	
진료소	**balai kesehatan (sehat)**	발라이 꺼세하딴
진리	**kebenaran (benar)**	꺼버나란
진술하다	**menyatakan (nyata)**	머냐따깐
진실	**kebenaran (benar)**	꺼버나란
진압하다	**memasuki (masuk)**	머마수끼
진열하다	**memamerkan (pamer)**	머마메르깐
진정시키다	**menenangkan (tenang)**	머너낭깐
진정하다	**tenang**	떠낭
진주	**mutiara**	무띠아라
진지한	**serius**	세리우스
진짜	**asli**	아슬리
진출하다	**berekspansi (ekspansi)**	버르엑스판시
진통제	**obat penghilang rasa sakit**	오밧 뼁힐랑 라사 사낏
진행하다	**berlangsung (langsung)**	버르랑숭
진화하다	**berevolusi (evolusi)**	버르에볼루시
질(質)	**kualitas**	꾸알리따스
질량	**massa**	마싸

질문하다	bertanya (tanya)	버르따냐
질서	tata tertib	따따떠르띱
질책	teguran (tegur)	떠구란
질투하다	cemburu	쩜부루
	iri	이리
짊어지다	memikul (pikul)	머미꿀
짐	(물건) barang	바랑
	(부담) beban	버반
집	rumah	루마
집념	ketekunan (tekun)	꺼떠꾼안
집단	kelompok	껄롬뽁
집세	uang sewa rumah	우앙 세와 루마
집중하다	berkonsentrasi (konsentrasi)	버르꼰센뜨라시
집착하다	terobsesi (obsesi)	떠르옵세시
집합하다	berkumpul (kumpul)	버르꿈뿔
짖다	menggonggong (gong-gong)	멍공공
짜다(맛)	asin	아신
짜다(압박)	memeras (peras)	머머라스
짜증나다	jengkel	젱껠
	gemas	거마스
짝사랑	cinta bertepuk sebelah tangan	찐따 버르떠뿍 스벌라 땅안

짝수	nilai genap	닐라이 그납
짧다	pendek	뻰덱
쫓아가다	mengejar (kejar)	멍어자르
쫓아내다	mengusir (usir)	멍우시르
찌그러진	penyok	뻬뇩
찌다	menjadi gemuk	먼자디 거묵
찌르다	menikam (tikam)	머니깜
찔리다	tertusuk (tusuk)	떠르뚜숙
찢다	merobek (robek)	머로벡
	menyobek (sobek)	머뇨벡
찢어지다	robek	로벡
	sobek	소벡

차(茶)	**teh**	떼
차가워지다	**menjadi dingin**	먼자디 딩인
차갑다	**dingin**	딩인
차고	**garasi mobil**	가라시 모빌
차다	(양이) **penuh**	뻐누
	(발로) **menendang (tendang)**	머넌당
차단기	(구어) **portal**	뽀르딸
차단하다	**merintangi (rintang)**	머린땅이
	memblokir (blokir)	멈블로끼르
차라리	**lebih baik**	르비 바익
	sebaiknya	스바익냐
차량	**kendaraan (kendara)**	껀다라안
차례	**urutan (urut)**	우룻딴
	giliran (gilir)	길리란
	menunggu giliran 머눙구 길리란 차례를 기다리다	
차멀미하다	**mabuk darat**	마북 다랏
차별	**diskriminasi**	디스끄리미나시
차분한	**tenang**	떠낭 / 뜨낭
	sabar	사바르

차비	**biaya transportasi**	비아야 뜨란스뽀르따시
차선(車線)	**jalur**	잘루르
	garis lalu lintas	가리스 랄루 린따스
차압당하다	**disita (sita)**	디시따
차이	**perbedaan (beda)**	뻐르베다안
차지하다	**menempati (tempat)**	머넘빠띠
	menduduki (duduk)	먼두둑끼
착각하다	**salah paham**	살라 빠함
착륙하다	**mendarat (darat)**	먼다랏
착수하다	**memulai pekerjaan (mulai) (kerja)**	머물라이 뻐꺼르자안
착실하다	**rajin dan jujur**	라진 단 주주르
착오하다	**keliru**	껄리루
착취하다	**mengeksploitasi (eksploitasi)**	멍엑스쁠로이따시
찬성하다	**setuju (tuju)**	스뚜주 / 서뚜주
찬송가	**nyanyian gereja (nyanyi)**	냐니안 그레자
찬장	**lemari makanan**	르마리 마까난
	rak makanan	락 마까난
참가자	**peserta (serta)**	뻐서르따
참가하다	**berpartisipasi (partisipasi)**	버르빠르띠시빠시
	ikut serta	이꿋 서르따
참고서	**buku referensi**	부꾸 레퍼렌시
참고하다	**merujuk (rujuk)**	머루죽
	mengacu (acu)	멍아쭈

참기름	minyak wijen	미냑 위젠
참다	menahan (tahan)	머나한
참을 수 없는	tidak dapat menahan (tahan)	띠닥 다빳 머나한
참새	burung pipit	부룽 삐삣
	burung gereja	부룽 그레자
참석하다	hadir	하디르
참패	kekalahan total (kalah)	꺼깔라한 또딸
창(槍)	lembing	름빙
창고	gudang	구당
창문	jendela	즌델라
창백하다	pucat	뿌짯
창자	usus	우수스
창작하다	berkreasi (kreasi)	버르끄레아시
	berkarya (karya)	버르까르야
	menciptakan (cipta)	먼찝따깐
창조적인	kreatif	끄레아띱
찾다	mencari (cari)	먼짜리
찾아내다	mencari tahu	먼짜리 따우
채굴(하다)	menambang (tambang)	머남방
	mengeksploitasi (eksploitas)	멍엑스쁠로이따시
채널	saluran (salur)	살루란
채소	sayur	사유르
채식주의자	vegetarian	버거따리안

채용하다	**mempekerjakan (kerja)**	멈뻐꺼르자깐
	menerima (terima)	머너리마
채우다	**mengisi (isi)**	멍이시
채점하다	**menilai (nilai)**	머닐라이
채택하다	**memilih (pilih)**	머밀리
	mengambil (ambil)	멍암빌
책	**buku**	부꾸
책상	**meja belajar**	메자 벌라자르
책임	**tanggung jawab**	땅궁 자왑
책임지다	**bertanggung jawab (tanggung)**	버르땅궁 자왑
처녀	**gadis**	가디스
처리하다	**mengurus (urus)**	멍우루스
	menyelesaikan (selesai)	머녈러사이깐
처방전	**resep dokter**	르셉 독떠르
처방하다	**memberi resep (beri)**	멈버리 르셉
처벌하다	**menghukum (hukum)**	멍후꿈
처분하다	⁽팔다⁾ **menjual (jual)**	먼주알
	⁽결정⁾ **memutuskan (putus)**	머무뚜스깐
	⁽법률⁾ **menerapkan (terap); menindakkan (tindak)**	머너랍깐; 머닌닥깐
처음	**awal**	아왈
	pertama	뻐르따마
처치하다	**menyelesaikan (selesai)**	머녈러세이깐

척도	**standar**	스딴다르
	tolak ukur	똘락 우꾸르
척추	**tulang punggung**	뚤랑 뿡궁
천, 옷감	**kain**	까인
천국	**surga**	수르가
천둥	**guntur**	군뚜르
	guruh	구루
천만	**sepuluh juta**	서뿔루 주따
천문학	**ilmu bintang**	일무 빈땅
	ilmu astronomi	일무 아스뜨로노미
천부적인	**alami**	알라미
	bakat alami 바깟 알라미 천부적인 재능	
천사	**malaikat**	말라이깟
천식	**asma**	아스마
천연자원	**sumber daya alam**	숨버르 다야 알람
천장	**langit-langit**	랑잇 – 랑잇
천재(天才)	**orang jenius**	오랑 제니우스
천주교	**katolik**	까똘릭
천천히	**pelan-pelan**	뻴란 – 뻴란
철	(금속) **besi**	버시
	(계절) **musim**	무심
철강	**baja**	바자
철도	**jalur kereta api**	잘루르 꺼레따 아삐

철도망	jaringan rel kereta api	자링안 렐 꺼레따 아뻬
철망	kawat	까왓
철물	logam	로감
철봉	linggis	링기스
철사	kawat	까왓
철새	burung musiman (musim)	부룽 무심안
철자	ejaan (eja)	에자안
철저한	sempurna	섬뿌르나
	saksama	삭사마
철조망	kawat berduri (duri)	까왓 버르두리
철판	plat besi	쁠랏 버시
철학	filsafat	휠사홧
철학자	ahli filsafat	아흘리 휠사홧
철회하다	menarik kembali (tarik)	머나릭 껌발리
첨부	lampiran (lampir)	람삐란
첨부하다	melampirkan (lampir)	멀람삐르깐
청각	indra pendengaran (dengar)	인드라 뻰등아란
청구하다	menuntut (tuntut)	먼눈뚯
청구서	rekning tagihan	레끄닝 따기한
청문회	sidang pendengaran (dengar)	시당 뻰등아란
청소기	mesin penghisap debu	머신 뺑히삽 더부
청소년	remaja	르마자
청소하다	membersihkan (bersih)	멈버르시깐

청취	**pendengaran (dengar)**	쁜등아란
청취자	**pendengar (dengar)**	쁜등아르
체격	**bentuk tubuh**	번뚝 뚜부
체계	**sistem**	시스뗌
체계적	**sistematis**	시스떼마띠스
체력	**stamina**	스따미나
	membangkitkan stamina 멈방낏깐 스따미나 체력을 기르다	
체면	**kehormatan**	꺼호르맛딴
	harga diri	하르가 디리
체벌	**hukuman (hukum)**	후꿈안
체육	**olahraga**	올라라가
	latihan fisik	라띠한 휘식
체육관	**gimnasium**	김나시움
체제(體制)	**struktur**	스뜨룩뚜르
체조	**senam**	스남
체중	**berat badan**	버랏 바단
체포하다	**menangkap (tangkap)**	머낭깝
체험하다	**berpengalaman**	버르뼁알라만
	mengalami (alam)	멍알라미
체형	**bentuk tubuh**	번뚝 뚜부
초(秒)	**detik**	드띡 / 더띡
초과하다	**melebihi**	멀르비히
초기	**awal**	아왈
	permulaan (mula)	뻐르물라안

초능력	**kekuatan supernatural (kuat)**	꺼꾸아딴 수뻐르나뚜랄
초대하다	**mengundang (undang)**	멍운당
초등학교	**Sekolah Dasar**	스꼴라 다사르
	SD	에스데
초등학생	**siswa SD**	시스와 에스데
초라한	**lusuh**	루수
	kumal	꾸말
초래하다	**berakibat (akibat)**	버르아끼밧
초면	**pertemuan pertama (temu)**	뻐르떠무안 뻐르따마
	kesan pertama 꺼산 뻐르따마 첫 인상	
초반	**bagian permulaan (bagi) (mula)**	바기안 뻐르물라안
초보자	**pemula (mula)**	뻐물라
초상화	**lukisan wajah (lukis)**	루끼산 와자
초승달	**bulan sabit**	불란 사빗
초안	**draf**	드랍
	rancangan (rancang)	란짱
초월하다	**bebas**	베바스
	melampaui (lampau)	멀람빠우이
초음파	**gelombang supersonik**	걸롬방 수뻐르소닉
초점	**titik**	띠띡
	fokus	훠꾸스
초침	**jarum detik**	자룸 드띡/더띡

초콜릿	coklat	쪼꼴랏
촌스럽다	kampungan (kampung)	깜뿡안
총계	jumlah	줌라
총명하다	bijaksana	비작사나
총알	peluru	뻴루루
총액	sejumlah (jumlah)	서줌라
최고	terbaik (baik)	떠르바익
최근	belakangan ini (belakang)	벌라깡안 이니
최대	maksimal	막시말
최면술	hipnotis	힙노띠스
최선을 다하다	berusaha sebaik-baiknya	버르우사하 스바익 – 바익냐
최소	minimal	미니말
최악	terburuk (buruk)	떠르부룩
추가	tambahan (tambah)	땀바한
추격하다	mengejar (kejar)	멍어자르
추락하다	jatuh	자뚜
추방하다	mengusir (usir)	멍우시르
추상적인	abstrak	압스뜨락
	tidak berwujud	띠닥 버르우줒
추억	kenangan (kenang)	꺼낭안
추위	kedinginan (dingin)	꺼딩인안

ㄱ
ㄴ
ㄷ
ㄹ
ㅁ
ㅂ
ㅅ
ㅇ
ㅈ
ㅊ
ㅋ
ㅌ
ㅍ
ㅎ

추이	**perubahan (ubah)**	뻐루바한
	mengamati perubahan situasi	
	멍아마띠 뻐루바한 시뚜아시	
	추이를 지켜보다	
추적하다	**melacak (lacak)**	멀라짝
추정하다	**menaksir (taksir)**	머낙시르
	menduga (duga)	먼두가
추진하다	**melaksanakan (laksana)**	멀락사나깐
추천하다	**merekomendasi**	머레꼬멘다시
추첨하다	**mengundi (undi)**	멍운디
추측하다	**menduga (duga)**	먼두가
	memperkirakan (kira)	멈뻐르끼라깐
추태	**tingkah laku yang memalukan (malu)**	띵까 라꾸 양 머말루깐
축구	**sepak bola**	세빡 볼라
축복하다	**memberkati (berkat)**	멈버르깟띠
축사	**ucapan selamat**	우짭빤 슬라맛
축소하다	**mengecilkan (kecil)**	멍어찔깐
축적하다	**mengumpulkan (kumpul)**	멍움뿔깐
축제	**festival**	훼스띠발
축하하다	**selamat**	슬라맛
출구	**pintu keluar**	삔뚜 껄루아르
출국	**keluar negeri**	껄루아르 느거리
출근하다	**masuk kerja**	마숙 꺼르자
출력	**mencetak (cetak)**	먼쩨딱
출발하다	**berangkat**	버랑깟

출산하다	**melahirkan (lahir)**	라히르
출석하다	**hadir**	하디르
출세	**kesuksesan hidup (sukses)**	꺼숙세산 히둡
출신지	**tempat kelahiran (lahir)**	뗌빳 껄라히란
출연하다	**tampil di panggung**	땀삘 디 빵궁
출입	**keluar masuk**	껄루아르 마숙
출입구	**pintu masuk**	삔뚜 마숙
	dilarang masuk 딜라랑 마숙 출입금지	
출장	**tugas dinas**	뚜가스 디나스
출처	**sumber**	숨버르
	asal	아살
출판하다	**menerbitkan (terbit)**	머너르빗깐
출현하다	**tampil**	땀삘
출혈하다	**berdarah (darah)**	버르다라
춤추다	**menari (tari)**	머나리
춥다	**dingin**	딩인
충격 받다	**terpukul (pukul)**	떠르뿌꿀
충고하다	**menasihati (nasihat)**	머나시하띠
	menyarankan (saran)	머냐란깐
충돌하다	**menabrak (tabrak)**	머나브락
충분하다	**cukup**	쭈꿉
충실(充實)하다	**setia**	스띠아

충전하다	mengisi	멍이시
	(전기) mengecas	멍어짜스
충치	gigi yang busuk	기기 양 부숙
취급하다	memakai (pakai)	머마까이
	(대하다) memperlakukan (laku)	멈뻐르라꾸깐
	(다루다) menangani (tangan)	머낭안이
취득하다	memperoleh (oleh)	멈뻐르올레
취미	hobi	호비
취소하다	membatalkan (batal)	멈바딸깐
취임하다	dilantik (lantik)	디란띡
	diangkat secara resmi (angkat)	디앙깟 스짜라 러스미
취재하다	mengumpulkan bahan berita (kumpul)	멍움뿔깐 바한 버리따
취직하다	mendapat pekerjaan (dapat) (kerja)	먼다빳 뻐꺼르자안
취하다	mabuk	마북
취향	selera	슬레라
측량하다	mengukur (ukur)	멍우꾸르
측면	sisi	시시
	bidang	비당
치과 의사	dokter gigi	독떠르 기기
치다	memukul (pukul)	머무꿀
치료하다	mengobati (obat)	멍오밧띠
치수	ukuran (ukur)	우꾸란

치안을 유지하다	menjaga keamanan (jaga) (aman)	먼자가 꺼아만안
치약	pasta gigi	빠스따 기기
	odol	오돌
치우다	(정리) membereskan (beres)	멈베레스깐
	(제거) menyingkirkan (singkir)	머닝끼르깐
치우치다	(쏠리다) condong	쫀동
	(경향) cenderung	쩐더룽
치즈	keju	께주
치킨	ayam	아얌
치통	sakit gigi	사낏 기기
친구	teman	뜨만 / 떠만
친밀한	akrab	아끄랍
	dekat	드깟
친절하다	ramah	라마
친정	keluarga istri	껄루아르가 이스뜨리
친척	kerabat	꺼라밧
친하다	akrab	아끄랍
	dekat	드깟
칠면조	ayam kalkun	아얌 깔꾼
7월	Juli	줄리
칠판	papan tulis	빠빤 뚤리스
칠하다	mengecat (cat)	멍어짯
침(침술)	akupunktur	아꾸뿡뚜르

ㄱ
ㄴ
ㄷ
ㄹ
ㅁ
ㅂ
ㅅ
ㅇ
ㅈ
ㅊ
ㅋ
ㅌ
ㅍ
ㅎ

침(타액)	**liur**	리우르
침대	**tempat tidur**	떰빳 띠두르
침략자	**penyerang**	뻐녀랑
침략하다	**menyerbu (serbu)**	머녀르부
	menginvasi (invasi)	멍인바시
침몰하다	**tenggelam**	떵걸 / 뜽걸람
침묵	**kebisuan (bisu)**	꺼비수안
침묵을 지키다	**tetap diam**	뜨땁 디암
침수되다	**kebanjiran (banjir)**	꺼반지란
	kegenangan	꺼거낭안
	tergenang (genang)	떠르거낭
침실	**kamar tidur**	까마르 띠두르
침입하다	**menyerbu (serbu)**	머녀르부
	menginvasi (invasi)	멍인바시
침착하다	**tenang**	떠낭 / 뜨낭
	sabar	사바르
침체된	**stagnan**	스따그난
침투하다	(몰래) **menyelusup (selusup)**	머녈루숩
침해하다	(손해) **merugikan (rugi)**	머루기깐
	(권리) **melanggar (langgar)**	멀랑가르
	pelanggaran hak asasi 뻘랑가란 학 아사시 인권 침해	
칫솔	**sikat gigi**	시깟 기기
칭찬하다	**memuji (puji)**	머무지

ㅋ

카드	**kartu**	까르뚜
카레	**gulai**	굴라이
	kari	까레
카리스마	**karisma**	까리스마
카메라	**kamera**	까메라
	tustel	뚜스뗄
	kodak	꼬닥
카멜레온	**bunglon**	붕론
카운터	**tempat kasir**	뗌빳 까시르
카운트하다	**menghitung (hitung)**	멍히뚱
카지노	**kasino**	까시노
카탈로그	**katalog**	까딸로그
카테고리	**kategori**	까떠고리
카페	**kafe**	까풰
카페인	**kafein**	까풰인
카펫	**karpet**	까르뻿
칵테일	**koktail**	꼭따일
칼	**pisau**	삐사우
칼로리	**kalori**	깔로리
칼륨	**kalium**	깔리움

칼슘	**kalsium**	깔시움
캐릭터	**karakter**	까락떠르
캐치하다	**menangkap (tangkap)**	머낭깝
캔	**kaleng**	깔렝
캔디	**permen**	뻐르멘
캔버스	**kanvas**	깐바스
캠페인	**kampanye**	깜빠녀
캠프	**kemah**	께마
캡슐	**kapsul**	깝술
캡틴	**kapten**	깝뗀
캥거루	**kangguru**	깡구루
커닝	**menyontek (sontek)**	머뇬떽
커리큘럼	**kurikulum**	꾸리꿀룸
커미션	**komisi**	꼬미시
커지다	**membesar (besar)**	멈버사르
커튼	**gorden**	고르덴
커플	**pasangan (pasang)**	빠상안
커피	**kopi**	꼬삐
커피숍	**kedai kopi**	꺼다이 고삐
	kafe	까훼
컨디션	**kondisi**	꼰디시
컨설턴트	**konsultan**	꼰술딴
컨셉트	**konsep**	꼰셉

컨테이너	**peti kemas**	쁘띠 꺼마스
	kontainer	꼰따이너르
컬러	**warna**	와르나
컬럼	**kolom**	꼴롬
컬렉션	**koleksi**	꼴렉시
컴퍼스	**kompas**	꼼빠스
컴퓨터	**komputer**	꼼뿌떠르
	bermain permainan komputer	
	버르마인 쁘르마이난 꼼뿌떠르	
	컴퓨터 게임을 하다	
컵	**gelas**	걸라스
	(손잡이가 달린) **cangkir**	짱끼르
컷	**potong**	뽀똥
케이블	**kabel**	까블
케이블카	**kereta gantung**	꺼레따 간뚱
케이스	**peti**	쁘띠
	kemasan	꺼마산
케이크	**kue**	꾸에
케첩	**saus tomat**	사우스 또맛
켜다	**menghidupkan (hidup)**	멍히둡깐
코	**hidung**	히둥
코감기	**flu**	훌루
	pilek	삘륵
코끼리	**gajah**	가자
코너	**sudut**	수둣

ㄱ
ㄴ
ㄷ
ㄹ
ㅁ
ㅂ
ㅅ
ㅇ
ㅈ
ㅊ
ㅋ
ㅌ
ㅍ
ㅎ

코드	**kode**	꼬드
코멘트	**komentar**	꼬먼따르
코미디	**komedi**	꼬메디
코미디언	**pelawak (lawak)**	뻴라왁
코뿔소	**badak**	바닥
코스	(정해진 길) **jalan khusus**	잘란 꾸수스
코스모스	**kosmos**	꼬스모스
코치	(운동 지도) **pelatihan**	뻴라띠한
	(사람) **pelatih (latih)**	뻴라띠
코코아	**kelapa**	껄라빠
코트	**mantel**	만뗄
코피	**mimisan**	미미산
콘도미니엄	**kondominium**	꼰도미니움
콘서트	**konser**	꼰세르
콘센트	**saklar**	사끌라르
콘크리트	**beton**	버똔
콘택트렌즈	**lensa kontak**	렌사 꼰딱
콘테스트	**perlombaan**	뻐르롬바안
	kontes	꼰떼스
	konstes kecantikan 꼰떼스 꺼짠띠깐 미인 콘테스트	
콜레스테롤	**kolesterol**	꼴레스뜨롤
콤마	**koma**	꼬마
콤비	**kombinasi**	꼼비나시

콧물	**ingus**	잉우스
콩	**kacang**	까짱
콩나물	**taoge kedelai**	따오게 꺼들라이
쾌락	**kesenangan (senang)**	꺼스낭안
쾌적하다	**myaman**	냐만
쿠데타	**kudeta**	꾸데따
쿠션	**alas duduk**	알라스 두둑
쿠키	**kue**	꾸에
퀴즈	**kuis**	꾸이스
크기	**besar**	버사르
	ukuran	우꾸란
크다	(크기) **besar**	버사르
	(소리) **keras**	꺼라스
크레인	**derek**	데렉
크리스마스	**Natal**	나딸
크리스털	**kristal**	끄리스딸
크림	**krim**	끄림
	krim kosmetik 끄림 꺼짠띠깐 화장용 크림	
큰일	**masalah besar**	마살라 버사르
클라이맥스	**klimaks**	끌리막스
클래식 음악	**musik klasik**	무식 끌라식
클랙슨	**klakson**	끌락손

클레임	**tuntutan**	뚠뚜딴
	klaim	끌라임
클로버	**semanggi**	스망기
클로즈업	**ambilan (jarak) dekat**	암빌란 (자락) 드깟
클리닉	**klinik**	끌리닉
클릭하다	**mengklik (klik)**	멍끌릭
클립	**klip**	끌립
키	**tinggi badan**	띵기 바단
키다	**menghidupkan (hidup)**	멍히둡깐
	menyalakan (nyala)	머날라깐
키보드	**papan tombol (keyboard)**	빠빤 똠볼
키스하다	**mencium (cium)**	먼찌움
키우다	**memelihara (pelihara)**	머멀리하라
	membesarkan (besar)	멈버사르깐
	menumbuhkan (tumbuh)	머눔부깐
킬로그램	**kilogram**	낄로그람
킬로미터	**kilometer**	낄로메떠르

ㅌ

타개하다	menyelesaikan (selesai)	머녈러사이깐
	memecahkan (masalah)	머머짜깐
타격	(가격) pukulan (pukul)	뿌꿀란
	(손해) kerugian (rugi)	꺼루기안
타고나다	dibawa lahir (bawah)	디바와 라히르
타는 곳	tempat naik kendaraan	떰빳 나익 껀다라안
타다	(연소) terbakar; hangus	떠르바까르; 항우스
	(승차) naik	나익
타당하다	masuk akal	마숙 아깔
타도하다	menjatuhkan (jatuh)	먼자뚜깐
	menggulingkan (guling)	멍굴링깐
타락하다	menjadi korup	먼자디 꼬룹
	bejat	버잣
	rusak	루삭
타박상 입다	lecet	레쩻
	memar	머마르
타액	ludah	루다
	air liur	아이르 리우르
타원	oval	오발
타이밍	ketepatan waktu (tepat)	꺼떠빳딴 왁뚜

타이틀	**gelar**	걸라르
	titel	띠뜰
타인	**orang lain**	오랑 라인
타일	**batu ubin**	바뚜 우빈
타임	**waktu**	왁뚜
타자 치다	**mengetik (ketik)**	멍어띡
타조	**burung unta**	부룽 운따
타협하다	**bermusyawarah (musyawarah)**	버르무샤와라
탁구	**tenis meja**	떼니스 메자
	pingpong	삥뽕
탁월하다	**unggul sekali**	웅굴
	luar biasa	루아르 비아사
탁하다	**keruh**	꺼루
탄광	**tambang batu bara**	땀방 바뚜 바라
탄력 있다	(피부가) **kenyal**	꺼냘
	elastis	엘라스띠스
탄로 나다	**ketahuan (tahu)**	꺼따후안
탄산가스	**gas karbondioksida**	가스 까르본 디옥시다
탄생하다	**lahir**	라히르
탄소	**karbon**	까르본
탄수화물	**karbohidrat**	까르보히드랏
탄식	**keluh kesah**	껄루 꺼사

탄압하다	**menindas (tindas)**	머닌다스
	menekan (tekan)	머너깐
탄환	**peluru**	뻴루루
탈것	**kendaraan (kendara)**	껀다라안
탈락자	**orang yang tidak terpilih**	오랑 양 띠닥 떠르삘리
탈락하다	**tidak terpilih (pilih)**	띠닥 떠르삘리
탈모	**kerontokan rambut**	꺼론똑깐 람붓
탈선하다	(철로) **anjlok**	안즐록
	(행위) **menyeleweng (seleweng)**	머녜레웽
탈세하다	**menghindari pajak (hindari)**	멍힌다리 빠작
탈수기	**alat pemeras (peras)**	알랏 뻐머라스
탈수하다	**memeras (peras)**	머머라스
탈의실	**ruang ganti pakaian (pakai)**	루앙 간띠 빠까이안
탈진하다	**kehilangan tenaga (hilang)**	꺼힐랑안 떠나가
탈출하다	**meloloskan diri (lolos)**	멀롤로스깐 디리
탈퇴하다	**menarik diri (tarik)**	머나릭 디리
탈환하다	**merebut kembali (rebut)**	머러붓 껌발리
탐구하다	**meneliti (teliti)**	머널리띠
탐내다	**rakus akan**	라꾸스 아깐
	tamak akan	따막 아깐
탐방하다	(문화) **bertamasya (tamasya)**	버르따마샤
탐사하다	**mengeksplorasi (eksplirasi)**	멍엑스플로라시

탐욕	kerakusan (rakus)	꺼락꾸산
	ketamakan (tamak)	꺼따막깐
탐정	detektif	드떽띱
탐험하다	menjelajah (jelajah)	먼절라자
탑	menara	머나라
	pagoda	빠고다
탑승 게이트	pintu naik	삔뚜 나익
탑승권	pas naik	빠스 나익
탑승하다	naik ke pesawat	나익 뻐사왓
태도	sikap	시깝
	perilaku	뻐리라꾸
태아	janin	자닌
태양	matahari	마따하리
	surya	수르야
태어나다	lahir	라히르
태연한	tenang	뜨낭
	kalem	깔름 / 깔럼
태우다(연소)	membakar (bakar)	멈바까르
태우다(탑승)	menaikkan (naik)	머나익깐
	mengangkut (penumpang)	멍앙꿋(뻐눔빵)
태평양	samudra pasifik	사무드라 빠시픽
태평하다	tenang	뜨낭
	damai	다마이
태풍	angin topan	앙인 또빤

택배	**layanan paket**	라야난 빠껫
택시	**taksi**	딱시
탤런트	**artis**	아르띠스
탱크	(통) **tangki**	땅끼
	(전차) **tank**	땅
터널	**terowongan**	떠로웡안
터무니없는	**tidak masuk akal**	띠닥 마숙 아갈
터미널	**terminal**	떠르미날
터부	**tabu**	따부
터지다	**meledak (ledak)**	멀르닥
턱	**dagu**	다구
	rahang	라항
털	**bulu**	불루
털다	**menyapu debu (sapu)**	머냐뿌 더부
	(흔들어) **mengebas (kenas)**	멍어바스
테니스	**tenis**	떼니스
테러	**teror**	떼로르
테러리스트	**teroris**	떼로리스
테마	**tema**	떼마
테스트하다	**menguji (uji)**	멍우지
테이블	**meja**	메자
테이프	**isolasi**	이솔라시
	plester	쁠레스떠르
	lak ban	락반

테크닉	**teknik**	테크닉
텐트	**tenda**	뗀다
텔레비전	**televisi**	뗄레비시
텔레파시	**telepati**	뗄레빠띠
템포	**tempo**	뗌뽀
토끼	**kelinci**	껄린찌
토너먼트	**turnamen**	뚜르나멘
토대	**fondasi**	폰다시
	landasan	란다산
토론하다	**berdiskusi (diskusi)**	버르디스꾸시
토마토	**tomat**	또맛
토막	**potongan (potong)**	뽀똥안
토목	**pekerjaan teknik sipil**	뻐꺼르자안떼끄닉 시삘
	proyek pekerjaan teknik sipil 쁘로옉 뻐꺼르자안 떼끄닉 시삘 토목공사	
토산품	**produk lokal yang khas**	뿌로둑 로깔양카스/하스
토스트	**roti panggang**	로띠 빵강
토요일	**hari Sabtu**	하리 삽뚜
토지	**tanah**	따나
	lahan	라한
토하다	**muntah**	문따
톤	**ton**	똔
톱	(도구) **gergaji**	거르가지
	(우선) **utama**	우따마

통(桶)	tong	똥
	tahang	따항
	tabung	따붕
통계	statistik	스따띠스띡
통과하다	lulus	룰루스
통나무	kayu gelondongan	까유 걸론동안
통로	gang	강
	lorong	로롱
통보하다	memberitahukan (beritahu)	멈버리따후깐
통솔하다	memimpin (pinpin)	머밈삔
통신	telekomunikasi	뗄레꼬무니까시
통역하다	menerjemahkan (terjemah)	머너르즈마깐
통일하다	mempersatukan (satu)	멈뻐르사뚜깐
통장	buku tabungan (tabung)	부꾸 따붕안
통제하다	mengendalikan (kendali)	멍언달리깐
통조림	makanan kaleng (kaleng)	마까난 깔렝
통지하다	memberitahukan (beritahu)	멈버리따후깐
통찰력	wawasan (wawas)	와와산
통풍	sirkulasi udara	시르꿀라시 우다라
통하다	(서로) saling mengethui (tahu)	살링 멍어따후이
	(매개) melalui (lalu)	멀랄루이
통학하다	pulang pergi sekolah	뿔랑 뻐르기 스꼴라
통행하다	melewati (lewat)	멀레와띠

ㄱ ㄴ ㄷ ㄹ ㅁ ㅂ ㅅ ㅇ ㅈ ㅊ ㅋ **ㅌ** ㅍ ㅎ

통화	**pembicaraan telepon (bicara)**	쁨비짜라안 뗄레뽄
통화하다	**menelepon (telepon)**	머널레뽄
퇴각하다	**mundur**	문두르
퇴원하다	**keluar dari rumah sakit**	껄루아르 다리 루마 사낏
퇴장하다	**keluar**	껄루아르
퇴직하다	**pensiun**	뻰시운
	uang pensiun 우앙 뻰시운 퇴직금	
퇴치하다	**memberantas (berantas)**	멈버란따스
	membasmi (basmi)	멈바스미
퇴폐적인	**mesum**	머숨
	tidak senonoh	띠닥 스노노
투고하다	**menyumbangkan artikel**	머늄방깐 아르띠껄
투덜거리다	**menggerutu (gerutu)**	멍거루뚜
	mengomel (omel)	멍오멜
투명하다	**transparan**	뜨란스빠란
투병하다	**memerangi penyakit (perang) (sakit)**	머머랑이 뻐냐낏
투서하다	**mengirim surat kaleng (kirim)**	멍이림 수랏 깔렝
투입하다	(자본) **menanam modal (tanam)**	머나남 모달
투자가	**investor**	인베스또르
	penanam modal (tanam)	뻐나남 모달

투자하다	**menginvestasi (investasi)**	멍인베스따시
투쟁하다	**berjuang (juang)**	버르주앙
투지	**semangat berjuang (juang)**	스망앗 버르주앙
투표하다	**memberi suara (beri)**	멈버리 수아라
튀기다	⁽기름⁾ **menggoreng (goreng)**	멍고렝
튀다	⁽물이⁾ **memercik (percik)**	머머르찍
	⁽공이⁾ **melonjak (lonjak)**	멀론잣
트다	⁽먼동이⁾ **terbit**	떠르빗
트러블	**masalah**	마살라
	perselisihan (selisih)	뻐르슬리시한
트럭	**truk**	뜨룩
트럼펫	**terompet**	뜨롬뻿
트럼프	**kartu permainan**	까르뚜 뻐르마인안
트렁크	**kopor**	꼬뽀르
트레이너	**pelatih**	뻘라띠
트로피	**piala**	삐알라
트림	**sendawa**	슨다와
트집을 잡다	**menggerutu (gerutu)**	멍거루뚜
	mempermasalahkan (masalah)	멈뻐르마살라깐
특권	**hak istimewa**	학 이스띠메와
특급(特級)	**kelas khusus**	껄라스 꾸수스
특기	**kemampuan khusus (mampu)**	꺼맘뿌안 꾸수스

특별한	**khusus**	쿠수스
	istimewa	이스띠메와
	produk istimewa 바랑 이스띠메와 특산품	
특유의	**khusus**	꾸수스
	unik	우닉
	khas	하스
특이한	**unik**	우닉
	khusus	쿠수스
특정한	**khusus**	쿠수스
	spesifik	스페시픽
특집	**edisi khusus**	에디시 꾸수스
특징	**ciri khas**	찌리 카스 / 하스
특파원	**koresponden**	꼬레스뽄덴
특허	**hak paten**	학 빠뗀
특히	**secara khusus**	스짜라 쿠수스
튼튼한	**kuat**	꾸앗
	sehat	세핫
틀	(모형) **model**	모델
	(테) **kerangka**	꺼랑까
틀니	**gigi palsu**	기기 빨수
틀리다	**salah**	살라
	keliru	껄리루

틀림없이	**pasti**	빠스띠
	tentu	떤뚜
틀어지다	(일이) **berbuat keliru (buat)**	버르부앗 껄리루
	(사이가) **berselisih (selisih)**	버르슬리시
틈	(공간 사이) **celah; ruang**	쩰라; 루앙
	(시간) **waktu ruang**	왁뚜 루앙
	kalau ada waktu ruang 깔라우 아다 왁뚜 루앙 틈만 있으면	
티백	**teh celup**	떼 쩔룹
티셔츠	**kemeja**	꺼메자
티슈	**tisu**	띠수
티켓	**tiket**	띠껫
팀	**tim**	띰
팀워크	**kerjasama tim**	꺼르자 사마 띰
팁	**tip**	띱

ㄱ
ㄴ
ㄷ
ㄹ
ㅁ
ㅂ
ㅅ
ㅇ
ㅈ
ㅊ
ㅋ
ㅌ
ㅍ
ㅎ

파

파	**daun bawang**	다운 바왕
	perei bawang	뻐러이 바왕
파견하다	**mengutus (utus)**	멍우뚜스
파괴하다	**menghancurkan (hancur)**	멍한쭈르깐
파급되다	**menyebar (sebar)**	머녀바르
파기하다	**meniadakan (tiada)**	머니아다깐
파다	**menggali**	멍갈리
	mencangkul (cangkul)	먼짱꿀
파도	**ombak**	옴박
파라솔	**payung besar**	빠융 버사르
파랑, 파란색	**biru**	비루
파렴치하다	**bermuka tebal (muka)**	버르무까떠발
파리(곤충)	**lalat**	랄랏
파마	**keriting rambut**	꺼리띵 람붓
파멸하다	**kehancuran (hancur)**	꺼한쭈란
	runtuh	룬뚜
파묻다	(시신) **mengebumikan (bumi)**	멍어부미깐
	mengubur (kubur)	멍우부르
파산하다	**bangkrut**	방끄룻
파손되다	**rusak**	루삭

파악하다	**memahami (paham)**	머마함이
파업	**mogok**	모곡
파열	**pecah**	뻐짜
	meledak (ledak)	멀르닥
파운데이션	**alas bedak**	알라스 버닥
파울	**pelanggaran (langgar)**	뻘랑가란
파이프	**pipa**	삐빠
파인애플	**nanas**	나나스
파일	**fail**	파일
	arsip	아르십
파자마	**piyama**	삐야마
파출소	**polisi sektor**	뽈리시 섹또르
파탄	**kebangkrutan**	꺼방끄룻딴
	kegagalan	꺼가갈란
파트너	**mitra**	미뜨라
파티	**pesta**	뻬스따
파하다	**bubar**	부바르
	selesai	슬르사이 / 슬러사이
판가름	**mengadili (adil)**	멍아딜리
판결하다	**memvonis (vonis)**	멈보니스
판권	**hak cipta**	학 찝따
판단하다	**mempertimbangkan (timbang)**	멈뻐르띰방깐
판례(대법원)	**kasasi**	까사시

판매하다	**menjual (jual)**	먼주알
	promosi penjualan 쁘로모시 뻔주알란 판매촉진	
판명되다	**teridentifikasi (identifikasi)**	떠르이덴띠휘까시
판사	**hakim**	하낌
판자	**papan**	빠빤
판정하다	**menentukan (tentu)**	머넌뚜깐
	kemenangan angka 꺼머낭안 앙까 판정승	
팔	**tangan**	땅안
	lengan	릉안
팔(8)	**delapan**	들라빤
팔꿈치	**siku**	시꾸
팔다	**menjual (jual)**	먼주알
팔리다	**terjual (jual)**	떠르주알
팔씨름하다	**berpanco (panco)**	버르빤쪼
8월	**Agustus**	아구스뚜스
팔자	**nasib**	나십
팔찌	**gelang tangan**	걸랑 땅안
팝송	**lagu populer**	라구 뽀뿔레르
팥	**kacang merah**	까짱 메라
패권	**kekuasaan (kuasa)**	꺼꾸아사안
패기	**semanga**	스망앗
	ambisi	암비시

패다	(장작) membelah kayu (belah)	멈벌라 까유
	(때리다) memukuli (pukul)	머무꿀리
패망하다	runtuh	룬뚜
	ditaklukkan (takluk)	디딱룩깐
패배하다	kalah	깔라
패션	mode	모드
패스워드	kata sandi	까따 산디
패스트푸드	makanan cepat saji	마까난 쩌빳 사지
패키지 투어	wisata paket	위사따 빠껫
패턴	gaya	가야
패싸움	tawur	따우르
패하다	kalah	깔라
팩	bungkusan (bungkus)	붕꾸산
	(마사지용) masker kecantikan	마스꺼르 꺼짠띡깐
팩스	faks	확스
팬	penggemar (gemar)	뼁거마르
팬티	celana dalam	쯜라나 달람
팬티스타킹	stoking ketat	스또낑 꺼땃
팸플릿	pamflet	빰플렛
	brosur	부로수르
팽개치다	mencampakkan (campak)	먼짬빡깐
	menghempaskan (hempas)	멍험빠스깐

팽이	**gasing**	가싱
	memutarkan gasing 머무따르깐 가싱 팽이를 돌리다	
팽창하다	**memuai (muai)**	머무아이
퍼내다	**menimba keluar (timba)**	머님바
	memompa keluar (pompa)	머몸빠껄루아르
퍼붓다	(물을) **menuangkan (tuang)**	머누앙깐
	(욕을) **menimpakan ~ pada**	머님빠깐 ~ 빠다
퍼센트	**persentase**	뻐르센따스
퍼지다	(벌어지다) **meluas (luas)**	멀루아스
	(소문) **menyebar (sebar)**	머녀바르
	(질병) **menular (tular)**	머눌라르
펄럭이다	**berkibar-kibar (kibar)**	버르끼바르-끼바르
펌프	**pompa**	뽐빠
펑크나다	**berlubang (lubang)**	버르루방
페스티벌	**festival**	페스디발
페이지	**halaman**	할라만
페인트	**cat**	짯
펜	**bolpoin**	볼뽀인
	pulpen	뿔뻰
펜션	**rumah peristirahatan**	루마 뻐르이스띠라핫딴
	bungalo	붕알로
펜싱	**olahraga anggar**	올라라가 앙가르
펭귄	**penguin**	뻥우인

펴다	membentangkan (bentang)	멈번땅깐
	membuka (buka)	멈부까
펴지다	terbuka	떠르부까
	terbentang	떠르번땅
편견을 갖다	berprasangka (prasangka)	버르쁘라상까
	berpraduga (praduga)	버르쁘라두가
편도	sekali jalan	스깔리 잘란
편도선	amandel	아만들
편두통	migrain	미그라인
편들다	berpihak kepada-	버르피학 꺼빠다-
편리하다	nyaman	냐만
편성하다	menyusun (susun)	머뉴순
	mengorganisasi (organisasi)	멍오르가니사시
편승하다	menumpang (tumpang)	머눔빵
편안하다	nyaman	냐만
편의점	toko 24 jam	또꼬 두아 뿔루 엄빳 잠
편지	surat	수랏
편집자	editor (edit)	에디또르
편집하다	mengedit (edit)	멍에딧
편파적으로	secara sepihak (cara) (pihak)	스짜라 스삐학
편하다	nyaman	냐만
	enak	에낙

펼치다	**membentangkan (bentang)**	멈번땅깐
	membuka (buka)	멈부까
평가하다	**mengevaluasi (evaluasi)**	멍에발루아시
	menilai (nilai)	머닐라이
평균	**rata-rata**	라따-라따
평등하다	**sama**	사마
	sama rata	사마 라따
평론가	**kritikus**	끄리띠꾸스
평론하다	**mengkritik (kritik)**	멍끄리띡
평면	**permukaan (muka)**	뻐르무까안
평방미터	**meter persegi**	메떠르 뻐르스기
평범하다	**biasa**	비아사
	sederhana	스더르하나
평상복	**pakaian sehari-hari (pakai)**	빠까이안 스하리-하리
평소	**biasanya**	비아사냐
	sehari-hari	스하리-하리
평야	**padang**	빠당
	hamparan datar (hampar)	함빠란 다따르
평온	**temperatur rata-rata**	뗌뻐라뚜르 라따-라따
평일	**hari kerja**	하리 꺼르자
평정(平靜)	**ketenangan (tenang)**	꺼뜨낭안
평판	**rumor**	루모르
	kritik oleh rakyat	끄리띡 올레 아얏/라꺗

평평하다	**datar**	다따르
	rata	라따
평행선	**garis sejajar**	가리스 스자자르
평행하다	**sejajar (jajar)**	스자자르
평형	**keseimbangan (seimbang)**	꺼서임방안
평화	**perdamaian (damai)**	뻐르다마이안
폐	(허파) **paru-paru**	빠루-빠루
	(누, 신세) **kerepotan (repot)**	레뽓
	menyusahkan; merepotkan 머뉴사깐; 머레뽓깐 폐를 끼치다	
폐결핵	**tuberkulosis**	뚜버르꿀로시스
	TBC	떼베쎄
폐기물	**limbah**	림바
폐렴	**radang paru-paru**	라당 빠루-빠루
폐쇄하다	**menutup (tutup)**	머누뚭
폐수	**air limbah**	아이르 림바
폐암	**kanker paru-paru**	깐꺼르 빠루-뻐루
폐업하다	**menutup usaha (usaha)**	머누뚭 우사하
	mengakhiri usaha (usaha)	멍악히리 우사하
폐지하다	**membatalkan (batal)**	멈바딸깐
	mengabolisikan (abolisi)	멍아볼리시깐
	menghapuskan (hapus)	멍하뿌스깐
폐허	**reruntuhan (runtuh)**	러룬뚜한

폐활량	**kapasitas pernapasan (napas)**	까빠시따스 뻐르나빠산
폐회하다	**menutup rapat (tutup)**	머누뚭 라빳
포개다	**menumpuk (tumpuk)**	머눔뿍
포괄적	**secara keseluruhan (seluruh)**	스짜라 꺼설루루한
포근한	(푹신한) **nyaman**	냐만
	(날씨) **hangat**	항앗
포기하다	**menyerah (serah)**	며녀라
포도	**anggur**	앙구르
포도주	**minuman anggur (minum)**	미눔안 앙구르
포동포동한	**montok**	몬똑
	sintal	신딸
포로	**tawanan perang**	따와난 뻐랑
포르노	**porno**	뽀르노
포만감	**rasa kenyang**	라사 끄냥 / 꺼냥
포맷	**format**	포르맛
포상하다	**mengganjar (ganjar)**	멍간자르
	menghadiahi (hadiah)	멍하디아이
포스터	**poster**	뽀스떠르
포악하다	**zalim**	잘림
	kejam	꺼잠
	bengis	벙이스
포옹하다	**memeluk (peluk)**	머멀룩
포위하다	**mengepung (kepung)**	멍어뿡

포유동물	**binatang mamalia**	비나땅 마말리아
포인트	**poin**	뽀인
	nilai	닐라이
포장하다	**membungkus (bungkus)**	멈붕꾸스
	kertas bungkus; kertas pengemas (kemas) 꺼르따스 붕꾸스; 꺼르따스 뻥어마스 포장지	
포착하다	(기회) **meraih kesempatan (raih) (sempat)**	머라이 꺼슴빳딴
	(단서) **menemukan (temu)**	머너무깐
포켓	**saku**	사꾸
	kantong	깐똥
포크	**garpu**	가르뿌
포터(역, 공항의 짐꾼)	**pramubarang**	쁘라무바랑
포터블	**portabel**	뽀르따블
	mudah dibawa	디바와
포함하다	**termasuk (masuk)**	떠르마숙
폭격하다	**mengebom (bom)**	멍어봄
폭넓다	**luas**	루아스
폭동	**kerusuhan (rusuh)**	꺼루수한
폭락하다	**merosot tajam (rosot)**	머로솟 따잠
폭력	**kekerasan (keras)**	꺼꺼라산
폭로하다	**mengungkapkan rahasia (ungkap)**	멍웅깝깐 라하시아
	membongkar eahasia (bongkar)	멈봉까르 라하시아

폭발하다	meledak (ledak)	멀르닥
폭언하다	berbicara dengan kasar	버르비짜라 등안 까사르
폭주(輻輳)	ngebut	응어붓
폭탄	bom	봄
폭파하다	meledakkan (ledak)	멀르닥깐
폭포	air terjun	아이르 떠르준
폭풍	badai	바다이
폭행하다	memukul (pukul)	머무꿀
폼	gaya	가야
	pose	뽀스
표(表)	tabel	따벨
표(票)	tiket	띠껫
	karcis	까르찌스
표결(票決)하다	memutuskan dengan suara (putus)	머무뚜스깐 등안 수아라
표기	tanda	딴다
표나다	menonjol (tonjol)	머논졸
	mencolok mata (colok)	먼쫄록 마따
표류하다	hanyut	하늣
표면	permukaan (muka)	뻐르무까안
표백하다	memutihkan (putih)	머무띠깐
표본	sampel	삼뻴
	contoh	쫀또
표시	tanda	딴다

표어	**slogan**	슬로간
	semboyan	슴보얀
표적(標的)	**target**	딴다
	sasaran	북띠
표절하다	**membajak (bajak)**	바작
표정	**ekspresi raut wajah**	엑스프레시 라웃 와자
표준	**standar**	스딴다르
	baku	바꾸
표지(表紙)	**sampul**	삼뿔
표현하다	**mengekspresikan (ekspresi)**	엑스쁘레시
	mengungkapkan (ungkap)	멍웅깝깐
푸다	(액체를) **menimba (timba)**	머님바
풀(草)	**rumput**	룸뿟
풀다	(끈 등을) **melepaskan (lepas)**	멀르빠스깐
	(금지, 제한) **membebaskan (bebas)**	멈베바스깐
	(코를) **membuang ingus (buang)**	멈부앙 잉우스
풀리다	(묶인 것이) **terlepas**	떠르르빠스
	(제한이) **terbebas**	떠르베바스
	(피로가) **pulih dari**	뿔리 다리
	(날씨가) **menghangat (hangat)**	멍항앗
품다	**memeluk (peluk)**	머멀룩

품목	**daftar barang**	다프따르
품삯	**upah**	우빠
품위	**martabat**	마르따밧
	harga diri	하르가 디리
품위 있는	**bermartabat (martabat)**	마르따밧
	anggun	앙군
품절	**habis**	하비스
	kosong	꼬송
품질	**kualitas**	꾸알리따스
	mutu	무뚜
풍경	**pemandangan (pandang)**	뻐만당안
풍년	**tahun yang berpanenan baik**	따훈 양 버르빠넨난 바익
풍문	**kabar angin**	까바르 앙인
풍부한	**berlimpah (limpah)**	버르림빠
풍선	**balon**	발론
풍속	**adat istiadat**	아닷 이스띠아닷
풍자하다	**menyindir (sindir)**	머닌디르
풍족하다	**kaya**	까야
	mapan	마빤
풍차	**kincir angin**	낀찌르 앙인
퓨즈	**sekering**	세꺼링
프라이드	**harga diri**	하르가 디리
	kebanggaan (bangga)	꺼방가안

프라이팬	**penggorengan (goreng)**	뻥고렝안
	wajan	와잔
프랜차이즈	**toko waralaba**	또꼬 와랄라바
프로	**profesional**	쁘로훼시오날
프로그램	**program**	쁘로그람
프로젝트	**proyek**	쁘로옉
	berbagai proyek 버르바가이 쁘로옉 다양한 프로젝트	
프로필	**biodata**	비오다따
프리미엄	**premium**	쁘레미움
프린터	**printer**	쁘린떠르
프린트(하다)	**mencetak (cetak)**	먼쩨딱
플라스틱	**plastik**	쁠라스띡
플래카드	**spanduk**	스빤둑
플러그	**busi**	부시
플러스	**tambah**	땀바
피	**darah**	다라
피고	**terdakwa**	떠르닥와
피난하다	**mengungsi (ungsi)**	멍웅시
피다	**mekar**	머까르
피로	**kelelahan (lelah)**	껄럴라한
피리	**seruling**	스룰링
피망	**paprika**	빠쁘리까

ㄱ
ㄴ
ㄷ
ㄹ
ㅁ
ㅂ
ㅅ
ㅇ
ㅈ
ㅊ
ㅋ
ㅌ
ㅍ
ㅎ

피부	**kulit**	꿀릿
	penyakit kulit 뻐냐낏 꿀릿 피부병	
피상적인	**dangkal**	당깔
피신하다	**melarikan diri (lari)**	멀라리깐 디리
피아노	**piano**	삐아노
피아니스트	**pemain piano (main)**	뻐마인 삐아노
피앙세	**tunangan (tunang)**	뚜낭안
피우다	(불을) **menyalakan api (nyala)**	머냘라깐 아삐
	(담배) **merokok (rokok)**	머로꼭
피임(하다)	**mencegah kehamilan (cegah) (hamil)**	먼쩌가 꺼하밀란
피자	**pizza**	삐자
피차	**kedua pihak (dua)**	꺼두아 삐학
피크닉	**piknik**	삑닉
피클	**acar**	아짜르
피하다	**menghindar dari (hindar)**	멍힌다르 다리
피해	**kerugian (rugi)**	꺼루기안
피해자	**korban**	꼬르반
픽션	**fiksi**	픽시
	khayalan	카얄란
핀	**pin**	삔
핀셋	**pinset**	핀셋
핀트	**fokus**	훠꾸스

필기하다	**mencacat (catat)**	먼짜땃
	menulis (tulis)	머눌리스
	ujian tulis 우지안 뚤리스 필기시험	
필사적인	**mati-matian (mati)**	마띠-마띠안
필수적인	**wajib**	와집
필수품	**kebutuhan pokok (butuh)**	꺼부뚜한 뽀꼭
필승	**kemenangan pasti (menang)**	꺼머낭안 빠스띠
필요	**perlu**	뻐를루
필요하다	**memerlukan (perlu)**	머머르루깐
	membutuhkan (butuh)	멈부뚜깐
필자	**penulis (tulis)**	뻐눌리스
	pengarang (karang)	뻥아랑
필적	**tulisan tangan (tulis)**	뚤리산 땅안
필적하다	**sebanding (banding)**	스반딩
필터	**filter**	휠떠르
핏줄	(혈관) **pembuluh darah**	쁨불루 다라
	(혈족) **kerabat**	끄라밧 / 꺼라밧
핑계	**dalih**	달리
	alasan	알라산
핑크	**merah muda**	메라 무다

하객	tamu	따무
	undangan (undang)	운당안
하구	muara sungai	무아라 숭아이
하나	satu	사뚜
하나님	Tuhan yang Maha Esa	뚜한 양 마하 에사
	Tuhan	뚜한
하늘	langit	랑잇
하드웨어	perangkat keras (angkat)	뻐랑깟 꺼라스
하락하다	menurun (turun)	머누룬
	jatuh	자뚜
하루	sehari (hari)	스하리
	sepanjang hari (panjang) 스빤장 하리 하루 종일	
하류	hilir sungai	힐리르 숭아이
하수도	saluran air kotor (salur)	살루란 아이르 꼬또르
	parit	빠릿
하숙하다	indekos	인더꼬스
하여간	pokoknya (pokok)	뽀꼭냐
하인	budak	부닥

하자	**kekurangan (kurang)**	꺼꾸랑안
	cacat	짜짯
하천	**sungai**	숭아이
	kali	깔리
하품	**menguap (kuap)**	멍우압
학	**burung bangau**	부룽 방아우
학과	**program studi**	쁘로그람 스뚜디
	jurusan (jurus)	주루산
학교	**sekolah**	스꼴라
학급	**kelas**	껄라스
	tingkat	띵깟
학기	**semester**	세메스떠르
	ujian akhir semester 우지안 악히르 세메스떠르 학기말 시험	
학년	**kelas**	껄라스
	tingkat	띵깟
학대하다	**menaniaya (aniaya)**	멍아니아야
	menindas (tindas)	머닌다스
학력	**latar belakang pendidikan (didik)**	라따르 벌라깡 뻔디딕깐
학문	**ilmu**	일무
	ilmu pengetahuan (tahu)	일무 뻥어따후안
학비	**biaya pendidikan (didik)**	비아야 뻔디딕깐
	uang sekolah	우앙 스꼴라

학사	**gelar sarjana**	걸라르 사르자나
	S1	에스 사뚜
학생	**murid**	무릿
	siswa	시스와
학생증	**kartu pelajar (ajar)**	까르뚜 뻴라자르
학설	**teori**	떼오리
학습하다	**belajar (ajar)**	벌라자르
학원	**tempat kursus**	뜸빳 꾸루수스
	tempat les	뜸빳 레스
학위	**gelar**	걸라르
학자	**ilmuwan (ilmu)**	일무완
	sarjana	사르자나
학점	**kredit**	끄레딧
한 개	**satu buah**	사뚜 부아
한 벌	**satu setel**	사뚜 스뗄
한 조각	**satu potong**	사뚜 뽀똥
한가하다	**senggang**	승강
	terluang (luang)	떠르루앙
한결같다	**konsisten**	꼰시스뗀
한계	**batas**	바따스
한국어	**bahasa Korea**	바하사 꼬레아
한기	**udara dingin**	우다라 딩인
한나절	**setengah hari (tengah)**	스뜽아 하리

한낮	**tengah hari**	뜽아 하리
한눈팔다	**tidak berhati-hati (hati)**	띠닥 버르하띠 – 하띠
한도	**batas**	바따스
	limit	리밋
한때	**suatu ketika**	수아뚜 꺼띠까
한마디	**sepatah kata (patah)**	스빠따 까따
한숨	(잠시) **sejenak (jenak)**	스즈낙
	sebentar (bentar)	스번따르
한숨쉬다	**berkeluh kesah (keluh)**	버르껄루 꺼사
한심하다	**menyesalkan (sesal)**	머녀살깐
	menyedihkan (sedih)	머녀디깐
한여름	**tengah musim panas**	뜽아 무심 빠나스
한자	**huruf cina**	후룹 찌나
한잔	**segelas (gelas)**	스걸라스
	secangkir (cangkir)	스짱끼르
한정하다	**membatasi (batas)**	멈바따시
한쪽	**satu pihak**	사뚜 삐학
한층 더	**satu tingkat lagi**	사뚜 띵깟 라기
한턱내다	**mentraktir (traktir)**	먼뜨락띠르
한파	**gelombang dingin**	걸롬방 딩인
한편(으로)	**sementara**	스먼따라
	tetapi	떠따삐
할당하다	**menjatah (jatah)**	먼자따

ㄱ
ㄴ
ㄷ
ㄹ
ㅁ
ㅂ
ㅅ
ㅇ
ㅈ
ㅊ
ㅋ
ㅌ
ㅍ
ㅎ

할머니	nenek	네넥
할부	kredit	끄레딧
	cicilan (cicil)	찌찔란
할아버지	kakek	까껙
할인하다	memberi diskon (beri)	멈버리 디스꼰
	mengorting (korting)	멍오르띵
할증금	biaya tambahan (tambah)	비아야 땀바한
핥다	menjilat (jilat)	먼질랏
함께	bersama (sama)	버르사마
함락하다	merebut (rebut)	머러붓
함부로	sembrono	슴브로노
	dengan sembarangan (sembarang)	등안 슴바랑안
함유하다	mengandung (kandung)	멍안둥
합격하다	lulus	룰루스
합계내다	menjumlahkan (jumlah)	먼줌라깐
합금	logam campuran (campur)	로감 짬뿌란
합동	gabungan (gabung)	가붕안
합류하다	bergabung (gabung)	버르가붕
합리적인	rasional	라시오날
	logis	로기스
합법적인	secara sah	스짜라 사
	secara legal	스짜라 레갈

합병하다	penyatuan usaha (satu)	뻐냐뚜안 우사하
합선되다	menjadi korsleting	먼자디 꼬르슬렛띵
합의하다	bersepakat (pakat)	버르스빠깟
합작사업	usaha bersama (sama)	우사하 버르사마
합치다	bergabung (gabung)	버르가붕
	menyatukan (satu)	머냐뚜깐
항공기	pesawat terbang	뻐사왓 떠르방
항공사	maskapai penerbangan (terbang)	마스까빠이 뻐너르방안
항공편	penerbangan (terbang)	뻐너르방안
항구	pelabuhan (labu)	뻘라부한
항목	ayat	아얏
	butir	부띠르
항문	anus	아누스
	dubur	두부르
항복하다	menyerah kalah (serah)	머녀라 깔라
	menunduk (tunduk)	머눈둑
항아리	kendi	껀디
	guci	구찌
항의하다	memprotes (protes)	멈쁘로떼스
	mengeluh (keluh)	멍얼루
항해하다	berlayar (layar)	버르라야르
해	matahari	마따하리

ㄱ
ㄴ
ㄷ
ㄹ
ㅁ
ㅂ
ㅅ
ㅇ
ㅈ
ㅊ
ㅋ
ㅌ
ㅍ
ㅎ

해(年)	**tahun**	따훈
해결하다	**memecahkan (pecah)**	머머짜깐
해고당하다	**dipecat (pecat)**	디뻐짯
해골	**tengkorak**	떵꼬락
해군	**angkatan laut (angkat)**	앙깟딴 라웃
해답	**jawaban (jawab)**	자왑반
해독	(읽어 뜻을 알아냄) **memecahkan sandi (pecah)**	뻐머짜깐 산디
	(독기를 없앰) **menawarkan racun (tawar)**	머나와르깐 라쭌
해명하다	**menjelaskan (jelas)**	먼즐라스깐
해바라기	**bunga matahari**	붕아 마따하리
해발	**ketinggian (di atas permukaan)**	꺼띵기안
해방되다	**bebas**	베바스
	merdeka	머르데까
해변	**pantai**	빤따이
해산물	**hasil laut**	하실 라웃
해산하다	**membubarkan (bubar)**	멈부바르깐
해석하다	**menerjemahkan (terjemah)**	머너르저마깐
해설자	**komentator**	꼬멘따또르
해소	**menghilangkan (hilang)**	멍힐랑깐
	menghapuskan (hapus)	멍하뿌스깐
해수욕하다	**mandi laut**	만디 라웃

해안	**tepi laut**	떼삐 라웃
해약하다	**membatalkan kontrak (batal)**	멈바딸깐 꼰뜨락
해양	**samudra**	사무드라
해열제	**obat penurun panas (turun)**	오밧 뻐누룬 빠나스
해외	**luar negeri**	루아르 느그리
해일	**tsunami**	쑤나미
해임하다	**memecat (pecat)**	머머짯
	memberhentikan (henti)	멈버르헌띠깐
해적	**bajak laut**	바작 라웃
해제하다	**membatalkan (batal)**	멈바딸깐
	mencabut (cabut)	먼짜붓
해체하다	(구조물) **membongkar (bongkar)**	멈봉까르
	(해산) **membubarkan (bubar)**	멈부바르깐
해충	**hama**	하마
해치다	(손상) **merugikan (rugi)**	머루기깐
	(다치거나 죽이다) **membunuh (bunuh)**	멈부누
	mematikan (mati)	머마띠깐
해협	**selat**	슬랏
핵무기	**senjata nuklir**	슨자따 누클리르
핸드백	**tas tangan**	따스 땅안

핸드폰	telepon seluler	뗄레뽄 셀룰레르
	telepon genggam	뗄레뽄 긍감
햄버거	hamburger	함부르거르
햇볕	sinar matahari	시나르 마따하리
행	baris	바리스
행동하다	bertindak (tindak)	버르띤닥
행방	jejak	즈작
	keberadaan (ada)	꺼버르아다안
행방불명	hilang lenyap	힐랑 르냡
행복	kebahagiaan (bahagia)	꺼바하기아안
행사	acara	아짜라
행선지	tempat tujuan	뗌빳 뚜주안
행운	keberuntungan (untung)	꺼버룬운뚱안
행위	tindakan (tindak)	띤닥깐
	perilaku	뻐리라꾸
행정	administrasi	아드미니스뜨라시
행진하다	berparade (parade)	버르빠라드
행하다	melakukan (laku)	멀라꾸깐
	berbuat (buat)	버르부앗
향기	bau harum	바우 하룸
향락	kesenangan (senang)	꺼스낭안
향상되다	meningkat (tingkat)	머닝깟
향상시키다	meningkatkan (tingkat)	머닝깟깐

향수(香水)	**parfum**	빠르품
향신료	**rempah-rempah**	름빠 – 름빠
향하다	**menuju (tuju)**	머누주
허가하다	**mengizinkan (izin)**	멍이진깐
허구의	**fiksi**	픽시
	khayal	카얄
허니문	**bulan madu**	불란 마두
허락하다	**memperbolehkan (boleh)**	멈뻐르볼레깐
	mengizinkan (izin)	멍이진깐
허리	**pinggang**	삥강
허리띠	**sabuk**	사북
	ikat pinggang	이깟 삥강
허무하다	**merasa hampa**	머라사 함빠
허벅지	**paha**	빠하
허세 부리다	**melagak (lagak)**	멀라각
허수아비	**orang-orangan (orang)**	오랑 – 오랑안
허약한	**lemah**	르마
허영	**kesombongan (sombong)**	꺼솜봉안
허용하다	**memperbolehkan (boleh)**	멈뻐르볼레깐
허전하다	**merasa hampa (rasa)**	머라사 함빠
	merasa kesepian (sepi)	머라사 꺼스삐안
허점	**kelemahan (lemah)**	꺼르마한
허탕치다	**bekerja sia-sia (kerja)**	버꺼르자 시아 – 시아

허튼소리하다	berbicara konyol (bicara)	버르비짜라 꼬뇰
허파	paru-paru	빠루 – 빠루
허풍	pembualan (bual)	쁨부알란
	omong kosong	오몽 꼬송
	cakap besar	짜깝 버사르
허풍을 떨다	berbual (bual)	버르부알
허황되다	tidak masuk akal	띠닥 마숙 아깔
헌금하다	menyumbang (sumbang)	머늄방
헌법	undang-undang dasar	운당 – 운당 다사르
헌신하다	mengabdi (abdi)	멍압디
	mengorbankan diri (korban)	멍오르반깐 디리
헌책	buku bekas	부꾸 버까스
헌혈하다	menyumbangkan darah (sumbang)	머늄방깐 다라
	donor darah	도노르 다라
헐뜯다	memfitnah (fitnah)	멈핏뜨나
헐렁한	longgar	롱가르
험담	umpat	움빳
	fitnah	핏뜨나
험악하다	(성질이 흉악함) buruk	부룩
	(형세) gawat	가왓
헛소리	bualan (bual)	부알란
헛수고	usaha yang sia-sia	우사하 양 시아 – 시아

헛점	**kelemahan (lemah)**	꺼르마한
헝클어지다	**kusut**	꾸숫
헤매다	**tersesat (sesat)**	떠르세삿
	tersesat jalan 떠르세삿 잘란 거리를 헤매다	
헤어스타일	**gaya rambut**	가야 람붓
헤어지다	(이별) **berpisah (pisah)**	버르삐사
	(이혼) **bercerai (cerai)**	버르쯔라이
헤엄치다	**berenang (renang)**	버르낭
헤프다	(소비) **boros**	보로스
헬리콥터	**helikopter**	헬리꼽떠르
헬멧	**helm**	헬름
헷갈리다	**bingung**	빙웅
헹구다	**membilas (bilas)**	멈빌라스
혀	**lidah**	리다
혁명	**revolusi**	레보루시
혁신(하다)	**pembaharuan (baharu)**	쁨바하루안
	renovasi	레노바시
현관	**serambi**	스람비
현금	**uang tunai**	우앙 뚜나이
현기증	**pening**	뻐닝
현명한	**bijaksana**	비작사나
현미경	**mikroskop**	미끄로스꼽

현상(現象)	fenomena	훼노메나
	gejala	거잘라
현상금	taruhan (taruh)	따루한
현실	kenyataan (nyata)	꺼냐따안
	kenyataan yang sulit 꺼냐따안 양 술릿 힘겨운 현실	
현실적인	realistis	레알리스띠스
현장	(생산) lapangan (lapang)	라빵안
	(사건) tempat kejadian	뜸빳 꺼자디안
현재	sekarang	스까랑
	saat ini	사앗 이니
현행법	hukum yang berlaku (laku)	후꿈 양버르라꾸
혈관	pembuluh darah (buluh)	쁨불루 다라
혈압	tekanan darah (tekan)	떠깐안 다라
혈액형	golongan darah (golong)	골롱안 다라
혐오하다	kebencian (benci)	꺼번찌안
혐의	kecurigaan (curiga)	꺼쭈리가안
협곡	jurang	주랑
	lembah	름바
협동하다	bergotong royong (gotong royong)	버르고똥 로용
협력하다	bekerja sama (sama)	버꺼르자 사마
협박하다	mengancam (ancam)	멍안짬

협상하다	**berunding (runding)**	버룬딩
협의하다	**bermusyawarah (musyawarah)**	버르무샤와라
협정	**perjanjian (janji)**	뻐르잔지안
	persetujuan (setuju)	뻐르스뚜주안 / 뻐르서뚜주안
협회	**asosiasi**	아소시아시
	perserikatan (serikat)	뻐르스리깟딴
형	**kakak laki-laki**	까깍 라끼 – 라끼
형광등	**lampu neon**	람뿌 네온
형벌	**hukuman (hukum)**	후꿈안
형사	**detektif**	드떽띱
형사사건	**kasus pidana**	까수스 삐다나
	kasus kejahatan (jahat)	까수스 꺼자하딴
형성하다	**membentuk (bentuk)**	멈번뚝
형식	**bentuk**	번뚝
	gaya	가야
형식적인	**resmi**	러스미
형제	**saudara laki-laki**	사우다라 라끼 – 라끼
형태	**bentuk**	번뚝
형편	**keadaan (ada)**	꺼아다안
호각	**peluit**	쁠루잇
호감	**kesan**	꺼산
호기	**kesempatan yang baik**	꺼슴빳딴 양 바익

ㄱ ㄴ ㄷ ㄹ ㅁ ㅂ ㅅ ㅇ ㅈ ㅊ ㅋ ㅌ ㅍ ㅎ

ㅎ

호기심	keingintahuan (ingin tahu)	꺼잉인따후안
호랑이	harimau	하리마우
호박	labu	라부
호소	mengeluh (keluh)	멍얼루
	mengimbau (imbau)	멍임바우
호수	danau	다나우
호스	pipa air	삐빠 아이르
호위하다	mengawal (awal)	멍아왈
	menjaga (jaga)	먼자가
호의	kebaikan hati (baik)	꺼바이깐 하띠

membalas kebaikan hatinya
멈발라스 꺼바이깐 하띠냐
그녀의 호의에 보답하다

호적	daftar keluarga	다프따르 껄루아르가
호전되다	menjadi lebih baik (jadi)	먼자디 르비 바익
	meningkat (tingkat)	머닝깟
호주머니	saku	사꾸
	kantong	깐똥
호출	panggilan (panggil)	빵길란
호텔	hotel	호뗄
호통치다	membentak (bentak)	멈번딱
	menghardik (hardik)	멍하르딕
호화로운	mewah	메와
호황	kemakmuran (makmur)	꺼막무란

호흡하다	**bernapas (napas)**	버르나빠스
혹독하다	**kejam**	꺼잠
	bengis	벙이스
	zalim	잘림
혹사	**penganiayaan (aniaya)**	뼁아니아야안
혹성	**planet**	쁠라넷
혹시	**mungkin**	뭉낀
혼	**roh**	로
	nyawa	냐와
혼내주다	**membentak (bentak)**	멈번딱
	menghardik (hardik)	멍하르딕
혼담	**lamaran perkawinan (lamar) (kawin)**	라마란 뻐르까위난
혼동하다	**bingung**	빙웅
혼란	**kekacauan (kacau)**	꺼까짜우안
	kerusuhan masyarakat 꺼루수한 마사라깟 사회 혼란	
혼자	**sendiri**	슨디리
혼잡하다	**ramai**	라마이
혼합하다	**mencampur (campur)**	먼짬뿌르
혼혈	**darah campuran (campur)**	다라 짬뿌란
홀수	**bilangan ganjil (bilang)**	빌랑안 간질
홍보	**promosi**	쁘로모시
홍수	**banjir**	반지르

홍역	**penyakit campak (sakit)**	뻐나낏 짬빡
화가	**pelukis (lukis)**	뻴루끼스
화나다	**marah**	마라
화려한	**mewah**	메와
	riah	리아
화면	**layar**	라야르
	(컴퓨터) **monitor**	모니또르
화목하다	**rukun**	루꾼
화물	**barang bagasi**	바랑 바가시
	muatan	무앗딴
화산	**gunung berapi (api)**	구눙 버라삐
화살표	**tanda panah**	딴다 빠나
화상(火傷)	**luka bakar** terbakar (bakar) 떠르바까르 화상을 입다	루까 바까르
화약	**mesiu**	머시우
화요일	**hari Selasa**	하리 슬라사
화장대	**meja rias**	메자 리아스
화장실	**toilet**	또일렛
	kamar kecil	까마르 꺼찔
	WC	웨쎄
화장지	**tisu toilet**	띠수 또일렛
화장품	**kosmetik**	꼬스메띡

화장하다	(얼굴) **berhias (hias)**	버르히아스
	(장례) **mengadakan kremasi (ada)**	멍아다깐 끄레마시
화재	**kebakaran (bakar)**	꺼바까란
화제	**topik pembicaraan (bicara)**	또삑 뻠비짜라안
화폐	**mata uang**	마따 우앙
화학	**kimia**	끼미아
화해하다	**berdamai (damai)**	버르다마이
확대하다	**memperbesar (besar)**	멈뻐르버사르
	membesarkan (besar)	멈버사르깐
확률	**kemungkinan (mungkin)**	꺼뭉낀안
	probabilitas	쁘로바빌리따스
확보하다	**menyediakan (sedia)**	머녀디아깐
확신하다	**yakin**	야낀
확인하다	**memeriksa (periksa)**	머머릭싸
	memastikan (pasti)	머마스띠깐
확장하다	**memperluas (luas)**	멈뻐르루아스
	meluaskan (luas)	멀루아스깐
확정하다	**menentukan (tentu)**	머넌뚜깐
	memastikan (pasti)	머마스띠깐
환경	**lingkungan (lingkung)**	링꿍안
	lingkungan sehat 링꿍안 세하 건전한 환경	

ㄱ
ㄴ
ㄷ
ㄹ
ㅁ
ㅂ
ㅅ
ㅇ
ㅈ
ㅊ
ㅋ
ㅌ
ㅍ
ㅎ

ㅎ

환기시키다	mengedarkan udara (edar)	멍에다르깐 우다라
환락가	tempat hiburan (hibur)	뜸빳 히부란
환멸	kekecewaan (kecewa)	꺼꺼쩨와안
환불	pengembalian biaya (kembali)	뻥엄발리안 비아야
환상	fantasi	환따시
	khayalan (khayal)	카얄란
환상적인	bersifat khayalan (sifat) (khayal)	버르시핫 카얄란
환영하다	menyambut (sambut)	머남붓
환율	nilai kurs	닐라이 꾸르스
환자	pasien	빠시엔
환전하다	menukar uang (tukar)	머누까르
환풍기	ventilator	벤띨라또르
환호하다	bersorak (sorak)	버르소락
활	panah	빠나
활기	keaktifan (kuat)	꺼악띱환
	semangat	스망앗
활동하다	bergiat (giat)	버르기앗
	beraktivitas (aktivitas)	버르악띠비따스
활발한	bergiat (giat)	버르기앗
	aktif	악띱
활약하다	beraktivitas (aktivitas)	버르악띠비따스

활용하다	**menerapkan (terap)**	머너랍깐
황금	**emas**	으마스
황사	**debu merah**	드부/더부 메라
황야	**gurun**	구룬
황제	**kaisar**	까이사르
황혼	**senja**	슨자
황홀한	**memesona (pesona)**	머머소나
황후	**ratu**	라뚜
회견하다	**mewawancarai (wawancara)**	머와완짜라이
	menginterview (interview)	멍인떠르뷰
회계	**keuangan (uang)**	꺼우앙안
	akuntansi	아꾼딴시
회고하다	**mengenang (kenang)**	멍어낭
	mengenang masa lalu 멍어낭 마사 랄루 옛 시절을 회고하다	
회관	**balai kota**	발라이 꼬따
회담하다	**memperbincangkan (bincang)**	멈뻐르빈짱깐
	merundingkan (runding)	머룬딩깐
회답하다	**membalaskan (balas)**	멈발라스깐
회복되다	**pulih**	뿔리
	sembuh	슴부/섬부
회비	**iuran anggota (iur)**	이우란 앙고따
회사	**perusahaan (usaha)**	뻐루사하안

ㄱ
ㄴ
ㄷ
ㄹ
ㅁ
ㅂ
ㅅ
ㅇ
ㅈ
ㅊ
ㅋ
ㅌ
ㅍ
ㅎ

회사원	pegawai kantor	뻐가와이 깐또르
회색	abu-abu	아부 – 아부
회오리바람	angin puyuh	앙인 뿌유
회원	anggota	앙고따
회의하다	berapat (rapat)	버르라빳
	bersidang (sidang)	버르시당
회장	ketua	꺼뚜아
	pimpinan (pimpin)	삠삔안
	kepala grup	꺼빨라 그룹
회전하다	putar	뿌따르
회피하다	menghindar (hindar)	멍힌다르
회합하다	bersidang (sidang)	버르시당
	bertemu (temu)	버르떠무
획기적인	sangat berbeda (beda)	상앗버르베다
	distingtif	디스띵띱
획득하다	mendapatkan (dapat)	먼다빳깐
	meraih (raih)	머라이
횟수	jumlah kali	줌라 깔리
횡단보도	tempat penyeberangan (seberang)	뜸빳 뻐녀버랑안
횡단하다	menyeberang (seberang)	머녀버랑
횡설수설하다	bertele-tele (tele)	버르뗄레 – 뗄레

효과	**efek**	에휔
	manfaat	만화앗
	manjur 만주르 효과가 빠르다	
효과적인	**efektif**	에휔띱
효도	**kesetiaan (setia)**	꺼스띠아안
	kebaktian (bakti)	꺼박띠안
효모	**ragi**	라기
효율	**efisiensi**	에휘시엔시
효율적인	**efisien**	에휘시엔
후계자	**penerus (terus)**	뻐너루스
후반	**babak kedua (dua)**	바박 꺼두아
후배	**adik kelas**	아딕 껠라스
	junior	주니어
후보	**calon**	짤론
후세	**generasi mendatang (datang)**	게너라시 먼다땅
후원하다	**mendukung (dukung)**	먼두꿍
	menyokong (sokong)	머뇨꽁
후유증	**efek lanjut**	에휔 란줏
후임	**pengganti jabatan (ganti) (jabat)**	뻥간띠 자밧딴
후자	**yang lainnya**	양 라인냐

후진	**junior**	주니오르
	generasi muda	게너라시 무다
후진국	**negara terbelakang (belakang)**	느가라 떠르벌라깡
후추	**lada**	라다
후퇴	**pengunduran (mundur)**	뻥운두란
후하다	**baik hati**	바익 하띠
후회하다	**menyesal (sesal)**	머녀살
	nanti akan menyesal 난띠 아깐 머녀살 나중에 후회할 것이다.	
훈계하다	**menasihati (nasihat)**	머나시핫띠
훈련하다	**berlatih (latih)**	버르라띠
훈장	**bintang jasa**	빈땅 자사
훌륭한	**mengagumkan (kagum)**	멍아굼깐
	bagus	바구스
훔치다	**mencuri (curi)**	먼쭈리
훨씬	**jauh lebih**	자우 르비
훼방놓다	**mengganggu (ganggu)**	멍강구
	menghambat (hambat)	멍함밧
훼손하다	**merusakkan (rusak)**	머루삭깐
	menghina (hina)	멍히나
휘다	**bengkok**	벵꼭
휘두르다	**mengayunkan (ayun)**	멍아윤깐
휘발유	**bensin**	벤신

휘젓다	(뒤섞다) **mengaduk (aduk)**	멍아둑
	mengocok (kocok)	멍오쪽
휘파람	**siulan (siul)**	시울란
휠체어	**kursi roda**	꾸르시 로다
휴가	**cuti**	쭈띠
	mendapat cuti 먼다빳 쭈띠 휴가를 받다	
휴게소	**tempat istirahat**	뜸빳 이스띠라핫
휴대용의	**portabel**	뽀르따벌
휴대폰	**telepon seluler**	뗄레뽄 셀룰레르
	telepon genggam	뗄레뽄 긍감
휴대품	**barang bawaan (bawa)**	바랑 바와안
휴대하다	**dibawa (bawa)**	디바와
휴무일	**hari libur**	하리 리부르
휴식하다	**beristirahat (istirahat)**	버르이스띠라핫
휴양지	**tempat beristirahat (istirahat)**	뜸빳 버르이스띠라핫
	tempat rehat	뜸빳 레핫
휴업하다	**memberhentikan usaha (henti)**	멈버르헌띠깐 우사하
휴일	**hari libur**	하리 리부르
휴전하다	**mengadakan gencatan senjata (ada)**	멍아다깐 건짯딴 슨자따
휴지	**tisu**	띠수
휴지통	**tempat sampah**	뜸빳 삼빠

인도네시아어 단어 | 387

휴직하다	**berhenti sementara (henti)**	버르헌띠 스먼따라
휴학	**cuti kuliah**	쭈띠 꿀리아
흉기	**senjata tajam**	슨자따 따잠
흉내내다	**meniru (tiru)**	머니루
흉터	**bekas luka**	버까스 루까
흐느끼다	**tersedu-sedu (sedu)**	떠르스두 – 스두 / 떠르서두–서두
	menangis tersedu-sedu 머낭이스 떠르스두 – 스두 흐느껴 울다	
흐려지다	**menjadi buram (jadi)**	먼자디 부람
흐르다	**mengalir (alir)**	멍알리르
흐리다	**kabur**	까부르
	buram	부람
	(혼탁) **keruh**	꺼루
흐뭇하다	**puas**	뿌아스
	senang	스낭
흑백	**hitam putih**	히땀 뿌띠
흑인	**orang berkulit hitam (kulit)**	오랑 버르꿀릿 히땀
흑자	**untung**	운뚱
흔들다	**menggoyang-goyang (goyang)**	멍고양 – 고양
	mengguncang-guncang (guncang-guncang)	멍군짱 – 군짱
흔들리다	**bergoyang (goyang)**	버르고양

흔적	jejak	즈작
흔한	biasa	비아사
	lumrah	룸라
흘러들어가다	masuk mengalir ke - (alir)	마숙 멍알리르 꺼 -
흘리다	tumpah	뚬빠
흙	tanah	따나
흙탕물	air berlumpur (lumpur)	아이르 버르룸뿌르
흠	cacat	짜짯
	kelemahan (lemah)	껄르마한
	mendaptkan kelemahannya 먼다빳깐 꺼르마한냐 그의 흠을 잡다	
흠모하다	mengagumi (kagum)	멍아굼이
흡수하다	menyerap (serap)	머녀랍
흡연실	ruang merokok (rokok)	루앙 머로꼭
흡연하다	merokok (rokok)	머로꼭
흥미	daya tarik	다야 따릭
흥미진진한	penuh daya tarik	뻐누 다야 따릭
흥분하다	merangsang (rangsang)	머랑상
흥정하다	menawar (tawar)	머나와르
흩어지다	terhambur (hambur)	떠르함부르
	berserakan (serak)	버르세락깐
희극	komedi	꼬메디
희롱하다	mengejek (ejek)	멍에젝
희망	harapan (harap)	하랍빤

희망하다	**berharap (harap)**	버르하랍
희미한	**samar-samar**	사마르 – 사마르
희박하다	**jarang**	자랑
	tipis	띠삐스
	sedikit	스디낏
희생	**pengorbanan (korban)**	뻥오르반안
	mengorbankan diri (korban) 멍오르반깐 디리 나를 희생하다	
희생자	**korban**	꼬르반
희소식	**kabar baik**	까바르 바익
희한하다	**aneh**	아네
흰색	**warna putih**	와르나 뿌띠
힌트	**petunjuk (tunjuk)**	뻐뚠죽
	isyarat	이사랏
힘	**energi**	에네르기
	kekuatan (kuat)	꺼꾸앗딴
힘껏	**dengan sekuat tenaga (kuat)**	등안 스꾸앗 드나가 /떠나가
힘들다	**bersusah-susah (susah)**	버르 수사 – 수사
	lelah payah	를라 빠야
힘쓰다	**berusaha keras (usaha)**	버르우사하 꺼라스
힘차다	**penuh semangat**	뻐누 스망앗

인도네시아어
＋
한국어 단어

|인도네시아어 필수 단어|

A

abad	아받	[n] 일 세기; 100년; 시대
abadi	아바디	[a] 영원한
abai	아바이	[a] 염두에 두지 않는; 태만한; 간과하는;
mengabaikan	멍아바이깐	[v] 1 무시하다; 2 (충고, 비평 등을) 염두에 두지 않다; 경시하다
abang	아방	[n] 형; 오빠
abdi	압디	[n] 하인; 아랫사람;
mengabdi	멍아브디	[v] (존경, 순종, 성실, 충실하게) 복종하다
abjad	압잣	[n] 철자 그룹; 알파벳
absén	압센	[a] 결석한
absénsi	압센시	[n] 결석
absolut	압솔룯	[a] 절대의
abstrak[1]	압스뜨락	[a] 추상적인
abstrak[2]	압스뜨락	[n] 요약
abu	아부	[n] 재
abu-abu	아부-아부	[n] 회색; 잿빛
acak	아짝	[a] 무작위의; 임의의;
acak-acakan	아짝-아짝깐	[adv] 무질서하게; 혼란스럽게; 아무렇게나
acar	아짜르	[n] (오이, 홍당무, 빨간 쪽파 등의 야채를) 설탕, 식초 절임

A

acara	아짜라	ⁿ 회의의 주제; 과제; 의제; 식순;
pengacara	뻥아짜라	ⁿ 변호인; 변호사
aco, mengaco	아쪼, 멍아쪼	ⁿ 1 애매하게 말하다 2 헛소리하다
acu, mengacu	멍아쭈	ⁿ 지시하다; 참고하다; 참조하다;
acuan	아쭈안	ⁿ 참조; 참고 (문헌)
acuh	아쭈	ᵃ 관심을 두다; ~ tak ~ ⁿ 염두에 두지 않다;
mengacuhkan	멍아쭈깐	ⁿ ~에 대해 관심을 두다/염두에 두다
acung, mengacung	아쭝, 멍아쭝	ⁿ (자신을 알리기 위해) 손/검지를 들다
ada	아다	ⁿ 1 있다; 존재하다; 2 가지고 있다/소유하다;
berada	버르아다	ⁿ 있다;
mengadakan	멍아다깐	ⁿ 1 (돈, 장비, 장소 등을) 준비하다; (모임을 만들다, 설립하다; 성취하다; 2 (잔치, 공연 등) ~을 개최하다;
keadaan	꺼아다안	ⁿ 사정; 상태; 상황
adab	아답	ⁿ 예의/예절 바름;
beradab	버르아답	ⁿ 예의 바른;
peradaban	뻐르아답반	ⁿ 문명; 문화
adalah	아달라	ⁿ 1 ~와 동질의; 2 ~이다
adaptasi	아답따시	ⁿ 적응;
beradaptasi	버르아답따시	ⁿ 적응하다
adapun	아다뿐	ᵖ ~에 관하여
adat¹	아닷	ⁿ 1 관습; 2 습관; 전통; 풍습

adat², **mengadat**	아닷, 멍아닷	ⓥ (차량이) **멈추다**
adegan	아드간	ⓝ **장면, 막**
adem	아듬	ⓐ ⓒⓐⓚ **시원한; 선선한**
adik	아딕	ⓝ **동생**
adil	아딜	ⓐ **공정한; 공평한;**
mengadili	멍아딜리	ⓥ **재판하다;**
pengadilan	뻥아딜란	ⓝ **사법부; 법원**
administrasi	아드미니스뜨라시	ⓝ **행정 업무**
administratif	아드미니스뜨라띱	ⓐ **행정상의**
adon, **mengadon**	아돈, 멍아돈	ⓥ (가루 혹은 시멘트를) **반죽하다;**
adonan	아도난	ⓝ (빵 혹은 과자) 반죽; 시멘트 반죽
adopsi	아돕시	ⓝ **입양;**
mengadopsi	멍아돕시	ⓥ **입양하다**
adu, beradu	아두, 버르아두	ⓥ (이기려고) **싸우다;**
mengadu	멍아두	ⓥ 1 **싸움을 부추기다;** 2 **싸워 얻다; 경합하다**
adu domba, **mengadu domba**	아두 돔바, 멍아두 돔바	ⓥ **갈라놓다**
aduh	아두	(감탄사) **안타까움/의아해함/신음의 표현; 아야!; 아이고!**
aduk, **mengaduk**	아둑, 멍아둑	ⓥ **뒤섞다; 휘젓다**
advokat	아드보깟	ⓝ **변론인; 변호사**

agak	아각	*adv* 약간; 다소; 좀; 대략
agama	아가마	*n* 종교
agar	아가르	*p* ~하기 위하여
agar-agar	아가르-아가르	(해초가루로 만든) 젤리과자 혹은 떡 종류
agén	아겐	*n* 지점; 대리점
agénda	아겐다	*n* 의사 일정;
mengagendakan	멍아겐다깐	*n* 회의 일정에 집어넣다
agraris	아그라리스	*a* 농업의
agung	아궁	*a* 위대한
Agustus	아구스뚜스	*n* 8월
ah	아	(감탄사) 아!
ahli	아흘리	*n* 1 전문가; 숙련가; 2 숙련된;
keahlian	꺼아올리안	*n* 전문성; 숙련성
aib	아입	*a* 수치스러운; 창피한
air	아이르	*n* 물; 즙; 액체;
berair	버르아이르	*n* 수분(즙)이 있는
mengairi	멍아이리	*n* 물을 주다
aja	아자	*cak* saja 단지; 오직; 다만
ajaib	아자입	*a* 이상한; 신비한;
keajaiban	꺼아자입반	*n* 신비함; 기적
ajak, mengajak	아작, 멍아작	*n* 함께하자고 청하다; 권유하다; 끌어들이다;

ajakan	아작깐	⑦ 초대; 끌어들임
ajal	아잘	⑦ 죽음
ajar	아자르	⑦ 교육; 가르침;
belajar	벌라자르	⑦ 공부하다;
mengajar	멍아자르	⑦ 가르치다;
pelajar	뻘라자르	⑦ 학생;
pelajaran	뻘라자란	⑦ 수업; 배움; 학습;
pengajar	뻥아자르	⑦ 교사; 가르치는 사람
aju, mengajukan	아주, 멍아주깐	⑦ 제기하다; 제의하다
akad	아깟	⑦ 계약; 협정;
~ nikah	니까	결혼 약속; 약혼
akadémi	아까데미	⑦ 전문 학원; 전문학교
akal	아깔	⑦ 사고력; 사고;
berakal	버르아깔	⑦ 1 생각하는; 이성적인; 2 영리한
akan[1]	아깐	𝑎𝑑𝑣 ~할 것이다 (하고자 하는 주어의 의지를 나타냄);
seakan-akan	스아깐–아깐	𝑎𝑑𝑣 마치 ~인 것처럼
akan[2]	아깐	⑫ ~에 관해; ~에 대해
akar	아까르	⑦ 뿌리
akbar	악바르	𝑘𝑎𝑛 위대한
akhir	악히르	⑦ 끝; 맨 뒷부분; 마지막;
terakhir	떠르악히르	⑦ 마지막의
akibat	아끼밧	⑦ 결과; 결말; 끝

akomodasi	아꼬모다시	_n_ 숙박시설
akrab	아끄랍	_a_ 친밀한; 가까운
akréditasi	아끄레디따시	_n_ (학교, 병원 등 설립에 대한) 인가; 인정
akronim	아끄로님	_n_ 약어
aksara	악사라	_n_ 문자; 철자
aksén	악센	_n_ 악센트; 억양
aksés	악세스	_n_ 입구로;
mengakses	멍악세스	_v_ 접촉하다; 접속하다
aksésori	악세소리	_n_ 액세서리
aksi	악시	_n_ 활동; 운동
akta	악따	_n_ 증서(토지, 회사등록 등의 법적인) 문서
aktif	악띱	_a_ 1 활동적인; 2 적극적인;
mengaktifkan	멍악띱깐	_v_ 활성화하다
aktivitas	악띠뷔따스	_n_ 활동
aktor	악또르	_n_ 배우
aktris	악뜨리스	_n_ 여배우
aktual	악뚜알	_a_ 현행의; 현재의
aku	아꾸	_pron_ 나(일인칭 대명사: 친구 사이 혹은 가까운 사이에서 사용);
mengaku	멍아꾸	_v_ 자인하다; 인정하다
akuarium	아꾸아리움	_n_ 수족관
akumulasi	아꾸물라시	_n_ 집적; 축적

A

akun	아꾼	[n] **회계장부**
akuntan	아꾼딴	[n] **회계사**
akuntansi	아꾼딴시	[n] **회계**
akupunktur	아꾸뿡뚜르	[n] (한의학) **침**
akur	아꾸르	[a] **일치하다; 어울리는**
akurat	아꾸랏	[a] **정확한**
akut	아꿋	[a] (의학) **급성의**
alam[1]	알람	[n] **자연**
alam[2]**, mengalami**	알람, 멍알라미	[v] **~을 경험하다;**
pengalaman	뻥알라맘	[n] 경험
alamat	알라맛	[n] **주소; 거주지**
alami	알라미	[a] **자연적인**
alang-alang	알랑-알랑	[n] (동물 먹이의 긴) **들풀, 잡풀; 꼴**
alarm	알라름	[n] **알람; 신호**
alas	알라스	[n] 1 **기초;** 2 (잔 등의) **깔개; 받침;**
beralas	버르알라스	[v] 깔개/받침을 사용하다;
alasan	알라산	[n] 1 원칙; 2 이유
alat	알랏	[n] **도구;**
peralatan	뻐랄라딴	[n] 장비
album	알붐	[n] **앨범; 사진첩**
alérgi	알레르기	[n] (의학) **알레르기**

alfabét	알화벳	⒩ 알파벳; 철자 시스템
alhamdulillah	알함둘릴라	⒫ 신을 칭송하며; 신께 감사하며; 신의 은총으로
alih	알리	⒱ 이전하다; 교체; 교환;
beralih	버르알리	⒱ 이동하다; 바뀌다;
mengalihkan	멍알리깐	⒱ ~을 바꾸다/돌리다
alinea	알리네아	⒩ 패러그래프; 절
alir, mengalir	알리르, 멍알리르	⒱ (물, 액체, 공기 등이) 흐르다;
aliran	알리란	⒩ 1 (공기, 물, 전기 등의) 흐름; 2 주의; 이념; 학파
alis	알리스	⒩ 눈썹
Al-kitab	알–끼땁	⒩ 성경
alkohol	알코홀	⒩ 1 알코올; 2 주류
Allah	알라	⒩ (이슬람교의) 알라신, 하느님
almarhum	알마르훔	⒩ 고(故); 고인(故人)
almarhumah	알마르후마	⒩ 고(여자에게 쓰임)
Almasih	알마시	⒩ 구세주 메시아 그리스도
alokasi	알로까시	⒩ 배당
alpokat	알뽀깟	과일 이름
Alquran	알쿠란	⒩ 코란; 이슬람 경전
alternatif	알떠르나띱	⒩ 대안
alumni	알룸니	⒩ (학교) 동창
alun	알룬	⒩ 물결 (파도의) 굽이침. 융기 부풀어 오름

alun-alun	알룬-알룬	_n_ (궁전 앞의) 광장; (군수 공관의) 광장
amal	아말	_n_ 1 (좋고 나쁜 행위); 2 (이슬람) 응보를 가져오는 선행;
beramal	버르아말	_v_ 선행을 하다
aman	아만	_a_ 안전한;
keamanan	꺼아마난	_n_ 치안; 안전; 평안
amandél	아만델	_n_ 편도; 편도선
amat[1]	아맛	_adv_ 매우; 아주
amat[2], **mengamati**	아맛, 멍아맛띠	_v_ 관찰하다; 자세히 살피다;
pengamat	뻥아맛	_n_ 관찰자; 감시자
amatir	아마띠르	_n_ 아마추어
ambigu	암비구	_a_ 이중 의미의; 애매한
ambil, mengambil	암빌, 멍암빌	_v_ 집어가다; 빼다(memungut)
ambil alih	암빌 알리	_v_ (권한, 업무, 보직 등을) 이양 받다
ambisi	암비시	_n_ 대망; 염원
ambles	암블르스	_jw_ _v_ 내려앉다
ambruk	암브룩	_v_ 무너지다
ambulans	암불란스	_n_ 구급차
amburadul	암부라둘	_a_ _cak_ 엉망진창인
amén, mengamén	아멘, 멍아멘	_jk_ _v_ 돈을 벌려고 악기를 연주하며/노래하며 돌아다니다

amfibi	암휘비	ⓝ 개구리 같이 물 및 육지에서 생활하는 양서류(兩棲類)
amis	아미스	ⓐ 생선 비린내
amnésia	암네시아	ⓝ 기억상실증
amoral	아모랄	ⓐ 비도덕적인
ampas	암빠스	ⓝ 짜고 남은 찌꺼기
ampelas	암뻴라스	ⓝ 사포; 가는 종이 (샌드페이퍼)
amplop	암쁠롭	ⓝ 편지봉투
ampuh	암뿌	ⓙⓦ ⓐ 강력한 마법을 갖는
ampun	암뿐	ⓟ 용서; 사과하다
amputasi	암뿌따시	ⓝ 절단 (수술); 잘라내기
amuk	아묵	ⓝ 폭동;
mengamuk	멍아묵	ⓥ (화가 폭발하거나 눈이 돌아) 미친 듯이 날뛰다/발광하다/공격하다
anak	아낙	ⓝ 1 자식 2 어린아이; 어린것;
anak-anak	아낙-아낙	ⓝ 애들; 아이들
anak sungai	아낙 숭아이	ⓝ 지류
anak tiri	아낙 띠리	ⓝ 의붓자식
analis	아날리스	ⓝ 분석가;
analisis	아날리시스	ⓝ 분석; 분해;
analogi	아날로기	ⓝ 1 유사; 2 (논리, 언어) 유추
ancam, mengancam	안짬, 멍안짬	ⓥ 협박하다; 위협하다;
terancam	떠르안짬	ⓥ 위협당하다

ancar-ancar	안짜르-안짜르	*n* (시간, 장소에 대한) **추정; 추산**
Anda	안다	*pron* **2인칭 대명사** (동급, 아랫사람에게 공식적으로 사용함)
andai	안다이	*n* **만약;**
seandainya	스안다이냐	*p* 예를 들어; 일례로
andal	안달	*a* **믿을 수 있는;**
mengandalkan	멍안달깐	*v* ~을 믿고 맡기다, 위임하다
anéh	아네	*a* **이상한; 신기한**
anéka	아네까	*num* **다양한; 여러 종류의;**
keanekaragaman	꺼아네까라가만	*n* 다양성
anémia	아네미아	*n* **빈혈증**
angan	앙안	*n* **생각;**
angan-angan	앙안-앙안	*n* 상상; 환상
anggap, menganggap	앙갑, 멍앙갑	*v* *v* **~라고 생각하다; ~로 여기다;**
anggapan	앙가빤	*n* 추정;
beranggapan	버랑가빤	*v* 의견을 갖다
anggar[1], menganggar	앙가르, 멍앙가르	*n* **계산하다;**
anggaran	앙가란	*n* 계산; 산출
anggar[2]	앙가르	*n* (스포츠) **펜싱**
anggota	앙고따	*n* 1 **부분; 구성요소;** 2 **회원; 일원; 구성원**
anggrék	앙그렉	*n* **서양란**(西洋蘭)

angguk	앙국	ⓝ 끄덕임; 고갯짓
anggun	앙군	ⓐ 말끔하고 품위 있는
anggur[1], **menganggur**	앙구르, 멍앙구르	ⓥ 실업자로 있다;
pengangguran	뻥앙구란	ⓝ 무직; 실업; 실직
anggur[2]	앙구르	ⓝ 1 포도 (나무); 2 포도주
angin	앙인	ⓝ 바람
angka	앙까	ⓝ 숫자
angkasa	앙까사	ⓝ 하늘
angkat	앙깟	ⓥ ~을 들어 올리다;
mengangkat	멍앙깟	ⓥ 들어 올리다
angker	앙꺼르	ⓐ 무섭게 보이는
angklung	앙꿀룽	ⓝ 전통 대나무 악기
angkuh	앙꾸	ⓐ 건방진
angkut, mengangkut	앙꿋, 멍앙꿋	ⓥ ⓥ 운반하다; 들
angsa	앙사	ⓝ [鳥] 거위
angsur	앙수르	ⓥ 조금씩 건네다;
mengangsur	멍앙수르	ⓥ ~을 분납하다; 할부로 지불하다
angsuran	앙수란	ⓝ 할부금
aniaya	아니아야	ⓝ (고문, 학대 등) 혹사/압박 행위;
menganiaya(i)	멍아니아야 (이)	ⓥ (고문, 혹사, 학대 등) 막/멋대로 취급 하다

animasi	아니마시	*n* 만화영화
animisme	아니미스머	*n* 애니미즘; 정령 숭배
anjing	안징	*n* 개
anjlok	안즐록	*v* (두 발로) 뛰어내리다; (건물, 다리, 산 등이) 내려앉다
anjur, **menganjur**	안주르, 멍안주르	*v* 앞으로 튀어나오다;
menganjurkan	멍안주르깐	*v* 제시하다; 제안하다
anomali	아노말리	*n* 비정상(인 현상)
antagonis	안따고니스	*n* 적수
antar, **mengantar(kan)**	안따르, 멍앙따르/깐	*v* 1 ~을 데려다주다; 2 ~을 전송하다/보내다;
antar	–안따르	(접두사로 사용) ~사이에
antara	안따라	*n* 1 공간 거리; 2 (시간) 틈; 3 사이
antartika	안따르띠까	*n* 남극, 북극 등과 같이 눈으로 덮인 지역
anténa	안떼나	*n* 안테나
antéro, **seantéro**	안떼로, 스안떼로	*num* 전체의
anti	–안띠–	(반대, 적대, 대항)의 뜻의 접두사; 반(反)~; 비(非)~
anti	안띠	*v* 반대하다
antibiotik	안띠비오띡	*n* 항생제
antibodi	안띠보디	*n* (생물) (혈청 중의) 항체(抗體), 항독소

antik	안띡	ⓐ 고풍의; 오래된
anting	안띵	ⓝ 줄에 매달린 추/돌/금속;
anting-anting	안띵–안띵	ⓝ 귀걸이
antiséptik	안띠셉띡	ⓐ 방부(防腐)(성)의; 방
antisipasi	안띠시빠시	ⓝ 예기; 예견; 선수 예방
antonim	안또님	ⓝ 반대말
antre	안뜨레	ⓥ 줄을 섦
antropologi	안뜨로뽈로기	ⓝ 인류학
antusias	안뚜시아스	ⓐ 열광적인
antusiasme	안뚜시아스머	ⓝ 열광
anugerah	아누거라	ⓝ 훈장
anus	아누스	ⓝ 항문
anut, menganut(-i)	아눗, 멍아눗(띠)	ⓥ 종교를 믿다 (믿음, 가르침, 정치 노선을) 따르다
anyam, menganyam	아냠, 멍아냠	ⓥ (돗자리, 바구니 등을) 짜다/엮다
anyar	안냐르	ⓙⓦ ⓐ 새로운
apa	아빠	ⓟⓡⓞⓝ 사물을 묻는 의문사; 무엇;
apa-apa	아빠–아빠	ⓝ 모든 뭔가의 것들; 아무거나;
mengapa	멍아빠	ⓟⓡⓞⓝ 의문사 (이유, 동기, 행동 등에 대해 묻는 말) 왜
apabila	아빠빌라	ⓟ ~라면
apalagi	아빨라기	ⓟ 더욱이; 하물며

aparat	아빠랏	[n] 정부기관
aparatur	아빠라뚜르	[n] 국가의 도구/장치/기관(器官)
apartemen	아빠르뜨멘	[n] 아파트
apatis	아빠띠스	[a] 무관심한
apel	아쁠	[n] 사과
apél	아뻴	[n] 1 (군대) 점호; 출석 점검; 2 의식
apes	아쁘스	[Jw] 불행한
api	아삐	[n] 불;
berapi-api	버라삐-아삐	[a] [ki] 정열적인
apit	아삣	[n] 가운데 껴 있는 사람 혹은 물건;
mengapit	멍아삣	[v] 양옆에서 조이다; 집다; 물리다
aplikasi	아쁠리까시	[n] 적용;
mengaplikasikan	멍아쁠리까시깐	[v] ~ 적용하다
apoték	아뽀떽	[n] 약국; 약방
apotéker	아뽀떼꺼르	[n] 약사
aprésiasi	아쁘레시아시	[n] (올바른) 평가/판단; 진가의 인정
April	아쁘릴	[n] 4월
apung, apung-apung	아뿡, 아뿡-아뿡	[v] [n] 부유물; 나무와 같이 물에 떠다니는 물체;
terapung-apung	떠라뿡-아뿡	[v] 표류하는; 이리저리 떠다니는
Arab	아랍	[n] 1 아랍국가명; 2 아랍 민족
arah	아라	[n] 방향; 진로;

mengarahkan	멍아라깐	🄝 지도하다
arak	아락	🄝 일반적으로 쌀로 빚은 곡주(穀酒)
arang	아랑	🄝 1 숯; 목탄; 2 나뭇재
aransemen	아란스먼	🄝 자곡(법)
arca	아르짜	🄝 상(像)
aréa	아레아	🄝 지역; 지방; 지대
arék	아렌	🄝 야자나무의 일종으로 설탕 성분 및 녹말가루
argumén	아르구멘	🄝 논의; 논증
arif	아립	🄐 현명한; 지혜로운
arisan	아리산	🄝 회원들 모임 계
arit	아릿	🄝 (작은) 낫
arkéologi	아르께오로기	🄝 고고학
arloji	아를로지	🄝 손목시계
armada	아르마다	🄝 함대; 선대
arogan	아로간	🄐 건방진; 거만한
aroma	아로마	🄝 식물 향
arsip	아르십	🄝 기록문; 보관문서
arsiték	아르시떽	🄝 건축가; 🄗 기획가
arti	아르띠	🄝 뜻; 의미
artikel	아르띠끌	🄝 기사; 논설
artikulasi	아르띠꿀라시	🄝 (음성학) 유절(有節) 발음

artis	아르띠스	*n* 예술가
artistik	아르띠스띡	*a* 예술적
arung, mengarung	아룽, 멍아룽	*v* (강, 개천 따위를) 걸어서 건너다; 물을 건너다
arus	아루스	*n* (공기, 물) 흐름
arwah	아르와	*n* 영혼
asa	아사	*n* 희망
asah	아사	*v* (칼 등을) 갈다;
mengasah	멍아사	*v* 갈아 날을 세우다
asal[1]	아살	*n* 기원; *a* 처음의;
berasal	버르아살, 버 라살	*v* ~에서 오다; ~출신이다; ~출처에서 나오다
asal[2]	아쌀	*p* ~라면
asam	아삼	*a* 시큼한; 신맛의
asap	아삽	*n* 연기
asas	아싸스	*n* 기본; 근본
asasi	아사시	*a* 기본적인; 근본적인; 본질적인
asbak	아스박	*n* 재떨이
asbés	아스베스	*n* 석면
aséksual	아섹수알	*a* 성 기능이 없는
asét	아셋	*n* 1 자산; 2 자본
asih	아시	*a* 사랑하는
asimilasi	아시밀라시	*n* 동화(작용)

asin	아신	ⓐ 짠
asing	아싱	ⓐ 1 낯선; 어색한 2 외국에서 온;
mengasingkan	멍아싱깐	ⓥ 고립시키다
asistén	아시스뗀	ⓝ 조수; 보조자; 조교
asli	아슬리	ⓝ 1 순수한 2 진짜의; 3 출생; 출신
asthma	아스마	ⓝ 천식
asmara	아스마라	ⓝ 사랑의 감정; 사랑; 애정;
pengasong	뻥어송	ⓝ (물건을 들이밀며, 채근하며) 파는 장사꾼
asosiasi	아쏘시아시	ⓝ (상인) 연합
aspal	아스빨	ⓝ 아스팔트
asparagus	아스빠라구스	ⓝ (식물) 식용으로 사용되는 아스파라거스
aspék	아스뻭	ⓝ 관점
aspirasi	아스삐라시	ⓝ 열망; 포부; 향상심; 큰 뜻; 대망
aspirin	아스삐린	ⓝ 아스피린(감기, 머리 아픈데 먹는 약)
asrama	아스라마	ⓝ 1 기숙사; 병사(兵舍); 2 숙소
asri	아스리	ⓐ 경관이 좋은; 보기에 산뜻한
assalamualaikum	아쌀람무알라이꿈	ⓝ 이슬람 신도 인사말; 당신에게 안전과 평화가 깃드시길!
astaga	아스따가	ⓟ [cak] 어머나
astaghfirullah	아스따가휘룰라	ⓟ 신이여 용서하소서
astronaut	아스뜨로나웃	우주비행사
astronom	아스뜨로놈	ⓝ 천문학자

asuh, mengasuh	아수, 멍아수	*v v* 돌보다;
pengasuh	뻥아수	*n* 보호자
asumsi	아숨시	*n* 가정
asup	아숩	*v* (순다어) 들어가다;
mengasup	멍아숩	*v* 채우다;
asupan	아수빤	*n* (음식이나 영양분의) 섭취한 것
asuransi	아수란시	*n* 1 보험; 2 보험료
asusila	아수실라	*a* (도덕적으로) 부도덕한
asyik	아쉭	*n* 열정적인; 신나다
atap	아땁	*n* 지붕
atas	아따스	*n* 위; *p* ~와 관련하여; ~에 대하여;
mengatasi	멍아따시	*v* 극복하다; 해결하다
atas nama	아따스 나마	*n* ~의 명으로; ~의 이름으로
atau	아따우	*p* 또는; 혹은
atéis	아떼이스	*n* 무신론자
aténsi	아뗀시	*n* 관심; 흥미
atlas	아뜰라스	*n* 지도서(地圖書); 지도책
atlét	아뜰렛	*n* 육상선수; 운동선수
atlétik	아뜰레띡	*n* 육상경기 종목
atmosfér	아뜨모스훼르	*n* 1 대기권; 2 분위기; 기분; 주위의 상황
atom	아똠	*n* 원자(原子)

atraksi	아뜨락시	ⓝ 매력
atraktif	아뜨락띱	ⓐ 매력적인
atribut	아트리붓	ⓝ 표시
atur	아뚜르	ⓝ 잘 정돈된;
mengatur	멍아뚜르	ⓝ 관리하다;
teratur	떠라뚜르	ⓝ 규칙적인; 잘 정돈된;
aturan	아뚜란	ⓝ 규정(ketentuan; peraturan)
audiénsi	아우디엔시	ⓝ **청취**; (호소, 의견 등을) **들음**; **경청**
audio	아우디오	ⓐ **청취할 수 있는**
audit	아우딧	ⓝ **(정기적인) 재무감사/회계감사**
auditor	아우디또르	ⓝ **감사**
auditorium	아우디또리움	ⓝ **강당; 큰 강의실; 공회당**
aula	아울라	ⓝ **강당; (큰) 회의실**
aurat	아우랏	ⓝ 1 **이슬람법에 의거 드러내 보이는 게 금지된 부분**; 2 **성기**
auténtik	오뗀띡	ⓐ **진짜의; 인증된**
autisme	오띠스머	ⓝ **자폐증**
autobiografi	오또비오그라휘	ⓝ **자서전; 자전(自傳)**
autodidak	오또디닥	ⓝ **독학자**
autograf	오또그랍	ⓝ **자필; 친필**
autopsi	오똡시	ⓝ **부검**
awak	아왁	ⓝ **(배/비행기의) 승무원;**
perawakan	뻐르아왁깐	ⓝ **모습**

awal	아왈	ⓝ 시초의; 처음의;
berawal	버르아왈	ⓥ 시작되다;
awalan	아왈란	ⓝ (언어) 접두사
awam	아왐	ⓐ 일반적인; 평범한; 보통의
awan	아완	ⓝ 구름
awas	아와스	ⓥ 주의하다;
mengawasi	멍아와시	ⓥ 1 감독/감시하다; 2 살피다;
pengawas	뻥아와스	ⓝ 감독자; 감시자;
pengawasan	뻥아와산	ⓝ 조사; 감시
awét	아웻	ⓐ 오래 견디는;
mengawetkan	멍아웻깐	ⓥ (짜거나 달게 하여) 절이다; 오래 유지 시키다
awur	아우르,	ⓝ (씨를) 뿌리다/흩뿌리다
ayah	아야	ⓝ 아버지
ayak, mengayak	아약, 멍아약	ⓥ 체로 치다/거르다
ayam	아얌	ⓝ 닭
ayat	아얏	ⓝ 1 (코란의) 절; 2 (법률) 절
ayo	아요	ⓟ (동반을 청하는 말) 자!
ayom, mengayomi	아욤, 멍아욤	ⓘⓦ ⓥ 보호하다
ayu	아유	ⓐ 예쁘고 매력 있는
ayun	아윤	ⓝ 앞뒤로 흔들림;
ayunan	아유난	ⓝ 그네

A

| **azab** | 아잡 | ⓝ (신의 종교적 잘못에 대한) **고통** |
| **azan** | 아잔 | ⓝ **기도를 유도하는 외침 소리** |

B

C

D

E

F

G

H

I

J

K

L

M

bab	밥	*n* 장(章)
babak	바박	*n* (경기의) 한 회전, 라운드
babat¹, membabat	바밧, 멈바밧	*v* 자르다; 베다
babat²	바밧	*n* 소위(胃); 되새김질하는 동물의 큰 위
babi	바비	*n* 돼지
baca, membaca	바짜, 멈바짜	*v* 읽다; 낭독하다;
bacaan	바짜안	*n* 1 강독; 2 읽을 것; 3 읽음; 낭독
bacok, membacok	바쪽, 멈바쪽	*v* 자르다; 베다
badai	바다이	*n* 폭풍; 돌풍
badak	바닥	*n* 코뿔소
badan	바단	*n* 1 몸; 신체; 2 법인; 청; 원; 위원회
badminton	바드민똔	*n* 배드민턴
bagai	바게이	*n* 비교; 동등 (상대);
berbagai	버르바게이	*v* *adv* 다양한;
sebagai	스바가이	*adv* ~와 같은
bagaimana	바가이마나	*pron* (상태, 정도를 묻는) 의문사; 어떠한가; 어떻게

bagan	바간	*n* 도안; 초안; 청사진
bagasi	바가시	*n* 수하물; 짐
bagi¹	바기	*p* ~을 위하여
bagi²	바기	*n* 나누기; 나눔;
bagian	바기안	*n* 부분
bagus	바구스	*a* 아주 좋은
bahagia	바하기아	*n* 행복
bahak	바학	껄껄대고 웃다;
terbahak-bahak	떠르바학–바학	*adv* 껄껄대고
bahan	바한	*n* 1 원료; 재료; 물질; 2 자료
bahas	바하스	*n* 조사;
membahas	멈바하스	*v* 토의하다; 논의하다
bahasa	바하사	*n* 말; 언어;
berbahasa	버르바하사	*v* 말하다
bahaya	바하야	*n* 위험;
berbahaya	버르바하야	*v* 위험하다
bahkan	바흐깐	*p* (접속사) 더욱이
bahu	바후	*n* 어깨;
bahu-membahu	바후–멈바후	*v* 서로 돕다
bahwa	바흐와	*p* 목적 혹은 보어절을 이끄는 접속사: ~것
baik	바익	*a* 1 정리가 잘된; 깔끔한; 흠이 없는; 2 운이 좋은;

membaik	멈바익	⑦ 좋아지다; (건강, 상처) 회복되다;
terbaik	떠르바익	ⓐ 가장 좋은;
memperbaiki	멈뻐르바이끼	⑦ 고치다;
kebaikan	꺼바이깐	⑦ 친절; 호의
bait	바잇	⑦ 1 (시의) 대구; 2 행
baja	바자	⑦ 강철
bajaj	바자이	⑦ 삼륜 오토바이 차
bajak	바작	⑦ 가래; 쟁기
bajak	바작	⑦ ~ laut 해적;
bajakan	바자깐	⑦ 불법복제; 해적판
bajing	바징	⑦ 다람쥐
baju	바주	⑦ 웃옷
bakal	바깔	⑦ 1 만들어질 것; 2 예정자; 후보;
bakalan	바깔란	⑦ *cak* ~가 될 것이다
bakar, membakar	바까르, 멈바까르	⑦ 태우다; 연소시키다;
kebakaran	꺼바까란	⑦ 화재
bakat	바깟	⑦ 타고난 재능; 소질;
berbakat	버르바깟	⑦ 소질/재능이 있는
bakmi	박미	⑦ 국수
bakpao	박빠오	⑦ 찐빵
bakso	박소	⑦ 완자 모양의 소고기나 어묵류
bakteri	박떼리	⑦ 박테리아

bakti	박띠	ⓝ 헌신; 충성;
berbakti	버르박띠	ⓥ ~에게 순종하다; 복종하다
baku	바꾸	ⓝ 표준
bala	발라	ⓝ 재난; ~ bencana 재난
balai	발라이	ⓝ 홀; 방; 사무실
balap	발랍	ⓝ 경주
balas	발라스	ⓝ 응답;
balasan	발라산	ⓝ 대답
balas dendam	발라스 던담	ⓝ 복수; 보복
balét	발렛	ⓝ 발레; 무용수
balik	발릭	ⓝ 1 뒤편; 뒤쪽; 2 돌아오다
balok	발록	ⓝ 각목
balon	발론	ⓝ 1 기구; 2 풍선
balsam	발삼	ⓝ 박하유; 피부가 시원하도록 바르는 기름
balut	발룻	ⓝ 붕대; 싸는 것; 감는 것
bambu	밤부	ⓝ 대나무
ban	반	ⓝ 타이어
banci	반찌	ⓐ 1 게이성의; 2 게이
bandar[1]	반다르	ⓝ 항구;
~ udara	(반다르) 우다라	공항(pelabuhan udara)
bandar[2]	반다르	ⓝ 1 (카지노나 도박 등에서의) 딜러; 2 도박판을 벌이는 사람
bandara	반다라	ⓝ 공항

bandel	반들	_a_ 다른 사람의 말이나 충고를 따르지 않는; 말을 듣지 않는; 고집 센
banding	반딩	_n_ 1 동등; 비교; 필적; 2 (법) 재심
bangau	방아우	_n_ 왜가리. 황새 따위와 유사한 발이 긴 새
banget	방엇	_adv_ _cak_ 매우; 특히
bangga	방가	_a_ 당당한; 자부심을 갖는; 자랑스러워하다; 어깨에 힘을 주다
bangkai	방까이	_n_ 1 (동물의) 사체; 2 (물건 따위가) 낡거나 고장 난
bangkit	방낏	_v_ 1 일어서다; 2 부활하다; 다시 살아나다; 3 (화가) 치밀다, 일어나다
bangkrut	방끄룻	_v_ 파산하다
bangku	방꾸	_n_ 좌석; 긴 의자; ~ kaki 발걸이 대
bangsa	방사	_n_ 민족;
kebangsaan	꺼방사안	_n_ 국적
bangsawan	방사완	_n_ 귀족
bangun[1]	방운	_v_ 1 일어서다; 2 (잠에서) 깨다; 일어나다
bangun[2]	방운	_n_ 1 (원, 사각형 등의) 형태; 2 구조;
membangun	멈방운	_v_ 1 건설하다; 짓다; 2 설립하다; 세우다
bangunan	방운안	_n_ 건물
banjir	반지르	_v_ 넘치다; 범람하다; _n_ 홍수;
membanjiri	멈반지리	_v_ 1 ~을 물에 잠기게 하다; 2 채우다
bank	방	_n_ 은행

bantah	반따	*n* 논쟁; 싸움; 분쟁; 다툼;
membantah	멈반따	*v* 반론하다
bantai	반따이	*n* 도살된 동물의 고기;
membantai	멈반따이	*n* 1 도살하다; 2 손상시키다
bantal	반딸	*n* 베개; 방석; 등받이 등;
~ *guling*	(반딸) 굴링	죽부인
banténg	반뗑	*n* 들소
banting, membanting(kan)	반띵, 멈반띵/깐	*v* 1 (파도 등이) 세게 부딪히다; 2 아래로 내려치다
bantu	반뚜	*v* 돕다;
pembantu	쁨반뚜	*n* 가정부
banyak	바냑	*a* 많은; *num* 총계
bapak	바빡	*n* 1 아버지; 2 아버지와 동급의 사람
bar	바르	*n* 술집
bara	바라	*n* 연소물; 불덩이
barang	바랑	*n* 1 물체; 2 물건
barangkali	바랑깔리	*adv* 아마; 추측건대
barat	바랏	*n* 1 서쪽; 2 서쪽의; 서양의
bareng	바릉	*adv* *cak* 함께; 더불어
baring, berbaring	바링, 버르바링	*v* 눕다; 누워
baris	바리스	*n* 줄; 열

barter	바르떠르	*n* 물물교환 형식의 교역
baru	바루	*a* 1 (보거나 듣기에) 새로운; 2 싱싱한; 신선한;
memperbarui	멈뻐르바루이	*v* 새것으로 바꾸다;
baru-baru ini	바루–바루 이니	*adv* 최근에
barusan	바루산	*adv* *cak* 방금
basa-basi	바사–바시	*n* 1 예의범절; 2 Apa kabar?와 같은 단지 예의로서 혹은 일상적으로 큰 뜻 없이 하는 인사말
basah	바루	*a* 1 젖은; 2 축축한; 신선한
basis	바시스	*n* 원칙; 근거; 기초
baskom	바스꼼	*n* 세숫대야
basmi, membasmi	바스미, 멈바스미	*v* 1 태워 없애다; 박멸하다; 2 제거하다
basuh	바수	*v* (물로) 씻다; 세척하다
bata	바따	*n* 1 직각형 상자 모양; 2 벽돌
bata-bata, terbata-bata	바따–바따, 떠르바따–바따	*a* 말을 더듬다; 버걱거리다
batako	바따꼬	*n* 시멘트 블록
batal	바딸	*a* 무효의; 취소된
batang	바땅	*n* 1 줄기; 대; 2 막대기; 장대; 기둥; 3 (꽃, 버섯, 노 등의) 가지; 줄기; 대
batas	바따스	*n* 1 경계(선); 2 제한; 한계; 3 한계; 제한;
terbatas	떠르바따스	*a* 1 제한된; 2 한정된; 조금의; 넓지 않은
baterai	바떠라이	*n* 1 건전지; 배터리; 2 손전등

batik	바띡	*n* 바띡(천); 인도네시아 전통 기법으로 염색한 천
batin	바띤	*n* 1 내부; 내면; 2 속마음; 마음
batu	바뚜	*n* 돌; 바위;
membatu	멈바뚜	*v* 굳어지다; (돌처럼) 단단해지다; *ki* 아무 말 없는
batu bara	바뚜 바라	*n* 석탄
batuk	바뚝	*n* 기침; *v* 기침이 나다; 콜록거리다
bau	바우	*n* 냄새; 향기; *v* 냄새가 나다
baur	바우르	*n* 섞이다; *n* 1 불분명한 것; 2 다양한 의미가 있는 것
bawa, membawa	바와, 멈바와	*v* 1 가져오다; 들고 가다; 2 운반하다
bawah	바와	*n* 밑; 아래 (위치, 부분, 방향 등);
membawahi	멈바와히	*v* (자신을) ~ 휘하에 두다
bawang	바왕	*n* 파, 마늘류 ~ bombai 양파; ~ merah 빨간 쪽파; ~ putih 마늘; daun ~ 파
bawél	바웰	*a* 말 많은
baya	바야	*n* 나이; 연령; *a* 나이를 먹다; 늙은;
sebaya	스바야	*n* 나이가 같은; 동년배의
bayam	바얌	*n* 비름나물

bayang, bayang-bayang	바양, 바양-바양	*n* 어둠; 그림자
bayar, membayar	바야르, 멈바야르	*v* 지불하다
bayi	바이	*n* 갓난아기; 젖먹이
bazar	바사르	*n* 임시 시장; 자선을 위한 시장
béa	베아	*n* 세금; 조세
béasiswa	베아시스와	*n* 장학금
beban	버반	*a* 1 (말 등에 실은) 짐; 2 책임; 부담
bébas	베바스	*a* 1 자유로운; 2 벗어나다; 3 (세금, 처벌 등에) 해당되지 않는;
kebebasan	꺼베바산	*n* 자유; 독립
bébék	베벡	*n* 오리
bébér, membébér(kan)	베베르, 멈베베르(깐)	*v* 1 (스크린, 돛 등을) 펼치다; 2 (비밀 등을) 누설하다
beberapa	버버라빠	*num* 몇몇의; 몇 개의; 얼마간의
bécak	베짜	*n* 승객용 3륜 자전거; 베짜
bécék	베쩍	*a* 질퍽거리는
béda	베다	*n* 1 차이점; 2 차이;
berbeda	버르베다	*v* 차이가 있는
bedah	버다	*n* 수술 치료
bedak	버닥	*n* 분(粉)
begadang	버가당	*v* 밤샘하다; 밤을 꼬박 새우다
begini	버기니	*pron* 이렇게; 이런 식으로; 이처럼

begitu	버기뚜	_pron_ 1 그렇게; 2 매우; 너무; 3 ~하자마자
bégo	베고	_a_ _cak_ 아주 멍청한
bekal	버깔	_n_ (여행 중 필요할 때 먹거나/사용할) 도시락/경비; 준비물; _ki_ (훗날 필요할 때 쓸) 어떤 것(지식, 양식 따위)
bekap, membekap	버깝, 멈버깝	_v_ 꽉 닫다; 손으로 강제로 입을 틀어막다
bekas	버까스	_n_ 1 자국; 2 흔적; 3 전직; 구; 4 중고
beku	버꾸	_a_ 언; 단단한; 굳은; _ki_ 굳은; 변함없는
bekuk, membekuk	버꾹, 멈버꾹	_v_ 휘다; 구부리다; _ki_ 잡다; 체포하다
bél	벨	_n_ 종(鐘); 벨
bela, membela	벌라, 멈벌라	_v_ 1 돌보다; 보호하다; 2 구하다; 돕다
belah	벌라	_n_ 1 (갈라진) 금, 틈; 터진 곳; 벌어진 곳; 2 한 부분/쪽; 반절; 3 측;
sebelah	스벌라	_n_ 1 반절; 2 짝/쌍의 한 부분; 3 옆; 가까운; 4 방향; 쪽
belai	벌라이	_n_ 쓰다듬다; 어루만지다
belakang	벌라깡	_n_ 1 신체의 뒤; 2 뒷면; 이면; 3 뒤쪽; 4 (시간적으로) 후에; 나중에
belalai	벌랄라이	_n_ (코끼리와 같이 긴) 코
belalak, membelalak	벌랄락, 멈벌랄락	_v_ 눈을 크게 뜨다
belalang	벌랄랑	_n_ 메뚜기; 방아깨비

Belanda	벌란다	n 화란; 네덜란드
belang	벌랑	n 1 반점; 점; 2 두 가지 이상의 색
belanja	벌란자	n 지출 비용; 일상 비용;
berbelanja	버르벌란자	v 장을 보다
belantara	벌란따라	a (숲, 뜰, 평야 등이) 아주 넓은
belas[1]	벌라스	n 연민; 동정
belas[2]	벌라스	num 숫자 10의(11에서 19까지)
bélasungkawa	벨라숭까와	n 슬픔에 대한 애도 표현
belatung	벌라뚱	n 구더기
belék, membelek	벨렉, 멈벨렉	v 가르다
belenggu	벌렁구	n 족쇄; 수갑; ki 구속
belérang	벌레랑	n 유황
beli, membeli	벌리, 멈벌리	v 사다; 구매하다
belia	벌리아	a 아직 아주 젊은; 청년의
beliau	벌리아우	pron 그분 (3인칭 존칭어)
belimbing	벌림빙	n 브림빙 과일 나무
belit	벌릿	n (실타래, 나무 등의) 감은 것; 둥그런 것;
berbelit	버르벌릿	v ki 엉킨; 복잡한
bélok	벨록	n 휘어진; 구부러진
belukar	벌루까르	n 덤불; 낮은 나무들
belulang	벌룰랑	n 뼈

belum	벌룸	*adv* 아직 ~하지 않은;
sebelum	스벌룸	*p* 이전에; ~하기 전에;
sebelumnya	스벌룸냐	*adv* 사전에; 이전에
belut	벌룻	*n* 장어; 뱀장어
benah, berbenah	버나, 버르버나	*v* (가재도구, 침대 등을) 정리하다
benak	버낙	*n* 1 골수; 2 뇌
benalu	버날루	*n* 기생식물
benam	버남	*v* 물속에 잠수하다; 지다;
terbenam	떠르버남	*v* (해가) 지다; *ki* 은둔해 있는; 파묻혀 있는
benang	버낭	*n* 실
benar	버나르	*a* 옳은; 맞는;
benar-benar	버나르-버나르	*a* 진지하게;
membenarkan	멈버나르깐	*v* 1 바로잡다; 고치다; 2 옳다고 하다; 3 인정하다; 긍정하다
bencana	번짜나	*n* 재앙; 재난; 재해; 큰 사고
benci	번찌	*a* 싫어하는; 미워하는; 혐오하는
benda	번다	*n* 1 물체; 2 물건; 물품
bendahara	번다하라	*n* 경리; 회계원
bendéra	번데라	*n* 기; 깃발
benderang	번데랑	*a* 아주 밝은
bendung	번둥	*n* 둑; 물 흐름 저지대;
membendung	멈번둥	*v* 물 흐름을 막다; *ki* 막다; 저지하다

bengal	벙알	*n* 말썽꾸러기의; 못된; 남을 괴롭히는
bengkak	벙깍	*a* 부은
bengkalai, terbengkalai	벙깔라이, 떠르벙갈라이	*v* (업무, 처리할 일 등이) 중도에 멈추다; (일, 업무 등) 버려진, 중단된
béngkél	벵껠	*n* 1 (자동차, 자전거 등의) 정비소; 2 작은 공장; 기술자들이 일하는 곳
béngkok	벵꼭	*a* 휜; 굽은
bengkuang	벙꾸앙	*n* 사탕무
bengong	벙옹	*v* (슬픔, 놀람 등으로) 멍한
benih	버니	*n* 씨앗; 종자; 묘상
bening	버닝	*a* (물이) 맑은; 깨끗한; 투명한
bénjol	벤졸	*a* (머리 혹은 이마에) 붓기나 혹이 있는
bénsin	벤신	*n* 가솔린; 휘발유
bentak, membentak	번딱, 멈번딱	*v* 역정을 내다; 큰소리로 화내다
bentang	번땅	*v* 펼쳐져 있는
bentar, sebentar	번따르, 스번따르	*adv* 1 짧은 순간; 잠시; 오래지 않은; 2 나중에
bénténg	벤뗑	*n* 1 요새; 2 성벽; 3 방어막; 보루
bentrok	번뜨록	*v* 다투다; 충돌하다
bentuk	번뚝	*n* 1 형태; 2 형상; 모양;
membentuk	멈번뚝	*v* 1 (협회, 정당, 왕국, 나라 등을) 설립하다; 2 (내각, 이사회, 위원회 등을) 구성하다/조직하다

bentur, berbenturan	번뚜르, 버르번뚜란	v (상호) 부딪히다, 충돌하다
benua	버누아	n 대륙
béo	베오	n 구관조
berahi	버라히	n 사랑의 열정
bérak	베락	v 배설하다; 배변하다
beranda	버란다	n 베란다
berandal	버란달	n 악한; 악당
bérang	베랑	a 몹시 화난; 격분한
bérang-bérang	베랑-베랑	n (동물) 수달
berangkat	버랑깟	v 출발하다; 떠나다
berani	버라니	a 용감한; 용기 있는
berantas, memberantas	버란따스, 멈버란따스	v 척결하다; 퇴치하다; 근절시키다
berapa	버라빠	pron 수량에 대한 의문사; 얼마; 몇
beras	버라스	n 쌀; 현미; 백미
berat	버랏	a 1 무거운 2 힘든;
memberatkan	멈버랏깐	v 1 (고소, 비난 등에 있어) ~를 부담주다; 2 중요시하다;
keberatan	꺼버랏딴	v cak 부담스러운
bercak	버르짝	n 반점
berdikari	버르디까리	v cak 독립하다
bérés	베레스	a 1 잘 정리된; 2 잘 처리된; 끝난

berhala	버르할라	[n] 우상; 신상; 숭배 상
beri, memberi	버리, 멈버리	[v] 주다; 넘겨주다; 전달하다
beringas	버링아스	[a] 사나운; 야성적인
beringin	버링인	[n] (식물) 벤자민
berisik	브리식	[Jk] [a] 시끄러운; 떠들썩한
berita	버리따	[n] 소식; 뉴스
beri tahu, memberitahu	버리 따후, 멈버리따후	[v] ~에게 알려주다;
pemberitahuan	뻠버리따후안	[n] 공고
berkas	버르까스	[n] (서류 등의) 다발, 뭉치
berkat[1]	버르깟	[n] 1 신의 은총/축복; 2 (부모, 스승, 종교인 등에 의한) 축복의 기도
berkat[2]	버르깟	[p] ~ 때문에; ~의 결과로; ~덕분에
berlian	버르리안	[n] (세공된) 다이아몬드
berontak, memberontak	버론딱, 멈버론딱	[v] [cak] 반항하다; [v] 모반하다; 반란을 일으키다
bersih	버르시	[a] 1 깨끗한 2 오염이 안 된;
membersihkan	멈버르시깐	[v] 청소하다
bersin	버르신	[v] 재채기하다
beruang	버루앙	[n] 곰
bésan	베산	[n] 사돈; 사돈 관계
besar	버사르	[a] 1 큰; 2 덩치가 큰; 3 넓은; [ki] 대단한; 힘이 있는;

membesar-besarkan	멈버사르-버사르깐	🔲 과하다;
pembesar	뺌버사르	🔲 한 지역/직장의 지도자
besi	버시	🔲 철; 쇠
bésok	베속	🔲 1 내일; 2 나중에; 후에
besuk	버숙	🔲 [cak] 병문안하다
betah	버따	🔲 즐거워하다
betina	버띠나	🔲 (동물의) 암컷
betis	버띠스	🔲 장딴지; 종아리
beton	버똔	🔲 콘크리트 혼합물
betul	버뚤	🔲 1 바른; 사실의; 진실의; 2 맞는; 올바른;
membetulkan	멈버뚤깐	🔲 1 수선하다; 고치다; 2 긍정하다;
kebetulan	꺼버뚤란	🔲 (만남, 체포 등) 우연히 발생한 것; 우연; [adv] 우연히 (제때에, 맞아떨어지다)
biadab	비아답	🔲 미천한; 미개한; 원시적인
biak	비악	🔲 성장하다
biar	비아르	🔲 [cak] ~하도록; ~하기 위하여 (agar; supaya);
membiarkan	멈비아르깐	🔲 1 막거나 금지하지 않다; 내버려두다; 2 염두에 두지 않다; 잘 돌보지 않다
biara	비아라	🔲 수도원; 기도원; 암자
biarpun	비아르뿐	🔲 비록 ~하더라도
biasa	비아사	🔲 보통의; 일반적인
biawak	비아왁	🔲 도마뱀의 일종 (서인도 및 남미의 수목 속에 사는 초식성 큰 도마뱀)

biaya	비아야	ⓝ 비용; 지출
Bibel	비벌	ⓝ 성경
bibi	비비	ⓝ 1 손아래 이모 혹은 고모; 2 손위 가정부에 대한 호칭
bibir	비비르	ⓝ 입술
bibit	비빗	ⓝ 1 모종 (벼 등과 같이 심는 것); 2 씨앗; 종자
bicara	비짜라	ⓥ ⓒⓐⓚ 말하다; 이야기하다
bidadari	비다다리	ⓝ 선녀; ⓚⓘ 미녀
bidak	비닥	ⓝ 바둑
bidan	비단	ⓝ 산파
bidang	비당	ⓝ 1 평면; 2 분야; 부분
bidik, membidik	비딕, 멈비딕	ⓥ 겨누다; 조준하다; 겨냥하다
biduan	비두안	ⓝ 가수
bijak	비작	ⓐ 유능한
kebijakan	꺼비자깐	ⓝ 정책
bijaksana	비작사나	ⓐ 지혜로운
biji	비지	ⓝ 1 (과일, 곡물) 씨; 씨앗; 2 알(갱이)
bijih	비지	ⓝ (모래, 흙, 작은 돌 등의 광물을 포함하고 있는) 광석
bikin	비낀	ⓥ ⓒⓐⓚ 만들다
bikini	비끼니	ⓝ (수영복) 비키니
biksu	빅수	ⓝ (불교) 남자 승려

bila	빌라	*pron* *p* *cak* ~라면; ~할 때;
bilah, **membilah-bilah**	빌라, 멈빌라-빌라	*v* 여럿으로 갈라놓다, 쪼개놓다
bilang¹, **berbilang**	빌랑, 버르빌랑	*v* 세다;
bilangan	빌랑안	*n* 수; 숫자
bilang²	빌랑	*v* *cak* 말하다
bilas	빌라스	*v* 헹구다
bilateral	빌라떠랄	*a* 양측의/이 있는; 양면의; 좌우 동형의
bilingual	비링우알	*a* 두 개의 언어를 구사하는
bimasakti	비마삭띠	*n* 은하수
bimbang	빔방	*a* 주저하다; 망설이다
bimbing	빔빙	*v* 지도하다
bina, **membina**	비나, 멈비나	*v* 1 개발하다; 2 발전시키려 노력 하다; 지도하다
binar	비나르	*n* 빛;
berbinar-binar	버르비나르-비나르	*v* 빛나다
binasa	비나사	*a* 완전히 파괴된
binatang	비나땅	*n* 동물
bincang, **berbincang**	빈짱, 버르빈짱	*v* 논의하다
bingkai	빙까이	*n* 테두리; 틀

binatang; hewan 비나땅; 혜완 동물

harimau 하리마우 호랑이

singa 싱아 사자

serigala 스리갈라 늑대

rubah 루바 여우

beruang 버루앙 곰

gajah 가자 코끼리

zebra 제브라 얼룩말

jerapah 즈라빠 기린

unta 운따 낙타

rusa 루사 사슴

monyet / kera 모녯 / 꺼라 원숭이

buaya 부아야 악어

ular 울라르 뱀

kuda 꾸다 말

sapi 사삐 소

babi 바비 돼지

anjing 안징 개

kucing 꾸찡 고양이

bingkis, membingkis	빙끼스, 멈빙끼스	*v* (편지 혹은 카드와 더불어) **선물을** 보내다
bingung	빙웅	*a* 당황하는; 허둥대는
bini	비니	*n* *cak* 결혼한 부인; 아내
bintang	빈땅	*n* 1 별; 2 (스포츠, 연예계의) 스타
bintik	빈띡	*n* 피부의 반점; 주근깨
bintil	빈띨	*n* 뾰루지 등과 같이 벌레한테 물려 작게 부어오른 것
biografi	비오그라휘	*n* 전기; 일대기
biola	비올라	*n* 바이올린; 비올라
biologi	비올로기	*n* 생물학
bioskop	비오스꼽	*n* 영화관
bir	비르	*n* 맥주
birit, terbirit-birit	비릿, 떠르비릿-비릿	*v* (겁이나) 줄달음치다; 허둥지둥 뛰어가다
biri-biri	비리-비리	*n* 양
biro	비로	*n* 1 사무실; 2 정부기관의 업무처리 부서; 대행사
birokrasi	비로끄라시	*n* 관료제도; 관료정치
birokrat	비로끄랏	*n* 관료
birokratis	비로끄라시	*a* 관료적인
biru	비루	*n* 1 파란색; 2 파란색의; 푸른색
bis	비스	☞ bus 버스
bisa	비사	*v* ~할 수 있는

bisa	비사	ⓝ (상처를 통해 들어오는) 독, 독약
bisbol	비스볼	ⓝ 야구
biséksual	비섹수알	ⓐ 양성(兩性)의; 양성을 갖춘; 양성애(兩性愛)의
bisik	비식	ⓝ 속삭임
bising	비싱	ⓐ 소음으로 시끄러운
biskuit	비스꾸잇	ⓝ 비스킷; 마른과자
bismillah	비스밀라	하느님의 이름으로 (보통 뭔가를 하기 시작할 때 하는 말)
bisnis	비스니스	ⓝ 비즈니스; 사업
bistik	비스띡	ⓝ 고기로 만든 양념 바른 부식; 스테이크
bisu	비수	ⓐ 말을 못하는; 벙어리의
bisul	비술	ⓝ 종기
bius	비우스	ⓝ 마취약
blangko	블랑꼬	서식용지; 양식
blaster(an)	블라스떠르(안)	ⓝ 잡종; 혼혈
blazer	블라저르	ⓝ 브라우스 겉에 입는 여성 재킷
blok	블록	ⓝ 1 두루마리; 롤; 2 블록; 집들이 뭉쳐 있는 구역; 3 시가의 구획지; 4 입지강화를 위한 협력체 (정당, 국가들)
blokade	블로까드	ⓝ 봉쇄
blokir, memblokir	블로끼르, 멈블로끼르	ⓥ (길을) 막다; 은행계좌를 동결하다
bobol	보볼	ⓐ (제방 등이) 부서진; 훼손된; 무너진

bobot	보봇	⒩ 무게
bocah	보짜	⒩ 어린아이; 꼬마
bocor	보쪼르	⒱ 1 구멍이 나서 물, 공기 등이 새다; (지붕, 배가) 새다; 2 (비밀이 조금씩) 유출, 누설되다
bodoh	보도	⒜ 어리석은; 멍청한
bohong	보홍	⒜ 거짓의;
berbohong	버르보홍	⒱ 거짓말하다; 허위로 말하다
boikot, memboikot	보이꼿, 멈보이꼿	⒱ 보이콧하다
bokék	보껙	⒜ ⓒⓐⓚ 돈이 없는
boker	보꺼르	⒱ ⓒⓐⓚ 대변을 보다
bokong	보꽁	⒩ 엉덩이
boks	복스	⒩ 박스
bola	볼라	⒱ 공; 볼
bolak-balik	볼락−발릭	⒱ 1 왔다갔다 하다; 왕복하다; 2 앞뒤로
boleh	볼레	⒜Ⓓⓥ 가능한; 허용되는; ⓚⓣ 얻다; 획득하다
boling	볼링	⒩ (스포츠) 볼링
bolong	볼롱	⒜ ⓒⓐⓚ 구멍이 난; 뚫린
bolos, membolos	볼로스, 멈볼로스	⒱ 결석/결근하다
bom	봄	⒩ 폭탄
bombai	봄바이	⒩ 양파

bombardir, membombardir	봄바르디르, 멈봄바르디르	*v* 폭탄을 투하하다(mengebom)
bon	본	*n* 계산서
boncéng, membonceng	본쩽, 멈본쩽	*v* 합승하다; 동승하다;
boncengan	본쩽안	*n* 자전거, 오토바이 등에 있는 짐받이 또는 합승하기 위한 공간/좌석
bondong	본동	*Mk* *n* 그룹;
berbondong-bondong	버르본동–본동	*v* 떼 지어 가다; 집단으로
bonéka	보네까	*n* 인형
bongkah	봉까	*n* 덩어리
bongkar	봉까르	*v* (자동차, 트럭 등에 짐을) 올리고 내리다, 옮기다
bongsor	봉소르	*a* *cak* 키가 크고 덩치가 큰; (사람, 동식물 등이 연수에 비해) 덩치와 키가 큰
bonsai	본사이	*n* 분재
bonus	보누스	*n* 보너스
bonyok	보뇩	*a* (과일 등이) 속이 썩거나/곯은
bor	보르	*n* 구멍 뚫는 기계
bordir	보르디르	*n* 자수
borgol	보르골	*n* 수갑
borong	보롱	*v* 대량으로 구매하다; 모두; 전부; 대규모로
boros	보로스	(돈, 물건 등에) 씀씀이가 헤픈, 낭비하는, 사치하는

bos	보스	ⓝ 1 보스; 상관; 주임; 감독자; 2 주인; 고용주; 경영주
bosan	보산	ⓐ 지루한; 지겨운; 싫증난; 따분한
botak	보딱	ⓐ 대머리의
botani	보따니	ⓝ 식물학
botol	보똘	ⓝ 병
boyong	보용	ⓥ 주거지를 옮기다
braille	브라일르	ⓝ 점자
brankas	브랑까스	ⓝ 금고
brigade	브리가드	ⓝ (군대) 여단
brigadir	브리가디르	ⓝ ~ jenderal 준장
brokat	브로깟	ⓝ 금 혹은 은실로 수놓은 스카프
broker	브로꺼르	ⓝ 중개인
brokoli	브로꼴리	ⓝ (채소) 브로콜리
bros	브로스	ⓝ (장식품) 브로치
brosur	브로수르	ⓝ 팸플릿
brutal	브루딸	ⓐ cak 잔인한; 잔혹한
bruto	브루또	ⓝ 모두 합친; 전체의
bu	부	ⓝ 1 부인(어머니, 여자에 대한 경칭); 2 ibu의 약어
buah	부아	ⓝ 1 과일; 열매; 2 (수량사) (집, 자동차, 책, 책상 등 공산품을 셀 때 사용) 개; 3 요지; 재료; 4 성과;
berbuah	버르부아	ⓥ 열매를 맺다; 열매가 열리다;

buah-buahan	부아–부아한	ⓝ 과일
buai	부아이	ⓝ 흔들림;
membuai	멈부아이	ⓥ ⓚⓘ 잠든 것처럼 깜박 잊게 하다
bual	부알	ⓝ 허튼소리
buang	부앙	ⓥ 던지다; 풀어놓다; 내보내다; 버리다
buas	부아스	ⓐ 난폭한; 거친
buat[1]	부앗	ⓥ 1 해내다; 행하다; 2 만들다;
berbuat	버르부앗	ⓥ 행동하다;
membuat	멈부앗	ⓥ 만들다;
perbuatan	뻐르부앗딴	ⓝ 행동
buat[2]	부앗	ⓟ ⓒⓐⓚ ~를 위하여
buaya	부아야	ⓝ 악어
bubar	부바르	ⓥ 1 흩어지다; 퍼지다; 분산된; 2 (시장, 모임, 의식 등이) 끝난
bubuh, membubuh	부부, 멈부부	~ (pada) ~ ⓥ (~을 ~에) 놓다, 두다, 넣다, 설치하다; (서류, 글 등에 쉼표, 마침표, 서명 등을) 적어 넣다
bubuk	부북	ⓝ (갈거나 삭아 생긴) 가루, 분;
membubung	멈부붕	ⓥ 상승하다; 치솟다
bumerang	부머랑	ⓝ 부메랑; ⓚⓘ (말, 행위 등이) 손해로 되돌아오다
bubur	부부르	ⓝ 죽
budak	부닥	ⓝ 노예, 하인
budaya	부다야	ⓝ 문화; 전통; 풍습; 관습;

buah-buahan 부아-부아한 **과일**

apel 아쁠 사과

pir 삐르 배

melon 멜론 참외

semangka 스망까 수박

persik 뻬르식 복숭아

stroberi 스뜨로베리 딸기

anggur 앙구르 포도

aprikot 아쁘리꼿 살구

jeruk 저룩 귤

lemon 레몬 레몬

jeruk 서룩 오렌지

delima 덜리마 석류

nanas 나나스 파인애플

pisang 삐상 바나나

pepaya 뻐빠야 파파야

mangga 망가 망고

rambutan 람붓딴 파인애플

kelapa 껄라빠 코코넛

manggis 망기스 망고스틴

jambu biji 잠부비지 구아바

durian 두리안 두리안

kebudayaan	꺼부다랴안	*n* 1 문화; 2 (인류학) 인간의 지혜/지식
budayawan	부다야완	*n* 문화 분야에서 활동하는 사람; 문화 전문가
Buddha	붇다	*n* 1 불교; 2 깨우친 자
budi	부디	*n* 1 정신; 내심; 통찰력; 2 성질
budi daya	부디 다야	*n* 재배업; 경작업; 양식업
bufét	부훼ㅌ	*n* (음식물 혹은 장식을) 두는 찬장
bugar	부가르	*a* 아주 건강한
bugénvil	부겐휠	*n* 부겐빌 꽃나무 이름
bugil	부길	*a* 나체의
bui	부이	*n* *cak* 형무소; 감옥
buih	부이	*n* (물, 맥주, 비누 등의) 거품, 물거품, 포말
bujang	부장	*n* 청년; 성인 남자
bujuk	부죽	*n* 아첨, 감언이설
bujur	부주르	*n* 1 길이; 2 세로; 3 경도(經度);
membujur	멈부주르	길이로 뻗치다; 뻗어 있다
buka¹	부까	*v* 열다;
membuka	멈부까	1 열다; 2 벗다 3 펼치다; 펴다; 4 길을 열다; 5 시작하다; 개최하다
buka²	부까	*v* (무슬림의 금식 후에) 음료수를 마시거나 식사를 하다
bukan	부깐	*adv* (명사나 대명사를 부정하는 부정사) ~이 아니다; (부가 의문문으로 사용) 그렇지 않습니까?
bukit	부낏	*n* 언덕; 동산; 구릉;

membukit	멈부낏	🔲 쌓이다
bukti	북띠	🔲 증명; 증거
buku	부꾸	🔲 책; 서적
bulan	불란	🔲 1 달; 2 개월
bulat	불랏	🔲 1 구형의; 2 원/원형의; 둥근; 둥그런
buldoser	불도서르	🔲 불도저
bulé	불레	*cak* (유럽, 미국 등의) 백인
buletin	불르띤	🔲 (학회 등의) 보고(서); 회보; 작은 신문/잡지
bulir	불리르	🔲 한 가지 형태의 다발
bulu	불루	🔲 1 사람 솜털; 2 가금의 털
buluh	불루	🔲 대나무;
pembuluh	뻠불루	🔲 (대나무 같이 마디 사이에 있는) 통, 관; 통 튜브; 도관
bulutangkis	불루땅끼스	🔲 배드민턴
bumbu	붐부	🔲 향신료; 양념
bumerang	부머랑	🔲 부메랑
bumi	부미	🔲 지구; 땅
bumper	붐뻐르	🔲 자동차 범퍼
buncis	분찌스	🔲 채소로 요리해 먹는 콩
buncit	분찟	🔲 배가 나온; 뚱뚱한; 배불뚝이의
bundar	분다르	🔲 원형의; 둥그런
bundaran	분다란	🔲 원

bundel	분덜	ⓝ 묶음; 묶은 것
bunga[1]	붕아	ⓝ 꽃;
berbunga-bunga	버르붕아–붕아	ⓐ 행복한, 뿌듯한
bunga[2]	붕아	ⓝ (경제) 이자
bungkam	붕깜	ⓐ 말이 없는
bungker	붕꺼르	ⓝ (군사) 벙커; 지하 엄폐호
bungkuk	붕꾹	ⓐ 등이 굽은;
membungkuk	멈붕꾹	ⓥ 등을 굽혀 숙이다
bungkus	붕꾸스	ⓝ (수량사) 봉지; 포장의; 꾸러미; 갑 (pak)
bunglon	붕론	ⓝ 카멜레온
bungsu	붕수	ⓝ 막내
buntu	분뚜	ⓐ (문, 도로, 파이프 등이) 막힌 gang ~ 막힌 골목
buntung	분뚱	ⓐ (손, 발, 꼬리 따위가) 잘린, 잘려나간
buntut	분뜻	ⓝ 맨 끝부분; 꼬리
bunuh	부누	ⓥ 죽이다; 살해하다
bunyi	부니	ⓝ 소리
burai, berburai	부라이, 버르부라이	ⓥ 터져/흩어져 나오다
buram	부람	ⓐ 빛나지 않는
buron(-an)	부론/안	ⓝ 도망자; 쫓기는 자
bursa	부르사	ⓝ 증권거래소
buru, berburu	부루, 버르부루	사냥하다;

bunga 붕아 꽃

mawar 마와르 장미

lili 릴리 백합

tulip 뚤립 튤립

krisan 끄리산 국화

kosmos 코스모스 **코스모스**

azalea 아잘레아 진달래

anggrek 앙그렉 난초

bunga tertai; lotus 붕아 떠르따이; 로뚜스 **연꽃**

matahari 마따하리 해바라기

dandelion 단델리온 민들레

aster 아스떠르 데이지

enceng gondok 붕아 곤독 히아신스

bunga forsitias 붕아 훠르시띠아스 **개나리**

bunga violet 붕아 뷔오렛 제비꽃

bunga opium 붕아 오삐움 양귀비

terburu-buru	떠르부루-루	ⓥ 서두르다
buruan	부루안	ⓝ 사냥감;
pemburu	쁨부루	ⓝ 사냥꾼
buruh	부루	ⓝ 노동자; 근로자
buruk	부룩	ⓐ (모양, 얼굴 등이) 예쁘지 않은, 좋지 않은;
memburuk	멈부룩	ⓥ 1 나빠지다; 2 악화되다
burung	부룽	ⓝ 새
bus	부스	ⓝ 버스
busa	부사	ⓝ 거품
busuk	부숙	ⓐ 1 썩은; 2 (시체 등) 악취가 나는; 냄새가 고약한
busung	부숭	ⓐ (배가 차서) 볼록 튀어나온 (gembung);
membusungkan	멈부숭깐	ⓥ 튀어나오게 하다;
~ dada	(멈부숭깐) 다다	ⓚⓘ 건방을 떨다
busur	부수르	ⓝ 활
buta	부따	ⓐ 눈 먼; 장님의
butik	부띡	ⓝ 여성을 위한 최신 유행 옷 상점
butir	부띠르	ⓝ 1 (곡물, 보석 등) 작은 알; 2 둥글고 작은 것을 세는 수량사
butuh, membutuhkan	부뚜, 멈부뚜깐	ⓥ ~을 몹시 필요로 하다 (memerlukan);
kebutuhan	꺼부뚜안	ⓝ 필요한 것
buyar	부야르	ⓥ (구름 따위가) 흩어지다
buyut	부욧	ⓝ 증조부

C

cabai	짜바이	ⓝ 고추; ~ rawit 작고 매운 고추
cabang	짜방	ⓝ 1 가지; 2 갈림길; 3 지점; 지사
cabik	짜빅	ⓐ 길게 찢어진
cabut, mencabut	짜붓, 먼짜붓	ⓥ 1 뽑다; 2 빼다; 3 폐지하다; 취소하다
cacah, mencacah	짜짜, 먼짜짜	ⓥ 부드럽게
cacar	짜짜르	ⓝ 천연두
cacat	짜짯	ⓐ 1 신체나 물건 등에 흠/결점/결함이 있는; 2 완벽하지 않은
caci	짜찌	ⓝ 조롱; 비난; 비방
cacing	짜찡	ⓝ 기생충; 지렁이
cadang	짜당	ⓥ 준비하다;
mencadangkan	먼짜당깐	ⓥ ~을 준비하다;
cadangan	짜당안	ⓝ 비축물; 예비품
cadar	짜다르	ⓝ 차도르
cagar	짜가르	ⓝ 동식물 보호구역
cahaya	짜하야	ⓝ 빛; 광택; 광채; 물에 반사되는 정결한 빛
cair	짜이르	ⓐ 1 액체의; 2 묽은; 싱거운
cakap¹	짜깝	ⓐ 1 ~할 수 있는; 가능한; 2 솜씨 좋은; 숙련된; 3 능력 있는

cakap²	짜깝	n 이야기; 말
cakar	짜까르	n (새 혹은 동물의) 긴 발톱;
pencakar	뻰짜까르	n 긁거나 파헤치는 도구 혹은 사람;
~ langit	~ 랑잇	n 마천루; 고층빌딩
cakup, mencakup	짜꿉, 먼짜꿉	v (손으로) 푸다, 퍼내다, 떠내다; ki 품다; 껴안다; 내포하다
calo	짤로	n 중개인
calon	짤론	n 후보; 예정자
camar	짜마르	n 갈매기
camat	짜맛	n 면(읍)장;
kecamatan	꺼짜마딴	n (행정구역) 면/읍
cambuk	짬북	n 채찍
camilan	짜밀란	n 간식
campak	짬빡	v 던져버리다, 내던지다; 버리다
campur	짬뿌르	v 1 혼합된; 섞인; 2 모이다
campur aduk	짬뿌르 아둑	v 뒤섞다
canang	짜낭	n (신호를 알리는 작은) 북;
mencanangkan	먼짜낭깐	v 대중에게 (북을 치며) 알리다
canda	짠다	n 농담
candi	짠디	n 힌두교 혹은 불교 사원
candu	짠두	n 1 아편; 2 니코틴; ki 중독
canggih	짱기	a 1 첨단의; 지식과 경험이 풍부한; 2 지적인

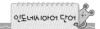

cangaung	짱궁	ⓐ 1 비숙련의; 어설픈; 2 어색한
cangkang	짱깡	ⓝ 단단한 껍질 (달걀, 거북이, 소라 등의 껍질); 팜 오일의 속 씨의 껍질
cangkir	짱끼르	ⓝ 손잡이가 달린 잔
cangkok	짱꼭	ⓝ 신장 이식수술;
mencangkok	먼짱꼭	ⓥ 1 접붙이다; 취목하다; 2 (몸 부분을) 이식하다
cangkul	짱꿀	ⓝ 괭이; 괭이 삽
cantik	짠띡	ⓐ 예쁜; 아름다운
cantol, mencantolkan	짠똘, 먼짠똘깐	~ (pada) ⓥ ~을 ~에 걸다/연결하다
cantum, bercantum	짠뚬, 버르짠뚬	ⓥ (글이) 실리다;
mencantumkan	먼짠뚬깐	ⓥ 이어붙이다; 봉합하다
cap	짭	ⓝ 1 인장; 직인; 2 도장의 흔적
capai, mencapai	짜뻬이, 먼짜베이	ⓥ 1 손을 뻗어 잡으려 하다; 2 이르다; 도달하다
capai	짜빠이	ⓐ 피곤한 (letih; lelah)
capcai	짭짜이	ⓝ 중국식 야채 볶음
capék	짜뻭	ⓐ 지친; 피곤한; 피로한
capung	짜뿡	ⓝ (곤충) 잠자리
cara	짜라	ⓝ 1 방법; 2 방식; 풍; 타입;
secara	스짜라	ⓟ 1 ~로서, ~처럼; 2 ~한 방법으로
cari, mencari	짜리, 먼짜리	ⓥ 찾다; 발견하다

carik	짜릭	ⓐ 찢어진
secarik	스짜릭	ⓝ (작은 종이) 한 장; 조각 장
carter, mencarter	짜르떠르, 먼짜르떠르	ⓥ (자동차 등을) 주문, 임대하다, 대여하다
cas	짜스	ⓥ *cak* (전기) 충전하다
cat	짯	ⓝ 페인트; 칠; 도료
catat, mencatat	짜땃, 먼짜땃	ⓥ 1 적다; 기록하다; 필기하다; 2 베끼다; 기록하다
catur	짜뚜르	ⓝ 서양 장기
cawan	짜완	ⓝ 손잡이가 없는 넓적한 잔; 주발; 대접
cébok	쩨복	ⓥ 1 배변 후 비대를 하다; 2 소변 후 성기를 물로 닦다
cébol	쩨볼	ⓐ 키가 몹시 작은; 땅딸이의
cébong	쩨봉	ⓝ 올챙이
cebur	쩌부르	ⓝ 첨벙 소리;
menceburkan	먼쩌부르깐	ⓥ 물에 던져 넣다; *ki* (일, 활동 혹은 업무) 빠져들게 하다; 투신하다
cecak	쩌짝	ⓝ (벽 혹은 천장에 붙어 벌레를 잡아먹는) 도마뱀의 일종
cecar, mencecar	쩌짜르, 먼쩌짜르	ⓥ 계속 때리다; 계속 질문하다; 계속 쏘다
cécér, berceceran	쩨쩨르, 버르쩨쩨란	ⓥ 땅에 조금씩 줄줄이 뿌려져 있다
cedéra	쯔데라	ⓐ 약간의 흠/상처가 있는

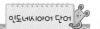
cédok	쩨독	⒩ 국자; 큰 수저; 바가지
cegah	쯔가	⒱, ~ dan tangkal 외국으로의 여행 금지; ~ siar 방송 금지;
mencegah	먼쯔거	⒩ 막다; 금지하다
cegat, mencegat	쯔갓, 먼쯔갓	⒱ (길을) 막아 세우다, 차단하다
cék¹	쩩	⒩ 수표; 어음
cék², mengecék	쩩, 멍어쩩	⒱ 체크하다; 검토하다; 검사하다; 조사하다
cekal, mencekal	쯔깔, 먼쯔깔	⒱ 1 잡다, 쥐다; 2 (도둑 등을) 체포하다
cekam, mencekam	쯔깜, 먼쯔깜	⒩ 발톱 혹은 손으로 꽉 쥐다; 움켜 쥐다; ⒦⒤ 억누르다
cekat, cekatan	쯔깟; 쯔깟딴	⒜ 1 이해가 빠른; 영리한; 똑똑한; 2 민첩하고 숙련된
cékcok, bercekcok	쩩쪽, 버르쩩쪽	⒩ 언쟁하다; 다투다; 싸우다
cekik, mencekik	쯔끽, 먼쯔끽	목 조르다; ⒦⒤ 죽이다
cekok	쯔꼭	⒩ (보통 어린아이를 위한) 갈거나 짜서 입에 먹이는 한약류;
mencekoki	먼쯔꼬끼	⒱ 주기적/계속적으로 ~에게 약을 먹이다/주입하다; ⒦⒤ ~에게 지속적으로 가르치다/주입하다
cekung	쯔꿍	⒜ (말라서 눈이나 뺨 혹은 이가 빠져 보일) 옴폭한, 들어간
cela	쯜라	⒩ 1 결함; 부족함; 2 (행동 등의) 잘못; 오점

celah	쯜라	*n* 갈라진 틈; 균열
celaka	쯜라까	*a* 1 역경을 당한; 불행한; 김새는; 재앙을 당한; 2 (비속어) 제기랄!, 빌어먹을!, 염병할!, 개놈!, 재수 없어!;
kecelakaan	꺼쯜라까안	*n* 사고; 사건
celana	쯜라나	*n* 바지
celemék	쯜러멕	*[Jw] n* 1 (아기의) 턱받이; 2 앞치마
céléng	쩰렝	*n* 저금; 돼지 저금통
celotéh	쯜로떼	*n* 알맹이 없는 담화; 잡담
Celsius	쯜시우스	*n* 섭씨 온도
celup	쩔룹	*n* 염료; 안료;
mencelupkan	먼쩔룹깐	*v* 액체 속에 집어넣다
cemar	쩌마르	*a* 더러운; 오염된; *[ki]* (말이) 저속한; 지저분한
cemara	쩌마란	*n* 소나무
cemas	쩌마스	*a* 불안한; 우려하는
cemberut	쩜버룻	*a* 얼굴이 부루퉁한; 샐쭉한; 심통이 난; 심술이 난
cembung	쩜붕	*a* 볼록 튀어나온
cemburu	쩜부루	*a* 질투하는; 시샘하는
cemerlang	쩌머르랑	*a* 1 빛나다; 2 영특한; 똑똑한
cemooh	쩌모오	*n* 조롱; 비웃음; 비방
cemplung	쩜쁠룽	*v* 물에 뛰어들다
cendana	쩐다나	*n* 향나무

cendawan	쩐다완	ⓝ 버섯의 한 종류
cendekia	쩐드끼아	ⓐ 예리한; 재치 있는
cendekiawan	쩐드끼아완	ⓝ 지식인; 현자; 선각자
cenderawasih	쩐드라와시	ⓝ 극락조
cenderung	쩐드룽	ⓐ 1 기울다; 비스듬한; 2 ~에 흥미를 두다; ~을 좋아하다
céndol	쩬돌	ⓝ 음료수 이름
cengang	쯩앙	ⓥ (보거나 듣고 감탄해) 놀라거나 의아해하다
cengar-cengir	쯩아르-쯩이르	ⓒⓐⓚ 잔잔한 미소를 짓다; 쑥스러워하다; 부끄러워하며 웃다
céngéng	쩽엥	ⓐ 1 잘 우는; 울보의; 2 여린; 상처받기 쉬운 3 기가 약한; 기죽은
cengkeram	쩡꺼람	ⓥ ⓚⓘ 장악하다, 지배하다
cengkerama	쩡꺼라마	ⓝ 담소; 한담; 농담
cengkih	짱끼	ⓝ 클로버 나무
céntang	쩬땅	ⓝ 교정부호
centil	쩐띨	ⓐ 멋 부리기 좋아하는; 애교 부리는
céntong	쩬똥	ⓝ 국자
cepat	쯔빳	ⓐ 1 빠른; 2 민첩한;
kecepatan	꺼쯔빠딴	ⓝ 속도; 속력
ceplas-ceplos	쯔쁠라스-쯔쁠로스	솔직한
cerah	쯔라	ⓐ 1 (색, 달, 날이) 밝은, 화창한, 청명한; 2 (얼굴이) 화사한, 빛나는
cerai	쯔라이	ⓥ 갈라지다;

bercerai	버르쯔라이	[v] 1 끊어지다; 2 이혼하다
ceramah	쩌라마	[n] 강연; 연설
cerca	쩌르짜	[n] 욕설
cercah	쩌르짜	[n] 가시광선
cerdas	쩌르다스	[a] 명석한; 지적인; 현명한; 똑똑한; 예리한 사고의
cerdik	쩌르딕	[a] 이해력이 빠르고 처리 능력이 있는; 영리한
ceréwét	쩌레웻	[a] 잔소리 많은; 말이 많은
céri	쩨리	[n] 체리나무; 벚꽃
ceria	쯔리아	[a] (얼굴이) 환한
cerita	쯔리따	[n] 1 이야기; 2 줄거리; 3 소설
cermat	쩌르맛	[a] 세심한, 세밀한;
mencermati	먼쩌르마띠	[v] 세심하게 관찰하다/살피다
cermin	쩌르민	[n] 거울; 반사경
cerna	쩌르나	[a] 소화된
ceroboh	쩌로보	[a] 1 무례한; 2 부주의한
cerobong	쩌로봉	[n] (공장, 기차 등의) 굴뚝
cerpén	쩌르뻰	[n] 단편소설
cetak	쩌딱	[n] 1 인쇄; 2 (찍어내는) 틀, 모형; 몰드
céték	쩨떽	[Jk] [a] 낮은
cetus	쩌뚜스	[n] 성냥
céwék	쩨웩	[n] [Jk] 소녀; 젊은 여자

cibir	찌비르	⑦ (불만 혹은 경멸하며) 아랫입술을 삐쭉 내밀다, 조소하다
cicil, mencicil	찌찔, 먼찌찔	⑦ 1 조금씩 지불하다; 2 분할 지급 하다; 할부로 내다
cicip, mencicip	찌찝, 먼찌찝	⑦ 맛보다; 시식하다
ciduk	찌둑	⑦ 야자 속껍질에 막대를 단 큰 수 저/국자
Cina	찌나	⑦ 중국
cincang, mencincang	찐짱, 먼찐짱	⑦ (음식 재료를) 부드럽게 다지다; 짓이기다
cincau	찐짜우	⑦ 찐짜우 잎으로 만든 음료
cincin	찐찐	⑦ 1 반지; 가락지; 2 반지 모양의 고리; 체인 고리
cinta	찐따	ⓐ 매우 좋아하는; 사랑하는
ciprat, menciprat	찝쁘랏, 먼찌쁘랏	⑦ (물, 진흙 등이) 여기저기로 튀다
cipta	찝따	⑦ 창조성; 창작성
ciri	찌리	⑦ 특징; 특색; 독특한 표시
cita	찌따	⑦ 이상;
cita-cita	찌따–찌따	⑦ 이상; 꿈
cium, mencium	찌움, 먼찌움	⑦ 키스하다; 냄새 맡다
ciut	찌웃	ⓐ 좁아진; 줄어든; ⓚ 기가 죽은
coba	쪼바	⑦ 시도하다
cobék	쪼벡	⑦ 마늘, 고추 등을 빻는 돌로 만든 동그란 그릇 모양의 돌절구

coblos, mencoblos	쪼블로스, 먼쪼블로스	*v* 뚫어서 구멍을 내다; *ki* (정당) ~에 투표하다; (당을) 찍다/기표하다
cocok[1]	쪼쪽	*n* 송곳; 꼬치; 꼬챙이
cocok[2]	쪼쪽	*a* 1 일치하는; 다르지 않은; 2 알맞은, 적합한
cocok tanam	쪼쪽 따남	*n* 1 농사; 경작; 2 농경 기술; 경작 기술
cokelat[1]	쪼끌랏	*n* 갈색
cokelat[2]	쪼끌랏	초콜릿 나무/열매
colék	쫄렉	*n* 1 손끝으로 댐; 2 아주 소량에 대한 수량사
colok[1], **mencolok**	쫄록, 먼쫄록	*n* 천으로 만든 횃불
colok[2], **mencolok**	쫄록, 먼쫄록	*v* 눈을 찌르다; 시선을 끌다; *ki* 쉽게 보이는; 현저하게 보이는; 매우 뚜렷한
colong, mencolong	쫄롱, 먼쫄롱	*v* 훔치다;
kecolongan	꺼쫄롱안	*v* 도둑맞다/당하다
combéran	쫌베란	*n* 하수구
comot, mencomot	쪼못, 먼쪼못	*v* 다섯 손가락으로/온 손으로/손을 벌려 잡다
compang-comping	쫌빵–쫌삥	*a* 갈기갈기 찢어진; 쭉 찢어진
condong	쫀동	*v* ~로 기울다
congkak	쫑깍	*a* 거만한; 건방진

contoh	쫀또	ⓝ 1 견본; 2 예시;
mencontoh	먼쫀또	ⓥ 예시 혹은 견본을 따라 행동하거나 만들다; 예를 따라 하다
copét	쪼뻿	ⓝ 소매치기
copot	쪼뽓	ⓥ 풀려나다; 빠져나오다
corak	쪼락	ⓝ 무늬, 문양; 도안; 디자인
coreng	쪼렝	ⓝ 두껍고 길게 그은 선
corét	쪼렛	ⓝ 굵고 긴 줄;
corat-coret	쪼랏-쪼렌	ⓝ 임의로 종이나 천에 그은 줄들
corong	쪼롱	ⓝ 깔때기; 굴뚝
cowok	쪼워	cak 젊은 남자를 호칭하는 말
cuaca	쭈아짜	ⓝ 날씨; 일기; 기상
cubit	쭈빗	ⓝ 꼬집기
cuci	쭈찌	ⓥ 씻다;
mencuci	먼쭈찌	ⓥ 씻다; 빨다; 세척하다
cucu	쭈쭈	ⓝ 손자
cucur	쭈쭈르	ⓝ (눈물 등이) 흘러내림; 뿜어 내림
cuék	쭈엑	ⓐ cak 맘대로 하다; 멋대로 하다
cuil, mencuil	쭈일, 먼쭈일	ⓥ (신호로) 손끝으로 살짝 건드리다;
secuil	스쭈일	ⓝ 작은 조각 하나; 조금
cuka	쭈까	ⓝ 식초
cukai	쭈까이	ⓝ 1 관세; 2 도지; 농지 임대비
cukil	쭈낄	ⓝ 뜯어내거나 긁어내는 연장, 못을 빼는 연장, 쇠지레

cuaca 쭈아짜 **날씨**

hari yang cerah 하리 양 쯔라 **맑은 날**

hari yang mendung 하리 양 먼둥 **흐린 날**

awan 아완 **구름**

angin 앙인 **바람**

hujan 후잔 **비**

salju 살주 **눈**

kilat 낄랏 **번개**

petir 뻐띠르 **천둥**

hujan deras dengan mendadak
후잔 드라스 등안 먼다닥 **소나기**

banjir 반지르 **홍수**

kekeringan; kemarau 꺼꺼링안; 꺼마라우 **가뭄**

pelangi 뻴랑이 **무지개**

kabut 까붓 **안개**

hujan es 후잔 에스 **진눈깨비**

es 에스 **얼음**

cukup	쭈꿉	ⓐ 1 충족한; 2 적당한
cukur, bercukur	쭈꾸르, 버르쭈꾸르	ⓥ 면도하다
culik, menculik	쭐릭, 먼쭐릭	ⓥ 유괴하다; 납치하다
cuma	쭈마	adv 1 오직; 오로지; 2 단지; 다만;
cuma-cuma	쭈마-쭈마	adv 공짜의; 무료의;
percuma	뻐르쭈마	adv 쓸데없이; 쓸모없게; 헛되이
cumbu	쭘부	ⓝ 꼬심; 아첨, 감언; 사랑의 속삭임
cumi-cumi	쭈미-쭈미	ⓝ 오징어
cundang	쭌당	ⓥ (닭 싸움에서처럼) 이기다;
pecundang	뻐쭌당	ⓝ 패배
cungkil	쭝낄	ⓝ 뜯거나 빼내거나 파내는 도구
curah	쭈라	ⓝ 떨어지는 물의 양;
mencurahkan	먼쭈라깐	ⓥ (마음, 열정 등) ~을 쏟아 붓다, 퍼붓다
curam	쭈람	ⓐ 깊고 가파른
curang	쭈랑	ⓐ 정직하지 않은, 부정한
curi, mencuri	쭈리, 먼쭈리	ⓥ 훔치다; 도둑질하다
curiga	쭈리가	ⓐ (진실, 정직성 등을) 의심하는
cuti	쭈띠	ⓥ (공식적인) 휴가를 떠나다; ⓝ 휴가

D

dada	다다	*n* 가슴
dadah	다다	*p* *cak* 헤어지거나 만날 때 하는 인사 (안녕!)
dadak, mendadak	다닥, 먼다닥	*adv* 갑자기
dadu	다두	*n* 1 주사위; 2 육면체
daérah	다에라	*n* 지역; 지대
daftar	다후따르	*n* 목록; 명부; 등록부;
mendaftar	먼다후따르	*v* 기록하다; 등록하다; 목록에 집어넣다
dagang	다강	*n* 통상; 무역; 거래
daging	다깅	*n* 1 살; 살점; 2 고기; *ki* 인간의 육체
dagu	다구	*n* 턱; 턱처럼 생긴 부분
dahaga	다하가	*a* 목마른; 갈증나는
dahak	다학	*n* 가래
dahan	다한	*n* 나뭇가지
dahi	다히	*n* 이마
dahsyat	다흐샷	*a* 대단한; 엄청난
dahulu	다훌루	*n* 1 전에; 이전에; 2 먼저
daki, mendaki	다끼, 먼다끼	*v* 올라가다; 등산하다
dakwa	닥와	*n* (형사사건) 고소, 고발

dakwah	닥흐와	n (이슬람) 전도
dalam¹	달람	a 깊은; n 안; 내부
dalam²	달람	p 1 (장소) 안에; 2 (내용물) 안에; 3 (언어) ~로; 4 (시간) 내에; 5 ~ 간에; 사이에
dalang	달랑	n 그림자극 (와양) 수행자/연출자; ki 배후조종자
dalih	달리	n 명분을 빙자한 핑계; 변명
dalil	달릴	n (코란에 기초한) 증명 혹은 진리에 근거한 설명; 정의
dam	담	n 댐
damai	다마이	n 평화; a 평화로운; 안정된;
berdamai	버르다마이	v 화해하다
dampak	담빡	n (긍정 혹은 부정적인 결과를 초래하 는) 강한 영향; 결과
dampar, mendampar	담빠르, 먼담빠르	v 해변으로 밀려가다
damping	담삥	a 가까운; 친한; 밀접한;
berdampingan	버르담삥안	v 서로 근접하게;
mendampingi	먼담삥이	v 동행하다
dan	단	p 그리고; 또; 및; ~과/와
dana	다나	n 준비금; 자금; 비용
danau	다나우	n 호수
dandan	단단	v cak 1 치장하다; 2 단장하다
dangdut	당둣	n 인도풍의 인도네시아 대중음악 의 일종

dangkal	당깔	*a* (수심이) 얕은
dansa	단사	*n* 서양 춤
dapat	다빳	*adv* (가능) ~할 수 있다; ~이 가능하다; *v* *cak* 받다; 획득하다;
pendapat	쁜다빳	*n* 생각; 의견; 견해;
pendapatan	쁜다빳딴	*n* 수입; 소득
dapur	다뿌르	*n* 부엌; 주방
darah	다라	*n* 1 피; 혈액; 2 혈육; 혈족
darat	다랏	*n* 육지; 땅; 뭍; 바닷가에서 떨어진 내륙;
mendarat	먼다랏	*v* 착륙하다; *ki* 맞다; 대이다;
daratan	다랏딴	*n* 대륙; 넓은 땅
dari	다리	*p* 1 (시간, 장소, 공간에서의 시작) ~에서; 2 ~로부터; 3 (시점) ~부터; ~ 이후
daripada	다리빠다	*p* ~보다
darmawisata	다르마위사따	*n* 소풍
darurat	다루랏	*n* 비상사태; 위급상태
dasa	다사	*num* 10개의 의미를 가진 접두사; ~ warsa 십년; ~ sila 십대 원칙
dasar¹	다사르	*n* 1 강 혹은 바다의 바닥; 2 물건의 아랫부분; 3 건물의 층 바닥; 4 배경; 바탕
dasar²	다사르	*p* 참으로; 실제로; 기실
dasi	다시	*n* 넥타이

daster	다스떠르	n 헐렁하게 만든 가정용 가운
data	다따	n 자료; 데이터
datang	다땅	v 1 오다; 2 도착하다; 3 ~출신이다; 4 참석하다; 5 다가올; 차후;
mendatangkan	먼다땅깐	v 1 다른 곳에서 ~을 가져오다; 2 수입하다
datar	다따르	a 평평한; 평탄한; 평지의
daulat	다울랏	n 권한; 세력
daun	다운	n 1 잎; 2 넓고 얇은 부분
daur	다우르	n 주기; 순환기; 일순
daur ulang	다우르 울랑	n 재처리
daya¹	다야	n 1 수행 능력; 2 뭔가를 움직일 수 있는 힘
daya²	다야	n 남서 방향
daya guna	다야 구나	n 효능;
mendayagunakan	먼다야구나깐	v 능력을 발휘하도록 노력하다
dayung	다융	n 노
debar, berdebar	드바르, 버르드바르	n 심장이 뛰다; 가슴이 두근거리다; 맥박이 빨리 뛰다
débat	데밧	n (의견 교환성의) 논의; 토론
débit	데빗	n 채권; 받아야 할 빚
debu	드부	n 먼지; 분진; 재가루
début	더붓	n 가수, 예술가 등의 데뷔
decak	드짝	n 시계소리; 짹깍
dédikasi	데디까시	n 봉납; 봉헌

déduksi	데둑시	⒩ 1 논리학 연역(법); 2 공제; 차감
définisi	데휘니시	⒩ 1 설명; 2 정의
défisit	데휘싯	⒩ (예산에서의) **부족**; 모자람
degap	드갑	⒩ **똑똑!** (나무판 두드리는 소리); 두근두근 (가슴 뛰는 소리)
deg-degan	득-득안	⒱ ⒞ⓐⓚ 가슴이 두근거리다
déh	데	⒧ⓚ ⓟ 상대방의 말/의도를 확정하는 강조사
dékade	데까드	⒩ 10년
dekam, berdekam	드깜, 버르드깜	⒱ 1 (닭이 알을 품거나 호랑이가 먹이를 노리듯) **무릎을 굽혀 몸을 낮추다/몸을 수그리다;** 2 칩거하다; 은거하다
dékan	데깐	⒩ (대학의) **학부장**; 학장
dekap	드깝	⒱ 포옹하다; 껴안다; (손으로) 감싸다
dekat	드깟	ⓐ 1 가까운; 2 거의; 근접한
dekil	드낄	⒧ⓚ ⓐ 지저분한; 아주 더러운; 꾀죄죄한
déklamasi	데끌라마시	⒩ 낭독(법)
déklarasi	데끌라라시	⒩ 1 선언; 포고; 공표; 발표; 2 (세관·세무서에의) 신고(서)
dékorasi	데꼬라시	⒩ 1 무대 장식; 2 장식; 장식물; 꾸밈새
dekrét	드끄렛	⒩ 대통령의 결정 혹은 명령
delapan	들라빤	ⓝⓤⓜ 8
délegasi	델르가시	⒩ 1 대표단; 2 위임
delik, mendelik	들릭, 먼들릭	⒱ (눈을) 부릅뜨다

delima	들리마	_n_ 석류
demam[1]	드맘	_a_ 1 발열; 2 몸살; 열병
demam[2]	드맘	_a_ 미친 듯이 날뛰다
demen	드먼	_cak_ 즐거운
demi[1]	드미	_p_ ~을 위하여 (untuk)
demi[2]	드미	_p_ 매; 당; 하나하나
demikian	드미끼안	_pron_ 그런고로; 이렇게; 그러하게
démo	데모	_n_ 시위
démokrasi	데모끄라시	_n_ 민주주의; 민주주의 제도
démokratis	데모끄라띠스	_a_ 민주주의의; 민주적인
démonstran	데몬스뜨란	_n_ 시위 운동자; 데모 참가자
démonstrasi	데몬스뜨라시	_n_ 시위운동; 데모
démpet	뎀뻿	_a_ 1 옆으로 바싹 붙다; 다닥다닥 붙다; 2 딱 붙어 있는
dénah	데나	_n_ 1 지도; 2 설계도; 청사진
denda	던다	_n_ 벌금; 과태료
dendam	던담	_a_ 복수심의; 앙갚음의; 보복의; 원한의; 앙심을 품는
déndang	덴당	_n_ 흥겨운 노래; 콧노래; 흥얼거림
déndéng	덴뎅	_n_ 육포; 편육
dengan	등안	_p_ 1 ~와 동반하여; 2 ~과; 3 ~을 사용해서; ~을 이용하여; 4 ~와 같이; 5 형용사와 함께 사용하여 부사적 기능을 갖는다; 6 ~로
dengar	등아르	_v_ 듣다

dengki	등끼	*a* 질투심의; 시샘하는
dengkur	등꾸르	*n* 코 고는 소리
dengung	등웅	*n* (벌레, 사이렌, 비행기 등의) 윙윙거리는 소리
dengus	등우스	*n* 소, 물소, 말 등이 강한 숨을 내쉬는 소리; 흥흥(킁킁)거리는 소리
dentang	던땅	*n* 쇠를 치는 소리; 땅땅거리는 소리
dentum	던뚬	*n* 대포 소리
denyut	던늇	*n* 맥박
déodoran	데오도란	*n* 방취제; 땀 냄새 제거제
dépak, mendepak	데빡, 먼데빡	*n* 발로 차다; *ki* 집단에서 퇴출시키다; 보직해임하다
depan	드빤	*n* 앞; 정면; 앞쪽
departemén	드빠르떠멘	*n* 1 장관이 이끄는 정부의 부처; 2 대학의 학과
déportasi	데뽀르따시	*n* 국외추방
déposit	데뽀싯	*n* 부착물; 퇴적물; 침전물; (광석 · 석유 · 천연 가스 등의) 매장물, 광상(鑛床)
déposito	데뽀시또	*n* 1 은행 예금; 2 은행 예탁; 3 당좌예금/신용
dépot	데뽓	*n* 1 물품창고; 2 얼음, 담배, 약 등을 파는 소형 가게; 구멍가게
déprési	데쁘레시	*n* 1 불경기; 불황; 2 의기소침; 침울; 우울; 우울증; 신경쇠약; 3 하강/ 침하 함몰 지역
députi	데뿌띠	*n* 1 대리인; 대표자; 2 조직의 2인자; 3 각 부처의 국장

derai¹	드라이	⒩ 창, 지붕 등에 떨어지는 빗방울 소리
derai²	드라이	⒩ (흙, 금 등의) 알갱이; 낱알
derajat¹	드라잣	⒩ 1 지위; 반열; 계급; 2 (학위) 수준; 정도
derajat²	드라잣	⒩ 1 각도; 2 경도, 위도 따위의 도; 3 온도 치수; 온도; 4 한 등급의 치수 (도; °)
derap	드랍	⒩ 1 말이 빨리 달리는 동작; 2 진전 속도
deras	드라스	⒜ 1 (물, 움직임이) 매우 빠른; 2 (비가) 퍼붓다; 많은 양의
dérék	데렉	⒩ (끌고, 들고, 올리고 내리는) 도르래; 크레인
dérét	데렛	⒩ 줄; 열
dering	드링	⒩ 전화벨 소리; 따르릉 소리
derita	드리따	⒩ 고통
derma	더르마	⒩ 쾌척; 성금 혹은 의연금을 냄: 기부
dermaga	더르마가	⒩ 1 부두; 2 방파제
dermawan	더르마완	⒩ 기부자; 기증자; 잘 베푸는 사람
deru	더루	⒩ (자동차, 기계 등의) 굉음; 윙윙 소리
désa	데사	⒩ 1 행정 말단 단위; 2 마을; 촌락
desah	드사	⒩ 물건 비비는 소리; 잎에 물 떨어지는 소리 (뚜두둑 소리); 천식기의 소리
désain	데사인	⒩ 디자인; 의장(意匠); 도안; 밑그림
désainer	데사이너르	⒩ 디자이너

desak, berdesak	드삭, 버르드삭	*[ji]* 붐비다; 빼곡한; 바글바글한; 장소가 모자라 꽉 찬
desas-desus	드사스-드수스	*[ji]* 1 소곤거리는 소리; 2 소문; 풍문
Désember	데셈버르	*[ji]* 12월
désentralisasi	데센뜨랄리사시	*[ji]* 1 지방 분권; 2 권한 분산; 권한 이관
desing	드싱	*[ji]* 총 쏘는 소리; 쌩하는 소리
desir	드시르	*[ji]* 바람이 스치는 휙 소리
déskripsi	데스낍시	*[ji]* 기술; 서술; 묘사
déskriptif	데스끄립띱	*[ji]* 기술적인; 묘사적인; 설명적인
déstruksi	데스뜨룩시	*[ji]* 파괴; 분쇄; 파멸
desus	더수스	*[ji]* 속삭이는 소리
detail	드따일	*[ji]* 세밀한 부분; 상세한 부분
detak	드딱	*[ji]* 고동; 강한 진동; 울렁거림
détéksi	데떽시	*[ji]* 검출; 발견; 간파; 탐지; 추리; 탐정
détektif	데떽띱	*[ji]* 비밀 경찰관; 사복 경찰관
détergen	데떼르겐	*[ji]* (의복) 세정제; 세척제
déterminasi	데떠르미나시	*[ji]* 1 (논리, 언어) 한정; 결정; 2 결심; 결의; 결단(력)
detik	드띡	*[ji]* 초
dévisa	데뷔사	*[ji]* 외환
déwa	데와	*[ji]* 신; *[ki]* 우상
déwan	데완	*[ji]* 1 위원회; 2 원; 평의회; 회

dewasa	데와사	*a* 성인의; 어른의; *ki* 성숙한; 원숙한
di	디	*p* 장소 전치사; *cak* 시간을 나타내는 전치사
dia	디아	*pron* 3인칭 대명사 그 혹은 그녀 (ia)
diabétes	디아베떠스	*n* 당뇨
diagnosa	디아그노사	*n* 진단
diagram	디아그람	*n* 그림; 도형; 도표; 일람표; 도식; 도해
diakronis	디아끄로니스	*a* 통시적인; 역사적으로 연구 혹 은 기술하는
dialék	디알렉	*n* 방언; 지방어; 사투리
dialog	디알록	*n* 대화
diam¹	디암	*v* 1 조용한; 말 없는; 과묵한; 2 움직이지 않는; 가만히 있는; 3 얌전히 있다
diam², berdiam	디암, 버르디암	*v* 거주하다
diamétér	디아메떠르	*n* 지름
diaper	디아뻐르	*n* 일회용 기저귀
diaré	디아레	*n* 설사
didih, mendidih	디디, 먼디디	*v* 끓다
didik, mendidik	디딕, 먼디딕	*v* 교육시키다;
pendidikan	뻔디디깐	*n* 교육; 훈육
diesel	디슬	*n* 디젤 엔진

diét	디엣	*n* 다이어트
digit	디깃	*n* 자릿수
digital	디기딸	*a* 숫자로 표시[계산]하는; 숫자를 사용하는; (전자) 디지털 방식의
dikit	디낃	*a* *cak* 적은; 근소한
diktator	딕따또르	독재자
dikte	딕떠	*n* 구술; 받아쓰기
diléma	딜렘마	*n* 진퇴양난; 궁지; 딜레마
di mana	디 마나	*pron* 어디에
diménsi	디멘시	*n* 치수; 길이; 양상; 차원
dinamika	디나미까	*n* 1 역학, 동력학; 2 활기; 활력
dinamis	디나미스	*a* 힘 있는; 활기찬; 힘센; 정력적인
dinamisme	디나미스머	*n* 물력론(物力論); 역본설(力本說); 역동설(모든 현상은 자연력의 작용으로 말미암음)
dinamo	디나모	*n* (자동차 등의) 발전기; 제너레이터; 다이너모
dinas	디나스	*n* 1 관청 부서/과/실; 2 관청, 관공서와 관련 있는 일들: surat ~ 관공서 서류; *v* *cak* (관공서에서) 근무하다
dinasti	디나스띠	*n* (역대의) 왕조
dinding	딘딩	*n* 1 벽; 담; 칸막이; 2 확증
dingin	딩인	*a* 추운; 찬; 차가운; 쌀쌀한; *ki* 분위기가 냉담한
dini	디니	*a* 1 새벽녘의; 2 초기의; 시간이 이르기 전

diploma	디쁠로마	ⓝ 졸업장
diplomasi	디쁠로마시	ⓝ 1 외교 업무; 2 외교적 이해 혹은 대화; ⓒ₍ₐₖ₎ 외교적 언사
diplomat	디쁠로맛	ⓝ 외교관; 외교가
diréksi	디렉시	ⓝ 경영자회; 이사 혹은 이사회
diréktorat	디렉또랏	ⓝ 정부 부처의 국장이 관할하는 부서; 국
diréktur	디렉뚜르	ⓝ 1 중역; 임원; 이사; 2 중고등학교 교장; 정부 부처의 국장; 3 이사; presiden ~ 대표이사
dirgahayu	디르가하유	ⓐ 국가 혹은 국가 부속기관의 기념의; 축하하는
diri¹	디리	ⓝ 1 자신; 자기; 2 홀로; 3 스스로; 자기 자신
diri², **mendirikan**	디리, 먼디리깐	ⓥ 1 세우다; 2 세우다; 건설하다; 3 설립하다; 창건하다;
berdiri	버르디리	ⓥ 서다
di sana	디 사나	ⓟᵣₒₙ 저기(에); 저곳(에)
dirigen	디리겐	ⓝ (오케스트라, 합주곡, 합창) 지휘자
disentri	디슨뜨리	ⓝ 고름이 섞여 나오는 이질류
disertasi	디스서따시	ⓝ 박사 학위 논문
di sini	디 시니	ⓟᵣₒₙ 이곳(에); 여기(에)
disiplin	디시쁠린	ⓝ 1 학교, 군대 등의 규율; 풍기; 2 훈련; 훈육; 3 학과; 교과; (학문의) 분야; 전문분야
di situ	디 시뚜	ⓟᵣₒₙ 그곳(에)
disko	디스꼬	ⓝ 디스코 춤

diskon	디스꼰	囝 할인
diskrédit, mendiskréditkan	디스끄레딧, 먼디스끄레딧깐	囝 신용을 저하시키다; 신용을 실추시키다
diskriminasi	디스끄리미나시	囝 차별; 차별대우; 구별
diskriminatif	디스끄리미나띱	囝 차별적인
diskualifikasi	디스꾸알리휘까시	囝 1 (스포츠) 자격 박탈; 실격; 2 무자격; 결격; 3 실격
diskusi	디스꾸시	囝 토론; 토의; 논의
dispénsasi	디스뻰사시	囝 1 특별면제; 2 (법 적용의) 완화; 면제
dispénser	디스뻰스르	囝 냉온수기
distribusi	디스뜨리부시	囝 배분; 분배; 배당; 배달
distributor	디스뜨리부또르	囝 배급자; 배포자; 배달자; 도매상인; 배급업자; 판매 대리점
divérsifikasi	디베르시휘까시	囝 다양화; 다양성
divisi	디뷔시	囝 1 (군 부대의) 사단; 2 (스포츠) 그룹; 급(級); 3 부분; 부(部); 자회사; 계열회사; 4 (생물) 유(類) 과(科); 속(屬) 따위의 부문; (식물) 문(門)
dll	데엘엘	[dan lain lain] 기타 등등
doa	도아	囝 기도; 빌기; 주문; 기원
doang	도앙	囷 囿 단지(hanya; saja)
dobel	도블	囝 囲 이중의
dobrak	도브락	囝 망가진 문 혹은 울타리의 삐그덕 소리

dodol	도돌	찹쌀, 야자, 빨간 설탕으로 만들거나 과일 액으로 만든 젤리 혹은 사탕류
dodor, kedodoran	도도르, 꺼도도란	옷 입은 것이 단정치 못한; 옷이 너무 큰
dokar	도까르	이륜마차
dokter	독떠르	의사
doktor	독또르	박사
doktrin	독뜨린	1 가르침; 교훈; 2 주의; (정치·종교·학문상의) 신조; 학설; 공식(외교) 정책
dokumén	도꾸멘	1 서류; 2 증빙물이 되는 녹음물, 사진 등
dokuméntasi	도꾸멘따시	문서 자료의 분류 정리 및 문서화; 도큐멘테이션
dokumentér	도꾸멘떼르	1 기록 자료가 되는[에 있는, 에 의한]; 2 사실을 기록한 (영화·텔레비전 따위); 기록적인
dolar	돌라르	달러; 미국, 호주, 홍콩 등지의 화폐 단위
domba	돔바	양; 면양
doméstik	도메스띡	1 국내의; 자국의; 2 가정의; 가사상의
dominan	도미난	지배적인; 유력한; 우세한
dominasi	도미나시	우세; 우월; 지배
domisili	도미실리	주소지; 공식 거주지
dompét	돔뻿	돈 주머니; 지갑
donasi	도나시	1 증여; 기부; 기증; 2 기증품; 의연금

donat	도낫	ⓝ 도너츠 빵
donatur	도나뚜르	ⓝ 기증자; 기부자
dong	동	ⓟ *cak* 애교 혹은 응석을 나타내는 첨사
dongak, mendongak	동악, 먼동악	ⓥ 1 머리를 앞 위쪽으로 조금 들어 올리다; 총, 포신 등을 위로 올리다; 2 위로 쳐다보다
dongéng	동엥	ⓝ 동화; 이야기 *kj* 동화 같은 말/이야기
dongkrak	동끄락	ⓝ (자동차를 들어 올리는) 잭
dongkol, mendongkol	동꼴, 먼동꼴	ⓥ 유감스런; 질린; 지겨운; 불쾌히 여기는
dongkrak	동끄락	ⓝ (자동차 바퀴 따위를 들어 올리는) 기중기; 잭
donor	도노르	ⓝ 1 기부자; 2 헌혈자
dorong, mendorong	도롱, 먼도롱	ⓥ 1 밀다; 2 앞으로 밀어 나아가게 하다
dosa	도사	ⓝ 종교/도덕상의 죄; 죄악
dosén	도센	ⓝ (대학의) 강사; 교수
dosis	도시스	ⓝ 1 약의 1회분; 2 1회의 복용량; 3 (방사능의) 조사량(照射量)
dot	돗	ⓝ 우유병 고무 젖꼭지
doyan	도얀	ⓐ *cak* 먹기/마시기를 좋아하는; 담배 피기를 좋아하다
draf	드랍	ⓝ 초안; 도안; 밑그림
drakula	드라꿀라	ⓝ 드라큘라; 흡혈귀
drama	드라마	ⓝ 극; 연극

dramatisasi	드라마띠사시	⒩ 1 **각색**; 2 **극화**
drastis	드라스띠스	⒜ **맹렬한, 강렬한**
drum	드룸	⒩ (악기) **드럼**
drumer	드룸머르	⒩ **드러머**
dua	두아	⒩⒰⒨ **둘; 두 개;**
kedua	꺼두아	⒩⒰⒨ 1 **제2의, 두 번째**; 2 **둘이 하나인; 둘로 된; 양자;**
seperdua	스뻐르두아	⒩⒰⒨ **반의; 절반의; 2분의 1의**
dualisme	두알리스머	⒩ 1 **이중성**; 2 **양면성**
dubes	두버스	⒩ (외교관) **대사**
dubur	두부르	⒩ **항문**
duda	두다	⒩ **홀아비; 이혼남**
duduk	두둑	⒩ 1 **앉다;** 2 **학년이다;**
menduduki	먼두둑이	⒩ **직책을 차지하다; 직위에 있다;**
penduduk	뻔두둑	⒩ **주민;** ~ asli **원주민**
kedudukan	꺼두둑안	⒩ **거주지**
duét	두엣	⒩ **이중창; 듀엣**
duga, **menduga**	두가, 먼두가	⒩ 1 **수심을 측정하다;** 2 **추정하다; 추측하다; 예측하다**
duit	두잇	⒩ ⒞⒜⒦ **돈; 화폐**
duka	두까	⒜ **슬픈; 비탄: 비통한**
dukacita	두까찌따	⒩ **마음의 슬픔, 비통함, 힘듦**
duku	두꾸	⒩ **과수의 일종**

dukuh	두꾸	ⓝ 작은 마을; 촌
dukun	뚜꾼	ⓝ 아픈 자에게 전통적인 약 처방, 치료 및 주술을 통해 치료하는 무속인
dukung	두꿍	ⓥ 허리 혹은 등에 업히다;
mendukung	먼두꿍	ⓥ *ki* 부양하다; 지원하다; 지지하다
dulang	둘랑	ⓝ (나무로 만든 다리가 있거나 가장자리 턱이 있는) 쟁반;
mendulang	먼둘랑	ⓥ (쟁반으로) 귀금속, 보석 등을 체로 걸러내다/고르다
dulu	둘루	☞ dahulu;
duluan	둘루안	*adv* 먼저
dungu	둥우	ⓐ 우둔한; 멍청한; 어리석은
dunia	두니아	ⓝ 1 지구; 2 세계; 3 세상
duniawi	두니아위	ⓐ 지구의; 지상의; 이승의; 속세의
dupa	두빠	ⓝ 태워나는 향
duplikasi	두쁠리까시	ⓝ 이중; 중복
duplikat	두쁠리깟	ⓝ 사본
durasi	두라시	ⓝ 내구(耐久); 지속; 계속; 계속/지속 기간
durhaka	두르하까	ⓐ 1 (신, 부모 등에 대해) 순종하지 않는; 반항하는; 거역하는; 2 (법, 질서, 권위에) 반항하는; 항거하는; 따르지 않는
duri	두리	ⓝ 가시
durian	두리안	ⓝ 두리안(열대 과일로서 겉껍질에 굵은 가시가 덮여 있음)
dusta	두스따	ⓐ 거짓의; 허위의

dusun	두순	*n* 마을; 시골마을; 촌
duta	두따	*n* 1 외교사절; 2 외교관; ~ besar 대사
duyun, **berduyun-duyun**	두윤, 뻐르두윤-두윤	*adv* 떼를 지어 모여; 우르르 몰려
duyung	두융	*n* 고래류; 작은 고래
dwi-	드위-	2의 의미를 가진 접두사

E

ebi	에비	[n] 말린 새우
écér, mengecer(kan)	에쩨르, 멍에쩨르/깐	[v] 소매하다; 소매로 팔다
édar, berédar	에다르, 버르에다르	[v] 1 (원위치로) 돌아오다; 회전하다; 순회하다; 2 손에서 손으로 혹은 한 장소에서 다른 장소로 돌다
édisi	에디시	[n] 1 (신문, 잡지, 책 출판) 판(版); 간행; 2 (제본 양식 · 체재의) 판
édit, mengedit	에딧, 멍에딧	[v] (책, 신문, 잡지, 영화 등을) 편집하다
éditor	에디또르	[n] 편집자; 편집인
éditorial	에디또리알	[a] 1 편집의; 편집자에 관한; 2 (신문의) 사설 혹은 논설
édukatif	에두까띱	[a] 교육(상)의; 교육적인
éfék[1]	에훽	[n] 결과; 효과; 영향
éfék[2]	에훽	[n] (주식 혹은 채권 등의) 증권; bursa ~ 증권거래소
éféktif	에훽띱	[a] 효력이 있는; 효능이 있는; 영향을 주는; 인상적인
éfisién	에휘시엔	[a] 1 능률적인; 2 효율적인
éfisiensi	에휘시엔시	[n] 효율
égois	에고이스	[n] 이기주의자; 자기 본위의 사람; 자부심이 강한 사람
égoisme	에고이스머	[n] 이기주의; 자기본위

éja, mengeja	에자, 멍에자	ⓥ **철자를 읽다;**
ejaann	에자안	철자법
éjakulasi	에자꿀라시	ⓝ (정액의) **사정**
éjek, mengejek	에젝, 멍에젝	ⓥ **조롱하다; 조소하다; 경멸하다; 비웃다**
ékologi	에꼴로기	ⓝ **생태학**
ékonomi	에꼬노미	ⓝ 1 **경제학;** 2 **경제**
ékonomis	에꼬노미스	ⓐ **경제적인; 효율적인; 검약하는**
ékor	에꼬르	ⓝ 1 **꼬리;** 2 (수량사) **마리;** 3 **꼬리같이 생긴 물건**
ékosistem	에꼬시스뗌	ⓝ **생태계**
éksekusi	엑써꾸시	ⓝ 1 **법률강제집행(영장); 사형집행; 처형;** 2 **압류에 의한 재산처분**
éksekutif	엑써꾸띱	ⓐ 1 **실행[수행, 집행]의; 실행상의;** 2 **법률집행권;** 3 **중역; 이사**
éksekutor	엑써꾸또르	ⓝ **간부; 경영진; 임원**
éksemplar	엑썸쁠라르	ⓝ 1 **종이; 장;** 2 **발행부수**
ékséntrik	엑쎈뜨릭	ⓐ **기이한; 묘한**
éksisténsi	엑시스뗀시	ⓝ **존재**
éksklusif	엑스끌루십	ⓐ **배타적인; 독점적인; 특별한**
éksotis	엑소띠스	ⓐ 1 **색다른;** 2 **이국적인**
ékspansi	엑스빤시	ⓝ 1 **지역 확장;** 2 (물리) **팽창;** 3 (경제) **확산; 확장**
ékspédisi	엑스뻬디시	ⓝ 1 **편지, 물건들의 급송; 속달;** 2 **급송 수화물회사;** 3 **사본;** 4 **탐험;** 5 **원정; 군대의 파견**

ékspéktasi	엑스뻭따시	[n] 1 예상; 기대; 2 예상되는 일; 3 가능성; 공산; 확률; 4 (특히 통계에 의한) 예측 수량; (통계) 기대 값
ékspérimén	엑스뻬리멘	[n] 실험; 시험; 해보기
éksplisit	엑스쁠리싯	[a] 명확한; 분명한
éksploitasi	엑스쁠로이따시	[n] 1 업무; 작업; 채굴; 채벌; 2 착취
éksplorasi	엑스쁠로라시	[n] 탐사; 탐험
ékspor	엑스뽀르	[n] 수출
éksportir	엑스뽀르띠르	[n] 수출업자
ékspos, mengekspos	엑스뽀스, 멍엑스뽀스	[v] 노출시키다; (죄 · 비밀 따위를) 폭로하다; 까발리다
éksprés	엑스쁘레스	[a] 지급편의; 급행의
éksprési	엑스쁘레시	[n] 1 표현; 2 표정
éksprésif	엑스쁘레십	[a] 표현이 풍부한; 표현이 정확한
ékstasi	엑스따시	[n] 1 의식 혼미 상태; 2 혼미제 알약
éksténsi	엑스뗀시	[n] 1 시간의 연장; 2 확장
éksternal	엑스떠르날	[a] 외적인
ékstra	엑스뜨라	[a] 1 공식적인 추가분; 2 특별한
ékstrak	엑스뜨락	[n] 추출물; (정분을 내어 농축한) 진액
ékstraksi[1]	엑스뜨락시	[n] 뽑아낸 것; 발췌; 인용구; 초록
ékstraksi[2]	엑스뜨락시	[n] 1 (광물에서) 추출해내다; 2 분리해내다
ékstrém	엑스뜨렘	[a] 극도의; 심한; 최대의; 최고의

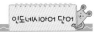

ékstrémis	엑스뜨레미스	ⓝ 극단론자, 과격론자, 극단적인 사람
ékuivalén	에뀌발렌	ⓐ 동등한; 대등한; 대응하는
ékuivalénsi	에뀌발렌시	ⓝ 동등; 대등
élak, mengelak	엘락, 멍엘락	ⓥ 1 공격으로부터 피하다; 2 (책임 등에서) 면하다; 회피하다; 모면 하다
élang	얼랑	ⓝ 독수리; 매
élastik	엘라스띡	ⓝ 1 고무; 2 고무가 들어간 탄력 있는 줄
élastis	엘라스띠스	탄력성이 있는; 신축성이 있는
élégan	엘레간	ⓐ 우아한; 세련된; 격조 높은
éléktrik	엘렉뜨릭	ⓝ 전기
éléktro	엘렉뜨로	ⓝ 1 전자; 2 일렉트론
éléktronik	엘렉뜨로닉	전자제품
éléktronika	엘렉뜨로니까	ⓝ 전자공학
élémén	엘레멘	ⓝ 1 원소; 요소; 성분; 2 전지; 전극
éliminasi	엘리미나시	ⓝ 1 몸속의 독 등의 제거; 2 배제; 제거
élité	엘리떼	ⓝ 엘리트; 선택된 사람; 정예의 사람
élok	엘록	ⓐ 1 좋은; 2 아름다운; 예쁜; 멋진
élpiji	엘삐지	ⓝ 액화가스
elu, mengelukan	얼루, 멍을루깐	ⓥ 1 뭔가를 보려고 고개를 내밀다; 2 환영하다; 손님을 즐겁게 맞 이하다
elus, mengelus	얼루스, 멍을루스	ⓥ 쓰다듬다; 어루만지다

émail	에마일	*n* 1 불투명 칠; 2 에나멜을 칠한 물건; 3 에나멜
émansipasi	에만시빠시	*n* 1 노예해방; 2 (남녀 혹은 사회적 계급의) 평등
emas(=mas)	으마스/마스	*n* 금; *kp* 돈; 세상의 재산
emak	으막	*cak* 손위의 여성을 부르는 호칭
emban	음반	*n* (말의) 가슴걸이, 배에 두르는 끈;
mengemban	멍음반	*v* 천이나 띠로 (아이를) 업다; *ki* (의무; 목적 등) 수행하다
embara, mengembara	음바라, 멍음바라	*v* 배회하다; 방랑하다; 유랑하다; 떠돌다
émbél, embel-embel	엠벨, 엠벨–엠벨	*n* 첨가물
émbér	엠베르	*n* 물통; 양동이
émbrio	엠브리오	*n* (식물·동물) 1 태아 (사람의 경우 보통 임신 8주까지의); 2 배(胚); 눈; 싹; 움; 유충(幼蟲); (발달의) 초기
embun	음분	*n* 1 이슬; 2 수증기 방울
embus, berembus	엄부스, 버르엄부스	*v* 1 (바람이) 불다; 2 (호흡, 날숨 등을) 내쉬다; 내뿜다
émigran	에미그란	*n* 이민자
émigrasi	에미그라시	*n* 이주; 이민
emis, mengemis	어미스, 멍어미스	*v* 1 구걸하다; 동냥하다; 빌어먹다; 2 애걸하다; 간청하다
émosi	에모시	*n* 감동; 감격; 흥분; 감정

émosional	에모시오날	*a* 감정적인; 감동하기 쉬운; 다감한; 감동시키는
empas, **mengempas**	음빠스, 멍음빠스	*v* 1 자신을 내던지다; 2 (파도 등이) ~에 부딪치다
empat	음빳 / 엄빳	*num* 넷; 4
émpati	엠빠띠	*n* (심리학) 감정 이입
empedu	음뻐두	*n* 쓸개; 담즙; *ki* 독설
émpér	엠뻬르	*n* 발코니; 베란다
emping	음삥	*n* 곡식으로 튀겨 얇게 만든 과자
empuk	음뿍	*a* 1 부드러운; 푹신한; 2 (고기 등이) 연한; 질기지 않은
emut	어뭇	*v* 입에 머금고 있다; 입에 물고 있다
énak	에낙	*a* 1 맛있는; 2 (컨디션이) 좋은; 3 (분위기; 기분이) 좋은; 즐거운;
seenaknya	스에낙냐	*a* *cak* 1 마음대로; 2 기분 내키는대로
enam	으남	*num* 여섯; 6
enas, **mengenaskan**	으나스, 멍으나스깐	*v* 슬픈; 마음이 아픈
éncér	엔쩨르	*a* 1 연한; 약한, 묽은; 2 녹다; 액체가 되다
éncok	엔쪽	*n* 1 (뼈의) 쑤심; 뼈에서 느끼는 통증; 2 손발의 저림; 근육 경련
endap[1]**,** **endap-endap**	은답, 은답-은답	*n* 침전물;
mengendap	멍은답	*v* 침전하다; 가라앉다;
mengendapkan	멍은답깐	*v* 가라앉히다; 침전시키다; *ki* 횡령하다; 숨기다

endap², **mengendap**	은답, 멍은답	*v* 숨으려고 몸을 구부리다; 숨다;
mengedap-endap	멍은답–은답	*v* 몰래; 숨어서; 들키지 않게 웅크리 고/기어서
endus, **mengendus**	은두스, 멍은두스	*v* 냄새를 맡다; *ki* 알아채다; 느끼다
énergi	에네르기	*n* 에너지; 힘; 정력; 활기; 원기
énergik	에네르긱	*a* 정력적인
engah, **mengengah-engah**	응아, 멍응아–응아	*n* 헐떡거림; 가쁜 호흡
enggak	응각	*adv* *cak* (부정사) ~하지 않다; ~이 아니다
enggan	응간	*adv* 싫어하다; 좋아하지 않다; 내키지 않는
engkau	응까우	*pron* (제 2인칭 대명사) 너; 당신 (동 년배나 손아랫사람에게 사용)
éngsel	엥셀	*n* (문에 사용하는) 경첩; 이음철
énsiklopedia	엔시끌로뻬디아	*n* 백과사전
entah	은따	*adv* 1 모른다; 2 ~도 ~도; ~인지 ~아닌지; 올 것인지 아니올 것 인지
entak, **mengentak**	은딱, 멍은딱	*v* 짓밟다; 아래쪽으로 차다
entas, **mengentas**	은따스, 멍은따스	*v* 1 집어/들어 옮기다; 2 액체 속에서 꺼내다
énténg	엔뗑	*a* 1 가벼운; 중량이 안 나가는; 2 작은; 중요하지 않은
éntitas	엔띠따스	*n* 실재; 존재

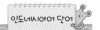

éntri	엔뜨리	⒩ 1 사전의 표제어; 2 목록
enyah	으냐	⒱ 가다; 달아나다;
mengenyahkan	멍으냐깐	⒱ 쫓아내다
énzim	엔짐	⒩ (화학) 효소
epak, mengepak	어빡, 멍어빡	⒱ (토지 따위를 임대해) 소득을 얻다; 도지를 내다
épidémi	에삐데미	⒩ 전염병
épilépsi	에삘렙시	⒩ 간질병
épilog	에삘록	⒩ 1 (문학 작품의) 발문(跋文); 결어(結語); 발시(跋詩); 2 (연극) 끝맺음 말; 3 종막(終幕); 에필로그
épisode	에삐소드	⒩ 1 (소설·극 따위 속의) 삽화(揷話); 에피소드; 2 (사람의 일생 또는 경험 중의) 일련의 삽화적인 사건; 3 (TV, 라디오) 연속물의 1회분
eram, mengeram	으람, 멍으람	⒩ 1 알을 품다; 2 웅크리고 앉다; ⒦ 두문불출하다;
pengeraman	뻥으람안	⒩ 부화
erang	으랑	⒩ 신음; 아파서 끙끙거림
erat	으랏	⒜ 1 단단히 조여진; 견고한; 강한; 2 아주 친한 osi[에로시] ⒩ 식, 침식, 침식작용, 미란
érotis	에로띠스	⒜ 성애의; 애욕의; 색정적인
erti	어르띠	⒩ 의미(arti);
mengerti	멍어르띠	⒱ 이해하다
és	에스	⒩ 얼음

ésa	에사	*num* 하나; 유일한
ésai	에사이	*n* 소론; 평론; 시론; 수필; 에세이
ésélon	에셀론	*n* 1 (부대의) 편제; 2 조직 편제; 직급
ésénsi	에센시	*n* 본질; 진수; 정수; 핵심; 요체
ésénsial	에센시알	*a* 근본적인; 필수의
éskalator	에스깔라또르	*n* 에스카레이터
ésok	에속	*n* 1 내일; 2 다음날
éstafét	에스따휏	*n* 릴레이 경주; 계주; *cak* 서로 추월하여 달리기
éstétika	에스떼띠까	*n* 미학
éstimasi	에스띠마시	*n* 추정; 견적액; 추정치
étalase	에딸라스	*n* (일반적으로 가게 앞) 진열장
étik	에띡	*n* 도의; 도덕; 윤리
étika	에띠까	*n* 윤리학; 도덕론
étikét	에띠껫	*n* 예절; 예의; 에티켓; 예법
étimologi	에띠몰로기	*n* 어원학; 어원론
étnik	에뜨닉	*a* 1 인종의; 민족의; 민족 특유의; 2 인종[민족]학(상)의
étnis	에뜨니스	☞ etnik
étnologi	에뜨노로기	*n* 인종학; 민족학
étnograf	에뜨노그라프	*n* 민족지학자; 인종학자
étnografi	에뜨노그라휘	*n* 민족지학; 기술적 인종학
éthos	에또스	*n* 민족정신; 사회사조; 윤리성; 기풍; 풍조

évakuasi	에봐꾸아시	ⁿ **소개(疏開); 피난**
évaluasi	에봘루아시	ⁿ **평가**
évolusi	에볼루시	ⁿ (정치, 경제, 사회 등의) **점진적인 변화; 발전; 진전; 진화**

F

| 인도네시아어 필수 단어 |

F

fabel	화블	ⓝ 우화
faédah	화에다	ⓝ 용도; 효용
fahrenheit	꺼화렌헤인	ⓝ (온도) 화씨
fajar	화자르	ⓝ 일출의 빛; 여명의 빛; 동틀 녘의 햇빛
fakir	화끼르	ⓝ 궁핍한; 빈곤한
faksimilé	확시밀레	ⓝ 팩시밀리
fakta	확따	ⓝ 실제; 사실
faktor	확또르	ⓝ 1 요인; 인자; 요소; 2 수학인수; 약수
faktur	확뚜르	ⓝ 송장; 인보이스; 청구서
fakultas	화꿀따스	ⓝ (대학의) 학부; 단과대학
famili	화밀리	ⓝ 가족; 친족
fana	화나	ⓐ 망가지고 사라지고 죽을 수 있는; 영원하지 못한
fanatik	화나띡	ⓐ (정치, 종교 등에) 광신적인; 맹신적인; 골수주의의
fanatisme	화나띠스머	ⓝ 광신주의; 골수주의
fantasi	환따시	ⓝ 공상; 상상; 환상
fantastis	환따스띠스	ⓐ 1 상상적인; 현실이 아닌; 2 대단한
farmasi	화르마시	ⓝ 조제술; 약학; 제약업

fase	화스	*n* 국면; 변화, 발전 등의 단계
fasih	화시	*a* 유창한; 말 잘하는; 거침없이 말하는
fasilitas	화실리따스	*n* 편의 시설; 설비
fasilitator	화실리따또르	*n* 편의 제공자; 촉진자
fasis	화시스	*n* 파시스트
fasisme	화시스머	*n* 파시즘
fatal	화딸	*a* 1 치명적인; 2 숙명의
fatamorgana	화따모르가나	*n* 1 신기루; 2 신기루 현상의 일; 공상적인 일
fatwa	화뜨와	*n* (회교 율법사의 문제점에 대한) 의견; 결정; 답변; *ki* 권고; 훈시; 지도
fauna	화우나	*n* 동물계; 동물군
favorit	화보릿	*n* 1 기대주; 총아; 인기 있는 사람; 2 인기; 좋아함
Fébruari	훼부아리	*n* 2월
féminin	훼미닌	*a* 여성의; 여성상의
féminisme	훼미니스머	*n* 여권주의; 남녀 동권주의; 여권 신장주의
féngsui	휑수이	*n* 풍수지리
fénomena	훼노메나	*n* 현상
féodal	훼오달	*a* 봉건주의의; 봉건제도의; 봉건 토지제도의
féodalisme	훼오달리스머	*n* 봉건주의
féri	훼리	*n* 1 나루터; 도선장; 2 나룻배; 사람, 물건, 차량을 실어 나르는 연락선

férmentasi	훼르먼따시	ⓝ 발효
féstival	훼스띠발	ⓝ 역사적 또는 중요 사건을 기념하기 위한 축제; 기념행사
figur	휘구르	ⓝ 1 모양; 형태; 2 인물
figuran	휘구란	ⓝ 엑스트라; 보조 연기자
fiksi	휙시	ⓝ 1 소설; 2 꾸며낸 이야기; 3 허구
film	휠름	ⓝ 1 필름; 2 영화
filsafat	휠사홧	ⓝ 철학; 형이상학
filter	휠떠르	ⓝ 여과기; 필터
final	휘날	ⓝ 1 최종단계; 2 결승 단계; 종국
finansial	휘난시알	ⓐ 재무의; 재정의
firasat	휘라샅	ⓝ 1 선견지명; 예감; 감지; 2 관상 능력; 3 수상 등에 대한 지식; 4 관상
firma	휘르마	ⓝ 상회; 상사; 합병회사
firman	휘르만	ⓝ 신의 뜻; 섭리; 계명
fisik	휘식	ⓝ 육체; 신체
fisika	휘시까	ⓝ 물리; 물리학
fitnah	휘뜨나	ⓝ 중상; 비방; 모략; 명예훼손
fléksibel	훌렉시블	ⓐ 구부리기 쉬운; 휘기 쉬운; 유연성이 있는
fléksibilitas	훌렉시빌리따스	ⓝ 구부리기 쉬움; 유연성
flora	훌로라	ⓝ 식물계; 식물군
fobia	휘비아	ⓝ 공포(증)

fisik 휘식 **신체**

wajah 와자 얼굴

leher 레헤르 목

punggung 뿡궁 어깨

tangan 땅안 팔

dada 다다 가슴

perut 뻬룻 배

pusar 뿌사르 배꼽

panggul 빵굴 골반

kaki 까끼 다리

lutut 루뜻 무릎

pergelangan kaki 뻐르글랑안 까끼 **발목**

tangan 땅안 손

jari tangan 자리 땅안 **손가락**

jempol 점뽈 엄지손가락

telunjuk 뗄룬죽 인지, 집게손가락

jari tengah 자리 뜽아 중지, 가운뎃손가락

jari manis 자리 마니스 약지, 넷째손가락

kelingking 껄링낑 소지, 새끼손가락

fokus	휘꾸스	⒩ 1 초점; 2 중심
folio	휠리오	⒩ 21.5 x 32.5cm 종이의 규격
fondasi	혼다시	⒩ 건물 기초; 토대
forénsik	휘렌식	⒩ 1 법의학; 2 (범죄의) 과학수사
formal	휘르말	⒜ 1 정식의; 형식에 맞는; 2 공식의
formalin	휘르말린	⒩ 포르말린
formasi	휘르마시	⒩ 직원, 내각, 비행기 등의 조직형성; 성립; 설립; 편제
format	휘르맛	⒩ 1 (서적 따위의) 체제; 형(型); 판형; 2 (컴퓨터) 틀잡기; 포맷; 형식
formula	휘르물라	⒩ 수학의 공식; 화학의 구조식; 제조법
formulir	휘르물리르	⒩ 법식; 서식
forum	휘룸	⒩ 1 공개 토론회 기구 혹은 장소; 2 포럼; 자유토론장
fosil	휘실	⒩ 화석
foto	휘또	⒩ 사진
fotogénik	휘또게닉	⒜ 사진촬영에 적합한 (얼굴 등)
fotografer	휘또그라훠르	⒩ 사진사
fotografi	휘또그라휘	⒩ 사진술
fotokopi	휘또꼬삐	⒩ 복사
fotomodél	휘또모델	⒩ 사진 모델
fotosintesis	휘또신떼시스	⒩ 식물의 광합성
foya, berfoya-foya	휘야, 버르휘야–휘야	⒩ 향락으로 돈을 낭비하다; 음주가무로 돈을 탕진하다

fragmen	후라그멘	*n* 1 글/이야기의 단편; 2 부서진 조각; 파편
fraksi	후락시	*n* 1 작은 부분; 2 도당; 파당; 분파
frasa	후라사	*n* (문법) 구
frekuénsi	후레꾸엔시	*n* 1 횟수; 2 빈번도
frustasi	후루스따시	*n* 좌절; 차질; (심리학) 좌절감
fundaméntal	훈다멘딸	*a* 기초의; 기본의; 근본적인
fundamentalis	훈다멘딸리스	*n* (종교의) 근본주의자; 원리주의자
fungsi	훙시	*n* 1 직무; 직책; 직능; 2 (신체의) 기능; 작용; 3 수학의 함수; 4 효용
fungsional	훙시오날	*a* 기능의; 작용의; 직무(상)의; 기능[작용]을 가진
fungsionalisasi	훙시오날리사시	*n* 기능화; 작용화
fungsionalisme	훙시오날리스머	*n* 기능주의
furnitur	후르니뚜르	*n* 가구

| 인도네시아어 필수 단어 |

G

gabah	가바	*n* 벼의 열매 낱알
gabung	가붕	*n* 다발; 묶음;
bergabung	버르가붕	*v* 합치다; 연합하다;
menggabungkan	멍가붕깐	*v* 1 하나로 묶다; 2 통합시키다
gabus	가부스	*n* 1 코르크나무; 2 코르크 병마개
gadai	가다이	*v* 저당 잡히고 돈을 빌리다; *n* 저당물; 담보
gading	가딩	*n* 상아
gadis	가디스	*n* 1 소녀; 숙녀; 2 미혼녀; 처녀
gado-gado	가도-가도	*n* 땅콩을 갈아 만든 소스의 야채 샐러드
gaduh	가두	*a* 싸움/다툼으로 인한 소란스러 운; 소동/난동을 피우는
gadungan	가둥안	*a* 가짜의; 사이비의
gaét	가엣	*n* 연루; 고리
gagah	가가	*a* 1 힘센; 2 건장한; 3 당당하게 보이다
gagak	가각	*n* 까마귀
gagal	가갈	*v* 실패하다; 이루지 못하다
gagang	가강	*n* 나뭇잎, 꽃 등의 꼭지; 가지
gagap, menggagap	가갑, 멍가갑	*v* 말을 더듬다

gagas, menggagas	가가스, 멍가가스	ⓥ ~를 생각하다; ~을 착안하다
gaib	가입	ⓥ 1 보이지 않는; 은밀한; 2 사라지다
gairah	가이라	ⓝ 열망; 의욕
gajah	가자	ⓝ 1 코끼리; 2 서양장기의 상; 비숍
gaji	가지	ⓝ 1 봉급; 2 임금; 급료
galak	갈락	ⓐ 1 사나운; 2 화를 잘 내는
galaksi	갈락시	ⓝ 은하
galang	갈랑	ⓝ 대들보; 가로 받침대;
penggalangan	뻥갈랑안	ⓝ 지탱; 받침; 버팀; ~ dana (정부 혹은 다수에 의한) 자금의 지원
gali, menggali	갈리, 멍갈리	ⓥ 1 땅 구멍을 내다; 2 파내다; 캐내다
galon	갈론	ⓝ 갈론; 3,785리터
gambar	감바르	ⓝ 그림;
menggambar	멍감바르	ⓥ 그림을 그리다
gamelan	가멀란	ⓝ 자바, 순다, 발리 등의 고유 관현악기
gampang	감빵	ⓐ 1 쉬운; 2 간단한; 단순한
ganas	가나스	ⓐ 야성의
ganda	간다	ⓝ 1 곱; 배; 2 이중의; 겹침이 있는
gandéng	간뎅	ⓥ 1 연결된; 2 손을 잡다
gandum	간둠	ⓝ 밀

gang	강	[n] **골목; 좁은 길; 통로 길**
ganggu, mengganggu	강구, 멍강구	[v] 1 **집적거리다; 괴롭히다;** 2 **가로막다**
ganja	간자	[n] **대마초**
ganjal	간잘	[n] **쐐기; 버팀대; 받침대**
ganjar, mengganjar(i)	간자르, 멍간자르/이	[v] (선행, 공적 따위에 대해) **보상하다; 대가를 주다**
ganjil[1]	간질	[a] **홀수의**
ganjil[2]	간질	[a] **이상한; 평범하지 않은; 낯설은**
ganteng	간뜽	[a] (남성에 대해) **멋진**
ganti	간띠	[n] 1 **대체; 대치;** 2 **대체자;**
berganti	버르간띠	[v] 바꾸다;
mengganti(kan)	멍간띠/깐	[v] 바꾸다; 교환하다;
menggantikan	멍간띠깐	[v] (직위, 보직 등을) 이어 받다/승계하다/이어받다
gantung	간뚱	[v] **매달려 있는**
gapai, bergapaian	가빠이, 버르가빠이	[v] **~를 잡으려 손을 뻗다/내밀다**
gara-gara	가라-가라	[n] **폭동; 소동; 분란;** [p] **때문에; 이유로**
garam	가람	[n] **소금**
garang	가랑	[a] **화 잘 내는; 사나운**
garansi	가란시	[n] **보증**
garap, menggarap	가랍, 멍가랍	[v] **논, 밭을 갈다/논; 보고서 혹은 과제를 처리하다**

garasi	가라시	ⓝ 차고
gardu	가르두	ⓝ 초소; 위병소
garis	가리스	ⓝ 1 굵힌 줄; 2 선; 줄;
penggaris	뻥가리스	ⓝ 자
garis bawah	가리스 바와	ⓝ 밑줄;
menggarisbawahi	멍가리스바와히	ⓥ 밑줄을 치다; ⓚⓘ 강조하다
garpu	가르뿌	ⓝ 포크
garuda	가루다	ⓝ 1 독수리; 2 인도네시아 공화국의 문장(紋章)
garuk, menggaruk	가룩, 멍가룩	ⓥ (가려워서) 긁다; 긁어대다
gas	가스	ⓝ 1 가스; 2 기체
gasal	가살	ⓐ 홀수의
gatal	가딸	ⓐ 가려운; ⓒⓐⓚ 근질거리는
gaul, bergaul	가울, 버르가울	ⓥ 사귀다; 교제하다
gaun	가운	ⓝ 가운
gaung	가웅	ⓝ 메아리
gawang	가왕	ⓝ 골대
gawat	가왇	ⓐ 1 긴장의; 위험한; 2 위독한; 위급한
gaya¹	가야	ⓝ 힘; 기운; 기력
gaya²	가야	ⓝ 자세; 움직임
gayung	가융	ⓝ 손잡이가 달린 물바가지

gebrak, menggebrak	거브락, 멍거브락	_v_ (책상, 문 등을) 손바닥으로 세게 치다/두드리다
gebu, menggebu	거부, 멍거부	_v_ 의욕에 찬; 패기 찬; 불타는
gebuk, menggebuk	거북, 멍거북	_v_ 크거나 무거운 몽둥이로 때리다
gedé	그데	_a_ _cak_ 큰
gedor, menggedor	거도르, 멍거도르	_v_ 문을 세게 두드리다
gedung	거둥	_n_ 1 건물; 빌딩; 2 대궐집
gegabah	거가바	_Jw_ _a_ 무모한
gegap, tergegap-gegap	거갑, 떠르거갑-거갑	_a_ 말이 끊기는; 더듬거리는
gegap gempita	그갑 겜삐따	_a_ 복잡한; 혼잡한
gegar	거가르	_a_ 흔들리는; 진동하는
gegas, bergegas	거가스, 버르거가스	_v_ 서두르다; 재빠르게
gégér	게게르	_a_ 어수선한; 시끌벅적한
gejala	거잘라	_n_ 병의 증상; 양상
gejolak	거졸락	_n_ 1 물이 끓음; 2 불이 활활 타오름
gél	젤	_n_ 젤; 젤리
geladak	걸라닥	_n_ 갑판
geladi	걸라디	_v_ 연습하다; ~ bersih 리허설

gelagat	걸라갓	1 징후; 조짐; 2 움직임
gelandang, bergelandangan	걸란당, 버르걸란당안	⒱ 방랑하다; 떠돌다; 돌아다니다;
gelandangan	걸란당안	⒩ 방랑자; 노숙자
gelang	걸랑	⒩ 팔찌; 발찌
gelanggang	걸랑강	⒩ 1 경기장; 장; 무대; 터, 마당; 2 전쟁터
gelantung, bergelantung	걸란뚱, 버르걸란뚱	⒱ 풀릴 듯이 매달려 있는
gelap	걸랍	⒜ 어두운
gelar¹	걸라르	⒩ 1 학위, 작위 등의 명예 호칭; 타이틀; 2 결혼 혹은 늙어서 받는 별칭; 3 호칭; 별칭; 별명;
gelar²	걸라르	⒩ 좌담; 토론;
menggelar	멍걸라르	⒱ 자리 등을 펼치다;
pergelaran	뻐르걸라란	⒩ 공연
gelas	걸라스	⒩ 1 유리잔; 2 유리
gelédah, menggeledah	걸레다, 멍걸레다	⒱ 수색하다; 검색하다
gelédék	걸레덱	⒩ 천둥; 번개
gelembung	걸럼붕 / 벌럼붕	⒩ 공기가 든 구형; 물방울; 거품; 기포
géléng	겔렝	⒩ 머리를 좌로 흔듦;
menggelengkan	멍겔렝깐	⒱ 좌우로 흔들다; ~ kepala 고개를 젓다

gelétak, menggelétak	걸레딱, 멍걸레딱	v 드러눕다
geli	걸리	n 낯 간지러운 느낌; 닭살 돋음 a 간지러운; 웃음이 나는
gelincir, menggelincir	걸린찌르, 멍걸린찌르	v 미끄러지다
gelinding, bergelindingan	걸린딩, 버르걸린딩안	v 굴러가다; 바퀴처럼 회전하다
gelisah	걸리사	a 불안한; 심란한
gelitik	걸리띡	n 간지러움
gelombang	걸롬방	n 파도; 물결; ki 1 전파; 주파수; 2 그룹
gerombol, bergerombol	걸롬볼, 버르거롬볼	v 무리를 이루다; 떼를 짓다
gelut, bergelut	걸룻, 버르걸룻	v 레슬링하다; 서로 뒤엉켜 안다;
menggeluti	멍걸루띠	v ki 학문에 깊이를 갖다; 조예가 깊은
gema	거마	n 메아리
gemar	거마르	a 좋아하다
gemas	거마스	a 1 아주 기분 나쁜; 열 받다; 몹시 화나는; 몹시 유감스런; 2 얄미운; 사랑스러우면서도 열 받는
gembala	검발라	n 1 목동; 2 안전요원
gembira	검비라	a 좋은; 행복한; 뿌듯한
gembok	검복	n 자물통; 자물쇠
gembos	검보스	a v 타이어 바람이 빠지다

gembur	검부르	ⓐ (흙이) 푸석푸석한, 부드러운
gemercik	거머르찍	ⓥ 똑똑 소리를 내다; 물이 똑똑 떨어지는 소리를 내다
gemerlap	거머를랍	ⓐ 번쩍거리는
gemetar	거머따르	ⓐ 무서워 몸을 부르르 떨다
gemilang	거밀랑	ⓐ 빛나는; 찬란한; ⓚⁱ 일의 성과가 훌륭한; 혁혁한; 아주 좋은
geming, bergeming	거밍, 버르거밍	ⓥ 꼼짝하지 않다; 가만히 있다
gempa	검빠	ⓝ 지진; 땅울림;
gempa bumi	검빠 부미	ⓝ 지진
gempar	검빠르	ⓐ 흉보, 악재, 사건 등으로 웅성대다
gempur, menggempur	검뿌르, 멍검뿌르	ⓥ 박살내다; 무너뜨리다
gemuk	거묵	ⓐ 뚱뚱한; ⓝ 1 비계; 2 그리스 (기계의 윤활유)
gemuruh	거무루	ⓐ 천둥처럼 혹은 큰 파도소리처럼 울리는
gén	겐	ⓝ 유전자
genang, bergenang	거낭, 버르거낭	ⓥ 1 물이 고인; 2 눈에 눈물이 고인
genap	거납	ⓐ 1 완전한; 2 짝수의
géndong, menggéndong	겐동, 멍겐동	ⓥ 등 혹은 옆구리에 져 나르다; 업다
gendut	건둣	ⓐ 배가 볼록한

G

géneralisasi	게너랄리사시	*n* 일반화; 보편화
génerasi	게너라시	*n* 1 한 시대의 사람들; 2 세대
génetika	게너띠까	*n* 1 발생유전; 기원분야; 2 유전학
géng	겡	*n* *cak* 1 갱; 2 무리; 떼
genggam	겅감	*n* 한 움큼;
menggenggam	멍겅감	*v* 움켜쥐다; *ki* 장악하다
géngsi	겡시	*n* 위신; 체면; 폼을 잡음
genit	거닛	*a* 새침이의; 요염한; 애교부리는
génius	게니우스	*a* 천재적인
genjot, menggenjot	건쫏, 멍건쫏	*v* (자전거, 미싱 등의) 페달을 밟다
genting¹	건띵	*a* 끊어질 듯한; 긴장의; 위급한; 위험한
genting²	건띵	*n* 기와
gentong	건똥	*n* 큰 질그릇 물독; 항아리
géografi	게오그라휘	*n* 지리(학)
gerabah	거라비 / 그라바	*fw* *n* 물병 등과 같은 흙으로 만든 부엌 도구/요리 도구
gerah	거라 / 그라	*a* (바람이 없거나 비가 오려는 듯) 후덥 지근한; 끕끕하게 더운
geraham	거라함 / 그라함	*n* 어금니
gerak	거락 / 그락	*n* 1 움직임; 동작; 2 동기
geram	그람 / 거람	*a* 몹시 화난; 노여워하는
gerbang	거르방	*n* 정문; 대문; 출입문

gerbong	거르봉	*n* (기차의) **차량**
geréja	거레자	*n* 1 **교회**; 2 **교파**
geréndél	거렌델	*n* **빗장; 자물통**
gergaji	거르가지	*n* **톱**
gerhana	거르하나	*n* **일식; 월식**
gerigi	거리기	*n* (자전거 혹은 톱의) **톱니/날**
gerimis	그리미스/거리미스	*n* **보슬비; 이슬비**
gerobak	거로박	*n* **수레**
gerogot, **menggerogoti**	거로곳, 멍거로고띠	*v* **뜯어먹다; 갉아먹다; 쏠다**
gerombol, **bergerombol**	거롬볼, 버르거롬볼	*v* **집단을 이루다; 무리를 짓다;**
gerombolan	거롬볼란	*n* **집단; 무리**
gersang	거르상	*a* **땅이 황폐한; 머리털 등이 빈약한;** *ki* 1 **힘든; 고통스러운; 2 낙이 없는**
gertak	거르딱	*n* **호통소리; 겁주기 위한 고함**
gerus	거루스	*v* **울렉**(돌로 만든 소형 강판/절구류)** 으로 으깨다; 잘게 빻다**
gerutu	거루뚜	*n* **투덜거림; 구시렁거림; 불평**
gesa, **bergesa-gesa**	거사, 버르거사–거사	*v* **황급히; 서둘러서**
gésék, **bergesek**	게섹, 버르게섹	*v* **마찰되다; 문지르다**
gésér, **bergeser**	게세르, 버르게세르	*v* 1 **문지르다; 마찰하다;** 2 **밀려나다; 밀리다**

gesit	그싯 / 거싯	ⓐ 날쌘; 재빠른(giat; tangkas; cekatan)
géstur	게스뚜르	ⓝ 제스처
getah	거따	ⓝ 식물의 가지, 과일 등에서 나오는 진액
getar	거따르	ⓝ (줄이) 떨다; 진동하다; 흔들리다
giat	기앗	ⓐ 열심히;
kegiatan	꺼기아딴	ⓝ 활동
gigi	기기	ⓝ 이; 치아
gigih	기기	ⓐ 굳센; 의지가 있는
gigil, menggigil	기길, 멍기길	ⓥ (추위, 몸살, 두려움에) 떨다
gigit, menggigit	기깃, 멍기깃	ⓥ 물다
gila	길라	ⓐ 1 미친; 넋이 나간; 2 평범하지 않은;
tergila-gila	떠르길라-길라	ⓐ 푹 빠진; 홀딱 반한
gilang	길랑	ⓐ 1 밝은; 2 훌륭한; 3 찬란한
gilas, menggilas	길라스, 멍길라스	ⓥ 깔아뭉개다; 치다
giling, menggiling	길링, 멍길링	ⓥ 1 빻다; 2 (커피 등을) 갈다; 분쇄하다
gilir, bergilir	길리르, 버르길리르	ⓥ 1 바뀌다; 돌다; 2 교대로 하다
ginjal	긴잘	ⓝ 신장; 콩팥
ginséng	긴셍	ⓝ 인삼

girang	기랑	[a] 기쁜; 즐거운
giring, menggiring	기링, 멍기링	[v] 1 (소 따위를) 몰다; 이끌다; 2 데려가다; 호송하다
giro	기로	[n] 지로제(制); 은행[우편] 대체(對替)제도
gitar	기따르	[n] (악기) 기타
gitaris	기따리스	[n] 기타 연주자
giur, menggiurkan	기우르, 멍기우르깐	[v] 매료/매혹시키다
gizi	기지	[n] 영양분
glamor	글라모르	[n] 황홀하게 만드는 매력
global	글로발	[a] 1 포괄적인; 2 전 세계의; 세계적인
globalisasi	글로발리사시	[n] 세계화; 국제화
glukosa	글루꼬사	[n] 포도당
goblok	고블록	[a] 아주 어리석은; 멍청한
goda, menggoda(-i)	고다, 멍고다/이	[v] 1 유혹하다; 꼬이다; 2 귀찮게 하다; 괴롭히다; 방해하다
godok, menggodok	고독, 멍고독	[v] 끓이다
gol	골	[n] 1 (축구) 골대; 2 목적에 이르다
golf	골프	[n] 골프
golok	골록	[n] 나무 혹은 가지를 자르는 짧은 칼
golong, menggolongkan	골롱, 멍골롱깐	[v] 1 그룹으로 나누다; 2 분류하다

A B C D E F G H I J K L M

gombal[1]	곰발	ⓝ 헌 천; 다 떨어진 천; 낡은 천
gombal[2]	곰발	ⓝ [cak] 뻥치네!; 거짓말!
gondok[1]	곤독	ⓐ 1 (몸, 목, 물건 등이) 땅땅한; 2 갑상선 이상으로 목이 붓는 병
gondok[2], **menggondokkan**	곤독, 멍곤독깐	ⓥ 화가 나다, 성질나다
gondol, menggondol	곤돌, 멍곤돌	ⓥ [ki] 갖고 도망가다
gondrong	곤드롱	ⓝ 남자의 머리가 긴; 장발의
gong	공	ⓝ 큰 징(개회를 알리는 신호로 간혹 쓰임); [cak] 관심을 끌기 위한 최종 식순
gonggong, menggonggong	공공, 멍공공	ⓥ 개가 짖다
gonjang, gonjang-ganjing	곤장, 곤장-간징	ⓥ 요동치다; 심하게 흔들리다
gonta-ganti	곤따-간띠	ⓥ [cak] 번갈아; 교대로
gontok, bergontokan	곤똑, 버르곤또깐	ⓥ 싸우다
gordén	고르덴	ⓝ 커튼
goréng, menggoreng	고렝, 멍고렝	ⓥ 기름으로 볶다; 튀기다
gorés	고레스	ⓝ 줄
gorila	고릴라	ⓝ 고릴라
gorong-gorong	고롱-고롱	ⓝ 두더지; 땅강아지; 땅속의 수 로; 하수로
gosip	고십	ⓝ 남에 대한 구설; 험담; 악담

gosok	고속	ⓥ 비비다; 문지르다
gosong	고송	ⓐ 태운
got	곳	ⓝ 도랑; 하수구(selokan)
gotong, menggotong	고똥, 멍고똥	ⓥ 힘을 합쳐 들고 가다/ 일하다; 맞들어 옮기다; 거나 여럿이 힘을 합쳐 들어 나르다
gotong royong	고똥 로용	ⓥ 상부상조하다;
bergotong royong	버르고똥 로용	ⓥ 서로 협조하여 일을 하다
goyah	고야	ⓐ 1 (치아, 기둥과 같은 고정 상태의 사물이) 흔들거리는; 2 (입지, 확신 등이) 불안정한
goyang	고양	ⓥ 흔들거리다
gradasi	그라다시	ⓝ 1 등급; 2 (색채·색조의) 바램, 농담법(濃淡法)
grafik	그라휙	ⓝ 도표; 그래프
gram	그람	ⓝ 그램(g)
gramatika	그라마띠까	ⓝ 문법
gramatikal	그라마띠깔	ⓐ 문법의; 문법적
granat	그라낫	ⓝ 수류탄
granit	그라닛	ⓝ 화강암
gratis	그라띠스	ⓐ 무료[공짜]로
gravitasi	그라뷔따시	ⓝ 1 지구 인력; 2 지구 중력; 3 물체의 중력
grés	그레스	ⓐ 최신의
griya	그리야	ⓝ 1 고층집; 집; 2 주택단지
grogi	그로기	ⓐ 많은 사람 앞에서 겁먹은; 얼어버린

gros	그로스	*n* 12다스(144개)
grosir	그로시르	*n* 도매상
grup	그룹	*n* 단체; 집단
gua	구아	*n* 동굴
gubah, menggubah	구바, 멍구바	*v* 1 꽃꽂이 하다; 2 이야기를 짓다; 작곡하다; 집필하다
gubernur	구버르누르	*n* 1 주지사; 도지사; 2 총재 3 시장
gubris, menggubris	구브리스, 멍구브리스	*v* *cak* 염두에 두다
gubuk	구북	*n* 1 움막; 오두막; 2 원두막
guci	구찌	*n* 단지; 자그마한 항아리
gudang	구당	*n* 창고
gudeg	구덕	*n* (덜 익은 낭까 열매로) 조려서 만든 음식의 일종
gué	구에	*pron* 일인칭에 대한 자카르타 사투리; 나
gugah, menggugah	구가, 멍구가	*v* 1 잠에서 깨우다; 기상시키다; 2 불러일으키다
gugat, menggugat	구갓, 멍구갓	*v* (민사) 고소하다; 소송을 제기하다
gugup	구굽	*a* 떨리는
gugur	구구르	*v* 지다; 떨어지다; 유산되다;
pengguguran	뻥구구르깐	*n* 유산; 낙태
guguran	구구란	*n* 낙하된 것

gugus	구구스	[n] 1 군도; 별무리; 2 무리; 집단; 군(群)
gula	굴라	[n] 설탕; 당; 사탕
gulai	굴라이	[n] 강황과 야자 즙을 이용한 카레
gulat	굴랏	[n] 레슬링
guling[1]	굴링	안고 자는 둥글고 긴 베개; 죽부인
guling[2], **berguling**	굴링, 버르굴링	이리저리 구르다
gulung	굴룽	[n] 1 두루마리 형태의 물건; 2 (수량사) 막기; 말이
gumam	구맘	[n] 웅얼거림; 중얼거림; 우물거림
gumpal	굼빨	[n] 흙, 돌 따위의 덩어리
guna	구나	[n] 쓸모; 이용; 용도; 기능;
menggunakan, mempergunakan	멍구나깐, 멈뻐르구나깐	[v] 쓰다; 이용하다; 사용하다; 행하다
guna	구나	[p] ~를 위하여
guncang	군짱	[a] 강하게 흔들리는
gundu	군두	[n] 공깃돌
gunduk	군둑	[n] (흙, 쓰레기, 고기 등의) 작은 더미
gundul	군둘	[a] 대머리의; 머리가 벗어진;
menggunduli	멍군둘리	[v] 삭발하다
gunjing	군징	[n] 흉
gunting	군띵	[n] 가위;
menggunting	멍군띵	[v] 가위로 자르다; 절단하다; 재단하다

A B C D E F G H I J K L M

guntur	군뚜르	n 천둥; 우레; 뇌성
gunung	구눙	n 산; 산악;
menggunung	멍구눙	v 산처럼 쌓이다; 산
gurami	구라미	n 붕어류
gurat	구랏	n 깊게 패인 선/줄
gurau	구라우	n 농담
gurih	구리	a (간이 들어/간 끼가 있어) 맛있는
gurita	구리따	n 낙지; 문어
guru	구루	n 교사; 선생님
guruh	구루	n 천둥; 뇌성
gurun	구룬	n 황무지; 불모지; 사막
gusar	구사르	v 화나다
gusi	구시	n 잇몸
gusti	구스띠	lw n 1 귀족에 대한 호칭; 대감; 2 신을 호칭하는 말
gusur, menggusur	구수르, 멍구수르	v 옮기게 만들다; 이전시키다
guyur, mengguyur	구유르, 멍구유르	v 바가지를 사용하여 물을 뿌리다

H

habis	하비스	⒥ 1 다 써버린; 다 소비한; 2 다 끝나다
habitat	하비땃	⒩ (생물의) 환경; 주거환경; (특히 동물의) 서식지
hadap	하답	⒩ 측면; 앞;
berhadapan (dengan)	버르하다빤 (등안)	⒥ 1 가까이 마주보다; 2 겨루다; 시합하다;
menghadap	멍하답	⒱ 앞면으로 향하다;
terhadap	떠르하답	⒫ ~에 관하여; 대하여
hadiah	하디아	⒩ 1 선물; 표창; 2 상
hadir	하디르	⒱ 있다(ada); 참석하다
hadirin	하디린	⒩ 모든 참석자
hafal	하활	⒥ 1 암기한; 2 외우는
hai	하이	⒫ 하이! (부르는 소리)
hajar, menghajar	하자르, 멍하자르	⒱ 1 벌로 때리다; 겁주려고 때리다; 2 맥없게 만들다; 쓰러뜨리다
haji	하지	⒩ 무슬림의 성지순례
hak¹	학	⒜ 진실한; ⒩ 1 소유; 2 자격; 권리
hak²	학	⒩ 구두 굽
hakikat	하끼깟	⒩ 1 핵심; 본질; 요체; 2 실제; 사실
hakim	하낌	⒩ 1 판사; 재판관; 2 법정

hal	할	圖 1 일; 사건; 2 업무일; 문제; 젭 ~에 관하여
halal	할랄	圖 허락된; 용인된
halaman¹	할라만	圖 집 마당; 학교 뜰; 집이나 학교 등의 운동장 혹은 주변 땅
halaman²	할라만	圖 페이지; 책의 쪽
halang, menghalang	할랑, 멍할랑	圖 가로막다; 가로 놓이다
halangan	할랑안	圖 장애; 걸림돌; 방해가 되는 것
halau, menghalau	할라우, 멍할라우	圖 쫓아내다; 몰아내다
halilintar	할릴린따르	圖 번갯불
halo¹	할로	圖 1 여보세요!; 2 여기요
halo²	할로	圖 햇무리; 달무리
halte	할떠	圖 버스정류장
halus	할루스	圖 1 미세한; 섬세한; 2 부드러운
halusinasi	할루시나시	圖 환각; 환상
hama	하마	圖 (식물의) 질병
hambar	함바르	圖 맹탕의; 무미한
hambat, menghambat	함밧, 멍함밧	圖 지연시키다; 방해하다
hambur, berhamburan	함부르, 버르함부란	圖 1 여기저기 퍼지다; 널부러지다; 2 여기저기 흩어져 있다
hamburger	함부르거르	圖 햄버거

hamil	하밀	_v_ 임신하다
hampir	함삐르	_adv_ 1 조금 부족한; 거의; 2 근접하여;
menghampiri	멍함삐리	_v_ ~에 다가가다; ~로 가까이 가다; ~로 접근하다
hancur	한쭈르	_v_ 깨지다; 박살나다
handuk	한둑	_n_ 수건
hangat	항앗	_a_ 따뜻한
hanger	항어르	_n_ _cak_ 옷걸이
hangus	항우스	_v_ 그을린; 검게 탄; _ki_ 없어지다; 취소되다
hantam	한땀	_v_ 세게 때리다; 주먹질하다
hantu	한뚜	_n_ 유령; 귀신
hanya	하냐	_adv_ 1 단지; 그냥; 2 예외; 3 그러나
hanyut	하늇	_v_ 1 (파도, 급류 따위에) 휩쓸려 가다; 떠내려가다; 2 없어지다
hapus	하뿌스	_v_ 1 지워지다; 2 소멸되다
haram	하람	_a_ 이슬람 종교상 금지된
harap	하랍	_v_ 요청하다; 바라다; 기대하다
harapan	하라빤	_n_ 1 희망; 2 기대; 바람; 3 기대되는/믿는 사람
hardik	하르딕	_n_ 격앙된 어조; 강한 어조
harga	하르가	_n_ 1 가격; 2 값; _ki_ 가치; 명예
hari	하리	_n_ 일; 요일; 날;
sehari	스하리	_n_ 하루;
seharian	스하리안	_n_ 하루 종일;

sehari-hari	스하리-하리	*n* 매일;
keseharian	꺼스하리안	*n* 일상생활
harimau	하리마우	*n* 호랑이
harmoni	하르모니	*n* 음의 조화
harmonis	하르모니스	*a* 화합을 이루는(serasi)
harta	하르따	*n* 1 재산; 재물; 2 부
haru	하루	*n* 동정심; 마음 아파함; 측은함
harum	하룸	*a* 향기로운
harus[1]	하루스	*adv* 당연히; ~해야 한다
harus[2]	하루스	*v* 해도 그만 안 해도 그만인
hasil	하실	*n* 1 수확; 생산; 2 소득; 3 (시합, 시험 등의) 결과; 성과; 성적;
berhasil	버르하실	*v* 성과가 있다; 소득이 있다; 성공하다;
menghasilkan	멍하실깐	*v* 농작물을 산출하다; 생산하다
hati	하띠	*n* 1 간; 2 가슴; 3 심장; 4 감정; 5 마음
hati, hati-hati	하띠, 하띠-하띠	*adv* 조심하는;
berhati-hati	버르하띠-하띠	*v* 조심하다;
memperhatikan	멈뻐르하띠깐	*v* 주목하다; 관찰하다;
perhatian	뻐르하띠안	*n* 관심; 흥미; 관찰
haus	아우스	*a* 목이 마른; 갈증 나는
hawa[1]	하와	*n* 1 대기; 하늘; 2 기후; 3 공기; 일기
hawa[2]	하와	*n* 욕구; 욕망

hawa³	하와	*n* 아담의 부인; 이브; *cak* 여자
hébat	헤밧	*a* 대단한; 굉장한; 격렬한
héboh	헤보	*a* 야단법석; 소란스러운
hektare	헥따르	*n* 헥타르(10,000㎡= 약 3000평)
héla, menghela	헬라, 멍헬라	*v* ~ napas 숨을 들이쉬다
helai	흘라이	*n* 종이, 옷감, 나뭇잎, 풀, 천, 실, 머리카락 등과 같이 얇거나 가는 것을 셀 때 사용하는 수량사; ~장; 올
hélikopter	헬리꼽떠르	*n* 헬리콥터
hélm	헬름	*n* 헬멧
hémat¹	헤맛	*a* 돈 쓰는 데 주의하는; 절약하는; 아끼는
hémat²	헤맛	*a* 세심한; 세세히
hembus, berhembus	흠부스, 버르흠부스	☞ embus
hendak	흔닥	*adv* 원하다; 기꺼이 ~하다; ~하고자 하다;
menghendaki	멍흔다끼	*v* ~을 원하다;
kehendak	꺼흔닥	*n* 원함(kemauan); 소망; 갈망
hening	흐닝	*a* 1 맑은; 2 잠잠한; 고요한
henti	흔띠	*n* 정지; 멈춤; 휴지
hépatitis	헤빠띠띠스	*n* 간염
héran	헤란	*a* (보거나 듣고) 이상하게 느끼는; 놀란; 놀라다

héro	헤로	*n* 영웅
héroik	헤로익	*a* 영웅적인; 영웅다운
héroin	헤로인	*n* 마약 헤로인; 진정제
héterogén	헤떼로겐	*n* 이종(異種); 이질의; 이(異)성분으로 된
héwan	헤완	*n* 동물; 짐승; 금수
héwani	헤와니	*a* 동물성의; 짐승의
hias, berhias	히아스, 버르히아스	*v* (옷과 장식품으로) 치장하다; 단장하다; 꾸미다
hibernasi	히버르나시	*n* 겨울잠; 동면
hibur, menghibur	히부르, 멍히부르	*v* 위안하다; 위로하다
hidang, menghidangkan	히당, 멍히당깐	*v* 음식을 대접하다
hidangan	히당안	*n* 접대 음식
hidrogén	히드로겐	*n* 수소
hidung	히둥	*n* 코; *ki* 물건의 코같이 생긴 부분
hidup	히둡	*v* 1 살아 있는; 2 거주하다; 3 살아가다; 4 생계를 꾸려나가다;
menghidupi	멍히두삐	*v* 돌보다;
menghidupkan	멍히둡깐	*v* 1 점화하다; 불을 켜다; 2 다시 일으키다
hijau	히자우	*n* 녹색; 초록색; *a* 푸른; *a* *ki* 경험이 없는
hijrah	히즈라	*n* 나비 무함마드의 피신 혹은 피신을 위한 이전

hijriah	히즈리아	ⓐ 피신한
hilang	힐랑	ⓥ 잃어버리다; 없어지다; 사라지다
hilir	힐리르	ⓝ 1 강 아랫부분; 2 강어귀 부분
hina	히나	ⓐ 계급 혹은 지위가 낮은; 보잘것 없는
hindar, menghindar	힌다르, 멍힌다르	ⓥ 주먹, 공격 등에서 피하다; 벗어 나다; 도피하다; 회피하다
Hindu	힌두	ⓝ 1 힌두교; 2 힌두 문화
hingga	힝가	ⓝ 한계; ⓟ 1 ~까지; 2 ~할 때까지
hinggap	힝갑	ⓥ (새가) 앉다; 걸터앉다
hiperténsi	히뻐르뗀시	ⓝ 고혈압
hipnotis	힙노띠스	ⓐ 최면 상태의
hipnotisme	힙노띠스머	ⓝ 1 최면; 2 최면술; 최면학
hipotésis	히뽀떼시스	ⓝ 가설; 가정; 전제
hirau, menghiraukan	히라우, 멍히라우깐	ⓥ 주의를 기울이다; 염두에 두다
hiruk	히룩	ⓐ 시끌벅적한 ~ pikuk 소란; 법석; 시끄러 움; 떠들썩함
hirup, menghirup	히룹, 멍히룹	ⓥ 들이마시다
histéris	히스떼리스	ⓐ 히스테리성의; 광란의; 병적 흥 분의
historis	히스또리스	ⓐ 1 역사상의; 2 역사적인
hitam	히땀	ⓝ 검은색; ⓐ 검정색의

hitung	히뚱	⑦ 셈을 하다
hiu	히우	⑦ 상어
hobi	호비	⑦ 취미
homogén	호모겐	ⓐ 동종의
homonim	호모님	⑦ 동음 이의어
homoséks	호모섹스	⑦ 동성애
honor	호노르	⑦ 1 (작가; 강연자, 변호사, 의사 등의 명예직이 받는) 보수금; 사례금; 2 부수입
honorarium	호노라리움	⑦ 보수금; 사례금
honorér	호노레르	ⓐ 1 명예의; 2 사례성의
horizon	호리손	⑦ 지평선; 수평선
horizontal	호리손딸	ⓐ 수평의
hormat	호르맛	ⓐ 존경하는; 경의하는
hormon	호르몬	⑦ 호르몬
horor	호로르	⑦ 공포; 소름
hotél	호뗄	⑦ 호텔; 여관
hubung, berhubung	후붕, 버르후붕	⑦ 1 연결되어 있는; 2 관계가 있는; 관련이 있는;
menghubungi	멍후붕이	⑦ ~와 말하려고 만나다
hujan	후잔	⑦ 비; 강우; 우천; ⑯ 세례; 쏟아짐;
kehujanan	꺼후잔안	⑦ 비를 맞다
hujan angin	후잔 앙인	⑦ 바람을 동반하는 비; 비바람

hujat	후잣	ⓝ 1 욕; 2 비난; 비방
hukum	후꿈	ⓝ 1 법; 2 법률;
menghukum(kan)	멍후꿈/깐	ⓥ ~에게 처벌을 내리다; ~를 처벌하다;
terhukum	떠르후꿈	ⓥ 1 처벌된; 유죄선고를 받은; 2 선고를 받은 자; 처벌된 자;
hukuman	후꿈안	ⓝ 1 처벌; 2 선고; 판결; 3 징역; 형
hulu	훌루	ⓝ 강 상류
humaniora	후마니오라	ⓝ 인문학
humanis	후마니스	ⓝ 인간주의자; 인도주의자
humanisme	후마니스머	ⓝ 인간주의; 인문주의; 휴머니즘
humas	후마스	(약어) 대민관계; 섭외
humor	후모르	ⓝ 유머; 해학
humoris	후모리스	ⓝ 유머가 있는 사람
humus	후무스	ⓝ 식물이 썩은 부식토
huni, berhuni	후니, 버르후니	ⓥ 살고 있는; 거주하고 있는
hura-hura	후라-후라	ⓐ 기쁜; 즐거운
huru-hara	후루-하라	ⓝ 데모; 소동
huruf	후룹	ⓝ 문자; 글자
hutan	후딴	ⓝ 1 숲; 2 산림; 3 야생
huyung, terhuyung, terhuyung-huyung	후융, 떠르후융, 떠르후융-후융	ⓥ 술 취한 사람처럼 좌우로 흔들리며 걷다; 비틀거리다

ia¹	이야	*pron* 성별을 구별하지 않는 삼인칭 대명사. 그; 그녀
ia²	이야	*p* 긍정의 대답 '네' 혹은 '예'(ya);
mengiakan	멍이야깐	*v* 인정하다; 동의하다
ialah	이얄라	*p* 강조 혹은 부연 설명하는 접속사; 즉; 바로
ibadah	이바다	*n* 계율 이행
ibarat	이바랏	*n* 비유, 비교의 말 혹은 이야기
iblis	이블리스	*n* 악마
ibu	이부	*n* 1 어머니; 모친; 2 기혼녀에 대한 호칭; 3 주요 부분; ~ jari 엄지
ibunda	이분다	*n* 어머니에 대한 호칭
id	이드	*n* 명절; 기념일 (hari raya; perayaan)
idam, idam-idam	이담, 이담-이담	*n* 갈망; 열망
idap, mengidap	이답, 멍이답	*v* 지병을 앓다
idé	이데	*n* 의식; 견해; 고안; 관념; 심(心)
idéal	이데알	*a* 이상적인; 꼭 맞는
idéalis	이데알리스	*n* 1 이상가; 2 이상주의자
idéalisme	이데알리스머	*n* 1 이상주의; 2 이상주의 삶
idem	이듬	*adv* 언급한 바와 같음; 위와 같음

idéntifikasi	이덴띠휘까시	⑦ (사람 · 물건의) 신원/정체의 확인 혹은 인정
idéntitas	이덴띠따스	⑦ 정체; 신분
idéologi	이데올로기	⑦ 1 관념론; 2 공리; 이념
idiom	이디옴	⑦ 관용어; 숙어
idiot	이디옷	⑦ 천치의; 백치의; 멍청한
idola	이돌라	⑦ 우상; 신상; 사신상(邪神像); 숭배되는 사람/것
Iduladha	이둘라다	⑦ 하지 명절(소, 양 따위의 산 짐승을 제물로 바치는 회교생사)
Idulfitri	이둘휘뜨리	⑦ 금식기간이 끝난 다음날인 명절날; 이슬람력의 10월 (Syawal) 1일
iga	이가	⑦ 늑골; 갈비뼈
ijab	이잡	⑦ 계약이나 매매 등의 수락 의사
ijazah	이자자	⑦ 졸업장
ikal	이깔	⑳ 머리칼이 웨이브가 진; 곱슬머리의; 고수머리의
ikan	이깐	⑦ 물고기; 생선
ikat	이깟	⑦ 1 끈; 줄; 2 밴드; 3 다발; 묶음
ikhlas	이끌라스	⑳ 순수한; 참된
iklan	이끌란	⑦ 광고; 선전
iklim	이끌림	⑦ 기후; ⑦ 분위기
ikon	이꼰	⑦ 상; 초상화; 아이콘
ikut	이꿋	⑦ 따르다; 쫓아가다; 참가하다; 합류하다
ilégal	일리갈	⑳ 불법적인

ilmiah	일미아	ⓐ 과학적; 과학의; 학술적
ilmu	일무	ⓝ 1 지식; 2 학문; 학(學)
ilmuwan	일무완	ⓝ 학자
ilusi	일루시	ⓝ 1 환영; 환각; 2 착각; 망상; 환상
ilustrasi	일루스뜨라시	ⓝ 1 삽화; 설명도; 2 도해; 디자인
ilustrator	일루스뜨라또르	ⓝ 삽화가; 설명자
imajinasi	이마지나시	ⓝ 상상(력); 창작력; 구상력(構想力)
imam	이맘	ⓝ 회교에서 기도를 이끄는 사람
iman	이만	ⓝ 신앙; 신뢰; 믿음
imbalan	임발란	ⓝ 1 대가[값]; 2 보상
imbang	임방	ⓐ 균형이 잡힌; 대등한;
keseimbangan	꺼스임방안	ⓝ 균형 상태
imbau, mengimbau	임바우, 멍임바우	ⓥ 1 부르다; 호출하다; 2 간청하다; 호소하다
imbuhan	임부한	ⓝ 언어에서의 접사
imigran	이미그란	ⓝ 이주민; 이민자
imigrasi	이미그라시	ⓝ 이주; 이민
iming-iming	이밍-이밍	ⓝ 마음을 유혹하는 것
imitasi	이미따시	ⓝ 모방; 모조; 모작
imlek	임렉	ⓝ (중국의) 음력
impas	임빠스	ⓥ 변제하다; 수지 균형을 이루다
imperial	임뻬리알	ⓐ 제국주의의

impérialis	임뻬리알리스	ⓝ 제국주의자: 제정주의자
impérialisme	임뻬리알리스머	ⓝ 제국주의
imperium	임뻬리움	ⓝ 왕국; 제국
impi, mengimpikan	임삐, 멍임삐깐	ⓥ 갈망하다, 열망하다
impleméntasi	임쁠르멘따시	ⓝ 실행; 이행
implikasi	임쁠리까시	ⓝ 연루; 연좌; 관련; 함축
implisit	임쁠리싯	ⓐ 1 포함된; 내재하는 2 맹목적인; 의연한; 믿음, 신념 등에 조건이 없는
impor	임뽀르	ⓝ 수입
importir	임뽀르띠르	ⓝ 수입업자; 수입상
improvisasi	임쁘로뷔사시	ⓝ 즉석에서 하기
imsak	임삭	ⓝ 이슬람에서 금식기간 중 단식이 시작되는 시간; 먹고 마심을 스스로 억제함
imun	이문	ⓐ 면역(성)의; 예방의
imunisasi	이무니사시	ⓝ 면역시킴
imunitas	이무니따스	ⓝ 면역 상태; 면역성
imut-imut	이뭇-이뭇	ⓐ 사랑스런; 어여쁜; 귀여운
inap, menginap	이납, 멍이납	ⓥ 묵다; 투숙하다; 숙박하다
incar, mengincar	인짜르, 멍인짜르	ⓥ 몹시 원하다; (자리, 물건 등을) 탐내다
indah¹	인다	ⓐ 아름다운; 멋진

indah[2]	인다	ⓥ 염두에 두다;
mengindahkan	멍인다깐	ⓥ ~에 유념하다; ~에 관심을 두다
indéks	인덱스	ⓝ 1 색인; 찾아보기; 2 (경제) 지표; 지수
indikasi	인디까시	ⓝ 표시; 지적; 암시
individu	인디뷔두	ⓝ 1 개인; 2 개체
individual	인디뷔두알	ⓐ 일개인의; 개인적인; 개개의
individualisme	인디뷔두알리스머	ⓝ 1 개인주의; 2 개성; (개인의) 특이성; 3 이기주의
individualis	인디뷔두알리스	ⓐ 개인주의의; 이기주의적인; 고독주의적인
Indonesia	인도네시아	ⓝ 인도네시아 국가; 인도네시아인; 인도네시아어
indra	인드라	ⓝ 오감에 관한 감각기관
induk	인둑	ⓝ 동물의 어미; ⓚⓘ 핵심; 주요한 것; 근거 혹은 토대
induksi	인둑시	ⓝ 귀납법
induktif	인둑띱	ⓐ 귀납적인
industri	인두스뜨리	ⓝ 산업; 공업
infak	인확	ⓝ (의무적이지 않은) 증여; 기증; 기부
inféksi	인훽시	ⓝ 전염; 감염
inférior	인희리오르	ⓐ ⓚⓘ 낮게 느끼는
inflasi	인훌라시	ⓝ (경제) 통화팽창; 인플레이션; 물가 상승
infléksi	인훌렉시	ⓝ 굴절어에서의 다양한 문법관계를 나타내는 단어의 형태변화
influénza	인훌루엔자	ⓝ 콧물감기; 유행성 감기

info	인훠	*n* informasi의 약자
informal	인훠르말	*a* 비공식의
informasi	인훠르마시	*n* 정보
informatif	인훠르마띠프	*a* 정보의; 지식/정보/ 소식을 주는
informatika	인훠르마띠까	*n* 1 정보과학; 2 정보 분야 사업
inframerah	인후라메라	*n* 적외선
infrastruktur	인후라스뜨룩뚜르	*n* 하부구조
infus	인푸스	*n* 혈관을 통한 약물 주입
ingat	잉앗	*v* 1 기억하다; 2 떠올리다;
peringatan	뻐르잉안딴	*n* 1 충고; 주의; 2 기념;
memperingati	멈뻐르잉안띠	*v* ~을 기념하다
Inggris	잉그리스	*n* 1 영국; 2 영어
ingin	잉인	*adv* 바라다; 원하다
ingin tahu	잉인 따우	*n* 알고자 하는 강한 자세나 느낌; 호기심
ingkar	잉까르	*v* 1 불복종하다; 부정하다; 2 어기다
ingus	잉우스	*n* 콧물
ini	이니	*pron* 1 (지시대명사) 이것; 이 사람; 2 지시사 '이'
inisial	이니시알	*n* 1 첫 철자; 2 약식 글자; 머리글자
inisiatif	이니시아띱	*n* 솔선; 선창; 발의; 발기; 주도 (主導); 진취적 기상
injak	인작	*v* 밟다
injéksi	인젝시	*n* 주사

Injil	인질	*n* 1 성경; 2 신약전서
inkubasi	인꾸바시	*n* 1 병의 잠복기; 2 부화
inkubator	인꾸바또르	*n* 1 인공 부화기; 2 인큐베이터
inovasi	이노봐시	*n* 1 혁신; 2 쇄신
inovatif	이노봐띱	*a* 혁신적인
inovator	이노봐또르	*n* 쇄신자; 혁신자
insaf	인사프	*a* 1 의식하는; 2 깨닫다
insang	인상	*n* 아가미
inséktisida	인섹띠시다	*n* 살충제
inséminasi	인세미나시	*n* 1 수정; 수태; 2 파종; 확산
inséntif	인센띱	*n* (생산성 향상을 위한) 장려금
insidén	인시덴	*n* 소소한 사건
insidéntal	인시덴딸	*a* 특별한 시점 혹은 우연히 발생하는
insomnia	인솜니아	*n* 불면(증)
inspéksi	인스펙시	*n* 감찰; 조사; 검열; 점검
inspektorat	민스펙또랏	*n* 정부의 조사기관
inspéktur	인스펙뚜르	*n* 검열관; 조사관; 감찰관
inspirasi	인스삐라시	*n* 영감
instalasi	인스딸라시	*n* 설비; 가설
instan	인스딴	*a* (음료, 음식 등 기공식품류) 즉석의; 인스턴트
instansi	인스딴시	*n* 하위 부처에 해당하는 일반 정부 기관

insting	인스띵	ⓐ 본능의
institusi	인스띠뚜시	ⓝ (공공) 기관/단체
institusional	인스띠뚜시오날	ⓐ 제도적인; 공공 단체적인
institut	인스띠뚯	ⓝ 1 연구소; 학회; 2 전문 분야의 대학
instruksi	인스뜨룩시	ⓝ 이행 지시
instruktur	인스뜨룩뚜르	ⓝ 교사; 코치; 보호자
instrumén	인스뜨루멘	ⓝ 기구; 기계; 도구
insulin	인술린	ⓝ 혈당을 조절하는 호르몬; 인슐린
insya Allah	인샤 알라	신의 뜻대로
intan	인딴	ⓝ 금강석
intégral	인떼그랄	ⓐ 전체적인
intégrasi	인떼그라시	ⓝ 완성; 통합; 집성
intégritas	인떼그리따스	ⓝ 성실; 정직
intél	인뗄	ⓝ intelijen의 약자
intélék	인떨렉	ⓝ 지성; 지력; 지능; ⓐ 지식인의; 이지적인
intéléktual	인떨렉뚜알	ⓐ 지적인; 지력의; 총명한; ⓝ 1 지식인; 인텔리; 지식층; 2 지성
intélijen	인뗄리전	ⓝ 정보원; 첩보원
inténsif	인뗀시프	ⓐ 강한; 격렬한; 철저한; 집중적인
inténsifikasi	인뗀시휘까시	ⓝ 격화; 강화
inter-	인떠르	(접두어) ~간; ~사이
interaksi	인떠르악시	ⓝ 상호작용

interaktif	인떠르악띱	*a* 상호작용하는; 서로 영향을 미치는
interior	인떠리오르	*n* 실내 부분; 실내장식
interlokal	인떠르로깔	*a* 도시간의, 전화의
intern	인떠른	*a* 내부의
internal	인떠르날	*a* (신체, 자동차 등) 내부의; 안의; 내면적인
internasional	인떠르나시오날	*a* 국제상의; 국제간의; 국제적인
interogasi	인떠로가시	*n* 1 질문; 2 취조; 심문
interprétasi	인떠르쁘레따시	*n* (느낌, 의견, 판단에 대한) 설명 혹은 해석
interupsi	인떠룹시	*n* 개입, 차단, 방해, 저지
interval	인떠르발	*n* 시간적 간격, 사이
intervénsi	인떠르벤시	*n* 개입; 간섭
inti	인띠	*n* 핵심
intim	인띰	*a* 친밀한; 친한
intimidasi	인띠미다시	*n* 위협; 협박
intip¹, mengintip	인띱, 멍인띱	*v* 훔쳐보다
intip²	인띱	*n* 누룽지
intonasi	인또나시	*n* 억양; 어조
intrik	인뜨릭	*n* 유언비어 살포; 음해성 유포
intrinsik	인뜨린식	*a* 본질적인; 고유의
introduksi	인뜨로둑시	*n* 1 소개; 2 서론; 서문

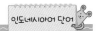

introspéksi	인뜨로스뻭시	*n* 내성(內省); 내관(內觀); 자기반성
intuisi	인뚜이시	*n* 직관력
invasi	인봐시	*n* 침입; 침략; 침해; 침범
inventaris	인벤따리스	*n* (상품, 가구, 재산 따위의) 목록
invértebrata	인뵈르떠브라따	*n* 연체동물
invéstasi	인붸스따시	*n* 투자
invéstigasi	인붸스띠가시	*n* 연구 조사; 실사 연구
invéstor	인붸스또르	*n* 투자자
invois	인보이스	*n* 명세 기입 청구서
ion	이온	*n* (물리학에서의) 이온
ipar	이빠르	*n* (처의 형제, 남편의 형제 등) 부부간 양쪽 형제
irama	이라마	*n* 음률; 리듬; 음정
irasional	이라시오날	*a* 비이성적인; *cak* 불합리한
iri	이리	*a* 샘내다; 질투하다
irigasi	이리가시	*n* 관개(灌漑)
iring, beriring	이링, 버르이링	*v* 1 줄이어 걷다; 줄줄이 따라 걷다; 2 함께하다
iris[1]	이리스	안구의 홍체
iris[2]	이리스	*n* 얇게 썬 조각
irisan	이리산	*n* 1 얇게 썬 조각; 2 절단면
irit	이릳	*a* 경제적인; 절약하는
iritasi	이리따시	*n* 유감; 노여움; 성나게 함

ironi	이로니	[n] 1 (운명 등의) 뜻밖의 결과; 아이러니; 2 반어법
ironis	이로니스	[a] 뜻밖의; 아이러니한; 반어적인
Isa Almasih	이사 알마시	예수 그리스도
isak	이삭	[n] 흐느끼는 울음
isap, mengisap	이삽, 멍이삽	[v] 흡입하다; 빨아들이다; 흡수하다
iseng	이승	[a] 시간을 때우느라 하는; 심심풀이로 하는; 놀아 가며 하는
isi	이시	[n] 1 내용(물); 2 용적; 용량;
mengisi	멍이시	[v] 채우다; 메우다; 담다
Islam	이슬람	[n] 회교; 이슬람
isolasi	이솔라시	[n] 1 격리; 분리; 2 고립; 3 차단
Isra	이스라	[n] 마호메트의 메카에서 예루살렘으로의 여정
istana	이스따나	[n] 왕궁; 궁전
istiadat	이스띠아닷	[n] 관습; 풍습
istilah	이스띨라	[n] 1 전문용어; 2 술어 혹은 특별 표현
istiméwa	이스띠메와	[a] 특별한
istirahat	이스띠라핟	[v] 휴식을 취하다
istri	이스뜨리	[n] 부인; 아내
isu	이수	[n] 돌출 문제; 이슈; [cak] 풍문
isya	이샤	[n] 일몰 후 저녁 시기

isyarat	이샤랏	ⓝ 1 손, 몸짓 등의 신호, 암시; 2 신호, 암호, 경보
itik	이띡	ⓝ 오리
itu	이뚜	ⓟⓡⓞⓝ 저것; 그것
iur, iuran	이우르, 이우란	ⓝ 1월 회비
iya	이야	ⓟ 긍정 대답의 '네'(ya)
izin	이진	ⓝ 허가; 승낙; 승인

jabar	자바르	*v* 상세히 설명하다;
menjabarkan	먼자바르깐	*v* 상세히 설명하다
jabat, menjabat	자밧, 먼자밧	*v* 업무/보직을 수행하다
jabat tangan, berjabat tangan	자밧 땅안, 버르자밧 땅안	*v* 악수하다
jadi	자디	*v* 1 ~가 되다; 취소되지 않다; 2 ~이 되다; ~이 이루어지다;
menjadi	먼자디	*v* (선택 혹은 선출) ~로 되다;
terjadi	떠르자디	*v* 발생하다; 일어나다;
kejadian	꺼자디안	*n* 사건
jadwal	잗두왈	*n* 일정; 일정표
jaga	자가	*v* 1 잠이 깨다; 2 지키다;
menjaga	먼자가	*v* 지키다
jago	자고	*n* 1 ayam ~ 1년 이상의 수탉
jagung	자궁	*n* 옥수수 알
jahat	자핫	*a* 나쁜; 악한
jahé	자헤	*n* 생강
jahil	자힐	*a* *cak* 괴롭히다; 귀찮게 하다
jahit, menjahit	자힛, 먼자힛	*v* 바느질하다; 꿰매다

jail	자일	_a_ _cak_ (남을) 괴롭히기 좋아하거나 못된 짓하는
jaja, berjaja	자자, 버르자자	_v_ 물건을 팔러 행상하다;
menjajakan	먼자자깐	_v_ 물건을 가지고 돌아다니며 팔다
jajah, menjajah	자자, 먼자자	_v_ 식민 지배하다
jajak	자작	_v_ 조사하다 ~ pendapat 의견조사
jajal, menjajal	자잘, 먼자잘	_v_ 시험하다; 테스트하다
jajan	자잔	_n_ 스낵; 군것질류
jajar	자자르	_n_ 줄; 열
jakét	자껫	_n_ 외투
jaksa	작사	_n_ (직업) 검사
jala	잘라	_n_ 그물; (다양한 종류의) 망
jalan	잘란	_n_ 1 도로; 길; 통로; 2 방법; 선택; 묘안; 기회; _cak_ 걷다;
berjalan	버르잘란	_v_ 걷다;
menjalankan	먼잘란깐	_v_ 1 (과제, 업무, 의무)를 수행하다; 2 작동시키다; 움직이다;
perjalanan	뻐르잘란안	_n_ 1 걸음(거리); 2 여정; 여행
jalang	잘랑	_a_ 1 야생의; 거친; 길들여지지 않은; 2 못된;
kejalangan	꺼잘랑안	_n_ 야생성; 거칠음
jalar, berjalaran	잘라르, 버르잘라란	_v_ (풀, 나무 등이 깔려) 퍼져 나가다
jalin, berjalin	잘린, 버르잘린	_v_ 연결된; 결합된

jalur	잘루르	*n* 길; 단
jam	잠	*n* 1 시계; 2 시간; 3 시(時)
jamah, menjamah	자마, 먼자마	*n* 손을 대다; 만지다; 더듬다
jamak	자막	*n* (언어) 복합어
jaman	자만	☞ zaman 시대
jambrét, menjambrét	잠브렛, 먼잠부렛	*n* (갖고 있거나 쓰고 있는 걸) 강탈하다, 빼앗다
jambu	잠부	*n* 잠부(과일 이름)
jambul	잠불	*n* 머리 혹은 이마 위로 땋아 올린 머리; 새의 벼슬
jamin, menjamin	자민, 먼자민	*v* 책임지다; 보장하다
jampi, jampi-jampi	잠삐, 잠삐–잠삐	*n* 주문(呪文)
jamrud	잠룻	*n* ☞ zamrud 에메랄드
jamu¹	자무	*n* (나무뿌리, 잎 등으로 만든) 생약; 여러 한약재
jamu²	자무	*n* 손님; 내방객;
menjamu	먼자무	*n* 대접하다; 접대하다;
jamuan	자무안	*n* 접대 음식
jamur	자무르	*n* 버섯
janda	잔다	*n* 과부; 미망인
jangan	장안	*adv* ~하지 않다; ~ 해서는 안 된다; ~할 수 없다;

jangan-jangan	장안–장안	*adv* 아마도
janggal	장갈	*a* 어색해 보이는
janggut	장굿	*n* 1 턱수염; 2 턱
jangka	장까	*n* 컴퍼스
jangka	장까	*n* 기한; 기간
jangkap, jangkep	장깝, 장껩	*a* *Jw* 원만한; 가득한; 완전한; *a* *Ar* 완벽한
jangkar	장까르	*n* 닻(angker; anjar; sauh)
jangkau	장까우	*n* 사정거리;
menjangkau	먼장까우	*v* 손이 닿다
jangkit, berjangkit	장낏, 버르장낏	*v* 전염되다
jangkrik	장끄릭	*n* 귀뚜라미
jangkung	장꿍	*a* 키가 크거나 긴
janin	자닌	*n* 태아
janji	잔지	*n* 약속; 협약
jantan	잔딴	*n* (동식물의) 수컷; ayam ~ 수탉
jantung	잔뚱	*n* 심장
Januari	자누아리	*n* 1월
jarah	자라	*n* 전리품;
menjarah	먼자라	*v* (전쟁, 재난 중) 약탈하다
jarak	자락	*n* 간격; 거리

jarang	자랑	ⓐ 1 틈이 있는; 간격이 벌어진; 2 거의 ~하지 않는; 간간이
jari¹	자리	ⓝ (손 혹은 발)가락
jari², jari-jari	자리, 자리-자리	ⓝ (창 혹은 문) 창살, 철망
jaring	자링	ⓝ (물고기, 새 등을 잡는) 그물
jarum	자룸	ⓝ 바늘, 침
jas	자스	ⓝ 외투; 코트
jasa	자사	ⓝ 1 공로; 공헌; 2 봉사; 서비스
jasad	자삿	ⓝ (동식물의) 몸, 신체
jatah	자따	ⓝ 몫; 할당
jati¹	자띠	ⓐ 순수한; 순종의 ~ diri 개성
jati²	자띠	ⓝ 티크 나무
jatuh	자뚜	ⓥ 1 떨어지다; 2 넘어지다; 3 쓰러지다
jauh	자우	ⓐ 먼; 멀리 떨어진
jawab	자왑	ⓝ 대답; 회답; 응답
jaya	자야	ⓐ 승리의; 성공의
jazirah	자지라	ⓝ 반도
jebak	즈박	ⓝ 덫; 함정;
menjebak	먼즈박	ⓥ 덫으로 잡다
jeblok	저블록	ⓥ 떨어지다
jeblos, menjebloskan	저블로스, 먼저블로스깐	~을 구멍에 집어넣다/밀어 넣다; ⓥ/ⓣ (감옥에) 집어넣다

jebol	즈볼	ⓐ 1 뿌리가 들린; 2 심하게 망가진;
menjebol	먼즈볼	ⓥ 뿌리가 들어나도록 억지로 뽑다
jeda	즈다	ⓝ 잠깐 정지; 휴지; 잠깐 쉼
jedot, menjedotkan	즈돗, 먼즈돗깐	ⓥ (머리를) 박다/부딪치다; 헤딩하다
jégal, menjegal	제갈, 먼제갈	ⓥ 다리를 걸어 넘어뜨리다; 딴지를 걸다
jejak	즈작 / 저작	ⓝ 1 발자국 2 흔적
jejal, berjejal	즈잘, 버르즈잘	ⓐ 바글바글한; 붐비는
jéjér, berjejer	제제르, 버르제제르	ⓥ 열을 맞추다
jelaga	즐라가	ⓝ 그을음
jelajah, menjelajah	즐라자, 먼즐라자	ⓥ 탐험하다
jelang, menjelang	즐랑, 먼즐랑	ⓥ ~에 즈음하여; ~에 이르러
jelas	즐라스	ⓐ 명백한; 명확한; 확실한; 사실적인(nyata);
menjelaskan	먼즐라스깐	ⓥ 설명하다
jelata	즐라따	ⓝ 평민; 서민
jelék	즐렉	ⓐ 1 나쁜; 보기 안 좋은; 2 못된
jeli	즐리	ⓐ 잘 살피다
jelimet, menjelimet	즐리멋, 먼즐리멋	ⓐ 사소한 일에까지
jelita	즐리따	ⓐ 아름다운

jelma, menjelma	절마, 먼절마	ⓥ 변신하다; 화신이 되다
jemaah	즈마	ⓝ 종교적인 집단
jembatan	즘밧딴	ⓝ 교량; 다리;
menjembatani	먼즘바따니	ⓥ *ki* 연결하다
jempol	점뽈	ⓝ (손과 발의) 엄지;
jempolan	점뽈란	ⓐ 최고의
jemput¹	점뿐	ⓥ *cak* 마중하다;
menjemput	먼점뿐	ⓥ 마중가다; 픽업하다
jemput², menjemput	점뿐, 먼즘뿐	ⓥ 손가락으로 집다
jemu	저무	ⓐ (먹고, 보고 등) 식상한; 지겨운; 지긋지긋한; 지루한
jemur, berjemur	저무르, 버르즈무르	ⓥ 햇볕을 쬐다; 말리다
jenak, sejenak	저낙, 스저낙	ⓐ 잠시
jenaka	즈나까	ⓐ 웃기는
jenazah	즈나사	ⓝ 시체
jendela	즌델라	ⓝ 창, 창문
jenderal	즌데랄	ⓝ 1 대장; 2 장군
jénggér	젱게르	ⓝ 닭의 벼슬
jénggot	젱곳	ⓝ 턱수염
jengkal	정깔	ⓝ *k* 뼘

jengkang, terjengkang	정깡, 떠르증깡	ⓥ 널부러지다
jéngkél	젱껠	ⓐ 언짢은
jenguk, menjenguk	정욱, 먼정욱	ⓥ 병문안하다
jenis	저니스	ⓝ 종류
jénius	제니우스	ⓐ ☞ genius 천재의; 천재적인
jenjang¹	전장	ⓝ 단계; 급수; 과정
jenjang²	즌장	ⓐ (목이) 가늘고 긴
jentelmen	젠뜰멘	ⓝ 젠틀맨; 신사
jentik-jentik	즌띡-즌띡	ⓝ 모기 유충
jenuh	저누	ⓐ 싫증난; 지겨운; 지루한
Jepang	즈빵	ⓝ 일본
jepit, menjepit	즈삣, 먼즈삣	ⓥ 집다
jeprét, menjepret	즙렛, 먼즙렛	ⓥ ⓒⓐⓚ 사진을 찍다
jera	저라	ⓐ 더 이상 하기를 원치 않는
jeram	저람	ⓝ (강에서의) 급류 혹은 낙수
jerami	저라미	ⓝ 볏짚
jerat	저랏	ⓝ 새, 뱀 등을 잡는 올가미
jerawat	저라왓	ⓝ 여드름
jerih	즈리	ⓝ 힘듦; ~ payah 애씀

jérikén	제리껜	ⓝ (물 혹은 기름을 담아두는 큰) 물통
jerit	저릿	ⓝ 절규; 외침 ⓥ 소리치다; 외치다
jernih	저르니	ⓐ 물이 깨끗한, 맑은
jeruji	저루지	ⓝ 보호망; 철망; 창살
jeruk	저룩	ⓝ 귤, 오렌지류의 식물
jerumus, menjerumuskan	저루무스, 먼저루무스깐	ⓥ 밀어 넘어뜨리다; 구멍에 밀어 넣다; ⓚⓘ 잘못된 길로 가게 하다
jét	젯	ⓝ 1 분사; 2 제트기
jéwér, menjewer	제외르, 먼제외르	ⓥ 귀를 잡아당기다; 귀를 잡아 틀다
jidat	지닷	ⓝ 이마
jihad	지핫	ⓝ 성전; 종교 전쟁
jijik	지직	ⓐ (더러운 것을 보고) 혐오스러운; 구역질나는
jika	지까	ⓟ ⓚⓞⓝ 만일 ~라면
jilat, menjilat	질랏, 먼질랏	ⓥ 혀를 길게 내밀어 핥다
jilbab	질밥	ⓝ 이슬람 여성들이 쓰는 얼굴 가리개 혹은 머플러류
jilid	질릿	ⓝ 1 제본한 책; 2 (책 한 질 중의) 한 권
jin¹	진	ⓝ 정령
jin²	진	ⓝ 청바지
jinak	지낙	ⓐ 유순한;
menjinakkan	먼지낙깐	ⓥ 순종하게 만들다; 조련하다

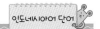
jingga	징가	[n] 오렌지색(oranye); 주황색
jingkrak, berjingkrak	징끄락, 버르징끄락	[v] (신나서) 펄쩍펄쩍 뛰다
jinjing, menjinjing	진징, 먼진징	[v] 들어 나르다/운반하다
jinjit, berjinjit	진짓, 버르진짓	[v] 발끝으로 서거나 걷다
jip	집	[n] 지프차
jiplak, menjiplak	지쁠락, 먼지쁠락	[v] 베끼다; 모방하다
jiran	지란	[n] 1 이웃 2 인접국
jitak, menjitak	지딱, 먼지딱	[v] [cak] (거머쥔 책 등으로) 어깨나 머리를 툭툭 치다
jitu	지뚜	[a] 정확한
jiwa	지와	[n] 혼; 영혼; 생명
jodoh	조도	[n] 배필; 인생의 짝; 결혼 상대
jogét	조겟	[n] 춤(tari); 멀라유 전통 율동 춤
joging	조깅	[n] (운동) 조깅
joglo	조글로	[n] 자바 양식의 주택
jok	족	[n] (차량의) 좌석, 의자
joki	조끼	[n] [cak] 1 대리시험자; 2 돈을 받고 자동차를 타주는 사람
joli	졸리	[n] (말의) 쌍
jompo	좀뽀	[a] 연로한; 몹시 늙어 힘이 없는
jongkok	종꼭	[v] 무릎 꿇고 앉다

jorjoran	조르조란	*[w]* *[v]* (부정적으로 과도하게) **앞다투어; 경쟁적으로**
jorok[1], menjorok	조록, 먼조록	*[v]* (밖이나 안으로) **튀어나오다; 돌출하다**
jorok[2]	조록	*[a]* **더러운**
jotos	조또스	*[v]* **주먹질; 권투**
jual	주알	*[v]* **팔다**
juang, berjuang	주앙, 버르주앙	*[v]* **투쟁하다**
juara	주아라	*[n]* 1 **우승자; 챔피온;** 2 **고수**
jubah	주바	*[n]* (아랍인, 성직자, 법관 등이 입는) **무릎까지 오는 길고 헐거운 겉옷; 졸업 가운**
jubel, berjubel	주벨, 버르벌블	*[v]* (몰려들어) **꽉 차다**
judes	주더스	*[a]* **빨리 화내며 다른 사람과 다투기 잘하고 못되게 말하는**
judi	주디	*[n]* **도박; 노름**
judo	주도	*[n]* **유도**
judul	주둘	*[n]* **표제; 제목**
juga	주가	*[adv]* 1 **역시; 또한;** 2 **마찬가지로; ~도**
jujur	주주르	*[a]* **정직한**
julang, menjulang	줄랑, 먼줄랑	*[v]* (불, 파도 등이) **높이 치솟다**
Juli	줄리	*[n]* **7월**

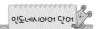

juluk, menjuluki	줄룩, 먼줄루끼	ⓥ ~에게 별명을 붙이다
julur, menjulur	줄루르, 먼줄루르	ⓥ (뱀의 혀 등이) 쑥 나오다; 밖으로 내뻗다;
menjulurkan	먼줄루르깐	ⓥ 내밀다
Jumat	주맛	ⓝ 금요일
jumbo	줌보	ⓝ ⓓ ⓚⓘ 엄청나게 큰; 거대한
jumlah	줌라	ⓝ 합계; 총액; 총계
jumpa	줌빠	ⓥ, ~ muka 대면하다;
berjumpa	버르줌빠	ⓥ 만나다
jungkal	중깔	ⓥ, ~ balik 뒤집히다
jungkat, jungkat-jungkit	중깟, 중깟–중낏	ⓥ 위아래로 요동치다
jungkir, berjungkir	중까르, 버르중까르	ⓥ 거꾸로 떨어지다
jungkir balik, berjungkir balik	중끼르 발릭, 버르중끼르 발릭	ⓥ 물구나무서다
jungkit, menjungkit	중낏, 먼중낏	ⓥ 위로 추켜 올리다
Juni	주니	ⓝ 6월
junior	주니오르	ⓐ 후배의
junjung, menjunjung	준중, 먼준중	ⓥ 1 머리에 이고 가다; 2 (지시, 명령 등을) 지키다/따르다

juntai, berjuntai	준따이, 버르준따이	*v* 흔들리다
juragan	주라간	*n* 주인님, 마님 등의 호칭
jurang	주랑	*n* 계곡; 협곡; 골짜기
juri	주리	*n* 심사위원; 심판; 판정관
jurnal	주르날	*n* 1 일지; 일일 기록; 2 신문; 일간지; 3 잡지; 정기 간행물 (학회 간행물 따위)
jurnalis	주르날리스	*n* 신문 잡지 기자
jurnalisme	주르날리스머	*n* 저널리즘; 신문 잡지업(業)
juru¹	주루	*n* 전문가, 숙련가
juru², penjuru	주루, 뻔주루	*n* 방향
juru bicara	주루 비짜라	*n* 대변인
jurus	주루스	*n* 1 직선 방향; 2 (권법 등의) 도법; 형; 장
jus	주스	*n* 주스
justru	주스뜨루	*adv* 오히려; 그와는 반대로
juta	주따	*n* 백만 단위
jutawan	주따완	*n* 백만장자; 큰 부자

K

kabar	까바르	ⓝ 뉴스, 소식; 보도;
mengabarkan	멍아바르깐	ⓥ ~에 대해 소식을 전하다/알려주다
kabel	까블	ⓝ 1 전선; 2 굵은 동선; 케이블
kabin	까빈	ⓝ 1 선실; 2 비행기 내의 공간, 방
kabinét¹	까비넷	ⓝ 1 내각; 2 대통령 혹은 장관의 집무실
kabinét²	까비넷	ⓝ 의류 혹은 서류 등을 넣는 철재 장/함
kabul	까불	ⓝ (약정 혹은 계약의) 동의, 수락의 표현; ⓥ (요청이) 받아들여지다; 동의되다
kabung	까붕	ⓝ 애도의 뜻으로 머리에 두르는 흰 천
kabupaten	까부빠뗀	ⓝ 군(인도네시아의 행적구역 단위)
kabur¹	까부르	ⓐ 1 (눈이) 침침한; 2 희미한
kabur²	까부르	급히 도망치다
kabut	까붓	ⓐ 희미한; ⓝ 안개
kaca	까짜	ⓝ 1 유리; 2 거울
kacak, berkacak	까짝, 버르까짝	ⓥ 잡다 ~ pinggang ⓥ 허리를 잡다
kacamata	까짜마따	ⓝ 1 안경 렌즈; 2 안경; ⓚ 시각; 관점
kacang	까짱	ⓝ 1 콩; 2 땅콩 콩과의 식물

K		
kacau	까짜우	ⓐ 1 (뒤섞여) 혼돈스러운; 2 (생각, 사고가) 뒤죽박죽인
kacau-balau	까짜우-발라우	ⓐ 아주 혼란스러운; 난리법석의
kadal	까달	ⓝ 도마뱀
kadang, **kadang-kadang**	까당, 까당-까당	ⓐⓓⓥ 가끔
kadar¹	까다르	ⓝ (신의) 힘; 능력;
sekadar	스까다르	ⓐⓓⓥ 오직; 단지
kadar²	까다르	ⓝ 1 척도 2 함량
kader	까더르	ⓝ 장교 및 하사관
kado	까도	ⓝ 선물
kadung	까둥	ⓙⓦ ⓐⓓⓥ ⓒⓐⓚ 지나치게; 과다하게
kafan	까환	ⓝ 흰 천의 수의
kafé	까훼	ⓝ 카페
kaféin	까훼인	ⓝ 카페인
kafétaria	까훼따리아	ⓝ 카페테리아 식당
kagét	까겟	ⓐ (예상 못해서, 의아해서) 깜짝 놀라다
kagum	까굼	ⓐ 감탄스러운; 황홀한; 놀라운
kaidah	까이다	ⓝ 규범; 원칙
kail	까일	ⓝ 낚싯바늘
kain	까인	ⓝ 천, 옷감
kais, mengais	까이스, 멍아이스	ⓝ (먹이를 찾아) 땅을 긁어 파다

kaisar	까이사르	n 황제; 제왕
kait	까잇	n 고리; 갈고리;
berkaitan	버르까이딴	v 서로 얽혀 있는
kaji	까지	n 1 이슬람 경전 읽기 학습; 2 연구;
mengaji	멍아지	v 아랍 문자 읽는 것을 배우다;
mengkaji	멍까지	v 1 공부하다; 2 살펴보다, 조사하다
kakak¹	까깍	n 오빠; 언니; 형
kakak²	까깍	v 깔깔대고 웃다;
mengakak	멍아깍	v 깔깔거리며 웃다
kakaktua	까깍뚜아	n 앵무새의 일종
kakanda	까깐다	n 형, 오빠, 언니, 누나에 대한(존칭, 애칭)
kakao	까까오	n 초콜릿 열매
kakap	까깝	n 1 (생선) 도미; 2 악당의 혹은 회사의 질이나 외형이 크거나 높은
kakek	까껙	n 할아버지
kaki	까끼	n 1 발; 2 몸체의 아랫부분
kaku	까꾸	a 딱딱한
kakus	까꾸스	n 화장실; 변소
kala	깔라	n 때; 시기;
berkala	버르깔라	v 주기적으로 되풀이하다
kalah	깔라	v 지다; 패배하다
kalajengking	깔라젱낑	n 전갈

kalang[1], kalangan	깔랑, 깔랑안	*n* 층; 집단
kalang[2]	깔랑	~ kabut *a* 긴가민가하여 혼란스러운
kalap	깔랍	*a* 화났을 때 제정신이 아닌; 돌아버린
kalau	깔라우	*p* ~라면 (조건)
kalaupun	깔라우뿐	*p* 설사 ~일지라도, 비록 ~이긴 하더라도
kaldu	깔두	*n* 육수
kaleidoskop	깔레이도스꼽	*n* 만화경(萬華鏡)
kalem	깔름	*a* *cak* 안정된
kalénder	깔렌더르	*n* 달력; 월력
kaléng	깔렝	*n* 깡통
kali[1]	깔리	*n* 1 회; 번; 2 곱하기;
sekalian	스깔리안	*adv* 한꺼번에; *num* 모두; 전부
kali[2]	깔리	*n* 강; 하천
kalian	깔리안	*pron* (친근한 사이에서) 당신들; 여러분들; 너희들
kaligrafi	깔리그라휘	*n* 그림 글자; 예술 글자
kalimat	깔리맛	*n* 문장(ayat); 글
kalkulasi	깔꿀라시	*n* 지출명세
kalkulator	깔꿀라또르	*n* 계산기
kalori	깔로리	*n* 칼로리; 열량 단위
kalsium	깔시움	*n* 칼슘

kalung	깔룽	n 목걸이
kamar	까마르	n 방; 실
kambang	깜방	lw v 물에 떠 있는;
mengambang	멍암방	v 물에 뜨다
kambing	깜빙	n 염소
kambuh	깜부	v (병이) 도지다; 재발하다; 악화되다
kaméra	까메라	n 사진기; 카메라
kami	까미	pron (화자를 제외한 일인칭 복수 대명사) 우리들
Kamis	까미스	n 목요일
kamp	깜쁘	n 야영 캠프
kampanye	깜빠녀	n 선거운동; 선거유세
kamprét	깜쁘렛	n 1 박쥐의 일종; 2 한국어의 '개새끼' 등과 같은 욕
kampung	깜뿡	n 시골 마을;
kampungan	깜뿡안	a ki 촌스런
kampus	깜뿌스	n 대학의 교정; 캠퍼스
kamu	까무	prop 1 (친한 혹은 아랫사람에게 사용하는); 2 (인칭 대명사) '너'
kamuflase	까무플라서	n 위장
kamus	까무스	n 사전
kanak-kanak	까낙–까낙	n (2~6세의) 어린아이; 유아
kanal	까날	n 운하; 수로
kanan	까난	a 1 오른쪽; 2 (정치) 우익의

kancil	깐찔	ⓝ 작은 사슴의 일종, 우화에서 영악한 동물의 상징
kancing	깐찡	ⓝ 단추
kandang	깐당	ⓝ 1 우리; 2 울타리 내
kandas, terkandas	깐다스, 떠르깐다스	ⓥ 좌초하다
kandidat	깐디닷	ⓝ 후보
kandung	깐둥	ⓝ 주머니;
mengandung	멍안둥	ⓥ 1 내포하다, 함유하다; 2 임신한; 아이를 가진
kangen	깡은	ⓐ 그리워하다
kangkung	깡꿍	ⓝ 시금치류의 채소; 공심채
kanguru	깡구루	ⓝ 캥거루
kanibal	까니발	ⓝ 1 식인종; 2 동종을 먹는 동물
kanji	깐지	ⓝ 녹말풀; 전분 죽
kanji	깐지	ⓝ 일본어 철자
kanker	깡꺼르	ⓝ 암
kantin	깐띤	ⓝ 학교, 기숙사, 사무실의 매점
kantong	깐똥	ⓝ 1 주머니; 봉지
kantor	깐또르	ⓝ 사무실
kantuk	깐뚝	ⓝ 졸음
kantung	깐뚱	ⓝ ☞ kantong
kanvas	깐바스	ⓝ (돗자리, 텐트 등에 사용되는 질긴) 천
kapak	까빡	ⓝ 도끼

kapal¹	까빨	ⓝ 배; 선박
kapal²	까빨	ⓝ (손, 발의) 굳은살;
kapalan	까빨란	ⓥ 굳은살이 배기다
kapan	까빤	*pron* 시간을 묻는 의문사;
kapan-kapan	까빤–까빤	ⓝ 아무 때나
kapas	까빠스	ⓝ 1 생면; 목화솜 2 목화나무
kapasitas	까빠시따스	ⓝ 용적; 용량
kapital¹	까삐딸	ⓝ 무역 자본
kapital²	까삐딸	ⓝ 대문자
kapitalisme	까삐딸리스머	ⓝ 자본주의
kapling	까쁠링	구획 정리된 지역 (☞ kaveling)
kapok	까뽁	ⓐ 1 (나쁜 버릇을) 고친; 교정된; 2 더 이상 저지르지 않는
kaprah	까쁘라	ⓐ *Jw* 일반적인; 평범한
kapsul	깝술	ⓝ 캡슐
kaptén	깝뗀	ⓝ 군의 대위 계급
kapuk	까뿍	ⓝ 나무 열매에서 채취하는 솜
kapur	까뿌르	ⓝ 석회
karakter	까락떠르	ⓝ 1 문자; 철자; 2 특성; 특질; 성질; 3 성격
karam	까람	ⓥ 침몰하다
karang¹	까랑	ⓝ 1 산호; 2 산호초; 3 산호섬
karang², mengarang	까랑, 멍아랑	ⓥ (시, 소설, 글 등을) 쓰다; 작문하다;

karangan	까랑안	*n* 작문
karang, pekarangan	까랑, 뻐까랑안	*n* 집 주변의 땅
karantina	까란띠나	*n* (전염병 예방을 위한) 격리 장소; 검역소
karaoké	까라오께	*n* 가라오케
karat¹	까랏	*n* 녹; 산화물
karat²	까랏	*n* 금의 함량 혹은 다이아 크기의 단위
karaté	까라떼	*n* 가라테
karbohidrat	까르보히드랏	*n* 탄수화물
karbon	까르본	*n* 카본; 탄소
karburator	까르부라또르	*n* (자동차) 카브레이터; 기화기
karcis	까르찌스	*n* 표; 승차권
kardus	까르두스	*n* 1 판지; 골판지; 2 골판지 박스
karena	까르나	*prep* *kon* ~때문에
karét	까렛	*n* 1 고무; 2 고무줄; 고무진
kargo	까르고	*n* (선박·항공기 등의) 적하(積荷), 뱃짐, 선하(船荷), 화물
kari	까리	*n* 카레
karib	까립	*a* 가족과 같은; 관계가 가까운
kariér	까리에르	*n* 경력; 이력
karikatur	까리까뚜르	*n* 풍자 만화
karisma	까리스마	*n* 카리스마

karma	까르마	⒩ 업보
karnaval	까르나발	⒩ 카니발
karpét	까르뻿	⒩ 카펫
karton	까르똔	⒩ 골판지; 마분지
kartu	까르뚜	⒩ 1 카드; 명함; 엽서; 2 트럼프
kartun	까르뚠	⒩ 만화영화
kartunis	까르뚜니스	⒩ 만화가
karung	까룽	⒩ 자루; 부대
karunia	까루니아	⒩ (신의) 은총; 보답; 사랑
karya	까르야	⒩ 1 일; 작업; 2 성과; 제작품
karyawan	까르야완	⒩ 직원
kas	까스	⒩ 1 금고; 2 출납계; 계산대; 3 출납
kasa¹	까사	⒩ 1 계산대; 2 출납 계산기
kasa²	까사	⒩ 1 부드러운 흰 천; 2 모기 철망
kasak-kusuk	까삭–꾸숙	⒱ 은밀하게 혹은 암암리에 특정 목적으로 영향을 주다
kasar	까사르	⒜ 1 결이 굵은/큰; 2 행동이 거친
kasatmata	까삿마따	⒜ 볼 수 있는; 분명한
kasét	까셋	⒩ 카세트 테이프
kasih¹	까시	⒩ 정; 사랑;
kekasih	꺼까시	⒩ 애인
kasih²	까시	⒱ ⒞ⓐⓚ 주다
kasihan	까시한	⒩ 동정; 연민

kasino	까시노	n 카지노
kasir	까시르	n 출납 계원
kasmaran	까스마란	v 열애에 빠진
kasta	까스따	n 힌두교의 카스트제도
kastil	까스띨	n 물로 둘러싸인 성; 성벽으로 둘러싸인 성
kasur	까수르	n 매트리스; 요; 침대 깔개
kasus	까수스	n 사안; 문제; 사건; 송사
kata	까따	n 1 단어; 낱말; 2 말;
berkata	버르까따	v 말하다; 이야기하다
katak	까딱	n 개구리
katalisator	까딸리사또르	n 촉매
katalog	까딸록	n 목록; 일람표; 카탈로그
katapél	까따뻴	n 나무 새총; 고무 새총
katarak	까따락	n 백내장
katedral	까뜨드랄	n 교황청
kategori	까떼고리	n 카테고리
kategorisasi	까떼고리사시	n 카테고리화; 카테고리별 정리
katering	까뜨링	n *cak* 캐터링(음식 제공 서비스업)
Katolik	까똘릭	n 가톨릭
katrol	까뜨롤	n 도르래
katulistiwa	까뚤리스띠와	n 적도
katun	까뚠	n 면; 솜

katung, terkatung-katung	까뚱, 떠르까 뚱−까뚱	*v* 떠다니다; *ki* (운명, 일 등이) 불확실한
katup	까뚭	*n* 밸브; 덮개
kau	까우	*pron* 대명사 engkau의 축약형
kaum	까움	*n* 인종; 종족
kaus	까우스	*n* 1 얇은 천; 2 상의; 셔츠
kaveling	까블링	*n* 구획정리된 지역
kawah	까와	*n* 분화구
kawal	까왈	*n* 지킴;
mengawal	멍아왈	*v* 경비하다; 호위하다; 경호하다
kawan	까완	*n* 친구; 벗; 동료
kawasan	까와산	*n* (특정 목적의) 단지
kawat	까왓	*n* 동선; 전선
kawin	까윈	*v* 결혼하다
kaya¹	까야	*a* 1 부유한; 재력이 있는; 2 풍부한; 풍요한
kaya², kayak	까야, 까약	*p* *cak* ~처럼; ~로서
kayangan	까양안	*n* 천상; 천국
kayu	까유	*n* 나무; 목재
kayuh	까유	*n* 1 노; 2 페달
ke¹	꺼	*p* (방향을 나타내는 전치사) ~로
ke²	꺼	1 순서 혹은 군집을 나타내는 접사; 2 명사화 접사; 3 서수를 나타냄

kebal	꺼발	a 1 면역성이 있는; 2 낯 두꺼운
kebas, mengebas	꺼바스, 멍어바스	v 흔들어대다
kebaya	꺼바야	n 인도네시아 여성이 입는 긴팔의 전통 블라우스
kebelet	꺼벌룻	a cak 갈구하는; 욕망을 더 이상 견딜 수 없는
kebun	꺼분	n 1 뜰; 정원; 2 농장; 농원
keburu	꺼부루	adv v 1 앞서; 2 아직 늦지 않은
kebut¹, mengebut	꺼붓, 멍어붓	v 비 혹은 먼지털이로 먼지를 털다; 모기 등을 쫓다
kebut², cak mengebut	꺼붓, 짝 멍어붓	v (자동차를 과속으로) 질주하다; cak 빨리 일을 하다
kécak pinggang, berkécak pinggang	께짝 삥강, 버르께짝 삥강	v 양손을 허리에 대다
kecam, mengecam	꺼짬, 멍어짬	v 비평하다; 흠잡다
kecaman	꺼짬안	n 강한 비방; 흠잡음
kecambah	꺼짬바	n (콩나물, 숙주나물 등의) 콩과 식물의 새싹
kecamuk, berkecamuk	꺼짜묵, 버르꺼짜묵	v (뇌리에) 강하게 박혀 있다
kecap¹	꺼짭	n 먹을 때의 입술 움직임; 쩝쩝거림;
mengecap	멍어짭	v 맛보다
kécap²	께짭	n 간장, 된장, 고추장 등의 장류

kecapi¹	꺼짜삐	*n* 기타 모양의 순다 지역 전통 악기
kecapi²	꺼짜삐	*n* 달콤 시큼한 연노랑의 과일
kecéwa	꺼쩨와	*a* 유감스런; 실망한
kecil	꺼찔	*a* 작은; 소형의
kecil hati	꺼찔 하띠	*a* *ki* 마음이 여린
kecimpung	꺼찜뿡	*n* (손 혹은 발로) 물장구치는 소리;
berkecimpung	버르꺼찜뿡	*v* 활동하다; 일을 처리하다
kecoak	꺼쪼아	*n* 바퀴벌레
kécoh	께쪼	*n* 사기; 속임수; 기만;
mengecoh(kan)	멍에쪼/깐	*v* 속이다
kecuali	꺼쭈알리	*p* ~을 제외하고; ~외에는
kecup	꺼쭙	*v* (입술로 소리내며 하는, 순간적으로 하는) **뽀뽀**
kecut¹	꺼쭛	*a* *ki* 겁먹다;
pengecut	뼁어쭛	*n* 겁쟁이; 비겁자
kecut²	꺼쭛	*a* 신; 시큼한
kedai	꺼다이	*n* 구멍가게
kedaluwarsa	꺼달루와르사	*a* 유효 기간이 지난
kedap	꺼답	*a* 밀봉된; 밀폐된
kedelai	꺼들라이	*n* 메주콩; 대두
kedip	꺼딥	*n* 눈 깜빡임
kedodoran	꺼도도란	*a* 옷이 너무 커서 어색한
kedok	꺼독	*n* 가면

kedondong	꺼돈동	ⓝ 과일 이름
kejam	꺼잠	ⓐ 무정한; 잔인한
kejang	꺼장	ⓐ 근육이 뻐근한; 뻣뻣한
kejap	꺼잡	ⓝ 깜박임; 눈짓
kejar, berkejaran	꺼자르, 버르꺼자란	ⓥ 서로 추적하다; 서로 쫓다; 쫓고 쫓기다
keji	꺼지	ⓐ 비열한; 잔인한; 못된; 무례한
kéju	께주	ⓝ 치즈
kejut	꺼줏	ⓐ 깜짝 놀라다;
terkejut	떠르꺼줏	ⓥ 깜짝 놀라다
kekal	꺼깔	ⓐ 영원한
kekang	꺼깡	ⓝ 재갈; 고삐; ⓚ 통제 수단; 규제 수단
kekar	꺼까르	ⓐ 1 촘촘하게 엮은; 2 몸이 곧고 힘이 있는; 강한
kekéh, terkekéh-kekéh	꺼께, 떠르꺼께–꺼께	ⓥ 큭큭 거리며 웃다; 박장대소하다
kelabak, kelabakan	껄라박, 껄라바깐	ⓥ ⓚ 골치 아픈; 어려운 처지에 있는
kelabu	껄라부	ⓝ 회색
kelahi	껄라히	ⓝ 말다툼
kelak	껄락	ⓝ 나중
kelakar	껄라까르	ⓝ 익살; 농담
kelam	껄람	ⓐ 어두운; 침침한

kelamin	껄라민	⒩ 남녀의 성
kelana	껄라나	⒩ 방랑
kelap-kelip	껄랍-끌립	⒱ (등불, 별, 반딧불 등) 깜박이다
kelapa	껄라빠	⒩ 야자
kelar	껄라르	⒜ *cak* 끝난(selesai; beres; radu; usai); 준비된(siap)
kelas	껄라스	⒩ 1 학급; 2 학년; 3 교실; 4 등급
kelébat, berkelébat	껄레밧, 버르껄레밧	⒱ 재빠르게 움직이다; 잽싸다
keledai	껄러다이	⒩ 노새; ⒦⒤ 바보
kelelawar	껄러라와르	⒩ 박쥐
kelénjar	껄렌자르	⒩ 신체의 분비샘
kelenténg	껄른뗑	⒩ 공자를 모시는 사당
keléréng	껄레렝	⒩ (놀이용) 유리구슬
keliar, berkeliaran	껄리아르, 버르껄리아란	⒱ 어슬렁거리다; 배회하다
keliling	껄릴링	⒩ 1 분할선; 2 주변
kelilip	껄릴립	⒩ 눈에 들어간 먼지 혹은 이물질; 티
kelilipan	껄릴리빤	⒱ 눈에 티가 들어간
kelimpungan	껄림뿡안	⒦ ⒜ 혼돈 상태에 있는; 혼란스러운
kelinci	껄린찌	⒩ 토끼
kelingking	껄링낑	⒩ 새끼손가락
kelip	껄립	⒩ 반짝이는 불빛

keliru	껄리루	ⓐ 1 틀린; 잘못된; 2 실수의; (고의가 아닌) 오류 혹은 잘못의
kelit, berkelit	껄릿, 버르껄릿	ⓥ 재빨리 피하다
kélok	껠록	ⓝ 곡선; 굴곡
kelola, mengelola	껄롤라, 멍얼롤라	ⓥ 다루다; 관리하다; 운영하다; 정부 혹은 회사 업무를 수행하다
kelompok	껄롬뽁	ⓝ 1 무리; 2 단체
kelontong	껄론똥	ⓝ (비누, 칫솔, 컵 등) 일상 생활용품들
kelopak	껄로빡	ⓝ 1 얇은 덮개; 2 (식물의) 꽃껍질; 꽃망울을 감싸고 있는 껍질
keluar	껄루아르	ⓥ 1 밖으로 나가다; 2 출간되다; 3 그만두다;
mengeluarkan	멍얼루아르깐	ⓥ 1 꺼내다; 2 내보내다; 해고하다
keluarga	껄루아르가	ⓝ 1 가족; 식구; 2 형제; 친족;
berkeluarga	버르껄루아르가	ⓥ 결혼하다; 남편 혹은 부인이 있는
keluh	껄루	ⓝ 1 신음; 한숨; 2 불평; 불만
kelumit, sekelumit	껄루밋, 스껄루밋	ⓐ 아주 적은
kelupas, mengelupas	껄루빠스, 멍얼루빠스	ⓥ (껍질, 칠 등이) 벗겨지다
keluyur, berkeluyuran	껄루유르, 버르껄루유란	ⓥ 어슬렁거리다; 방황하다; 배회하다
kémah	께마	ⓝ 천막; 텐트
kemangi	꺼망이	ⓝ 식재로 사용되는 박하향이 나는 잎
kemarau	꺼마라우	ⓐ 건기

Keluarga 끌루아르가 가족

kakek 까께 할아버지, 조부

nenek 네네 할머니, 조모

ayah, bapak 아야, 바빡 아버지

ibu 이부 어머니, 엄마

paman 빠만 삼촌, 아저씨

bibi 비비 아주머니

kakak laki-laki 까까 라끼 라끼 형, 오빠

kakak perempuan 까까 뻐럼뿌안 누나, 언니

anak laki-laki 아낙 라끼 라끼 아들

anak perempuan 아낙 뻐럼뿌안 딸

adik (laki-laki, perempuan) 아딕
　　동생(남동생, 여동생)

ayah mertua 아야 머르뚜아 시아버지; 장인

ibu mertua 이부 머르뚜아 시어머니; 장모

menantu 머난뚜 사위; 며느리

kemari	꺼마리	*v* 이쪽으로; 이리로
kemarin	꺼마린	*n* 어제
kemas	꺼마스	*a* 잘 정돈된; 잘 포장된
kembali	껌발리	*v* 1 (본래의 장소로) 되돌아오다; 2 다시; 3 재차; 4 (감사의 말에 대한 대답으로) 천만에요
kembang¹, kempis	껌방, 껌삐스	*ki* 1 헐떡이다; 2 회사 등 발전이 낙후된;
berkembang	버르껌방	*v* 발전하다; 커지다
kembang²	껌방	*n* 꽃
kembangbiak, berkembangbiak	껌방비악, 버르껌방비악	*v* 번식하다; 증식하다
kembar	껌바르	*a* 1 서로 같은 모양의; 2 쌍둥이의
kembung¹	껌붕	*a* 1 바람이 차서 부푼; 부풀어 오른; 2 배에 가스가 찬
kembung²	껌붕	*n* 말린 바다 생선
kemeja	꺼메자	*n* 남자 와이셔츠
kemenakan	꺼머낙깐	*n* 조카; 생질
kempis	끔삐스	*a* 홀쭉해지다/납작해지다; 빠지다
kemplang, mengemplang	껌쁠랑, 멍엄쁠랑	*v* 머리를 세게 때리다
kemudi	꺼무디	*n* 자동차, 배, 비행기 등의 조종간; 운전대; 키
kemudian	꺼무디안	*adv* 1 뒤에; 2 나중에
kemut, mengemut	꺼뭇, 멍어뭇	*v* (씹는 모습의) 오물거리다

kena	꺼나	ⓥ 1 ~에 닿다; 2 목표물에 맞다; 명중하다: 3 경험하다;
mengenakan	멍어나깐	ⓥ 옷, 도구, 모자, 안전벨트 등의 도구를 사용하다
kenal	꺼날	ⓥ 1 알다; 안면이 있는; 기억하다; 2 알다; 이해하다;
berkenalan	버르꺼날란	ⓥ 인사를 주고받다
kenan, berkenan	꺼난, 버르꺼난	ⓥ 즐거워하다; 동의하다; 기꺼이 ~하다
kenang, mengenang	꺼낭, 멍어낭	ⓥ 회상하다; 떠올리다;
kenangan	꺼낭안	ⓝ 추억; 느낌
kenapa	꺼나빠	*prop* *cak* (의문사) 왜
kenari	꺼나리	ⓝ 카나리아
kencan	껀짠	ⓝ 데이트 약속
kencana	껀짜나	ⓝ 금; kereta ~ 금 마차
kencang	껀짱	ⓐ 1 팽팽한; 2 속도가 빠른; 3 꽉 조인
kencing	껀찡	ⓥ 소변 보다
kendala	껀달라	ⓝ 방해/방해물; 장애/장애물
kendali	껀달리	ⓝ 고삐;
mengendalikan	멍언달리깐	ⓥ 고삐를 잡다; 통제하다
kendara, mengendarai	껀다라, 멍언다라이	ⓥ 1 차량, 말 등을 몰다; 2 (말 혹은 차량을) 타다
kendaraan	껀다라안	ⓝ 차량; (말과 같은) 탈것
kendati(-pun)	껀다띠(뿐)	*kon* 1 비록 ~일지라도; 2 ~은 말할 것도 없고; ~은 고사하고 라도; ~는커녕

kendi	껀디	🅝 진흙으로 빚어 만든 물 주전자
kendur	껀두르	🅐 1 늘어진; 헐거운; 2 꽉 죄지 않은
kenék	꺼넥	🅝 조수; 견습공
kening	꺼닝	🅝 이마
kental	껀딸	🅐 1 액체와 고체 중간 성질의; 걸쭉한; (커피 등 액체의 농도가) 짙은; 진한; 2 우정이 끈끈한
kentang	껀땅	🅝 감자
kentut	껀뜻	🅝 방귀
kenyal	꺼냘	🅐 (고무공처럼) 부드럽고 탄력성이 있는; 신축성이 있는
kenyam, mengenyam	꺼냠, 멍어냠	🅝 🅚 경험하다; 겪다
kenyang	꺼냥	🅐 1 배부른; 2 꽉 찬
kéong	께옹	🅝 큰 달팽이
kepada	꺼빠다	🅟 ~에게
kepak	꺼빡	🅝 날개
kepal	꺼빨	🅝 (손으로 뭉치거나 혹은 도구로 다진 밥 혹은 흙의) 덩어리
kepala	꺼빨라	🅝 머리; 🅚 우두머리; 장(長)
képang	께빵	🅝 (머리카락, 줄 등을 꼰, 땋은) 줄; 끈
keparat	꺼빠랏	🅐 (욕설) 빌어먹을; 염병할; 싸가지 없는
keping	꺼삥	🅝 1 작고 얇은 조각; 2 나무판 혹은 동전 등 얇고 평평한 것을 셀 때 사용하는 수량사

kepingin	꺼삥인	_adv_ _cak_ 간절히 원하다
kepit	꺼삣	_v_ 겨드랑이 혹은 손가락에 낀
kepiting	꺼삐띵	_n_ 게
keplését	꺼쁠레셋	_Jw_ _v_ 미끄러져 넘어지다
kepompong	꺼뽐뽕	_n_ 번데기; 성충
keponakan	꺼뽀나깐	_n_ 조카
kepul	꺼뿔	_n_ 짙은 연기
kepung, berkepung	꺼뿡, 버르꺼뿡	_v_ 둘러서다/앉다;
mengepung	멍어뿡	_v_ 에워싸다; 둘러싸다
kera	꺼라	_n_ 작은 원숭이의 일종
kerabat	꺼라밧	_n_ 가족; 친척; 인척; 일가; 친족; 혈족
kerah¹	꺼라	_n_ 칼라; 깃
kerah²	꺼라	_n_ (대규모로) 소집; 동원;
mengerahkan	멍어라깐	_n_ 1 대규모로 소집하다; 2 동원하다; 모으다
kerak	꺼락	_n_ 말라붙은 딱딱한 껍질
keramas	꺼라마스	_v_ 샴푸로 머리를 감다
keramat	꺼라맛	_a_ 신성한 기적을 행하는
keramik	꺼라믹	_n_ 도자기류
keran	꺼란	_n_ (수도, 가스 등) 잠금장치; 꼭지
kerang	꺼랑	_n_ 조개; 패류
kerangka	꺼랑까	_n_ 1 골격; 2 윤곽

keranjang	꺼란장	ⓝ 바구니; 대나무 통
keranjingan	꺼란징안	ⓥ (신나서) 길길이 좋아하다; 길길이 뛰다; 신나하다
kerap	꺼랍	ⓐ 1 자주; 종종; 2 간격이 가까운; ~ kali ⓐⓓⓥ 자주
keras	꺼라스	ⓐ (바위, 강철 따위가) 단단한; ⓚⓘ 1 (전통, 규칙, 열정 등) 열렬한; 강렬한; 2 열심히;
mengeras	멍어라스	ⓥ 단단해지다; 강해지다; 굳다;
kekerasan	꺼꺼라산	ⓝ 1 견고함; 강함; 엄함; 2 강제; 폭력; 3 강압;
bersikeras	버르시꺼라스	ⓐ 고집하다; 끈기 있는; 굳센
kerasan	끄라산	ⓐ 살기 편안한; 푸근한; 아늑한
kerat	꺼랏	ⓝ 조각; 얇은 조각; 잘린 부분
keraton	꺼라똔	ⓝ (자와의) 궁전; 왕궁
kerawang	꺼라왕	ⓝ 망사 천; 작은 구멍이 뚫린 천 (terawang)
kerbau	꺼르버우	ⓝ 물소; ⓚⓘ 바보
kerdil	꺼르딜	ⓐ 왜소한; 난쟁이의
kéré	께레	ⓝ 1 극빈자; 2 거지
kerémpéng	끄렘뼁	ⓐ 갈비가 보일 정도로 마른; 아주 말라 갈비가 보이는
kerén	끄렌	ⓐ 1 용감하고 재빠른; 2 옷을 잘 입는; 몸단장 잘하는; 말을 잘하는
keréta	꺼레따	ⓝ 1 수레; 마차; 2 기차
kereta api	꺼레따 아삐	ⓝ 기차
kerétek	끄레떽	ⓝ 정향/클로버를 함유한 담배

kerikil	꺼리낄	n 조약돌; 작은 자갈
kering	꺼링	a 마른; 건조한;
mengeringkan	멍어링깐	v 말리다; 건조시키다;
kekeringan	꺼꺼링안	n 가뭄, 건조, 말림
keringat	꺼링앗	n 땀
keripik	꺼리삑	n 바나나, 고구마 등을 얇게 썰어서 튀긴 것
keriput	꺼리뿟	n 주름살
keris	꺼리스	n 구불구불한 모양의 전통 단도
keriting	꺼리띵	a 곱슬머리의; 고수머리의
kerja	꺼르자	n 1 일; 노동; 작업 2 직업;
mengerjakan	멍어르자깐	v 행하다; 수행하다;
pekerja	뻐꺼르자	n 1 일꾼; 일하는 사람; 2 노동자;
pekerjaan	뻐꺼르자안	n 일; 임무
kerjap, mengerjap	꺼르잡, 멍어르잡	v 눈을 깜박이다
kerlip	꺼를립	v (빛이) 반짝거림; (눈을) 깜박거림
kernet	꺼르넷	n 운전 기사 보조
kerok	꺼록	n 1 말빗; 2 몸을 긁는 도구
keroncong[1]	꺼론쫑	n 작은 기타 유형의 4 혹은 5줄을 가진 인도네시아 전통 현악기의 일종
keroncong[2]	꺼론쫑	n 배에서 나는 꼬르륵 소리
keropos	꺼로뽀스	a 1 (과일, 벼, 야자 등이) 속이 빈; 2 나무 속이 삭은; 3 금속이 녹슬어 삭은

kerja;pekerjaan 꺼르자 **직업**

pegawai kantor 뻐가와이 깐또르 **회사원, 샐러리맨**

guru 구루 **교사**

dosen 도센 **교수**

pengacara 뼁아짜라 **변호사**

dokter 독떠르 **의사**

perawat 뻐라왓 **간호사**

atlet 아뜰렛 **운동선수**

koki 꼬끼 **요리사**

artis; (유명 연예인) selebriti 아르띠스; 셀레브리띠
 연예인

pemain film 뻐마인 필름 **영화 배우**

penyanyi 뻐냐니 **가수**

tentara 떤따라 **군인**

polisi 뽈리시 **경찰관**

pemadam kebakaran 뻐마담 꺼바까란 **소방관**

pegawai negeri 뻐가와이 느그리 **공무원**

pramugari 쁘라무가리 **승무원 (항공기)**

sopir taksi 소삐르 딱시 **택시 기사**

petani 뻐따니 **농부**

ibu rumah tangga 이부 루마 땅가 **가정주부**

kerongkongan	꺼롱꽁안	ⓝ ☞ rongkong 식도; 목구멍
keroyok, mengeroyok	꺼로욕, 멍어로욕	ⓥ 집단 공격하다; 떼로 달려들다; 떼로 덤비다
kertas	꺼르따스	ⓝ 종이
keruan	꺼루안	ⓐ 〔cak〕 분명한; 확실한; 틀림없는; tidak ~ 불분명한; 확실치 않은
kerubung, berkerubung	꺼루붕, 버르꺼루붕	ⓥ 몰려들다
kerubut, mengerubuti	꺼루붓, 멍어루부띠	ⓥ (보거나 사려) 떼로 몰리다
kerucut	꺼루쯧	ⓝ 원추형; 원추; 원뿔;
kerudung	꺼루둥	ⓝ 베일;
berkerudung	버르꺼루둥	ⓥ 베일을 쓴
keruh	꺼루	ⓐ 1 물이 혼탁한; 2 생각이 혼란스러운
keruk	꺼룩	ⓝ 긁거나 파내거나 문지르는 소리
kerumun, berkerumun	꺼루문, 버르꺼루문	ⓥ 떼를 지어 모이다;
mengerumuni	멍어루무니	ⓥ ~로 주변에 떼를 지어 모이다; ~로 몰려들다
kerupuk	꺼루뿍	ⓝ 양파, 새우, 생선가루가 섞인 튀긴 과자; 새우깡, 감자깡과 같은 과자
kerut	꺼룻	ⓝ 주름살; (천 등의) 주름
kesah	꺼사	ⓝ (못마땅한) 한숨; 탄식
kesal	꺼살	ⓐ 1 심기가 불편한; 언짢은; 2 기분 나쁜

kesambet	꺼삼벗	ⓐ 귀신 들려 아프거나 혼미하여 쓰러진
kesan	꺼산	ⓝ (보고, 듣고, 경험한 후의) 느낌; 인상; 소감
kesandung	꺼산둥	ⓥ (우연히) 부딪치다; 채이다
kesat	꺼샷	ⓐ (피부, 천 등이) 까칠한;
mengesat	멍어샷	ⓥ (물기를 빼느라 천으로) 닦다
keselak	꺼슬락	ⓥ (음식, 물이) 잘못 넘어가 콜록대다
keseléo	꺼슬레오	〔k〕 ⓥ 손, 발의 인대 혹은 힘줄이 잘못되다
kesima, terkesima	꺼시마, 떠르꺼시마	ⓥ 정신을 못차리다; 넋이 빠진
kesét, mengeset	꺼셋, 멍으셋	〔k〕 ⓥ 동물의 가죽을 벗기다
kesét	께셋	ⓝ 도어 매트
késot, berkesot	께솟, 버르께솟	ⓥ 엉덩이로 움직이다
ketan	꺼딴	ⓝ 찹쌀
ketapang	꺼따빵	ⓝ 1 나무 이름; 2 기름 짜는 꺼따빵 씨
ketat	꺼땃	ⓐ 1 꽉 붙어 있는; 2 꽉 조이는
ketawa	꺼따와	ⓥ 〔cak〕 ☞ tawa 웃다
kéték	께떽	〔k〕 ⓝ 겨드랑이
kétél	께뗄	ⓝ 1 주전자; 2 솥; 3 증기통
ketéla	꺼뗄라	ⓝ 식용 뿌리 식물; 카사바
ketemu	꺼뜨무	ⓥ 〔cak〕 만나다

ketétér	꺼떼떼르	_jw_ _v_ 멀리 뒤쳐지다
ketiak	꺼띠악	_n_ 겨드랑이
ketiban	꺼띠반	_jw_ _v_ 행운을 얻다
ketik, mengetik	꺼띡, 멍어띡	_v_ 타이핑하다
ketika	꺼띠까	_n_ 시점; 때; 순간; _kon_ ~할 때; ~할 즈음에;
seketika	스꺼띠까	_adv_ 순간; 때
ketimbang	꺼띰방	_p_ _cak_ 비교를 나타낼 때 쓰는 전치사
ketimun	꺼띠문	☞ 오리 (mentimun)
ketir-ketir	꺼띠르–꺼띠르	_jw_ _a_ 걱정하는
ketok	꺼똑	_n_ 노크 소리; 두드림
ketombé	꺼똠베	_n_ 머리 부스럼
ketoprak¹	꺼또쁘락	_n_ 자바의 전통 무대극
ketoprak²	꺼또쁘락	_n_ 'gadogado'와 비슷한 요리(야채와 땅콩 같은 것을 무친 것)
ketua	끄뚜아	_n_ 1 연장자; 2 의장; 회장
ketuban	꺼뚜반	_n_ 산모에게서 나오는 양수
ketuk	꺼뚝	_n_ 노크 소리; 가볍게 두드리기;
terketuk	떠르꺼뚝	_v_ (흥미, 희망 등이) 일어난; 깨인;
ketukan	꺼뚜깐	_v_ 두드림; 노크
ketumbar	꺼뚬바르	_n_ 양념으로 쓰이는 식물
ketupat	꺼뚜빳	_n_ 야자 잎을 엮어 갑을 만들고 그 안에 쌀을 넣고 찐 쌀떡/밥
ketus	꺼뚜스	_a_ 날카롭고 억센 말투의

khalayak	칼라약	[n] 1 신의 창조물; 피조물; 2 대중; 다수; 민중
khas	하스	[a] 독특한
khasiat	카시앗	[n] (약, 물질의) 특효, 특성, 효험
khatam	카땀	[v] 끝나다; 종결하다
khatulistiwa	카뚤리스띠와	[n] 적도
khawatir	카와띠르	[a] 염려하다; 걱정하는
khayal	카얄	[n] 1 허상; 공상; 2 환상
khianat	키아낫	[n] 변절; 배신; 사기;
berkhianat	버르키아낫	[v] 배신하다; 배반하다; 변절하다
khitan	키딴	[n] 포경수술
khusus	쿠수스	[a] 특별한; 특수한
kiai	끼아이	[n] 1 이슬람교의 율법사; 2 주술사
kiamat	끼아맛	[n] 1 부활; 2 멸망의 날
kian[1]	끼안	[n] 그 정도; 그리 많이; [adv] 점차로 많이;
sekian	스끼안	[n] 이 정도; 여기까지
kian[2]	끼안	[p] 저기; 거기; ~ kemari 왔다 갔다
kiat	끼앗	[n] 요령; 재주; 전략; 비밀
kibar, berkibar	끼바르, 버르끼바르	[v] 휘날리다; 펄럭이다; 나부끼다;
mengibarkan	멍이바르깐	[v] ~ bendera 국기를 계양하다
kibas, mengibas	끼바스, 멍이바스	[v] 개, 소, 말꼬리 혹은 코끼리 귀 등이 살랑살랑 흔들리다;

mengibas-ngibaskan, mengibaskan	멍이바스-응이바스깐, 멍이바스깐	[v] 흔들어대다
kiblat	끼블랏	[n] 이슬람교도가 기도하는 메카에 있는 흑석 방향
kicau	끼짜우	[n] 새가 지저귀는 소리; [ki] 아이들이 웅얼거리는 소리; 재잘거리는 소리
kidal	끼달	[a] 왼손잡이의
kijang	끼장	[n] 사슴
kikir	끼끼르	[n] 가는 줄;
mengikir	멍이끼르	[v] 줄질하다; 줄로 부드럽게 갈다; 고르게 줄로 갈다
kikis[1], mengikis	끼끼스, 멍이끼스	[v] 1 (날카로운 것으로) 긁어내다; 2 조금씩 없애다
kikis[2]	끼끼스	[Mk] [v] (재물) 사라진
kilang(an)	낄랑/안	[n] 1 압착기; 짜는 일; 2 농산물 가공 공장
kilap	낄랍	[n] 광택(kilat; gilap); 광채; 윤기; 빛남
kilas	낄라스	[n] 번개
kilat	낄랏	[n] 번개; 섬광; [a] 아주 빠른;
berkilat(-kilat)	버르낄랃/낄랏	[v] 번쩍이다
kilau	낄라우	[n] 광채
kilir, terkilir	낄리르, 떠르낄리르	(팔 혹은 발목 등을) 삐다
kilo	낄로	[n] 킬로그램의 약자;
berkilo-kilo	버르낄로-낄로	[a] 수 킬로그램

kilogram	낄로그람	*n* **킬로그램**
kilometer	낄로메떠르	*n* **킬로미터**
kimia	끼미아	*n* **화학**
kina	끼나	*n* (말라리아 약을 만드는) **식물 이름**
kincir	낀찌르	*n* **물이나 바람으로 돌아가는 원형 물레**
kinérja	끼네르자	*n* 1 **드러난 성과**; 2 **성능**; **능력**
kini	끼니	*adv* **지금은**; **요즘은**
kios	끼오스	*n* (신문, 잡지 등을 파는) **간이 상점**
kipas	끼빠스	*n* **부채**
kiper	끼뻐르	*n* **골키퍼**
kira	끼라	*n* *cak* **예측**; **추측**; **추정**;
kira-kira	끼라-끼라	*n* **아마도**; **대략**;
sekiranya	스끼라냐	*adv* **만약 ~라면**; **만약 ~라 여긴다면**
kiri	끼리	*n* **왼쪽**
kirim, berkirim	끼림, 버르끼림	*v* (~누군가를 통해) **보내다/전달하다**
kisah	끼사	*n* **이야기**;
berkisah	버르끼사	*v* **이야기하다**
kisar	끼사르	*n* **축을 가진 회전**
kisi, kisi-kisi	끼시, 끼시-끼시	*n* **창살**; **난간**(teralis)
kismis	끼스미스	*n* **건포도**
kista	끼스따	*n* **자궁 종양**; **자궁암**

kita	끼따	n pron 청자를 포함한 우리들
kitab	끼땁	n 경전; 서적; 책; ~ Injil 성경; ~ Suci 경전; 성서
kitar, berkitar	끼따르, 버르끼따르	v 돌다; 회전하다;
mengitari	멍이따리	v ~에서 회전하다
sekitar	스끼따르	n 주변; 주위; adv ~에 관하여
klaim	끌라임	n 요구
klakson	끌락손	n 자동차 경적
klan	끌란	n 씨족(氏族)
klarifikasi	끌라리휘까시	n 명시; 해명; 설명
klarinet	끌라리넷	n 악기 클라리넷
klasemén	끌라스멘	n (1군, 2군 등의) 그룹화; 부류화
klasifikasi	끌라시휘까시	n 분류
klasik	끌라식	a 고품격의; 고전의
klausa	끌라우사	n (문법상) 절
klausul	끌라우술	n (조약·법률 등의) 조목, 조항
klién	끌리엔	n 1 소송 의뢰인; 변호의뢰인; 2 고객
klimaks	끌리막스	n 극의 정점; 클라이맥스
klimis	끌리미스	a 반질반질한
klinik	끌리닉	n 건강 진료 혹은 약 처방이 가능 한 진료소
klip	끌립	n 집게; 클립
kliring	끌리링	n 은행 간 금융회전, 청산; 어음 교환

klisé	끌리세	*n* 1 영화, 사진 등의 흑백 사진; 2 연판(鉛版); 양각판
klop	끌롭	*a* *cak* 적합한; 알맞은
klosét	끌로셋	*n* 변기
klub	끌룹	*n* 1 특정 목적의 모임; 2 클럽(장소)
knalpot	끄날뽓	*n* 자동차 소음기; 자동차 머플러
koalisi	꼬알리시	*n* (정치상의) 연립
koar, berkoar	꼬아르, 버르꼬아르	*v* (맞서거나 비평, 비난하느라) 큰 소리 치다
kobar, berkobar(-kobar)	꼬바르, 버르꼬바르/ 꼬바르	*v* 활활 타오르다; *ki* (전쟁, 폭동 등이) 거세지다; 맹렬해지다
kobok	꼬복	*n* 손 닦는 물 그릇
kocak	꼬짝	*a* 우스꽝스러운; 웃기는
kocar-kacir	꼬짜르–까찌르	*a* 혼비백산하다
kocok	꼬쪽	*v* 흔들다;
mengocok	멍오쪽	*v* 1 (병 등을) 흔들다; 2 섞다
kode	꼬드	*n* 1 표시; 코드; 2 암호체계; 약호
kodi	꼬디	*n* (20개 묶음) 단위
kondisional	꼰디시오날	*a* 조건부의; 잠정적인
kodok	꼬똑	*n* 개구리
koherensi	꼬헤렌시	*n* 부착(성); 응집(성); 결합; (문체 · 이론 등의) 통일; 시종 일관성
koin	꼬인	*n* 동전
kok	꼭	(놀람 혹은 의아함을 강조하는) 강조사

koki	꼬끼	𝑛 요리사
kokok	꼬꼭	𝑛 닭 울음소리
koktail	꼭따일	𝑛 칵테일
kol	꼴	𝑛 양배추
kolaborasi	꼴라보라시	𝑛 (적군 혹은 점령군에 대한) **협력**; 조력
kolaborator	꼴라보라또르	𝑛 (적군 혹은 점령군에 대한) **협력자**; 조력자
kolak	꼴락	𝑛 고구마, 바나나 등의 과일과 설탕, 야자 즙을 섞어 끓인 음식
kolam	꼴람	𝑛 1 **연못**; 2 수조
kolang-kaling	꼴랑–깔링	과일로 쓰이는 'aren', 야자나무 열매
koléga	꼴레가	𝑛 (같은 관직·전문 직업의) **직장 동료**
koléksi	꼴렉시	𝑛 수집; 채집; 모음;
mengoleksi	멍올렉시	𝑣 수집하다
koléktif	꼴렉띱	𝑎 집단적인; 집합적인; 공동의
koléktor	꼴렉또르	𝑛 1 징수원; 2 수집가; 3 수집기 장치; 4 집전기
kolesterol	꼴레스떼롤	𝑛 콜레스테롤
kolom	꼴롬	𝑛 1 단(段); 2 세로줄; 3 (신문) 칼럼; 난; 특별 기고란
kolonél	꼴로넬	𝑛 대령(군대)
kolong	꼴롱	𝑛 1 (연단, 책상, 침대 등의) **아래 빈 공간**; 2 갱도
koloni	꼴로니	𝑛 식민지
kolonial	꼴로니알	𝑎 식민지의

kolonialisme	꼴로니알리스머	*n* 식민주의
kolumnis	꼴룸니스	*n* 칼럼니스트; 신문의 특별기고가
koma¹	꼼마	*n* 쉼표; 콤마
koma²	꼼마	*n* 의식불명
komandan	꼬만단	*n* 지휘자; 부대장
komando	꼬만도	*n* 명령
komat-kamit	꼬맛−까밋	*n* 웅얼웅얼거리다
kombinasi	꼼비나시	*n* 결합; 조합; 묶음
komédi	꼬메디	*n* 희극; 코미디
komédian	꼬메디안	*n* 희극 배우; 코미디언; 익살꾼
koméntar	꼬멘따르	*n* (시사문제 등의) 논평; 비평; 견해
koméntator	꼬멘따또르	*n* 논평가; 비평가
komersial	꼬머르시알	*a* 1 상업[통상, 무역]의; 상업[무역]상의; 2 영리적인; 돈벌이 위주인
komersialisasi	꼬머르시알리사시	*n* 상업화
komét	꼬멧	*n* 혜성
komidi	꼬미디	*n* 곡예 ~ putar 회전목마
komik	꼬믹	*n* 1 만화; 2 광대
komikus	꼬미꾸스	*n* 만화가
komisaris	꼬미사리스	*n* 1 회사 관리를 위해 주주에 의해 선임되는 사람; 2 대표자; 위원; 대리; 3 경찰 계급으로 소령을 지칭

komisi	꼬미시	*n* 1 「집합적」 위원회; 최고 권위자 집단; (임무, 직권의) 위임, 위탁; 2 수수료; 구전; 커미션; 3 위탁물품
komité	꼬미떼	*n* (특정 목적을 수행하기 위한) 위원회
komitmen	꼬믿먼	*n* 계약; 서약; 실행 약속; 공약
komoditas, komoditi	꼬모디따스, 꼬모디띠	*n* 1 주요 거래상품; 2 국제 수출 기준에 맞는 원자재(고무, 커피 등)
komodo	꼬모도	*n* 인도네시아 Komodo섬에 있는 거대 도마뱀
kompak	꼼빡	*a* 호흡이 잘 맞는; 잘 들어맞는
kompas	꼼빠스	*n* 나침반; 중용; 정도
kompatibel	꼼빠띠블	*a* 1 서술적 조화되는; 적합한; 2 호환성의
kompénsasi	꼼뻰사시	*n* 1 변상; 2 보상
kompeten	꼼뻐뗀	*a* 1 전문의; 경험이 있는; 숙련된; 잘 훈련된; 2 권한이 있는
kompetensi	꼼뻐뗀시	*n* 1 적성; 자격; 능력; 2 (법률) 권능; 권한
kompetisi	꼼뻐띠시	*n* 1 시합; 겨루기; 2 경쟁
kompetitif	꼼뻐띠띱	*a* 경쟁의; 경쟁적인; 경쟁에 의한
kompetitor	꼼쁘띠또르	*n* 경쟁자
kompléks[1]	꼼쁠렉스	*n* 단지
kompléks[2]	꼼쁠렉스	*a* 복잡한; (정신분석) 이상심리의; 혐오의
komplét	꼼쁠렛	*a* 완벽한
komplikasi	꼼쁠리까시	*n* (의학) 합병증
komplot	꼼쁠롯	*n* 일당; 패거리

komponén	꼼뽀넨	⒩ 성분; 구성요소
komponis	껌뽀니스	⒩ 작곡가
kompor	꼼뽀르	⒩ 요리에 쓰는 열기구
kompos	꼼뽀스	⒩ 거름; 퇴비
komposer	꼼뽀세르	⒩ 작곡가
komposisi	꼼뽀시시	⒩ 1 구성; 2 합성
komprehénsif	꼼쁘르헨십	⒜ 1 포괄적인; 2 범위가 넓은; 3 이해력이 있는
komprés	꼼쁘레스	⒩ 머리 식히는 찬 물수건
komprésor	꼼쁘레소르	⒩ 컴프레서; 압축기
kompromi	꼼쁘로미	⒩ 1 타협; 화해; 양보; 2 절충안
komputer	꼼뿌떠르	⒩ 컴퓨터
komunikasi	꼬무니까시	⒩ 1 전달; 통신; 2 정보; 교신; 3 교통;
komunis	꼬무니스	⒩ 공산주의자
komunisme	꼬무니스므	⒩ 공산주의
komunitas	꼬무니따스	⒩ 사회; 사회 공동체
kondang	꼰당	⒜ 유명한
kondangan	꼰당안	⒩ *cak* (결혼식, 축하연 초대에) 가다
kondéktur	꼰덱뚜르	⒩ 버스 차장
kondisi	꼰디시	⒩ 1 조건; 2 상태; 상황
kondom	꼰돔	⒩ 콘돔
konduksi	꼰둑시	⒩ 유도 (작용); (물리) 전도; (생리) 자극의 전도

konduktor	꼰둑또르	ⓝ 1 (물리 · 전기) **전도체; 도체; 도선(導線)**; 2 (음악) **지휘자; 악장; 컨덕터**
konéksi	꼬넥시	ⓝ 1 **연결**; 2 (인과적, 논리적) **관계; 관련**
konféderasi	꼰홰드라시	ⓝ **동맹; 연합; 연합체; 동맹; 연방**
konférensi	꼰홰렌시	ⓝ 1 **회담; 협의**; 2 **회의; 협의회**
konfirmasi	꼰휘르마시	ⓝ **확정; 확인**
konflik	꼰훌릭	ⓝ 1 (무력에 의한 장기적) **갈등; 투쟁; 싸움**; 2 (의견, 사상의) **충돌; 대립**
konfrontasi	꼰프론따시	ⓝ 1 **직면; (법정에서의) 대면; 대응**; 2 **적대**
konglomérat	꽁로메랏	ⓝ 1 **집성체; 집단; (지질) 역암**; 2 (경제) **거대 복합기업; 재벌**
kongrés	꽁그레스	ⓝ 1 **대표자회**; 2 **대의원회**
kongsi	꽁시	ⓝ 1 **상회; 회사**; 2 **협회; 모임**; 3 **지주 사무실**
konjugasi	꼰주가시	ⓝ 1 (문법) **어형변화; 동사의 활용**; 2 (행성 등의) **결합**
konjungsi	꼰중시	ⓝ **접속사**
konkrét	꼰끄렛	ⓐ 1 **현실의**; 2 **구체적인**
konon	꼬논	ⓐdv **소문에 의하면**
konotasi	꼬노따시	ⓝ 1 **함축**; 2 (논리) **내포**
konotatif	꼬노따띱	ⓐ **함축적인; 내포성의**
konsekuén	꼰서꾸엔	ⓐ **결과로 일어나는; 귀결되는**
konsekuénsi	꼰서꾸엔시	ⓝ (영향의) **결과; 귀결**
konseling	꼰슬링	ⓝ **카운슬링; 상담**

konselor	꼰슬로르	[n] 상담자; 카운슬러
konséntrasi	꼰센뜨라시	[n] 1 집중; 2 전념; 3 농축
konséntrat	꼰슨떠랏	[n] 농축
konsép	꼰셉	[n] 1 초안; 기본 틀; 2 개념
konsér	꼰세르	[n] 1 연주; 2 합주
konservasi	꼰서봐시	[n] (자연의) 보호; 관리; 보존; 유지
konservatif	꼰서르봐띱	[a] 보수적인; 전통적인
konsistén	꼰시스뗀	[a] 일관된; 변치 않는
konsisténsi	꼰시스뗀시	[n] 일관성; 언행일치
konsolidasi	꼰솔리다시	[n] 1 굳게 함; 강화; 2 합동; 합병
konsonan	꼰소난	[n] (언어) 자음
konspirasi	꼰스삐라시	[n] 공모
konstan	꼰스딴	[n] 지속하다
konstituén	꼰스띠뚜엔	[n] (언어) 요소
konstitusi	꼰스띠뚜시	[n] 1 헌법; 2 정체
konstitusional	꼰스띠뚜띠오날	[a] 헌법의; 입헌적인; 법치의
konstruksi	꼰스뜨룩시	[n] 1 건설; 건축; 2 문장구조
konsul	꼰술	[n] (외교관) 영사
konsulat	꼰술랏	[n] 영사관; 영사 직위 혹은 업무
konsulér	꼰술레르	[n] 자문관; 세무사
konsultan	꼰술딴	[n] 컨설턴트; 자문관; 상담사; 고문
konsultasi	꼰술따시	[n] 상담; 의논; 협의

konsumén	꼰수멘	*n* 1 일상생활의 소비자; 2 주문자; 3 고객
konsumsi	꼰숨시	*n* 1 소비; 소모; 2 일용품; 필수품
konsumtif	꼰숨띱	*a* 소비적인
kontak	꼰딱	*n* 접촉; 내왕; *cak* 전기 연결
kontaminasi	꼰따미나시	*n* (방사능, 환경 물질에 의한) 오염
kontan	꼰딴	*a* 현금의
kontéks	꼰떽스	*n* 1 문맥; 2 경위; 상황; 배경
kontékstual	꼰떽스뚜알	*a* 문맥상의; 전후 관계의
kontémporér	꼰뗌뽀레르	*a* 1 현재의; 근래의; 2 현대의; 최근의
kontés	꼰떼스	*n* 경기; 경쟁; 경연; 콘테스트
kontéstan	꼰떼스딴	*n* 경기/경연 참여자
kontingén	꼰띵엔	*n* (선수, 군대, 청소년단 등의) 대규모의 대표단; 선수단
kontra	꼰뜨라	*a* 반대의
kontradiksi	꼰뜨라딕시	*n* 부정; 부인; 반대
kontrak	꼰뜨락	*n* 1 계약; 2 (법적인) 화의
kontraksi	꼰뜨락시	*n* 1 수축; 2 원자의 상호 흡인
kontraktor	꼰뜨락또르	*n* 건축 시공자
kontras	꼰뜨라스	*n* 대조
kontribusi	꼰뜨리부시	*n* 1 회비; 2 기부
kontrol	꼰뜨롤	*n* 1 감독; 2 통제; 제어
kontrovérsi	꼰뜨로뵈르시	*n* 논쟁; 말다툼

kontrovérsial	꼰뜨로뵈르시알	📖 논쟁의
konvénsional	꼰뵌시오날	📖 1 (풍습; 관례; 인습에 의한) 협의; 합의에 따른; 2 전통적인
konvérsi	꼰뵈르시	📖 변환; 이전; 전환
konvoi	꼰보이	📖 호송; 호위; 호송함; 호송차량
kooperasi	꼬오쁘라시	📖 협동, 협력, 제휴
kooperatif	꼬오뻐라띱	📖 협력적인; 협동의; 협조적인; (소비) 조합의
koordinasi	꼬오르디나시	📖 1 동등; 대등; 동위; 동등하게 함; 2 조화; 일치
koordinator	꼬오르디나또르	📖 동격으로 하는 사람/것
kop	꼽	📖 제목(judul)
koper	꼬뻐르	📖 여행용 가방
koperasi	꼬뻐라시	📖 조합
kopi[1]	꼬삐	📖 커피
kopi[2]	꼬삐	📖 복사
kopiah	꼬삐아	📖 인도네시아 무슬림이 쓰는 전통 모자의 일종
kopling	꼬쁠링	📖 자동차 클러치 부분
koran	꼬란	📖 신문
korban	꼬르반	📖 1 희생자; 2 희생양; 희생물
korék[1]	꼬렉	📖 긁다
korék[2]	꼬렉	📖 성냥
koréksi	꼬렉시	📖 정정; 교정; 수정
koréktor	꼬렉또르	📖 1 교정자; 정정자; 2 시험 채점자

korélasi	꼬렐라시	*n* 상호관계; 상관관계
koréng	꼬렝	*n* 곪은 상처
koréspondén	꼬레스뽄덴	*n* 특파원; 통신원
koréspondensi	꼬레스뽄덴시	*n* 통신; 교신; 서신 왕래; 편지
koridor	꼬리도르	*n* 1 복도; 2 좁은 연결 통로
korma	꼬르마	*n* 대추야자
kornéa	꼬르네아	*n* 각막
kornét	꼬르넷	*n* 고기 통조림
korosi	꼬로시	*n* 부식(작용)
korps	꼬릅스	*n* 1 군단; 특수병과; ~부(대); (특수 임무를 띤) ~단(團); 2 (행동을 같이하는) 단체, 집단, 단
Korsel	꼬르슬	*n* 남한
korset	꼬르셋	*n* 여자들의 배를 조이는 옷: 코르셋
korsléting	꼬르슬레띵	*a* (전기) 합선되어 끊어진; *ki* *cak* 1 관계가 단절된; 2 좋은 생각을 할 수 없는
korting	꼬르띵	*n* 가격 인하; 할인
korup	꼬룹	*a* *cak* 부패한
korupsi	꼬룹시	*n* 횡령; 착복; 부패행위; 독직
koruptor	꼬룹또르	*n* 횡령자; 부패자; 독직자
kos	꼬스	*n* *cak* ☞ indekos 셋방; 하숙; 원룸 셋방
kosakata	꼬사까따	*n* 어휘
kosmétik	꼬스메띡	*a* 미용의; 화장술의; *n* 화장품

kosmopolitan	꼬스모뽈리딴	[n] 세계인; 국제인; 세계주의자; [a] 세계주의의; 세계 공통의; 전 세계적인
kosmos	꼬스모스	[n] 우주; 천지 만물
kosong	꼬송	[a] 1 비어 있는; 2 없는
kostum	꼬스뚬	[n] 특수복; 단체복; 정복
kota	꼬따	[n] 1 도시; 2 행정 중심지; 3 성곽; 외곽 벽
kotak	꼬딱	[n] 1 상자; 2 사각 모양
kotor	꼬또르	[a] 1 더러운; 2 지저분한; 불결한
koyak	꼬약	[a] 찢어진; 째진
kram	끄람	[a] [cak] (근육에) 쥐가 난
krayon	끄라욘	[n] 색연필
kréasi	끄레아시	[n] 1 창조; 2 창작
kréatif	끄레아띱	[a] 창조적인; 독창적인
kréativitas	끄레아띠뷔따스	[n] 독창력; 창작력
kréator	끄레아또르	[n] 창조자; 독창자
krédibilitas	끄레디빌리따스	[n] 정직성; 신뢰성; 보장성
krédit[1]	끄레딧	[n] 1 신용; 신뢰; 신망; 2 신용대출; 외상 판매
kredit[2]	끄레딧	[n] 대학의 (이수) 단위, 학점
kréditor	끄레디또르	[n] 채권자
krémasi	끄레마시	[n] 화장(火葬)
krim	끄림	[n] 1 (먹는) 크림; 2 화장 크림; 3 크림색

kriminal	끄리미날	ⓐ 범죄의; 형사상의
kriminalitas	끄리미날리따스	ⓝ 범죄성; 범죄 행위; 유죄; 형사상 일
kriminolog	끄리미놀록	ⓝ 형법학자
kriminologi	끄리미놀로기	ⓝ 형법학; 범죄학
kring	끄링	ⓝ 벨소리
krisis	끄리시스	ⓐ 위기의
kristal	끄리스딸	ⓝ 1 수정; 2 결정(체)
kristalisasi	끄리스딸리사시	ⓝ 결정화; 결정(체); 정출(晶出); 구체화
Kristén	끄리스뗀	ⓝ 기독교;
mengkristenkan	멍끄리스뗀깐	ⓥ ~을 기독교로 포교하다; ~을 기독교인이 되게 하다
kristénisasi	끄리스떼니아시	ⓝ 기독교화
kritik	끄리띡	ⓝ 비평; 평론
kritikus	끄리띠꾸스	ⓝ 비평가; 평론가
kritis¹	끄리띠스	ⓐ 위기의; 위험기의; 위급한; 위독한
kritis²	끄리띠스	ⓐ 비판적인
krokét	끄로껫	ⓝ 감자를 갈아서 고기를 넣고 둥그렇게 튀겨 만든 것
kromo	끄로모	ⓝ 고급 자바어
kronis	끄로니스	ⓐ 1 만성의; 고질적인; 2 오래 끄는
kronologi	끄로놀로기	ⓝ 연대순; 연대의 전후 관계
kronologis	끄로놀로기스	ⓐ 연대순으로; 연대학의
krusial	끄루시알	ⓐ 1 위태로운; 2 결정적인

ku	꾸	*pron* aku의 **약자** (수식하는 명사 뒤에 붙여 쓴다: rumahku 나의 집)
kuaci	구아찌	*n* 해바라기씨
kuadrat	꾸아드랏	*n* 제곱; 자승
kuah	꾸아	*n* 국물
kuak, menguak	꾸악, 멍우악	*v* (좌우로) 열리다;
menguakkan	멍우악깐	*v* 좌우로 젖혀 열다;
terkuak	떠르꾸악	*v* 좌우로 열려진
kualat	꾸알랏	*a* 벌 받다
kualifikasi	꾸알리휘까시	*n* 전문가 자격; 능력
kualitas	꾸알리따스	*n* 좋고 나쁨; 질
kualitatif	꾸알리띱	*a* 질적인
kuantitas	꾸안띠따스	*n* 양
kuantitatif	꾸안띠따띱	*a* 양적의
kuap	꾸압	*n* 하품
kuartal	꾸아르딸	*n* 분기
kuas	꾸아스	*n* 화필; 그림 붓; 솔
kuasa	꾸아사	*n* 1 힘; 2 권한
kuat	꾸앗	*a* 1 힘센; 2 강한;
menguat	멍우앗	*v* 강해지다(menjadi kuat);
menguatkan	멍우앗깐	*v* ~을 튼튼하게 하다;
kekuatan	꺼꾸아딴	*n* 힘
kubik	꾸빅	*n* 세제곱

kubis	꾸비스	n 양배추
kubu	꾸부	n 편
kubur	꾸부르	n 무덤 구멍; 묘;
mengubur(kan)	멍우부르/깐	v 묻다
kucar-kacir	꾸짜르-까찌르	a 엉망진창인; 아무렇게나; 무질서하게; 정신없이
kucek, mengucek-ngucek	꾸쩍, 멍우쩍-응우쩍	v 1 눈을 비비다; 2 손으로 빨래를 비비다
kucil, mengucil(kan)	꾸찔, 멍우찔/깐	v 삐져나오게 두다; (구멍 등에서) 나오게 놓아두다
kucing	꾸찡	n 고양이
kucir	꾸찌르	n 쪽머리
kucur, berkucur	꾸쭈르, 버르꾸쭈르	v 흘러나오다
kuda	꾸다	n 말
kudéta	꾸데따	n 쿠데타; 정변
kuduk	꾸둑	n 목덜미
kudung	꾸둥	n 머리를 가리는 천; 머리에 쓰는 천
kudus	꾸두스	a 신성한
kué	꾸에	n 과자; 떡
kuésionér	꾸에시오네르	n 설문지
kuil	꾸일	n 1 신당; 2 힌두교 사원; 3 절
kuintal	꾸이딸	n 100kg 단위의 무게
kuis	꾸이스	n 퀴즈

kuitansi	꾸이딴시	ⓝ 영수증
kujur, sekujur	꾸주르, 스꾸주르	ⓝ 전체의
kuku	꾸꾸	ⓝ 손톱; 발톱; 말발굽
kukuh	꾸꾸	ⓐ 1 굳건한; 튼튼한; 2 굳센;
berkukuh	버르꾸꾸	ⓥ 마음을 굳건히 하다
kukus	꾸꾸스	ⓝ 찜
kulai, berkulai	꿀라이, 버르꿀라이	ⓥ (나뭇가지, 깃발 등이) 힘없이 매달려 있는;
terkulai	떠르꿀라이	ⓥ (나뭇가지, 깃발 등이) 힘없이 매달려 있는
kuli	꿀리	ⓝ 잡역부; 막노동자
kuliah	꿀리아	ⓝ 대학의 수업; 강의;
berkuliah	버르꿀리아	ⓥ 강의를 받다;
menguliahi	멍울리아히	ⓥ 가르치다
kulit	꿀릿	ⓝ 껍질; 피부; 살
kulkas	꿀까스	ⓝ 냉장고
kultur	꿀뚜르	ⓝ 문화
kultural	꿀뚜랄	ⓐ 문화적인
kultus	꿀뚜스	ⓝ (종교상의) 예배(식); 제사;
mengultuskan	멍울뚜스깐	ⓥ 신성시하다
kumal	꾸말	ⓐ (옷 등이) 구겨지고 더러운
kuman	꾸만	ⓝ 1 진드기; 2 박테리아; ⓚⓘ 먼지와 같은 미세한 물질
kumandang	꾸만당	ⓝ 메아리; 반향; 울려 퍼지는 소리;
mengumandangkan	멍우만당깐	ⓥ 들려주다

kumat	꾸맛	_[iw]_ _[a]_ 병이 재발하다
kumbang	꿈방	_[n]_ 풍뎅이류; _[a]_ _[ki]_ 빛나는 검은색의
kumis	꾸미스	_[n]_ 콧수염
kumis kucing	꾸미스 꾸찡	_[n]_ 신장에 좋은 끓여먹는 약초
kumpar, mengumpar	꿈빠르, 멍움빠르	_[v]_ (얼레에) 실, 줄 등을 감다;
kumparan	꿈빠란	_[n]_ 실타래; 얼레
kumpul, berkumpul	꿈뿔, 버르꿈뿔	_[v]_ 1 단합하다; 2 모이다;
mengumpulkan	멍움뿔깐	_[v]_ ~을 모으다
kumuh	꾸무	_[a]_ (지역이) 더러운
kumulatif	꾸물라띱	_[a]_ 축적적; 점증적; 누가적(累加的) 인; 누적하는
kumur, berkumur	꾸무르, 버르꾸무르	_[v]_ 입가심을 하다; 가글하다; 입을 가시다
kunang-kunang	꾸낭-꾸낭	_[n]_ 반딧불
kunci	꾼찌	_[n]_ 1 자물쇠; 2 문고리;
mengunci(kan)	멍운찌/깐	_[v]_ 잠그다;
terkunci	떠르꾼찌	_[a]_ 잠겨진
kuncir	꾼찌르	☞ kucir 쪽머리; 올린머리
kuncup	꾼쭙	_[v]_ (꽃이) 피지 않은; (우산 등이) 접혀진
kungkung	꿍꿍	_[n]_ 차꼬; 족쇄
kuning	꾸닝	_[a]_ 노란색, 황색

kuningan[1]	꾸닝안	ⓝ 놋쇠; 황동(구리와 아연의 합금)
Kuningan[2]	꾸닝안	ⓝ 6월경에 있는 힌두교 명절
kunir	꾸니르	ⓝ 심황(생강의 일종)
kunjung[1], **berkunjung**	꾼중, 버르꾼중	ⓥ 방문하다; 예방하다
kunjung[2]	꾼중	ⓐ 급히
kuno	꾸노	ⓐ 오래된; 고대의
kuntit, **menguntit**	꾼띳, 멍운띳	ⓥ 은밀히 뒤쫓다
kuntum	꾼뚬	ⓝ 1 꽃봉오리; 2 송이를 세는 수량사
kunyah, **mengunyah**	꾸냐, 멍우냐	ⓥ 씹다
kunyit	꾸닛	ⓝ 심황 뿌리(생강류)
kuota	꾸오따	ⓝ 할당; 분담액; 쿼터
kupas, **mengupas**	꾸빠스, 멍우빠스	ⓥ 껍질을 벗기다; 까다
kuping	꾸삥	ⓝ 귀
kupon	꾸뽄	ⓝ 쿠폰
kupu-kupu	꾸뿌-꾸뿌	ⓝ 나비; 나방
kura-kura	꾸라-꾸라	ⓝ 거북이
kurang	꾸랑	ⓐ 1 부족한; 2 못 미치는; 3 모자라는; 4 충족하지 못하는;
berkurang	버르꾸랑	ⓥ 감소하다; 줄어들다;
pengurangan	뻥우랑안	ⓝ 감소; 축소

kurang ajar	꾸랑 아자르	ⓐ 건방진; 무례한; 교양 없는
kurang percaya	꾸랑 뻬르짜야	ⓐ 불신의; 신뢰 부족의
kuras, menguras	꾸라스, 멍우라스	ⓥ 1 물통, 목욕탕 등을 물청소하다; 청소하려 배수구로 물을 흘려보내다; 2 내용물을 소진하다
kurator	꾸라또르	ⓝ (박물관 · 도서관 따위의) 관리자, 감독, 관리인; (법률) 파산자 재산관리인/후견인
kurban	꾸르반	ⓝ 희생제날에 알라신에게 바치는 (양, 염소, 소 등의) 재물을 바침
kurcaci	꾸르짜찌	ⓝ 작은 형상의 영(靈)/요정
kurikulum	꾸리꿀룸	ⓝ 커리큘럼; 교과과정
kurir	꾸리르	ⓝ (서류, 편지 등) 급송 배달부
kurma	꾸르마	ⓝ 대추야자
kurs	꾸르스	ⓝ 환율; 교환 비율
kursi	꾸르시	ⓝ 의자; ⓚ 보직
kursor	꾸르소르	ⓝ 컴퓨터의 커서
kursus	꾸르수스	ⓝ 1 학습과정; 학습; 교육; 2 학교외의 교육기관
kurun	꾸룬	ⓝ 시대; 세기(abad); 주기
kurung	꾸룽	ⓝ 1 괄호; 2 새장; 닭장; 우리
kurus	꾸루스	ⓐ 마른; 홀쭉한
kurva	꾸르봐	ⓝ 곡선
kusam	꾸삼	ⓐ (빛이) 흐린; 희미한
kusén	꾸센	ⓝ 창틀

kusir	꾸시르	ⓝ 마부
kusut	꾸숫	ⓐ 1 (실, 머리카락 등) 헝클어진; 2 엉망진창의
kutak, mengutak	꾸딱, 멍우딱	ⓥ 세게 흔들다;
mengutak-ngatikkan	멍우딱–응아띡깐	ⓥ 마음대로 갖고 놀다, 들썩거리다
kutang	꾸땅	ⓝ 1 브래지어; 2 가슴받이 여자 속옷; 슈미즈
kutat, berkutat	꾸땃, 버르꾸땃	ⓥ 뭔가를 생각하느라 바쁜
kutik, berkutik	꾸띡, 버르꾸띡	ⓥ 1 조금씩 움직이다; 2 힘쓰다
kutip	꾸띱	ⓝ 인용부호;
mengutip	멍우띱	ⓥ 인용하다
kutu	꾸뚜	ⓝ (곤충) 이
kutub	꾸뚭	ⓝ 1 지구의 양극; 2 자석의 극; 3 전지의 끝
kutuk	꾸뚝	ⓝ 1 악담; 독설; 저주; 2 액; 화
kuyup	꾸윱	ⓐ 젖은; 눅눅한(습기 찬)

L

lab	랍	[n] laboratorium의 약자; 실험실
laba	라바	[n] 1 이익; 이윤; 2 소득; 유익
laba-laba	라바-라바	[n] 거미
labél	라벨	[n] 딱지; 표
labil	라빌	[a] (건물이) 흔들리는; 튼튼하지 않은; 불안정한
laboratorium	라보라또리움	[n] 실험실
labrak, melabrak	라브락, 멀라브락	[v] 무차별적으로 두들겨 패다
labu	라부	[n] 박; 호박
labuh	라부	[a] (커튼, 발, 닻, 모기장 따위가) 밑으로 내려진, 늘어진, 매달린;
berlabuh	버르라부	[v] 1 아래로 내려져/늘어져 있다; 2 정박하다
lacak, melacak	라짝, 멀라짝	[v] 흔적/발자취를 쫓다
laci	라찌	[n] (책상, 옷장 따위의) 서랍
lacur	라쭈르	[a] 1 불행한; 재수 없는; 2 음란한; 부도덕한; 부정한;
melacur	멀라쭈르	[v] 매춘하다; 몸을 팔다;
lada	라다	[n] 후추
ladang	라당	[n] 1 경작지; 밭; 2 넓은 터전;
berladang	버르라당	[v] 1 경작하다; 2 경작지를 소유하다

ladén, meladeni	라덴, 멀라데니	_v_ (상대의 행위에 대해) **응수하다, 대꾸하다, 반응하다**
lafal	라활	_n_ **발음; 발성; 읽음**
laga	라가	_n_ **싸움**
lagak	라각	_n_ (폼 잡는, 뽐내는) **언행; 태도; 자세**
lagi	라기	_adv_ 1 **~하고 있는;** 2 **더;** 3 **다시;**
lagi pula	라기 뿔라	하물며; 더욱이;
lagi-lagi	라기-라기	또 다시
lagu	라구	_n_ 1 **어조; 억양** 2 **곡; 노래**
-lah	-라	(명령문을 강조하거나 또는 요청, 소망 따위를 나타낼 때 그 의미를 부드럽게 하기 위하여 사용하는) **강조사**
lahan	라한	_n_ **대지; 트인 땅**
lahap	라합	_a_ **가리지 않고 많이 먹는; 닥치는 대로 먹는;**
melahap	멀라합	_v_ **많이 먹다**
lahar	라하르	_n_ **용암**
lahir	라히르	_v_ **태어나다;** _a_ **외관으로 보이는; 외면의; 외면적인;**
melahirkan	멀라히르깐	_v_ **애를 낳다**
lahiriah	라히리아	_a_ **외면의; 외면적인; 외관상**
lain	라인	_a_ 1 **다른;** 2 **제외하고**
lajang	라장	_a_ **처녀인; 총각인; 미혼의**
laju	라주	_a_ (동작, 움직임이) **빠른; 신속한; 빨리 달리는;** _n_ **속도; 속력**

lajur	라주르	n 줄; 열
laki	라끼	n 1 (속어) 남편; 2 남자;
laki-laki	라끼-라끼	n 남자
lakon	라꼰	n 연극; 드라마
laksana	락사나	n p ~처럼; ~로서;
melaksanakan	멀락사나깐	v 수행하다
laku	라꾸	n 행동; 행위; a 1 팔린; 2 사용될 수 있는;
berlaku	버르라꾸	v 지속되다; 유효하다;
melakukan	멀라꾸깐	v 행하다; 수행하다; 집행하다
lalai	랄라이	a 1 부주의한; 태만한; 2 몰두하느라 잊다
lalap	랄랍	n '삼발' 장과 함께 먹는 오이, 상추, 가지 등의 채소류
lalat	랄랏	n (곤충) 파리
lalu	랄루	v 1 지나가다; 통과하다; 2 지난 p 그리고 나서;
melalui	멀랄루이	v ~을 거쳐; ~을 경유하여; ~을 통하여;
terlalu	떠르랄루	adv 너무; 지나치게
lalu-lalang	랄루-랄랑	v 1 수없이 지나치다; 왔다갔다하다; 들락날락하다; 2 혼란한; 무질서한(tidak keruan; tidak teratur rapi)
lalu lintas	랄루 린따스	n 1 교통; 2 소통
lama	라마	1 기간이 긴; 오랫동안; 2 낡은;
lama-lama	라마-라마	adv 마침내; 결국;

selamanya	슬라마냐	*adv* 항상; 언제나
lamar, melamar	라마르, 멀라마르	*v* ~에게 청혼하다
lambai	람바이	*v* (바람에 흔들리는 잎처럼) 상하로 흔들거리다;
melambai (-lambai)	멀람바이 –람바이	*v* 흔들리다
lamban	람반	*a* (작업 등) 동작이 느린
lambang	람방	*n* 상징; 심볼; 문장; 기장
lambat	람받	*a* 느린; 느릿느릿한;
terlambat	떠르람밧	*adv* 이미 늦은
lambung¹	람붕	*n* 위(胃)
lambung²	람붕	*n* 몸, 배 등의 측면 부위
lambung³	람붕	*v* 치솟다; (파도에) 튀어 오르다;
melambung	멀람붕	*v* 튀어 오르다
lampau	람빠우	*adv* 지난; 지나간; *adv* 더욱;
melampaui	멀람빠우이	*v* 지나가다; 통과하다
lampias	람삐아스	*v* 막힘없이 흐르다;
melampiaskan	멀람삐아스깐	*v* 막힘없이 흐르게 하다
lampir, melampiri	람삐르, 멀람삐리	*v* 첨부하다
lampu	람뿌	*n* 등; 등불
lampung, melampung	람뿡, 멀람뿡	*v* 부유하다; 뜨다;

pelampung	쁠람뿡	⒩ 부유물
lamun, melamun	라문, 멀라문	⒱ 멍한 상태의; 넋
lancang	란짱	⒜ 무례한; 예의 없는
lancar	란짜르	⒜ 원활한; 끊임이 없는 바퀴가 원활하게 돌아간다
lancip	란찝	⒜ 뾰족한
landa, melanda	란다, 멀란다	⒱ 넘어뜨리다; 쓸고 가다
landai	란다이	⒜ 조금씩 낮아지다
landak	란닥	⒩ 고슴도치
landas	란다스	⒩ 바닥; 하층; 토대;
berlandaskan	버르란다스깐	⒱ ~을 근거로 하다
langgan	랑간	⒩ 고정 상거래를 하다;
berlangganan	버르랑가난	⒩ 고정 거래를 하다
langgar	랑가르	⒱ 위배되다; 충돌하다;
melanggar	멀랑가르	⒱ (법률, 규칙을) 어기다; 위배하다
langgeng	랑겡	⒜ 영원한
langit	랑잇	⒩ 하늘; 창공
langit-langit	랑잇-랑잇	⒩ 천장
langka	랑까	⒜ 희귀한; (거의) 발견하기 힘든, 얻기 힘든, 일어나지 않는
langkah	랑까	⒩ 걸음;
melangkahi	멀랑까히	⒱ 넘어가다
langsing	랑싱	⒜ 날씬한

langsung	랑숭	*adv* **곧장; 직행의;** *v* **지속되다;**
berlangsung	버르랑숭	*v* 지속되다;
melangsungkan	멀랑숭깐	*v* 시행하다
lanjur	란주르	*a* 앞으로 밀린;
telanjur	떨란주르	*v* (말, 일 등을 의도하지 않게) 하게끔 떠밀리다
lanjut	란줏	*a* 1 오래된; 2 끊임없는; 계속되는;
berlanjut	버르란줏	*v* 지속되다; 이어지다
lantai	란따이	*n* 1 (건물의) 바닥; 2 (건물의) 층 (tingkatan)
lantang	란땅	*a* (목소리가) 또렷한; 카랑카랑한; 잘 들리는
lantas	란따스	*adv* *p* 그리고 나서
lantik, melantik	란띡, 멀란띡	*v* (의례와 더불어) 임명하다
lantun, melantun	란뚠, 멀란뚠	물결 소리처럼 목소리가 느리며 낮게 깔리는
lap	랍	*n* 행주; 닦는 천
lapak	라빡	*n* 장소
lapang	라빵	*a* 넓은;
lapangan	라빵안	*n* 넓은 마당; 벌판; 광장
lapar	라빠르	*a* 배고픈
lapis	라삐스	*n* 1 층; 2 열; 대열;
lapisan	라삐산	*n* 층; 대열; 막
lapor	라뽀르	*v* 신고하다

laptop	랩똡	🇳 노트북 컴퓨터
lapuk	라뿍	🇦 오래되어 삭은
larang, melarang	라랑, 멀라랑	🇻 막다; 금하다; 하지 못하도록 지시하다
lari	라리	🇻 빨리 뛰다;
melarikan	멀라리깐	🇻 . ~ diri 달아나다; 자신을 구하다
laris	라리스	🇦 잘 팔리는
larut	라룻	🇻 1 시간이 깊어가다; 시간이 흘러 가다; 2 용해되다; 녹다
larva	라르봐	🇳 (곤충의) 애벌레
las	라스	🇳 용접
lata, melata	라따, 멀라따	🇻 (뱀 등이) 기어가다
latah	라따	🇦 남을 따라하다; 흉내 내다
latar	라따르	🇳 1 표면; 2 상황
latar belakang	라따르 벌라깡	🇳 1 (음악 혹은 무대의) 배경; 2 배경 설명
latih, berlatih	라띠, 버를라띠	🇻 연습하다; 숙련하다
Latin	라띤	🇳 라틴어; 라틴계 사람
lauk	라욱	🇳 1 반찬; 2 부식물
laut	라웃	🇳 바다; 해양
lava	라봐	🇳 용암
lawak	라왁	🇦 익살맞은
lawan	라완	🇳 1 상대; 비교 대상; 2 적;
melawan	멀라완	🇻 1 대항하다; 2 반대하다

lawat, melawat	라왓, 멀라왓	⒱ 해외 방문하다; 해외여행하다
layak	라약	⒜ 적당한; 알맞은
layan, melayani	라얀, 멀라야니	⒱ 봉사하다; 일처리를 돕다; 접대하다; 시중들다;
pelayanan	뻘라야난	⒩ 봉사; 시중; 서비스
layang	라양	~ gantung ⒩ 비행 곡예;
layang-layang	라양–라양	⒩ 1 연; 2 제비;
melayang	멀라양	⒱ 비행하다; 날다
layap, kelayapan	아얍, 껄라야빤	⒱ 정처 없이 다니다
layar	라야르	⒩ 1 차일; 차양막; 2 영사막; 스크린; 3 돛;
berlayar	버르라야르	⒱ 돛을 사용하다
layat, melayat	라얏, 멀라얏	⒱ ⒥ⓦ 조문하다; 문상하다
layu	라유	⒜ (채소, 꽃 등이) 시든
lazim	라짐	⒜ 일반적인
lebah	르바	⒩ 꿀벌
lébar	레바르	⒜ 폭이 넓은
Lebaran	르바란	(회교의) 금식 기간이 끝나는 명절(Idulfitri): 이슬람력 10번째 달 '샤왈'의 초하루
lebat	르밧	⒜ 1 (머리, 잎, 숲이) 숱이 많은, 무성한; 울창한; 2 (비가) 세차게 내리는
lebih	르비	⒜ 오버하다; 더 ~하다; ~이상으로
lebur	르부르	⒜ 금속이 녹은
lécéh	레쩨	⒜ ⓚ 가치 없는; 쓸모없는;
melecehkan	멀레쩨깐	⒱ 경멸하다

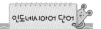

lecek	러쩩	ⓐ ⓒⓐⓚ (천, 종이 등이) **구겨진, 지저분한**
lécét	레쩻	ⓐ (피부가) **쓸려 까진**; (물건의) **표면이 벗겨진**
ledak, meledak	르닥, 멀르닥	ⓥ **폭발하다; 터지다**
lega	르가	ⓐ **안정된; 안심이 되는**
légal	레갈	ⓐ **법률상의; 적법의**
légénda	레겐다	ⓝ **전설**
légendaris	레겐다리스	ⓐ **전설적인**
législasi	레기슬라시	ⓝ **입법; 법률 제정**
législatif	레기슬라띱	ⓐ **입법권이 있는**
legit	르깃	ⓙⓚ ⓐ 1 **달콤한; 맛있는**; 2 **졸깃졸깃하고 맛있는**
léha-léha	레아-레아	ⓐ **아무것도 하지 않고 느긋한 상태에 있는**
léhér	레헤르	ⓝ **목**
lejit, melejit	르짓, 멀르짓	ⓥ **튀어 오르다**
lekas	르까스	ⓐⓓⓥ **빨리; 신속히**
lekat	르깓	ⓐ **접착성이 강한; 끈적끈적한**;
melekat	멀르깓	ⓥ **딱 달라붙다**
léktor	렉또르	ⓝ 1 (대학의) **교수**; 2 **부교수**
lekuk	러꾹	ⓐ (패인 땅처럼) **움푹한**; (눌린 모자처럼) **움푹 들어간**; (렌즈처럼) **오목한**;
berlekuk-lekuk	버르러꾹-러꾹	ⓥ **푹 들어간 곳이 많은**
lelah	를라	ⓐ **지친; 힘이 없는**
lelaki	를라끼	ⓝ **남자**

lélang	렐랑	*n* 경매; 입찰
lelap	를랍	*v* 숙면하다
lélé	렐레	*n* 민물장어류
léléh, meleleh	렐레, 멀렐레	*v* 녹아내리다
leluasa	럴루아사	*a* 1 널널한; 2 자유스런
lelucon	럴루쫀	*n* 농담
leluhur	럴루후르	*n* 조상
lém	렘	*n* (접착제) 풀
lemah	르마	*a* 약한; 힘이 없는
lemak	르막	*n* 지방; 비계
lemari	르마리	*n* 장; 찬장, 벽장 등
lemas	르마스	*a* 1 딱딱하지 않은; 몸이 부드러운; 유연한; 2 (몸) 피곤한
lembaga	럼바가	*n* 연구기관; 기구; 연구소
lembah	름바	*n* 하천부지; 강 좌우에 있는 평지
lembap	름밥	*a* 축축한; 습기가 있는
lembar	름바르	*n* 판, 종이 등 얇은 것을 세는 수량사
lembék	름벡	*a* (밥, 죽 등) 부드러운
lembur	럼부르	*n* 시간 외 근무; 잔업
lembut	럼붇	*a* 부드러운
lémpar	렘빠르	*v* 멀리 던져 버리다
lempem, melempem	럼뺌, 멀럼뺌	*a* 덜 마른; 축축한; *adv* 미온적

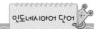
léna, terlena	레나, 떠르레나	*a* 조심성이 없는; 방심 상태의
lendir	른디르	*n* (가래, 담, 콧물 따위와 같은 끈적하고 미끈한) **점액**
léngah	렝아	*a* 태만한; 부주의한
lengan	릉안	*n* (신체) 팔
lengang	릉앙	*a* 고요한; 적막한; 한적한
lénggok	렝곡	*n* (걸을 때나 춤출 때) 몸을 좌우로 움직임; 춤출 때와 같이 머리와 목의 율동
lengkap	릉깝	*a* 1 완전한; 완벽한; 2 (한 팀 혹은 그룹) 모두
léngkéng	렝껭	*n* 포도알 같은 형태의 과일 이름
léngkét	렝껟	*a* 딱 들러붙는
lengking	릉낑	*n* (사람, 동물의) 비명 소리
lengkuas	릉꾸아스	*n* 생강류의 향신료 혹은 약용식물
lengkung	릉꿍	*a* 활처럼 휜; 굽은
lengser, melengser	렝세르, 멀렝세르	*v* 자리에서 물러나다
lénsa	렌사	*n* 렌즈
lentik	른띡	*a* 앞뒤로 휘어 들어간; 눈썹 양 옆이 치켜 올라간; 전통 파당 (padang) 집의 지붕처럼 양옆이 치켜 솟은
lenting, melenting	른띵, 멀른띵	*v* (로딴, 스프링, 스폰지 등처럼) 탄성이 있다
lentur	른뚜르	*n* 굽음; 휨
lenyap	른얍	*a* 사라진; 없어진; 소멸한

lepas	르빠스	*a* 1 풀린; 2 벗어난; 속박에서 벗어난; 3 도망친;
melepas	멀르빠스	*v* 내버려두고 가다;
melepaskan	멀르빠스깐	*v* 풀어놓다; 풀어주다
lépra	레쁘라	*n* 문둥병; 나병
lepuh	르뿌	*a* 데어 잡힌 물집
lerai	르라이	*a* 분리된; 갈라진; 헤어진(tercerai);
meleraikan	멀르라이깐	*v* 화해시키다
léréng	레렝	경사면; 기울어진 곳; 비탈면
lés	레스	*n* *cak* 1 과외 보충수업; 2 과외수업
lestari	러스따리	*a* 불변의; 영원한;
melestarikan	멀르스따리깐	*v* ~을 영원히 지속시키다; ~을 보전하다; ~을 보호 유지하다
lesu	르수	*a* (잠이나 식사의 부족으로) 힘없고 지친
letak	르딱	*n* 1 위치; 장소; 소재; 2 상황; 상태;
meletakkan	멀르딱깐	*v* 놓다; 두다
letih	르띠	*a* 피곤한
létnan	렌난	*n* 군 계급의 위관
letup, meletup	르뚭, 멀르뚭	*v* 폭발하다
letus	르뚜스	*v* 터지다; 폭발하다
lével	레벌	*n* *cak* 수준; 단계; 등급; 층
léver	레버르	*n* 간(肝)
léwat	레왓	*v* ~을 경유하여; ~을 통하여, ~을 지나

lezat	르잣	ⓐ 맛있는; 맛 좋은
liang	리앙	ⓝ 작은 구멍
liar	리아르	ⓐ 1 야생의; 2 사나운
liat¹	리앗	ⓐ 잘 휘지만 질긴
liat²	리앗	ⓐ (땅이) 척박한; 메마른
libat, berlibat	리밧, 버르리밧	ⓥ (실을 실패에) 감다;
melibatkan	멀리밧깐	ⓥ 연루시키다; 얽혀들게 하다
liberal	리버랄	ⓐ 1 자유로운; 자유주의의; 2 관대한; 개방된
libur	리부르	ⓥ 휴가를 가다;
berlibur	버르리부르	ⓥ 휴가를 보내다
licik	리찍	ⓐ 교활한; 간교한; 부정직한
licin	리찐	ⓐ 미끄러운; 미끈미끈한; 매끄러운; 반들반들한; 부드러운
lidah	리다	ⓝ 혀
lidi	리디	ⓝ 야자 잎 가운데 줄기
lift	리휜	ⓝ 엘리베이터
liga	리가	ⓝ 동맹
lihai	리하	ⓐ 영리한; 재치 있는; 요령 있는
lihat, melihat	리앗, 멀리앗	ⓥ 1 보다; 2 시청하다
liku	리꾸	Ⓜⓚ ⓝ 구부러진 곳;
berliku-liku	버르리꾸-리꾸	ⓥ 꾸불꾸불한; 구부러짐이 많은
lilin	릴린	ⓝ 1 양초; 밀납; 파라핀; 2 촉광

lilit	릴릿	*n* 감음; 돌림; 꼼;
melilit	멀릴릿	*v* ~의 둘레를 감다
lima	리마	*num* 5; 다섯
limbah	림바	*n* 폐기물
limbung	림붕	*fs a* (서거나, 앉거나, 놓인 위치가) 안정되지 않은
limpa	림빠	*n* 비장; 지라
limpah	림빠	*v* 넘치는; 넘쳐흐르다
linang, berlinang(-linang)	리낭, 버르리낭/리낭	*v* 흘러내리다
lincah	린짜	*a* 활동적인; 가만히 있지 않는
lindas, melindas	린다스, 멀린다스	*v* 빻다; 찧다; 으깨다
lindung, berlindung	린둥, 버르린둥	*v* 대피하다; 은신하다;
melindungi	멀린둥이	*v* (비, 바람 등에서) 보호하다
lindur, melindur	린두르, 멀린두르	*v* 잠꼬대하다
lingkar	링까르	*n* 1 원주; 궤도; 2 (바퀴, 통 등의) 외곽 틀
lingkung, melingkung	링꿍, 멀링꿍	*v* 주변에 경계를 설정하다; 담을 치다;
lingkungan	링꿍안	*n* 1 범위; 2 환경
lingkup, melingkup	링꿉, 멀링굽	*v* 덮다;
melingkupi	멀링꾸삐	*v* 1 ~에 덮다; 2 포함하다

linglung	링룽	a (너무 정신없어 혹은 열광해서) 모두 잊다/까맣게 잊다
linguistik	링우이스띡	n 언어학
lintah	린따	n 거머리
lintang	린땅	n 1 폭; 너비(lebar); 2 가로로 놓인
lintas	린따스	n 통로; 가는 길;
melintas	멀린따스	v 휙 지나가다/통과하다
linu	리누	a 이가 쑤시는; 뼈가 쑤시는
lipan	리빤	n 지네
lipat	리빳	v 접다
lipat ganda	리빳 간다	n 배가; 아주 많은 일
lipstik	립스띡	n 립스틱
liput, meliput	리뿟, 멀리뿟	v 세세하게 보고거나 보도하다;
meliputi	멀리뿌띠	v 포함하다;
liputan	리뿟딴	n 보도
lirik, melirik	리릭, 멀리릭	v 좌우로 훔쳐보다
lisan	리산	n 1 혀; 2 구두; 구어
lisénsi	리센시	n 허가; 인가; 관허; 면허
listrik	리스뜨릭	n 전기; 전류
liter	리떠르	n 리터(1,000cc)
liuk	리욱	n 옆으로 휜 동작;
meliuk-liuk	멀리욱-리욱	v (체조, 무용선수 등이) 좌우로 구부리다
liur	리우르	n (잘 때, 음식을 보고 흘리는) 침, 타액

loak	로악	명 쓰레기 바구니; 고물; 중고품; 넝마
lobak	로박	명 (채소) 무
lobang	로방	명 구멍 ☞ lubang
lobi	로비	명 1 (호텔, 극장의) 로비; 2 원외활동; 청원활동; 동 비공식적으로 접촉하다; 청원활동을 하다; 로비하다
lobster	롭스떠르	명 바닷가재
lodéh	로데	명 야자즙을 첨가한 야채 샐러드류
logam	로감	명 금속
logat	로갓	명 1 (방언) dialek; 2 억양; 말투; 어조
logis	로기스	형 논리적인; 이론적인; 이성적인
logistik	로기스띡	명 물류; 원료에서 완성품까지의 재료 흐름의 관리
logo	로고	명 (상품명, 회사명의) 의장(意匠) 문자, 로고
lokakarya	로까까르야	명 워크숍
lokal	로깔	명 1 넓은 공간; 2 지엽적인; 3 지역의
lokalisasi	로깔리사시	명 지방화; 국지화
lokasi	로까시	명 장소
lokét	로껫	명 (매표) 창구
lokomotif	로꼬미띠프	명 기관차
lolong	로롱	명 (개 등 동물의) 울부짖음; 포효
lolos	로로스	동 (반지, 시계, 나사 따위가) 빠져나가다, 풀려 빠지다

lomba	롬바	ⓝ 1 (수영, 달리기 등) **속도경기**; 2 **시합**; **경쟁**
lombok	롬복	ⓝ **고추**
lompat	롬빳	ⓥ (앞, 아래, 위로) **점프하다, 뛰다**
lompong	롬뽕	ⓝ **텅빈**; ⓐ **멍청한**;
melompong	멀롬뽕	ⓐ **빈 상태의**
loncat	론짯	ⓝ (동물의 두 발 혹은 네 발로의) **점프**
loncéng	론쩽	ⓝ **종**; **벨**
longgar	롱가르	ⓐ 1 (구멍, 공간이) **널널한, 넓은**; 2 (못, 나사 등이) **헐거운**
longo, melongo	롱오, 멀롱오	ⓥ (놀라서) **입을 벌리다**
longok, melongok	롱옥, 멀롱옥	ⓥ (창밖으로) **고개를 내밀고 보다**
longsor	롱소르	ⓥ **무너져 내리다**; **사태가 나다**
lonjak	론작	ⓝ **뜀**; **뛰어오름**; **도약**; **두 발로의 점프**
lonjong	론종	ⓐ **나뭇잎형의** (대나무, 느티나무 등처럼) **끝이 뾰족한**
lontang-lantung	론땅–란뚱	ⓥ **특정 목적 없이 이리저리 가다**
lontong	론똥	ⓝ **야자 잎 혹은 바나나 잎에 싸서 찐 음식**
lorong	로롱	ⓝ **집 좌우의 좁은 길**; **골목길**
lorot, melorot	로롯, 멀로롯	ⓥ (가격, 등급 등이) **폭락하다**
losmén	로스멘	ⓝ (식당 시설이 없는) **여인숙, 여관**
loténg	로뗑	ⓝ **다락방**

L

lotot, melotot	로똣, 멀로똣	(눈을) 부릅뜨다
lotré	로뜨레	*n* 제비뽑기; 추첨
lotus	로뚜스	*n* 연꽃
lowong	로웡	*a* 빈; 공석의;
lowongan	로웡안	*n* 빈 일자리; 결원; 공석
loyal	로얄	*a* 충성스런; 충실한
loyalitas	로얄리따스	*n* 충성; 충절
loyang	로양	*nw* *n* 구리; 동
loyo	로요	*a* 지친; 피로한; 기진맥진한
luak	루악	*nw* 사향 고양이
luang	루앙	*a* 1 비어 있는; 2 한가한; 여유 있는 ~ emas 절호의 기회; 아주 좋은 기회;
peluang	뻘루앙	*n* 기회;
berpeluang	버르뻘루앙	*v* 기회를 갖다
luap, meluap	루압, 멀루압	*v* 1 끓어 넘치다; 2 흘러넘치다; 범람하다
luar	루아르	*n* 바깥쪽; 외부; 외관, 외계, 외면, 외측;
luar biasa	루아르 비아사	*a* 정상적이 아닌; 특별한
luas	루아스	*a* 1 넓은; 2 전체의
lubang	루방	*n* 구멍;
berlubang	버르루방	*v* 구멍을 갖다;
melubangi	멀루방이	*v* ~에 구멍을 내다/파다

lubér, meluber	루베르, 멀루베르	ⓥ 넘쳐흐르다
lubuk	루북	ⓝ (강, 바다의) 깊은 곳; ⓐ 움푹 파인
lucu	루쭈	ⓐ 웃기는; 재미있는
ludah	루다	ⓝ 침(liur); 타액;
berludah	버르루다	ⓥ 침이 있는;
meludah	멀루다	ⓥ 침을 뱉다
ludes	루데스/루드스	ⓐ 모두 사라지다; 모두 없어지다
lugas	루가스	ⓐ 1 요점만, 골자만; 2 객관적인
lugu	루구	ⓐ 꾸밈없는; 있는 그대로의
luhur	루후르	ⓐ 고귀한
luka	루까	ⓝ 상처; ⓥ 상처를 입다;
melukai	멀루까이	ⓥ ~에 상처를 입히다;
terluka	떠르루까	ⓥ 상처로 아픈
lukis, melukis	루끼스, 멀루끼스	ⓥ 그림을 그리다(회화)
luluh	룰루	ⓥ 분쇄되다; 가루처럼 산산조각나다
luluh lantak	루루 란딱	ⓥ 박살이 나다
lulur	룰룰	ⓝ 몸에 바르는 분가루
lulus	룰루스	ⓥ 1 시험에 합격하다; 2 (지원, 요청 등이) 받아들여진;
meluluskan	멀룰루스깐	ⓥ 통과시키다;
lulusan	룰루산	ⓝ 1 합격자; 2 졸업자

lumas, melumas	루마스, 멀루마스	(횟가루, 기름 등을) 바르다, 문지르다;
pelumas	뻘루마스	윤활유
lumat	루맛	가루가 아주 부드러운; 가루가 고운
lumayan	루마얀	적당한; 충분한; 그런대로 괜찮은
lumbung	룸붕	농산물 저장고; 벼 보관 장소
lumér	루메르	액체로 된; 녹아내리는
lumpia	룸삐아	기름에 튀긴 막대 모양의 만두
lumpuh	룸뿌	몸의 일부분 특히 발이 마비된; 중풍의
lumpur	룸뿌르	진흙; 진창
lumur, berlumur	루무르, 버르루무르	피, 기름 등으로 범벅이 되다
lumut	루뭇	이끼; 해조류
lunak	루낙	연한; 부드러운
lunas	루나스	완납하다; 지불되다; 변제하다;
melunasi	멀루나시	~을 완납하다; ~을 갚다
luncur, meluncur	룬쭈르, 멀룬쭈르	미끄러져 내려가다;
meluncurkan	멀룬쭈르깐	1 진수시키다; 2 공식화하다; 처음으로 내놓다
lunglai	룽라이	아주 연약한
lunta, terlunta(-lunta)	룬따, 떠르룬따-룬따	계속 고통을 당하다; 늘 역경 속에서 지내다
luntang-lantung	룬땅-란뚱	여기저기 할 일 없이 다니다; 실업자로 빈들거리다

luntur	룬뚜르	[a] 퇴색하다; 빛바래다; (금/은색이) 엷어지다
lupa	루빠	[v] 1 기억을 못하다; 2 잊다
luput	루뿟	[v] 1 사라지다: 없어지다; 2 닿지 않다; 벗어나다;
terluput	떠르루뿟	[v] 모면된; 벗어난; 자유로운
lurah	루라	[n] 동장
luruh	루루	[v] (과일, 나뭇잎 등이 시기가 되어) 떨어지는
lurus	루루스	[a] 반듯한; 일직선의; 똑바른; [ki] 정직한;
meluruskan	멀루루스깐	[v] 곧게/직선으로 만들다; 정직하게 하다
lusa	루사	[n] (시간) 모레
lusin	루신	[n] 다스; 12개
lusuh	루수	[a] 1 (옷이) 구겨지고 더러운; 2 바래고 낡은
lutut	루뚯	[n] 무릎;
luwes	루웨스	[a] 참신한; 맵시 있는; 예쁜; [ki] 유연한

M

maaf	마압	[n] 1 용서(ampun); 2 용서/사죄/유감의 말; 3 허가 요청의 말;
memaafkan	머마압깐	[v] ~(잘못을) 용서하다;
pemaaf	뻐마압	[n] 용서해 주는 사람
mabuk	마북	[a] 1 술에 취한; 2 의식이 없는; 혼미한; [ki] 1 열중한 상태의; 몰두한 상황의; 2 정신이 팔린; 미친 듯한;
memabukkan	머마북깐	[v] 취하게 하다; 정신을 잃게 하다; [ki] (사랑에 빠져) 제정신이 아니게/미치게 만들다;
pemabuk	뻐마북	[v] 술고래; 술을 좋아하는 사람; 알코올 중독자
macam	마짬	[n] 1 종류; 유형; 2 방식; [p] ~처럼;
bermacam-macam	버르마짬-마짬	[a] 가지각색의; 여러 가지의; 각양각색의
macét	마쩻	[a] (기계, 브레이크 등) 제기능을 상실한 잃은; 빡빡한; [ki] 막히다; 원활하지 않은;
kemacetan	꺼마쩨딴	[n] 막힘; 교착; 체증
madu	마두	[n] 꿀; [a] 매우 단
mag	막	[n] [cak] 위
magang	마강	[n] 1 (급여를 받지 않는) 견습생; 2 훈련생; 도제
mahal	마할	[a] 1 값이 비싼; 2 드문; 구하기 힘든; 쉽지 않은;

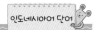
kemahalan	꺼마할란	a 너무 비싼
mahasiswa	마하시스와	n 대학생;
kemahasiswaan	꺼마하시스와안	n 대학생에 관한 사항/일
mahasiswi	마하시스위	n 여자 대학생
mahir	마히르	a 숙련된; 능숙한
main	마인	v 놀이하다; cak 1 놀다; 2 공연하다; 연주하다;
bermain	버르마인	v 놀다; 놀이를 하다;
memainkan	머마인깐	v 1 ~를 가지고 놀다; 2 악기를 연주하다: ~ gitar 기타를 연주하다; 3 ~을 노래하다; 4 연극 등을 공연하다;
mainan	마인난	n 장난감;
permainan	뻐르마인안	n 1 놀이도구 혹은 장난감; 2 놀이; 게임; 3 공연; 4 목걸이의 메달 같은 장식품; cak 즐길 대상의 여자;
mempermainkan	멈뻐르마인깐	v 1 즐기기 위해 혹은 장난으로 ~를 취급하다; 2 도구 등을 사용하다/다루다; 3 ~을 조롱하다; ~을 웃음거리로 만들다; ki 제멋대로 (사람 혹은 사물을) 취급하다; ~을 함부로 대하다
majalah	마잘라	n 잡지
maju	마주	v 1 앞으로 나아가다; 2 전진하다; 전선으로 나아가다; 3 향상되다; 발전하다; a 선진 문화 혹은 문명 단계의;
memajukan	머마주깐	v 1 ~을 앞으로 움직이다; 2 ~을 향상시키다; ~을 발전시키다
maka	마까	p 1 그래서; 그러므로; 2 ~까지; ~할 정도로(sampai; hingga)
makanya	마까냐	p 그 때문에

makan	마깐	*v* 1 먹다; 2 씹다; 3 (비용, 시간 등 이) 들다, 걸리다, 필요로 하다; *ki* 취하다; 슬쩍하다;
makanan	마까난	*n* 먹을 것; 음식; *ki* 양분; 식량
makin	마낀	*adv* 점차; *p ki* 특히나; 더욱이;
semakin	스마낀	*adv* 점점 더; 더욱 더
maklum	마크룸	*v* 1 이해하다; 알다; 2 이해 될 수 있는;
memaklumi	머마크루미	*v* ~을 이해하다; 알다
makmur	막무르	*a* 1 생산이 많은; 2 주민이 많고 번성한; 3 풍성한; 부족함이 없 는; 복지의;
kemakmuran	꺼막무란	*n* 복지; 번영한 상태; 풍성한 상태
makna	마크나	*n* 1 의미; 2 의도;
bermakna	버르마크나	*v* 의미를 갖다
maksimal	막시말	*a* 최대한; 최고의
maksimum	막시뭄	*n* 최대; 최고; *a* 가장 많이
maksud	막숫	*n* 1 의도; 목적; 2 의지; 의사; 의향; 3 의미
malah	말라	*adv* 오히려; ~하기는커녕; 더욱 더 ~하다
malam	말람	*n* 밤
malang	말랑	*a* 1 가로 놓이다; 2 불행한; 불운한
malaria	말라리스	*n* 말라리아
malas	말라스	*a* 1 게으른; 나태한; 2 내키지 않는;
pemalas	뻐말라스	*n* 게으름뱅이; 나태한 자

maling	말링	ⓝ 도둑;
kemalingan	꺼말링안	ⓥ 도둑 맞다
malu	말루	ⓐ 부끄러운; 창피한; 수줍어하는
mamalia	마말리아	ⓝ 포유동물
mampir	맘삐르	ⓥ 들르다
mampu	맘뿌	ⓐ 1 할 수 있는; 가능한; 2 가지고 있는; 부유한
mana	마나	ⓟⓡⓞⓝ 1 선택을 묻는 의문사; 2 전치사 di, ke~ dari와 결합하여 장소를 묻는 의문사; 3 상태나 방법을 묻는 의문사
manajemén	마나저멘	ⓝ 경영; 관리
manajer	마나저르	ⓝ 1 경영자; 2 관리자; 지배인
mancanegara	만짜느가라	ⓝ 외국; 국외
mandarin	만다린	ⓝ 1 옛 중국 황국의 대신; 2 북경에서 쓰는 중국어
mandi	만디	ⓥ 목욕하다; ⓚⓘ 1 (돈, 재물 등의) 벼락을 맞다; 2 (빛, 돈 등이) 충만하다
mandiri	만디리	ⓐ 자립한; 독자적인;
kemandirian	꺼만디리안	ⓝ 자립; 독자성
mandul	만둘	ⓐ 불임의; 아이를 못 낳는
manfaat	만화앗	ⓝ 1 효용; 유용; 2 이익; 이득
manipulasi	마니뿔라시	ⓝ 1 교묘히 다루기; 2 조종; 3 시장/시세조작; (장부, 계정, 보고 등의) 속임/조작;
memanipulasi(kan)	머마니뿔라시/깐	ⓥ 1 다루다; 2 조종하다; 처리하다; 3 조작하다;

pemanipulasian	뻐마니뿔라시안	ⓝ 다룸; 조정; 조작
manis	마니스	ⓐ 1 단; 2 귀여운; 3 매혹적인; 마음이 끌리는
manja	만자	ⓐ 1 (귀엽게 자라) 버릇없는; 어리광을 피우는; 2 ~에게 몹시 정이 있는; 온순한; 친근한; ~에게 착 달라붙는
manjur	만주르	ⓐ 1 약효가 있는; 2 기도 주문 등이 효험이 있는; 3 맹독성의
mantan	만딴	ⓐ 전직
mantap	만땁	ⓐ 1 단호한; 결연한; 확고한; 강한; 2 고정된; 흔들리지 않는; 안정된;
memantapkan	머만땁깐	ⓥ 굳건하게 하다; 향상시키다; 견고하게 하다
manual¹	마누알	ⓐ 손으로 작동하는; 수공의
manual²	마누알	ⓝ 매뉴얼; 작동 안내서
manufaktur	만누확뚜르	ⓥ 손이나 기계로 생산하다; ⓝ 제조; 제작
manusia	마누시아	ⓝ 인간; 사람;
kemanusiaan	꺼마누시아안	ⓝ 1 인간성; 2 인간적으로; 인간으로서
mapan	마빤	ⓐ 입지 혹은 삶이 안정된
marah	마라	ⓐ 화난;
marah-marah	마라-마라	ⓥ 1 여러 차례 화내다; 2 화난 감정으로 말을 하다;
memarahi	머마라이	ⓥ ~에게 화를 내다;
pemarah	버마라	ⓝ 쉽게 화를 내는 사람;
kemarahan	꺼마라한	ⓝ 화남
mari	마리	ⓟ 권유어 '자 ~합시다'

mas	마스	*n* 1 나이 많은 남자형제에 대한 호칭; 2 나이를 염두에 두지 않고 남자를 존칭하는 호칭어; 3 남편에 대한 호칭; 여보!; 자기!
masa¹	마사	*n* 시기; 때
masa²(kan)	마사	*adv* 1 설마; 그럴 수가; 2 어떻게; 아무렴
masa bodoh	마사 보도	1 (언짢음, 실망, 체념에서 하는 탄식어) 맘대로 해라; 멋대로 해라; 2 전혀 관심을 갖지 않다
masak	마삭	*a* 1 딸 때가 된; 2 익은; *a* *ki* 1 원숙한; 능숙한; 원만한; 공동으로 결정된; 2 생각이 성숙한; *v* *cak* 요리하다;
masak-masak	마삭–마삭	*adv* (사고를 함에) 신중하게; 좋게/잘;
memasak	머마삭	*v* 음식을 만들다; 요리하다;
masakan	마사깐	*n* 음식; 요리
masalah	마살라	*n* 문제
masam	마삼	*a* 1 시큼한; 2 화나서 찡그리다
Maséhi	마세히	*n* 기독교
masih	마시	*adv* 아직 ~하다; 여전히 ~하다
masing-masing	마이싱–마싱	*pron* 각자
masinis	마시니스	*n* 배 혹은 기차의 기관사
masjid	마스짓	*n* 이슬람 사원
maskapai	마스까빠이	*n* 회사; 기업
masuk	마숙	*v* 1 들어가다; 2 출근하다; 업무를 하다; 등교하다; 3 포함되다; 들어가다; 4 입회하다; 가입하다; 들어가다

masyarakat	마샤라깟	*n* 사회; 세상 사람들
mata	마따	*n* 1 눈; 2 구멍; 3 칼, 도끼 등의 날; 4 (자 혹은 줄 간의) 눈금, 간격; 5 식물의 눈; 싹눈; *ki* 1 핵심; 2 중요한 것; 주축; 요지
matahari	마따하리	*n* 태양
mata-mata	마따–마따	*n* 간첩; 스파이
matang	마땅	*a* 1 과일이 익은; 2 (음식 혹은 먹을 것) 다 익은; 물렁한; 3 사고가 원숙한; 성숙한; 4 성인이 되어가는; *ki* 일이 완료된; 교육이 끝난; 준비된
matématika	마떼마띠까	*n* 수학(數學)
matéri	마떼리	*n* 1 물질; 재료; 2 재료; 자료
matérial	마떼리알	*n* 건축자재
mati	마띠	*v* 1 죽다; 2 생명이 없는; 3 눈 혹은 샘 등의 (물이 마른); 4 감각이 없는; 5 불, 램프 등이 꺼져 있는;
mematikan	머마띠깐	*v* ~을 죽이다;
mati-matian	마띠–마띠안	*v* 죽은 척하다; *adv* 진심으로; 성심껏; 죽도록
mau	마우	*adv* 원하다; 희망하다; 좋아하다; ~할 것이다; *n* 희망; 의도
mayat	마얏	*n* 시체; 주검
mayoritas	마요리따스	*n* 대부분; 대다수; 다수파
mbak	음바	*fw* *n* 1 자와 지역에서 나이 든 여성에 대한 호칭; 2 젊은 여성에 대한 호칭
medali	머달리	*n* 메달; 훈장

médan	메단	ⓝ 들판; 벌판; 광장; ⒦ 1 범위; 2 지역; 3 자장; 자계
média	메디아	ⓝ 1 도구; 2 (신문, 잡지, 라디오, TV 등의) 통신; 3 매개; 수단; 4 중개자
méja	메자	ⓝ 상; 책상; 탁자
meja hijau	메자 히자우	ⓝ 법정; 재판정
mékanik	메까닉	ⓝ 기계 기술자; 기계공
mékanisme	메까니스머	ⓝ 1 기계(장치); 기구; 구조; 구성; 장치; 2 (철학, 생물) 우주 기계관, 기계론; 3 (예술) (그림, 음악 등의) 법, 기법, 기교, 테크닉
mekar	머까르	ⓝ 1 (꽃이) 피다, 개화하다; 열리다; 2 (빵 반죽 등이) 부풀어 오르다; 많아지다; 3 커지다; 넓어지다; 확장되다; ⒦ (감정 등이) 일어나다; 싹트다
Melayu	멀라유	ⓝ (말레이시아반도와 수마트라섬에 거주하는) 멀라유 종족 및 언어의 이름
mélodi	멜로디	ⓝ 멜로디; 선율; 곡조; 가락
mémang	메망	ⓐⓓⓥ 사실; 정말; 당연히
mémori	메모리	ⓝ 1 기억; 2 메모; 해설 기록; 3 기록
mempan	멈빤	ⓥ 1 (무기 등에) 부상을 당할 수 있는; (불에) 탈 수 있는; 2 (약의) 효험이 있는; ⒦ (비평, 충고를) 받아들일 수 있는; tidak ~ 면역성의
mempelai	멈뻘라이	ⓝ 신랑 혹은 신부
menang	머낭	ⓥ 1 승리하다; 이기다; 우세한; 2 수상하다; 이득을 얻다; 따다
menantu	머난뚜	ⓝ 며느리; 사위
méncerét	먼쩨렛	ⓥ 설사하다(diare)

mendiang	먼디앙	n 고인; 망자 (남성: almarhum; 여성: almarhumah)
mending	먼딩	a cak 1 더 나은; 그런대로 괜찮은; 2 ~하기 보다는; ~가 더 나은
mendung	먼둥	n 비구름; 먹구름; a (하늘이) 흐린, 우중충한
mengah, termengah-mengah	멍아, 떠르멍아-멍아	ki v 뛰고 나서 숨이 차 헉헉거리다
menit	머닛	n 분(分)
ménstruasi	멘스뜨루아시	n 월경
mentah	먼따	a 1 익지 않은; 덜 익은; 날것의; 2 요리가 덜된; 3 완전하지 않은
mental¹	먼딸	v 나가떨어지다; 튀어 나가다
méntal²	멘딸	a 1 정신적인; 마음의; 2 정신 및 지성
menteri	먼뜨리	n 1 장관; 2 고관; (왕의) 고문, 대신;
kementerian	꺼먼뜨리안	n 1 장관의 부처 업무; 2 부(部); 성(省)
mérah	메라	n 빨간; 빨간색의
merdéka	머르데까	a 1 자유의; 독립의; 해방의; 2 형선 고에서 벗어나다; 3 구속받지 않는
mérék	메렉	n 상표; 레테르; ki 우월함; 품질
meréka	머레까	pron 삼인칭 복수 대명사 '그들'
meriah	머리아	☞ riah 요란한; 시끌벅적한
meriang	머리앙	a (감기 기운으로) 열이 있는; 몸이 찌뿌드드한; 몸살기가 있는
merinding	머린딩	a 소름이 돋는; 소름 끼치는

merosot	머로솟	[v] 급락하다; (가격, 등급 등이) 폭락하다; 하락하다; 퇴보하다
mertua	머르뚜아	[n] 시부모 혹은 장인/장모
mesin	머신	[n] 기계; 엔진;
bermesin	버르머신	[v] 기계(기구)를 소유하다; 기계를 사용하다; 엔진이 있는
mesjid	머스짇	☞ masjid 회교사원
meski(-pun)	머스끼/뿐	[p] 비록 ~일지라도; ~이기는 하지만
mesra	머스라	[a] 1 들러붙어 하나가 된; 신들리다; 홀리다; 2 친밀한; 우정, 사랑 등이 깊은
mesti	머스띠	[adv] 틀림없이; 반드시; 꼭
mesum	머숨	[a] 음란한; 외설적인; 추잡한
métamorfosis	메따모르훠시스	[n] (동물) 변태; (의학) 변성(變性), 변태
météor	메떼오르	[n] 유성(流星)
météorologi	메떼오롤로기	[n] 기상학
méter	메떼르	[n] 미터;
meteran	메떼란	[n] 1 미터 (자); 2 계량기
meterai	머뜨라이	[n] 인지; 증지; 소인;
bermeterai	버르메떼라이	[v] 인지가 있는; 인지가 붙은
métode	메또드	[n] (연구, 서술 따위의 논리적/조직적인) 방법, 방식, 절차
métodologi	메또돌로기	[n] 연구 방법학/방법론
méwah	메와	[a] 사치스러운; 호화스러운; 풍부한; 윤택한;
kemewahan	꺼메와한	[n] 사치; 윤택; 낭비

mikro¹	미크로	ⓐ 1 작은; 얇은; 좁은; 2 소형의
mikro-²	미크로-	1 미세한, 아주 작은 의미를 갖는 접두사; 2 확대하다; ~skop 현미경
mikroskop	미크로스콥	ⓝ 현미경
miliar	밀리아르	ⓝ 10억
milik	밀릭	ⓝ 1 소유; 권리; 2 행운; 운
militer	밀리떼르	ⓝ 1 군대; 군인; 2 군사상의 일; 군대 업무;
kemiliteran	꺼밀리떼란	ⓝ 군대 업무; 군사상의 일
mimisan	미미산	ⓝ 코피; ⓥ 코피가 나다
mimpi	밈삐	ⓝ 1 꿈; 꿈결; 2 생각; 이상;
bermimpi	버르밈삐	ⓥ 꿈을 꾸다; 꿈에서 보다;
memimpikan	머밈삐깐	ⓥ 1 ~에 대해 꿈꾸다; 2 ~을 바라다, 희망하다
minat	미낫	ⓝ 관심; 흥미;
berminat	버르미낫	ⓥ 관심을 갖다; ~에 성향을 두다;
peminat	뻐미낫	ⓝ 관심이 있는 사람; 흥미를 두는 사람; 신봉자; 열성가
Minggu	밍구	ⓝ 일요일
minggu	밍구	ⓝ 주(週)
mini	미니	ⓐ (단위가) 작은, 적은
miniatur	미니아뚜르	ⓝ 1 소형 모형; 2 축소형 모형 그림; 소형으로 축소한 그림
minibus	미니부스	ⓝ 소형버스
minim	미님	ⓐ 아주 적은; 한정되어 있는

minimal	미니말	ⓐ 최소량; 최소의/수의;
meminimalkan	머미니말깐	ⓥ ~을 최소화하다
minimum	미니뭄	ⓐ 최소한; 최저한
minoritas	미노리따스	ⓝ 소수그룹; 소수당; 소수민족
minta, meminta	민따, 머민따	ⓥ 1 요청하다; 요구하다; 2 부탁하다; ⓒⓐⓚ 1 주문하다; 2 필요로 하다
minum	미눔	ⓥ 마시다
minus	미누스	ⓐ 1 ~을 뺀; 2 0보다 적은 크기의; 3 ~없이
minyak	미냑	ⓝ 기름; 지방; 유(油)
miring	미링	ⓐ 1 비스듬한; 경사진; 2 기운; 기 울어진; 3 미친; 정신이 나간; ⓚⓘ 값이 좀 싼
mirip	미립	ⓐ 닮은; 유사한; 비슷한
misal	미살	ⓝ 1 보기; 예; 실례; 예증; 2 추정; 추측;
memisalkan	머미살깐	ⓥ 예를 들다; 본보기로 삼다; 추정하 다; 간주하다
misi	미시	ⓝ 1 (외교, 정치, 무역, 예술 분야 등의) 사절; 파견; 2 임무; 3 전도; 포교
miskin	미스낀	ⓐ 가난한; 부족한; 결핍한; 궁핍한;
kemiskinan	꺼미스끼난	ⓝ 가난; 부족; 궁핍
mistéri	미스떼리	ⓝ 1 수수께끼 같은 일; 2 신비함
misterius	미스떼리우스	ⓝ 수수께끼 같은; 신비한
mitos	미또스	ⓝ 1 신화; 미토스; 2 전설
mitra	미뜨라	ⓝ 1 친구; 2 동료; 파트너

mobil	모빌	*n* **자동차**;
mobil-mobilan	모빌-모빌란	*n* 장난감 자동차
mobilitas	모빌리따스	*n* 1 **가동성; 이동성; 변동성;** 2 (사회학) (주민의 주소, 직업 따위의) **유동성, 이동;** 3 (부대, 함대 따위의) **기동성, 기동력**
modal	모달	*n* **자금;** *ki* **자본;**
bermodalkan	버르모달깐	*v* 자본으로 ~를 사용하다;
memodali	머모달리	*v* ~에 자금을 지원하다/주다
modern	모더른	*n* **현대의; 근대의**
modifikasi	모디휘까시	*n* 1 **변경;** 2 **변화; 정정; 수정;**
memodifikasi	머모디휘까시	*v* 변경하다, 수정하다
moga, moga-moga, semoga	모가, 모가-모가, 스모가	*adv* **기원하건대; 바라건대; 원하건대**
mogok	모곡	*v* 1 **자동차가 움직이지 않다/멈춰서다;** 2 **스트라이크/동맹파업을 하다**
mohon	모혼	*v* 1 **신청하다; 요청하다; 간청하다;** 2 (부정, 거절을 위한, 즉 원치 않음을/하지 못함을) **용서하다; 사죄하다**
monoton	모노똔	*n* 1 **단음의;** 2 **늘 같은; 그저 그런**
monumen	모누멘	*n* **역사적인 건물; 기념비**
monyet	모녯	*n* **원숭이(kera)**
moral	모랄	*n* **도덕(의), 도덕상의**
morfém	모르휌	*n* (언어학) **형태소**
morfologi	모르휠로기	*n* (언어학) **형태론**

motif	모띱	ⓝ 1 문양; 무늬; 2 예술 작품의 주제 혹은 제재(題材); 3 동기; 동인; 행위의 원인
motivasi	모띠바시	ⓝ 자극; 유도; (심리학) 행동의 동기부여; (하고 싶은) 기분, 열의, 욕구 자극, 유도, (행동의) 동기화
moto	모또	ⓝ 1 좌우명; 표어; 모토; 2 (물건의 성격이나 용도를 찍은) 제명(題銘)/제구(題句)
motor	모또르	ⓝ 엔진; 전동기; 발동기; cak 오토바이; ki 조직 운영을 주도하는 자/집행자
mual	무알	ⓐ 토할 것 같은; (속이) 메스꺼운; 느글거리는; ki 지겨운; 짜증나는; 넌더리가 나는
muda	무다	ⓐ 1 (나이가) 어린, 젊은; 2 (과일이) 덜 익은; 3 (동, 식물이) 아직 어린; 4 (색깔이) 밝은, 여린;
pemuda	뻐무다	ⓝ 젊은이; 청년
mudah	무다	ⓐ 1 쉬운; 용이한; 2 쉽게; 빨리; cak (마음이) 여린, 쉽게 넘어가는
mudah-mudahan	무다-무다한	adv 1 기원하다; ~하기를 바라다; 2 ~하기를 바라며; 3 모쪼록
mudik	무딕	ⓥ 상류로 가다; 강을 거슬러 가다; cak 시골로 내려가다; 귀향하다
muka	무까	ⓝ 1 안면; 2 얼굴; 얼굴상
mula	물라	ⓝ 1 처음; 시작; 시초; 발단; 2 기원
mulai	물라이	memulai ⓥ 시작하다; p ~이후; ~부터
mulas	물라스	ⓐ (배가 쥐어짜듯이) 아픈; 위경련을 느끼다
multilateral	물띨라떠랄	ⓝ 다변(多辯)의; 3개국 이상이 관계 참가하고 있는

mulus	물루스	ⓐ 1 하얗게 깨끗한; 뽀얀; 잡것이 섞이지 않은; 2 부드러운; 결함이 없는; 3 원활한; 막힘이 없는
mulut	물룻	ⓝ 입; 구강; ⓚⓘ 1 입처럼 생긴 구멍; 2 말
muncul	문쭐	ⓥ 1 나타나다; 2 떠오르다; 나오다
mundur	문두르	ⓥ 후진하다; ⓚⓘ 1 퇴보하다; 쇠퇴하다; 나빠지다; 2 (사업, 발전 등이) 기울다; 퇴보하다;
memundurkan	머문두르깐	ⓥ 후진하다; 물러나게 하다;
kemunduran	꺼문두란	ⓝ 쇠퇴; 퇴보; 감퇴
mungkin	뭉낀	ⓐⓓⓥ 아마; 짐작하건대; 있을법한;
memungkinkan	머뭉낀깐	ⓥ ~할 수 있게 하다/가능하게 하다;
kemungkinan	꺼뭉낀난	ⓝ 가능성
muntah	문따	ⓥ 토하다; 구토하다; ⓝ 토한 것
murah	무라	ⓐ 1 값싼; 2 관대한; 친절한; 3 넘치는
murid	무릿	ⓝ (특히 초, 중, 고) 학생; 제자
murni	무르니	ⓐ 1 섞이지 않은; 순수한; 2 외부의 영향을 받지 않은; 순진한; ⓚⓘ 토착성의; 토종의
muséum	무세움	ⓝ 박물관
musibah	무시바	ⓝ 1 슬픈 사고/사건; 2 재앙; 재난
musik	무식	ⓝ 음악; 악곡; 노래
musim	무심	ⓝ 1 철; 사계절; 2 시기; 시절; 3 많이 나는 때/철
musisi	무시시	ⓝ 음악 연주가; 음악 지휘자; 작곡가

wajah; muka 와자 무까 **얼굴**

rambut 람붓 머리카락

dahi 다히 이마

mata 마따 눈

bola mata 볼라 마따 **눈동자**

alis 알리스 눈썹

bulu mata 불루 마따 **속눈썹**

hidung 히둥 코

pipi 삐삐 볼, 뺨

lesung pipi 르쑹 삐삐 **보조개**

telinga; kuping 떨링아; 꾸삥 **귀**

mulut 물룻 입

bibir 비비르 입술

lidah 리다 혀

gigi 기기 이, 치아

rahang; dagu 라항; 다구 **턱**

janggut 장굿 수염

kumis 꾸미스 콧수염

musuh	무수	ⓝ 1 적; 상대; 원수; 2 경쟁 상대; 경쟁자; 3 적대 대상; 적
musyawarah	무샤와라	ⓝ 합의를 위한 토론; 협의
mutu	무뚜	ⓝ 1 질; 등급; 가치; 2 (금 등의) 순도

N

nada	나다	⚫ 음/소리의 높낮이; 톤; *ki* 말투; 어조; 말씨
nadi	나디	⚫ 1 맥; 2 대동맥
nafkah	나프까	⚫ 1 생활비; 생계비; 부양비; 2 일용양식
menafkahi	머나프까이	~에게 생활비/부양비를 주다
nafsu	납수	⚫ 1 의욕; 욕구; 욕망; 갈망; 열정; 2 흑심; 탐욕; 3 취향; 식욕
naga	나가	⚫ 용
naik	나익	⚫ 1 올라가다; 상승하다; 2 (해가) 떠오르다; 오르다; 3 차량에 타다; 승차하다
naik kelas	나익 껄라스	⚫ (학교) 진급하다; 진학하다
nakal	나깔	⚫ 1 못되게 행동하는; 버릇없는; 도를 넘는 행동을 하는; 2 저질적인 행위, 저속한 행위, (남녀의) 부정한 행위의;
kenakalan	꺼나깔란	⚫ 비행; 부정; 못된 행동; 정도에서 약간 벗어난 행동
nakhoda	낙코다	⚫ 선장; 함장
naluri	날루리	⚫ 본능
nama	나마	⚫ 1 이름; 명칭; 성명; 2 타이틀; 호칭; 3 명성; 명예;
bernama	버르나마	⚫ ~라는 이름을 갖다; ~라고 불리우다
namun	나문	⚫ (문장 간 접속사) 그러나; 반면에

nanti[1]	난띠	*n* 1 나중; 이따; 조금 후; 2 그렇지 않으면
nanti[2]	난띠	*v* 기다리다;
menanti	머난띠	*v* 기다리다
napas	나빠스	*n* 숨; 호흡; 숨결;
bernapas	버르나빠스	*v* 호흡하다; 숨 쉬다
narapidana	나라삐다나	*n* 죄수; 죄인
narasumber	나라숨버르	*n* 취재원
narkotik, narkotika	나르꼬띡, 나르꼬띠까	*n* 마약
nasabah	나사바	*n* 예금자
nasi	나시	*n* 밥; *ki* 생활 유지; 생계
nasib	나십	*n* 운; 운명; 숙명; 팔자
nasihat	나시핫	*n* 1 충고; 권고; 2 교훈; 가르침; 훈계;
menasihati	머나시하띠	*v* ~에게 충고하다/권고하다
nasional	나시오날	*a* 국민의; 민족의;
nasionalis	나시오날리스	*n* 민족주의자; 애국주의자;
nasionalisasi	나시오날리사시	*n* 전국화; 국민화; 국유화; 국영화;
nasionalisme	나시오날리스머	*n* 국가주의; 민족주의; 국수주의; 민족 자결주의; 애국심; 민족의식
naskah	나스까	*n* 1 손으로 쓴 글; 2 원고; 3 짜여 진 보도자료; 4 계획안
Nasrani	나스라니	*n* 그리스도교; 기독교
natal	나딸	*n* 1 출생; 2 예수 탄생일; Hari Natal 크리스마스

natural	나뚜랄	ⓐ 1 자연의; 2 천연의; 자연적인; 본래의
naturalisme	나뚜랄리스머	ⓝ (예술, 문학, 철학 등) 자연주의
navigasi	나비가시	ⓝ 1 항해/항공학; 항해술; 항공술; 2 항해; 항공; 3 항법
navigator	나비가또르	ⓝ 항해자; 항법사
negara	느가라	ⓝ 나라; 국가
négatif¹	네가띠	ⓐ 1 반대의; 부정의; 2 좋지 않은; 벗어난
négatif²	네가띠	ⓝ 1 사진필름; 2 전기의 마이너스 선
negeri	느거리	ⓝ 1 한 종족이 사는 땅; 2 고향; 3 국립; 정부
négosiasi	네고시아시	ⓝ 1 협상; 상담; 교섭; 2 협상 타결; 분쟁 타결
nékat	네깟	ⓐ 1 독한; 억지의; 무모한; 욕구가 강한; 2 무데뽀의; 무지막지한; 앞뒤/물불을 가리지 않는; 3 아무 생각 없이; 미련 없이
nelayan	늘라얀	ⓝ 어부; 고기잡이
nénék	네넥	ⓝ 할머니; ~ moyang 선조; 조상
népotisme	네뽀띠스머	ⓝ 연고주의; 족벌주의
neraka	느라까	ⓝ 지옥; ⓒⓐⓚ 힘든 상황 혹은 장소
nétral	네뜨랄	ⓐ 1 중립의; 2 무속의; 3 (동식물) 중성의; 4 (물리, 화학) 중성의; ⓒⓐⓚ 자유스런; 속박 받지 않은
nétralisasi	네뜨랄리사시	ⓝ 1 중립화; 자유로워짐; 2 중화; 3 음의 중성화
ngabén	응아벤	ⓝ (발리 힌두교의) 화장식

ngebut	응어붓	*v* *cak* (차량, 오토바이 등을) 세게 몰다; 질주하다
ngeri	응어리	*a* 겁먹다; 겁에 질리다
nggak	응각	*adv* *Jk* (부정사) ~이 아닌
ngilu	응일루	*a* (뼈가) 쑤시는
niaga	니아가	*n* 상거래;
niat	니앗	*n* 1 의도; 목적; 계획; 2 의욕; 원함; 3 맹세; 약속
nihil	니힐	*a* 전무한; 완전히 빈; *cak* 1 참석자가 하나도 없는; 2 모두 참석한
nikah	니까	*n* 결혼; 혼인;
menikah	머니까	*v* 결혼하다; 혼인하다
nikmat	닉맛	*a* 1 맛있는; 2 만족한; 즐거운; *n* (신의) 은총/은혜
menikmati	머닉마띠	*v* 1 맛을 느끼다; 음미하다; 맛보다; 2 (즐거운, 만족을) 경험하다, 맛보다
nikotin	니꼬띤	*n* 니코틴
nilai	닐라이	*n* 1 (추정) 가격; 2 (돈의) 가치; 3 점수; 4 수준; 함량; 질; 5 의미; 효용; 가치;
bernilai	버르닐라이	*v* 1 가격을 가진; 2 가치/질을 가진; 값어치 있는;
menilai	머닐라이	*v* 1 값/가치를 매기다; 평가하다; 감정하다; 2 가치를 주다; 간주하다; 3 점수를 매기다
nisan	니산	*n* 묘비; 묘석; 비석
nitrogén	니뜨로겐	*n* 질소
noda	노다	*n* 1 오점; 얼룩; 오물; 2 불명예; 창피; 오점; 치욕

nol	놀	*num* 제로; 영
nomina	노미나	*n* (문법) 명사
nominal	노미날	*a* 명사의; 명사적인
nominasi	노미나시	*n* 1 지명; 거명; 후보화; 2 거명된 자
nomor	노모르	*n* 1 수; 숫자; 2 번호
nonaktif	논악띱	*a* 비활동적인
nonstop	논스똡	*a* 도중에서 멈추지 않고 계속 가는; 무정거의; 멈춤이 없이; 연속적인
norma	노르마	*n* 규범; 규정; 표준
normal	노르말	*a* 1 정상의; 표준의; 규범적인; 2 (정신이) 정상적인
normalisasi	노르말리사시	*n* 표준화; 정상화
nostalgia	노스딸기아	*n* 노스탤지어; 향수
not	놑	*n* 악보
nota	노따	*n* 1 주의서; 경고장; 비망록; 2 (외교상의) 통첩, 각서; 3 (정부, 관공서의) 공문, 보고서; 4 현금 영수증
notaris	노따리스	*n* 공증인
novél	노벨	*n* 소설
novélis	노벨리스	*n* 소설가; 작가
Novémber	노벰버르	*n* 11월
nuansa	누안사	*n* 뉘앙스; (표현, 감정, 의미의) 미묘한 차이
nuklir	누끌리르	*a* 핵의; 핵과 관련이 있는

N
O
P
Q
R
S
T
U
V
W
Y
Z

nurani	누라니	ⓐ 내면의; 내부의; 마음 안쪽 깊은 곳의; ⓝ 내심; 양심
nusantara	누산따라	ⓝ 인도네시아 제도/군도
nutrisi	누뚜리시	ⓝ 1 영양 섭취과정; 2 영양식; 3 영양학
-nya	-냐	1 제 3인칭 대명사의 축약형; tokonya 그의 가게; 2 지시사 혹은 한정사로 사용; 3 형용사 및 동사의 명사형 접미사
nyala	냘라	ⓝ 화염; 불꽃
nyali	냘리	ⓚⓘ 1 감정; 2 겁이 없는; 용감한
nyaman	냐만	ⓐ 1 즐거운, 유쾌한; 편안한; 2 건강한; 신선한; 개운한
nyamuk	냐묵	ⓝ 모기
nyanyi, bernyanyi	냐니, 버르냐니	ⓥ 노래하다
nyaring	냐링	ⓐ 쨍쨍한; 쩌렁쩌렁한
nyaris	냐리스	ⓐⓓⓥ (부정적인 의미의) 거의 ~할 뻔한; 하마터면 ~일어날 뻔한
nyata	냐따	ⓐ 1 (보이거나 들리는 게) 분명한, 명백한, 확실한; 2 실체의; 유형의; 실질적인; 3 증명되다
nyawa	냐와	ⓝ 1 생명; 목숨; 2 정신; 혼; 활기; 3 삶; 생
nyenyak	녀냑	ⓐ 푹 잠들다; 잠에 곯아떨어지다
Nyepi	녀삐	ⓝ 발리 힌두교의 신년(샤까)기념일
nyeri	녀리	ⓐ 쑤시는
Nyonya	뇨냐	ⓝ 외국인 부인에 대한 호칭

O

obat	오밧	␞ 1 약; 약품; 2 화학약품;
mengobati	멍오바띠	␞ 치료하다; 투약하다; 약물로 치유하다;
pengobatan	뻥오바딴	␞ 약물 치유; 약물치료 과정; 투약
obésitas	오베시따스	␞ 비만
objék	오브젝	␞ 1 화제의 대상; 2 연구 혹은 관심의 대상; 3 (문법) 목적어; 4 목적 대상의 일 혹은 사물
objéktif	오브젝띱	⓪ 객관적인
obral	오브랄	␞ 재고정리 판매하다; 세일하다; 싼값으로 대량 판매하다; Ⓚⓘ 대량 사용하다; 대량 방출하다
obrol, mengobrol	오브롤, 멍오브롤	␞ 한담하다; 잡담하다; 담소하다
obsérvasi	옵세르바시	␞ 관찰; 주시
obsési	옵세시	␞ 강박관념
odol	오돌	␞ 치약
ojék	오젝	␞ 영업용 자전거 혹은 오토바이
oksigén	옥시겐	␞ 산소(O^2)
Oktober	옥또버르	␞ 10월
olah[1]	올라	␞ 1 태도; (실행)방법; 지략; 2 행동; 행위; 3 엉뚱한 행동; 농담
olah[2], mengolah	올라, 멍올라	␞ (원가를 보다 완벽하게 혹은 다른 것을 만들기 위해) 요리하다, 작업하다, 노력하다; 가공하다; 처리하다

olahraga	올라라가	ⓝ 체육; 스포츠; 신체 운동
oléh	올레	ⓟ 1 (수동태 문장에서 행위자를 지시해줌) ~에 의하여; 2 ~때문에; ~이므로; ~으로 인하여; 3 ~을 위하여;
memperoleh	멈뻐르올레	ⓥ 획득하다; 달성하다; (노력하여) 얻다
oléh-oléh	올레-올레	ⓝ 선물; (여행의) 기념품
olés, mengoles	올레스, 멍올레스	ⓥ (파스, 기름 따위를) ~에 바르다, 문지르다
oli	올리	ⓝ 윤활유
Olimpiade	올림삐아드	ⓝ 올림픽 경기
ombak	옴박	ⓝ 파도
omél, mengomél	오멜, 멍오멜	ⓥ 불평하다; 투덜거리다; 구시렁대다
omong	오몽	ⓝ *cak* 1 말; 이야기하다; 2 언어, 말
ongkos	옹꼬스	ⓝ 1 소비용; 2 요금; 소요 경비/인건비
opéra	오뻬라	ⓝ 오페라
operasi	오뻐라시	ⓝ 1 수술; 2 군사작전; 3 가동(稼動);
beroperasi	버르오뻐라시	ⓥ 1 작전을 수행하다; 2 작업하다;
operasional	오뻐라시오날	ⓐ 조작상의; (군대의) 작전상의
operator	오뻐라또르	ⓝ 1 (기계의) 조작자; 기사; (기계의) 운전자; 전화교환수; 2 수술자; 집도자(執刀者)
opini	오삐니	ⓝ 의견; 견해
opname	오쁘나머	ⓝ 영화/사진 촬영

olahraga 올라라가 **운동**

sepak bola 세빠 볼라 **축구**

bisbol 비스볼 **야구**

bola keranjang; basket 볼라 꺼란장; 바스껫 **농구**

bola voli 볼라 볼리 **배구**

tenis meja 떼니스 메자 **탁구**

biliar 빌리아르 **당구**

bowling 볼링 **볼링**

tenis 떼니스 **테니스**

bulu tangkis; badminton 불루 땅끼스; 바드민똔 **배드맨턴**

golf 골프 **골프**

tinju 띤주 **권투**

berenang 버러낭 **수영**

mendaki gunung 먼다끼 구눙 **등산**

lari pagi; jogging 라리 빠기; 조깅 **조깅**

kebugaran; fitnes 꺼부가란; 피뜨너스 **헬스**

surfing; selancar 서르핑; 슬란짜르 **서핑**

ski 스끼 **스키**

olaraga berkuda 올라라가 버르꾸다 **승마**

pacuan kuda 빠쭈안 꾸다 **경마**

balap mobil 발랍 모빌 **자동차 경주**

oposisi	오뽀시시	*n* 적대; 대립; 반대; 반감
opsi	옵시	*n* 1 선택; 취사(取捨); 2 선택권; 선택의 자유; 3 선택할 수 있는 것; 옵션
optik	옵띡	*a* 1 광학의; 눈에 관한; 시력의; 2 안경집/가게
optimal	옵띠말	*a* 최선의; 최적의; 최고의
optimis	옵띠미스	*n* 낙천가; 낙천주의자
orang	오랑	*n* 1 사람; 2 인간; 3 (수량사) 명/사람; 4 부하; 휘하에 있는 사람; 5 국민; 주민; 6 민족; 종족
oranye	오라니어	*n* 오렌지색
orbit	오르빗	*n* (天) 궤도
orde	오르드	*n* 체계; 시스템; 질서
organ¹	오르간	*n* (인체 동물의) 기관
organ²	오르간	*n* 오르간 악기
organik¹	오르가닉	*a* 1 유기체/물의; 2 (화학) 유기의; 탄소를 함유한
organik²	오르가닉	*a* (기관구조에 따른) 유기적; 조직적; 계통적
organisasi	오르가니사시	*n* 1 여러 부분으로 이루어진 조직; 기구; 단체; 구성; 2 조합; 협회
organisme	오르가니스머	*n* 유기체; 생물; 유기적인 조직체
orgasme	오르가스머	*n* 오르가즘; 성적 흥분의 최고조
oriental	오리엔딸	*a* 동양(풍)의
orientasi	오리엔따시	*n* 1 (새로운 환경 등에 대한) 관찰 혹은 판단; 2 적응; 오리엔테이션; (신입생/사원 등의) (적응) 지도;

berorientasi	버르오리엔따시	[v] 1 더 알 수 있도록 보고 관찰하다; 2 방향을 정하다
orisinal	오리시날	[a] 원물(原物)의; 원본의; 원형의; 진짜의; 순수한
orisinalitas	오리시날리따스	[n] 원형/원물임; 진짜
orkes, orkestra	오르께스, 오르께스뜨라	[n] 오케스트라; 관현악단
ostésporosis	오스떼스뽀르시스	[n] 골다공증
otak	오딱	[n] 뇌; [ki] 두뇌; 머리; 맛이 간
otak-otak	오딱오딱	[n] (생선과 향료 따위를 섞어 바나나 잎이나 야자 잎에 싸서 구운 것) 음식의 일종
otak-atik	오딱-아띡	[n] 수리; 시도;
mengotak-atik	멍오딱-아띡	[v] [fw] (고장난 라디오, 시계 따위를) 수리하려고 시도하다; ~을 만들려고 시도하다
otentik	오떼닉	[a] 진정한; 진짜의; 믿을 만한; 확실한; 근거 있는
otodidak	오또디닥	[n] 독학자; 독습자
otomatis	오또마띠스	[a] 자동의; 자동적인
otomotif	오또모띱	[a] 자동차의; 자동의; 동력 자급의; 자동 추진의
otonom	오또놈	[a] 스스로의; 자치적
otopsi	오똡시	[n] 검시; 부검; 시체 해부
otoritas	오또리따스	[n] 1 권한 부여; 수권; 위임; 2 권한; 권능; 직권; 3 권위; 권력
otoritér	오또리떼르	[a] 절대적인; 제약을 받지 않는; 무조건의; 전제적; 독재적

otot	오똣	*n* **근육**; **근**(筋)
oval	오발	*a* **달걀 모양의**
oven	오븐	*n* **오븐; 화덕; 아궁이**
overdosis	오버르도시스	*n* **(약물 등의) 과다복용**
ozon	오존	*n* 1 **오존층**; 2 **신선한 공기**

P

pabrik	빠브릭	*n* 공장
pacar	빠짜르	*n* 애인; 연인
pacaran	빠짜란	*v* *cak* 애인 사이인
pacu	빠쭈	*n* (말의) 박차;
pemacu	뻐마쭈	*n* 기수;
pacuan	빠쭈안	*n* 1 경마; 2 경마장
pada¹	빠다	*p* 1 ~에(di); 2 ~(때)에; 3 ~에게
pada²	빠다	*a* 충분한
pada³	빠다	*adv* *cak* 여럿이 함께
padahal	빠다할	*p* 1 그러나 (사실은); 반면에; 2 비록 ~이긴 하지만; ~이긴 하지만 반면에
padam	빠담	*a* 1 (불이) 소멸된; 꺼진; 2 (화가) 누그러진; 풀린; 가라앉은;
pemadam	뻐마담	*n* 1 소방전; 소방 장비; 2 소방관; 소방수
pemadaman	뻐마다만	*n* 진화; 진정; 진압; 소멸
padat	빠닷	*a* 1 꽉 들어찬; 2 밀집한; 빽빽한; 꽉 찬; 3 (인구가) 조밀한; 4 시간의 여유가 없는; 일정이 빽빽한; 5 (속이) 꽉 찬
padi	빠디	*n* 벼
padu	빠두	*a* 빽빽한; *v* 이미 섞여 하나가 되다; *a* *ki* 똘똘 뭉치다; 일체가 되다;

memadukan	머마두깐	ⓥ 1 통합시키다; 결합시키다; 2 일치 시키다;
paduan	빠두안	ⓝ 합일체; ~ suara 합창
pagi	빠기	ⓝ 1 아침; 2 해 떠서 낮까지; ⓚⓘ 초기; 이른; 빠른;
pagi-pagi	빠기-빠기	ⓐⓓⓥ 이른 아침; 아침 일찍; ⓚⓘ 빨리; 아직 이른
paha	빠하	ⓝ 넓적다리; 허벅지
paham	빠함	ⓝ 1 이해; 파악; 사리분별; 2 경향; 동향; 견해; 3 생각; 개념; 의견; ⓥ 잘 이해하다; 잘 파악하다; ⓐ 잘 이해하는; 잘 알다;
pemahaman	뻐마하만	ⓝ 이해 방법/행위/과정
pahit	빠힛	ⓐ (맛이) 쓴; ⓚⓘ (마음이) 고통스러운, 어려운, 힘든
pahlawan	빨라완	ⓝ 영웅; 호걸; 애국자
pajak	빠작	ⓝ 세; 세금
perpajakan	뻐르빠작깐	ⓝ 과세; 징세
pajang	빠장	ⓝ 장식; 전시;
memajang	머마장	ⓥ 1 (천, 종이, 꽃, 깃발 따위로) 치장하다; 장식하다; 2 장소를 꾸미다; ⓒⓐⓚ 들러리로 장식되다; 자신을 노출하다;
pajangan	빠장안	ⓝ 1 도로, 건물 등에 있는 장식; 2 진열 상품; 3 (신랑 신부의) 자리, 좌석, 침상
pak	빡	ⓝ ⓒⓐⓚ 1 아버지; 2 나이가 든 혹은 직위가 높은 남자에게 부르는 호칭 (~씨; 선생님)
pakai	빠까이	ⓥ ⓒⓐⓚ 1 사용하다; 착용하다; 2 ~을 넣다, ~을 첨가하여;
memakai	머마까이	ⓥ 1 옷을 입다; 2 넓은 의미의 사용하다

pakaian	빠까이안	*n* 옷; 의복; 의상; 의류;
pemakaian	뻐마까이간	*n* 사용; 착용; 이용
pakét	빠껫	*n* 1 짐; 소포; 2 물건의 한 질/꾸러미; 패키지
paksa	빡사	*v* 강압하다; 강제로 하다; *n* 억압; 강제; 강압;
memaksa	머막사	*v* 1 강요하다; 2 강제로 ~하다;
paksaan	빡사안	*n* 강제; 강압; 압력
paku	빠꾸	*n* 못;
memaku	머마꾸	*v* 못을 박다; *ki* (마음, 주의를) 묶다. 매다;
terpaku	떠르빠꾸	*v* 못질이 된; 못이 박힌; *ki* 속수무책으로 서 있다; 꼼짝 못하다
paling¹	빨링	*adv* 가장; 최상의; 최상급의 표현
paling², berpaling	빨링, 버르빨링	*v* (머리를 좌우로) 흔들거나 뒤로 돌 리다; *ki* 1 (관심을) 돌리다; 2 (종교를) 떠 나다; 더 이상 믿지 않다
palsu	빨수	*a* 1 가짜의; 위조의; 2 (치아, 열쇠 따위가) 인조의, 모조의;
pemalsuan	뻐말수안	*n* 위조; 날조; 모조
paman	빠만	*n* 아버지나 어머니의 남동생에 대 한 호칭; 숙부; 외삼촌; 아저씨
pamér	빠메르	*v* 보여주다; 전시하다;
memamerkan	머마메르깐	*v* 1 (뽐내려) 보여주다; 2 전시하다; 3 선보이다
pameran	빠메란	*n* 전시회; 전람회; 박람회
pamit	빠밋	*v* 작별 인사를 하다
pamrih	빰리	*n* 의향; 의지; 목적; 의도

panah	빠나	*n* 1 화살; 2 화살표;
memanah	머마나	*v* 활을 쏘다; 시위를 당기다;
pemanah	뻐마나	*n* 1 궁수; 활 쏘는 사람; 2 (스포츠) 양궁 선수
panas	빠나스	*a* 1 더운; 뜨거운; 2 (몸에) 열이 있는(demam); *n* (계절의) 건기;
memanaskan	머마나스깐	*v* 덥게 만들다; 뜨겁게 만들다; 데우다; *ki* (분위기를) 긴장시키다, 가열시키다; 고조시키다; 화를 불러일으키다;
pemanas	뻐마나스	*n* 난로; 히터;
pemanasan	뻐마나산	*n* 가열; 난방
pancaindra	빤짜인드라	*n* 오감
pancar, berpancaran	빤짜르, 버르빤짜란	*v* (빛, 액체 등이) 분출하다; 솟아 나 오다;
pancaran	빤짜란	*n* 1 분사물; 방사물; 분출물; 흘러나온 것; 2 방송; 3 자손, 후손; 4 분사; 분 출; 샘솟음;
pemancar	뻐만짜르	*n* 송신기; 송출기;
pemancaran	뻐만짜란	*n* 방사; 발산; 방사물; 발산하는 것
pancasila	빤짜실라	*n* 인도네시아 국가 5대 원칙(신에 대한 믿음, 공정 정대한 인본주의, 하 나의 인도네시아, 대의주의에 의한 민주주의, 사회정의주의)
pancing	빤찡	*n* 낚시 바늘(kail); 낚싯대;
memancing	머만찡	*v* 낚시질하다; 낚다;
pancingan	빤찡안	*n* 1 낚시 도구; 미끼; 2 페인트 모션; 유혹; 3 빌미를 잡기 위한 유도의 말 혹은 행동; *v* 목에 걸려 아픈 느낌을 받다;

pemancingan	뻐만찡안	ⓝ 낚시; 유혹; 빌미
pandai¹	빤다이	ⓐ 1 영리한; 똑똑한; 2 솜씨 좋은; 숙련된; ⓥ 잘하다; 능력이 있는; 할 수 있는
pandai²	빤다이	ⓝ 1 금속 세공인; 2 전문가
pandang	빤당	ⓝ 바라봄; 빤히 쳐다봄; ⓒⓐⓚ 응시하다;
memandang	머만당	ⓥ 바라보다; 응시하다;
pandangan	빤당안	ⓝ 바라봄; 응시;
pemandangan	뻐만당안	ⓝ 1 관찰; 시력; 시각; 2 관점; 3 경치; 경관; 전망; 조망
panén	빠넨	ⓝ 수확; 추수; 거두어들임; ⓥ ⓒⓐⓚ 횡재하다
pangan	빵안	ⓝ 음식; 음식물
panggang	빵강	ⓥ (철판 등에 올려) 굽다; 익히다;
panggangan	빵강안	ⓝ 구운 것
panggil	빵길	ⓥ 부르다;
memanggil	머망길	1 부르다; 소환하다; 2 초대하다; ⓒⓐⓚ 호출하다; 이름을 부르다
panggilan	빵길란	ⓝ 1 부름; 소환; 초청; 2 호명
panggul¹	빵굴	ⓝ 둔부; 엉덩이; 궁둥이; 대퇴부
panggul², **memanggul**	빵굴, 머망굴	ⓥ 어깨에 지고 나르다
panggung	빵궁	ⓝ 1 연단; 2 높은 발판; 3 무대; 4 관람석
pangkat	빵깟	ⓝ 1 직급; 계급; 2 지위; 신분; 3 학년; 자리 등급; 급
panik	빠닉	ⓐ 당황하는; 겁을 먹은; 두려운

panjang	빤장	*a* 1 길이가 긴; 2 장기간의: *n* (세로) 길이; *ki* 현명한;
memanjang	머만장	*v* 1 길게 되다; 늘어나다; 2 (시간이) 늘어지다; 뻗다;
memperpanjang	멈뻐르빤장	*v* 더 늘리다; 더 길게 하다; 연장하다;
perpanjangan	뻐르빤장안	*n* 늘임; 연장
pantai	빤따이	*n* 1 해변; 해안; 바닷가; 2 해안 선; 3 밀물과 썰물이 이는 지역
pantas	빤따스	*a* 1 적당한; 합당한; 알맞은; 2 적합 한; 어울리는; 3 당연한; 이상하지 않은; 4 좋아 보이다; 멋져 보이다
pantau	빤따우	*n* 살펴보다; 감시하다;
memantau	머만따우	*v* 1 쳐다보다; 바라보다; 2 살펴보다; 감시하다;
pantauan	빤따우안	*n* 감시; 관찰; 응시;
pemantauan	뻐만따우안	*n* 조정; 살핌; 관찰; 조정
panti	빤띠	*n* 집; 거주지; (고아원 등의) 원
papa	빠빠	*n* *cak* 1 아버지; 2 어른 남자에 대한 호칭
papan	빠빤	*n* 1 판; 판자; 널빤지; 2 방; 주거지; 집
papar, memapar(kan)	빠빠르, 머마빠르/깐	*v* 길게 설명하다; 토로하다; 글 혹은 이야기를 전개하다
paparan	빠빠란	*n* 해설; 설명;
pemaparan	뻐마빠란	*n* 해설, 설명 행위/방법/과정
para	빠라	집합을 나타내는 지시사; (집단) 모든
parade	빠라드	*n* 군대의 열병식; 선수단의 행렬; 행진;

berparade	버르빠라드	〖v〗 행진하다
parah	빠라	〖a〗 1 (상처가) 심한; 중상의; 2 (병 상황이) 심한; 어려운; 3 처지가 어려운; 4 극복하기 힘든
parasit	빠라싯	〖n〗 1 기생식물; 2 기생충; 〖ki〗 기식자; 더부살이하는 사람
parfum	빠르품	〖n〗 1 향수; 향기 2 향료
pariwisata	빠리위사따	〖n〗 관광
parkir	빠르끼르	〖v〗 〖cak〗 주차하다
partisipasi	빠르띠시빠시	〖n〗 참가; 가입
paru, paru-paru	빠루, 빠루-빠루	〖n〗 허파; 폐
paruh	빠루	〖n〗 (가금류의) 부리
parut	빠룻	〖n〗 1 강판; 가는 체; 2 긁힌 상처;
memarut	머마룻	〖v〗 강판으로 갈다;
pemarut	뻐마룻	〖n〗 1 강판; 2 가는 사람;
parutan	빠루딴	〖n〗 갈은 것; 갈아낸 것; 〖cak〗 강판
pas	빠스	〖a〗 1 정확한; 2 더도 덜도 아닌 꼭 맞는
pasal	빠살	〖n〗 1 조항; 절; 항목; 2 이견의 요지; 일; 3 이유; 원인
pasang[1]	빠상	〖n〗 1 짝; 쌍(남녀; 암수); 2 켤레; 3 쌍 형태의 신체기관(허파, 귀, 눈 따위); 4 벌;
pasangan	빠상안	〖n〗 1 짝; 쌍; 켤레; 2 상대; 배우자; 파트너; 3 둘 중 다른 한 짝;
sepasang	스빠상	〖n〗 한 조; 한 쌍; 한 켤레; 한 벌; 〖a〗 1 일치하는; 잘 어울리는; 2 쌍을 이루는

pasang[2]	빠상	ⓥ (바닷물, 강물 따위가) **붇다, 차다, 오르다;** _ki_ 운이 좋은; 이익이 나는; ~ surut 조수간만; 인생의 흥망
pasang[3], memasang	빠상, 머마상	ⓥ 1 **입혀주다;** 2 **놓아두다; 세우다; 배치하다;** 3 **설치하다; 세우다;**
pemasangan	뻐마상안	ⓝ 설치; 부착;
pasangan	빠상안	ⓝ 파트너; 상대
pasar	빠사르	ⓝ 1 **시장;** 2 **거래 장소;**
memasarkan	머마사르깐	ⓥ 1 시장에 팔다; 2 흥정하다; 팔려고 홍보하다;
pemasaran	뻐마사란	ⓝ 1 거래 행위; 시장 형성; 2 마케팅;
pasaran	빠사란	ⓝ 시장; ⓐ 1 시장의 (가격 형성); 시장가격; 2 시장 물건의/이등급 물건의; 3 시장어의/ 비공식 언어의; 4 요일/기간마다 열리는 장
pasien	빠시엔	ⓝ **환자**
pasif	빠십	ⓐ **수동적의; 피동적인; 활동적이 아닌**
pasir	빠시르	ⓝ 1 **모래;** 2 **모래사장; 모래밭;** ⓐ **모래알 같은**
pasok	빠속	ⓝ **공급; 비축품;**
memasok	머마속	ⓥ 비축하다; 공급하다;
pemasok	뻐마속	ⓝ 공급자; 공급처; 비축자;
pasokan	빠소깐	ⓝ 비축/공급한 것; _cak_ pasok;
paspor	빠스뽀르	ⓝ **여권**
pasrah	빠스라	ⓥ 승복하다; 복종하다; 따르다;

berpasrah	버르빠스라	ⓥ 승복하다; 항복하다;
memasrahkan	머마스라깐	ⓥ 넘겨주다; 맡기다; 따르다; 양도하다
pasti	빠스띠	ⓐ **명확한; 확실한;**
memastikan	머마스띠깐	ⓥ 1 확정하다; 2 확실히 말하다; 단언하다;
kepastian	꺼빠스띠안	ⓝ 명확함; 분명함
patah[1]	빠따	ⓐ **부러진;** ⓚⓘ **중단된; 계속할 수 없는;**
mematahkan	머마따깐	ⓥ 1 부러뜨리다; 꺾다; 자르다; 2 용기를 잃게 하다; 의욕을 잃게 하다; 3 패퇴시키다; ⓚⓘ (말을) 가로막다;
patahan	빠따한	ⓥ 1 부러진 것; 잘린 것; 2 파편, 부서진 것; 부러진 부분; 3 단층
patah[2]	빠따	ⓝ (수량사) 마디; 부분
patriotisme	빠뜨리오띠스머	ⓝ 애국심
patroli	빠뜨롤리	ⓝ 1 순찰; 정찰; 2 순찰대(경찰, 군 등);
berpatroli	버르빠뜨롤리	ⓥ 순찰 돌다; 정찰하다
patuh	빠뚜	ⓐ **말 잘 듣는; 순종하는; 잘 따르는; 원칙을 따르는;**
mematuhi	머마뚜히	ⓥ ~에 따르다; 순종하다;
kepatuhan	꺼빠뚜한	ⓝ 순종; 따름; 준수; 충직
patut	빠뚯	ⓐ **합당한; 마땅한; 적합한;**
kepatutan	꺼빠뚜딴	ⓝ 일치; 부합; 합당;
sepatutnya	스빠뚯냐	ⓐ𝑑𝑣 1 적절하게; 알맞게; 2 당연히; 합당하게; 잘
pauk	빠욱	☞ lauk pauk 반찬; 부식
paus	빠우스	ⓝ **고래**

payudara	빠유다라	⏐ⁿ⏐ 유방; 젖
payung	빠융	⏐ⁿ⏐ 1 우산; 2 낙하산; ⏐ki⏐ 1 (머리 위의) **보호막**; 2 **보호자**;
memayungi	머마융이	⏐v⏐ 우산/양산을 씌워주다; ⏐ki⏐ ~를 보호하다;
memayungkan	머마융깐	⏐v⏐ 우산으로 사용하다
pecah	뻐짜	⏐v⏐ 1 **부서지다; 깨지다**; 2 (땅, 피부가) **갈라진**; (입술이, 피부가) **튼**; 3 (벽, 막이) **터진**;
memecahkan	머머짜깐	⏐v⏐ 1 부수다; 깨뜨리다; 2 해결하다; 3 분산시키다
terpecah-pecah	떠르뻐짜–뻐짜	⏐v⏐ 조각이 난; 산산이 부서진;
terpecahkan	떠르뻐짜깐	⏐v⏐ 풀릴 수 있는; 해결된/해결될 수 있는; 종결된/종결될 수 있는;
perpecahan	뻐르뻐짜한	⏐n⏐ 분리; 분산;
pecahan	뻐짜한	⏐n⏐ 1 조각; 부분; 파편; 2 분수; 소수;
pecah belah	뻐짜 벌라	⏐v⏐ 박살난; ⏐n⏐ 도자기, 오지그릇, 질그릇;
memecah-belah	머머짜–벌라	⏐v⏐ 흩뜨리다; 분산시키다, 분열시키다
pecat, memecat	뻐짤, 머머짠	⏐v⏐ **해고하다; 파면시키다; 퇴출시키다**;
pemecatan	뻐머짜딴	⏐n⏐ 해고; 파면; 해임; 면직; 퇴학
pedas	뻐다스	⏐a⏐ **매운**; (고추, 후추 등의) 매운 맛의 ⏐ki⏐ (비평 등) **혹독한, 날카로운**;
kepedasan	꺼뻐다스안	⏐n⏐ 1 매운 맛; 2 매운 맛을 느끼다; 너무 매운
pedih	뻐디	⏐a⏐ (상처가) **따갑고 쓰라린**;
kepedihan	꺼뻐디한	⏐n⏐ 쓰라림; 고통; 슬픔
pedoman	뻐도만	⏐n⏐ 1 **나침반**; 2 **지침서; 안내서**;
berpedoman	버르뻐도만	⏐v⏐ 1 규정을 따르다; 지침/안내를 사용하다; 2 ~로 향하다; ~로 따르다

peduli	뻐둘리	⒱ 걱정하다; 신경 쓰다; 관심을 기울이다;
mempedulikan (diri)	멈뻐둘리깐/디리	1 ~에 유의하다; 2 ~에 염두를 두다; 3 간섭하다;
kepedulian	꺼뻐둘리안	⒩ 주의; 염두; 관심
pegang	뻐강	⒱ 잡다;
berpegang	버르뻐강	(pada) ⒱ ~를 쥐다; 붙잡다; 집착하다, 고수하다; ⒦ 품을 잡다;
berpegangan	버르뻐강안	⒱ 서로 잡다; 손잡이를 사용하다;
memegang	머머강	⒱ 1 잡다; 쥐다; 붙잡다; 2 (돈을) 쥐다; 소유하다; 3 (핸들을) 잡다, 조종하다;
pegangan	뻐강안	⒩ 1 잡은 것/물건; 2 손잡이; 핸들
pegawai	뻐가와이	⒩ (정부, 관공서, 회사의) 직원;
kepegawaian	꺼쁘가와이안	⒩ 공무원에 관한 일
pejam	뻐잠	⒱ (눈이) 감기다;
memejamkan	머머잠깐	⒱ 눈을 감다;
terpejam	떠르뻐잠	⒱ (눈이) 감긴
péka	뻬까	⒜ 1 민감한; 예민한; 2 (저울, 천칭 따위가) 감도가 좋은; 민감한; 3 주의 깊은; 신중한;
kepekaan	꺼뻬까안	⒩ 민감; 예민
pekan	뻐깐	⒩ 1 주; 2 시장; 장터
pél	뻴	⒩ 걸레;
mengepel	멍어뻴	⒱ 걸레질하다; 닦다; 문지르다
pelampung	뻘람뿡	⒩ (물 위에 뜨는) 부유물; 부표; 구명대
pelan	뻘란	⒜ 천천히; 느리게;

pelan-pelan	쁠란–쁠란	ⓥ 천천히; 느리게; 서두르지 않고
pelihara	쁠리하라	ⓥ 지키다; 돌보다;
memelihara	머멀리하라	ⓥ 1 (사람, 건강 등) 잘 보호하다; 잘 돌보다; 2 (질서, 안전을) 지키다; 유지하다; 3 경작하다; 관리하다;
pemeliharaan	쁠멀리하라안	ⓝ 1 보호; 간호; 돌봄; 2 양육; 사육; 재배; 부양; 3 유지; 보존; 피함;
terpelihara	떠르쁠리하라	ⓥ 1 잘 지켜진, 보호된; 2 쉽게 보호되는 혹은 보호될 수 있는
pelintir, **memelintir**	뻐린띠르, 머멀린띠르	ⓥ 1 비틀다; 2 (공, 차기 등) 돌려 차다; 3 꼬다; (병뚜껑 등을) 뒤틀다;
terpelintir	떠르쁠린띠르	ⓥ 1 비틀린; 2 비틀 수 있는; 돌려찰 수 있는
pelit	쁠릿	ⓐ 인색한; 구두쇠의
pelopor	쁠로뽀르	ⓝ 1 개척자; 선구자; 2 선도자; 선구자;
memelopori	머멀로뽀리	ⓥ 1 앞서가다; 2 (모범을 보여) 인도하다; 지도하다; 3 개척하다
peluang	쁠루앙	ⓝ 기회; 호기;
berpeluang	버르쁠루앙	ⓥ 기회를 갖다
peluk	쁠룩	ⓥ 포옹; 껴안음;
berpelukan	머르쁠루깐	ⓥ 서로 포옹한 채 있다;
berpeluk-pelukan	버르쁠룩–쁠루깐	ⓥ 서로 껴안다; 서로 포옹하다;
memeluk	머멀룩	1 포옹하다; 껴안다; 2 (종교를) 믿다; 신봉하다
peluru	쁠루루	ⓝ 1 탄환; 총알; 2 (스포츠) 투포환
pemuda	뻐무다	ⓝ 청년; 젊은이
penasaran	뻐나사란	ⓐ 1 (유감, 실망으로 인하여) 속 타는, 초조한; 2 ~를 알거나 (얻으려고) 갈망하는; 3 흡족하지 않은

penat	뻐낫	ⓐ (열심히 일을 하고 난 후에) **지친**, **피곤한**, **피로한**, **기진맥진한**
pencar, berpencar	뻔짜르, 버르뻔짜르	ⓥ 1 흩어지다; 산재하다; 분산하다; 2 분산하여, 흩어져 도망가다/뛰어가다
pencét, memencet	쁜쩻, 머믄쩻	ⓥ (엄지손가락 등으로) 세게 누르다; (벨 따위를) 누르다
pendam, memendam	뻔담, 머먼담	ⓥ 1 (숨기려) **매장하다**; **몰래 파묻다**; **은폐하다** 2 (감정. 비밀 따위를) 감추다, 숨기다;
terpendam	떠르뻔담	ⓥ 1 숨겨지다; 은폐되다; 2 (희망 따위를) 품고 있는; 간직한; 3 간직되다; 비축되다; 묻히다
péndék	뻰덱	ⓐ 1 (길이가) **짧은**; 2 (키가) **작은**; 3 잠시; 짧은 기간의; 4 (이야기 따위가) 간결한, **짧은**;
kependekan	꺼뻔데깐	ⓝ 1 약어; 축어; 2 짧음; 간략함; ⓐ 좀 짧은; 너무 짧은
pengantin	뻥안띤	ⓝ 신랑 혹은 신부
pengaruh	뻥아루	ⓝ 영향; 세력; 위력; 작용;
berpengaruh	버르뻥아루	ⓥ 1 영향이 미치다; 영향을 갖다; 2 힘이 있는; 세력이 있는;
mempengaruhi	멈뻥아루히	ⓥ ~에 영향을 끼치다; ~에게 영향력을 가하다;
terpengaruh	떠르뻥아루	ⓥ 영향을 받은; (마음 등이) 흔들린
pening	뻐닝	ⓐ 1 머리가 어지러운; 현기증 나는; 머리/골치 아픈; 2 상황/해결 방법으로 골치 아픈; 묘안이 떠오르지 않는
penjara	뻔자라	ⓝ 감옥; 감방; 교도소; 형무소;
memenjara(kan)	머먼자라/깐	ⓥ 감옥에 넣다/보내다; ⓥ (의욕을) 억제하다;

terpenjara	떠르뻔자라	*v* 투옥된
pénsil	뻰실	*n* 연필
pénsiun	뻰시운	*v* 정년이 되다; *n* 연금;
pensiunan	뻰시운안	*n* 연금 생활자; 연금 받는 자
pental, terpental	뻔딸 떠르뻔딸	*v* (멀리) 나동그라진
penting	뻔띵	*a* 으뜸의; 우선적인; 주요한;
mementingkan	머먼띵깐	*v* 1 중요시하다; 강조하다; 역설하다; 2 우선시하다;
kepentingan	꺼뻔띵안	*n* 1 중요; 가치; 필요성; 2 이익; 흥미; 관심;
berkepentingan	버르꺼뻔띵안	*v* 이해관계가 있는
penuh	뻐누	*a* 1 가득 찬; 꽉 찬; 2 많이 실은/ 내재돼 있는; 3 대단히 많은; *ki* 1 충분한; 충족한; 적지 않은; 2 완전한; 완벽한;
memenuhi	머머누히	*v* 1 ~를/에 채우다/채워 넣다; 2 (조건, 필요 사항을) 갖추다, 채우다; 3 (의무, 약속 따위를) 완수하다; 이행하다;
pemenuhan	뻐머누안	*n* 채움; 갖춤; 완수; 이행; 충족;
sepenuh	스뻐누	*a* 1 모두; 전부; 2 최대한; ~ hati 성심성의껏;
sepenuhnya	스뻐누냐	*adv* 1 전적으로; 완전히; 최대한; 2 절대적인
pepatah	뻐빠따	*n* 속담; 격언
per¹	뻐르	*num* 매; ~당; ~마다(tiap~tiap)
per²	뻐르	~씩(demi); satu ~ satu 하나하나씩
per³	뻐르	~분의(bagi)

perah, memerah	뻐라, 머머라	⑦ (액이 나오게) 짜다, 압착하다, 쥐어짜다;
pemerah (sapi)	뻐머라	⑩ 우유 짜는 사람;
perahan	뻐라한	⑩ 1 (과일 등에서) 짜낸 즙; 2 소, 양 등에서 짜낸 젖
perahu	뻐라후	⑩ 소형 배;
berperahu	버르뻐라후	⑦ 배를 타다
pérak	뻬락	⑩ 은
peran	뻐란	⑩ 1 영화/연극배우; 2 (사회에서 직위에 따른) 역할, 기능, 직무;
berperan	버르뻐란	⑦ 1 역을 맡다; 2 ~로서 행동하다; 역할을 하다;
memerankan	머머란깐	⑦ ~ 역할을 하다; 배역을 하다;
pemeran	뻐머란	⑩ 1 배우; 2 역할 수행자;
peran serta	뻐란 서르따	⑩ 참여; 동참
perang	뻐랑	⑩ 1 (국민, 종족, 종교 등의) 적대; 2 전쟁; 3 싸움, 충돌; 4 대립, 투쟁;
berperang	버르뻐랑	⑦ 전쟁을 수행하다; 전투를 하다;
peperangan	뻐뻐랑안	⑩ 대면; 대결; 전투
perangkap	뻐랑깝	⑩ 1 덫; 함정; 올가미; 2 술수; 계책;
memerangkap	머머랑깝	⑦ 1 덫으로 잡다; 2 속이다;
terperangkap	떠르뻐랑깝	⑦ 사기당하다, 함정에 빠지다
peras, memeras	뻐라스, 머머라스	⑦ (액이 나오게) 짜다, 압착하다; ⑦ 1 남에게 폭리를 취하다; 착취하다; 등치다; 남을 압박하여 많은 이익을 취하다; 2 갈취하다; 강제로 빼앗다;
perasan	뻐라산	⑩ 짜낸 것; 액즙;

P

pemerasan	뻐머라산	⃞ 1 누름; 압착; 탈수; 2 약탈; 갈취; 착취; 3 젖을 짜냄
perban	뻐르반	⃞ 붕대;
memerban	머머르반	⃞ (상처를) 붕대로 감다
percaya	뻐르짜야	⃞ 1 믿다; 신뢰하다; 2 확신하다; 인정하다;
memercayai, mempercayai	머머르짜야이, 멈뻐르짜야이	⃞ ~를 믿다, 신뢰하다, 인정하다, 의지하다;
memercayakan, mempercayakan	머머르짜야깐, 멈뻐르짜야깐	⃞ ~을 (사람에게 임무를) 믿고 책임을 맡기다, 위임하다;
tepercaya	떠뻐르짜야	⃞ 1 가장 믿는; 2 믿을 수 있는; 믿음직한; 확실한;
kepercayaan	꺼뻐르짜야안	⃞ 1 믿음; 신뢰; 2 확신; 의지; 기대; 의존; 공식 인정 5대 종교가 아닌 개인적인 신앙
percuma	뻐르쭈마	⃞ 1 덧없는; 쓸모없는; 쓸데없는; 무익한; 2 무료의; 무상의; 공짜의
perdata	뻐르다따	⃞ 민사; 민법
perempuan	뻐럼뿌안	⃞ 1 여자; 여성; 2 처; 아내
pergi	뻐르기	⃞ 1 가다; 2 출발하다; 3 떠나다;
bepergian	버뻐르기안	⃞ 멀리 가다; 여행을 떠나다; 여행가다;
kepergian	꺼뻐르기안	⃞ 출발; 떠남; ⃞ 죽음; 서거
perhati	뻐르하띠	⃞ 관심이 있는;
memerhatikan	머머르하띠깐	⃞ 1 주시하다; 관찰하다; 2 주의를 기울이다; 염두에 두다;
perhatian	뻐르하띠안	⃞ 관찰; 주의; 주목
peribahasa	뻐리바하사	⃞ 속담; 금언
perih	뻐리	⃞ 쓰린; 고통스러운; 어려운

658 | 필수 단어

N
O
P
Q
R
S
T
U
V
W
Y
Z

perihal	뻐리할	_n_ 1 사정; 상황; 2 문제; 사건; 3 ~에 관하여/대하여;
perikemanusiaan	뻐리꺼마누시아안	_n_ 1 인류애; 2 인간성;
berperikema nusiaan	버르뻐리꺼마누시아안	_n_ 인류애를 갖고 있다
periksa	뻐릭사	_n_ 조사하다; 검사하다; 검색하다;
memeriksa	머머릭사	_v_ 1 검사하다; 2 관찰조사하다; (사건 등을) 조사하다; 3 심사하다; 4 검색하다; 검열하다; 통제하다; 조정하다;
memeriksakan	머머릭사깐	_v_ 1 타인을 위해 조사해 주다; 2 검사 요청하다;
pemeriksaan	뻐머릭사안	_n_ 조사; 검사; 검색; 심사; 검열; 연구조사; (사건 등의) 조사;
periksaan	뻐릭사안	_n_ 1 조사 결과; 2 조사된 것
perilaku	뻐리라꾸	_n_ 행실; 행위; 처신
peringkat	뻐링깟	_n_ 등급; 지위; 계급; 신분
perintah	뻐린따	_n_ 1 지시; 분부; 2 명령; 구령; 3 분부; 지침;
memerintah	머머린따	_v_ 1 명령하다; 지시하다; 분부하다; 2 통치하다; 지배하다;
memerintahkan	머머린따깐	_v_ 명령하다; 지시하다; 지배하다; 임무를 부여하다;
pemerintah	뻐머린따	_n_ 1 내각; 행정조직; 2 국무위원; 3 통치자; 4 행정부; 5 국립; 6 관리자
période	뻬리오드	_n_ 기간; 시기; 주기; 단계
peristiwa	뻐리스띠와	_n_ 큰 사건; 사태; 일
perkara	뻐르까라	_n_ 1 문제; 2 일; 업무; 소관; 3 형사사건; 4 ~에 대한; ~에 관한; _cak_ ~ 때문에

P

perkosa, memerkosa	뻐르꼬사, 머머르꼬사	*v* 폭행하다; 강간하다; 겁탈하다; 성폭행하다
pemerkosa	뻐머르꼬사	*n* 겁탈자; 강간범; 성폭행범
pemerkosaan	뻐머르꼬사안	*n* 겁탈; 강간; 성폭행; *ki* 강한 위반
perlu	뻐를루	*adv* 필요가 있는; 해야만 하는; *a* 중요한; 효용이 있는; 필수의; *v* 필요한; 필요로 하는;
memerlukan	머머를루깐	*v* 1 필요로 하다; 2 중요시하다; *ki* (시간이) 걸리다, 필요하다;
keperluan	꺼뻐를루안	*n* 1 필요한 것; 필요한 일; 2 이익
permisi	뻐르미시	*n* 1 허가; 허락; 2 실례하다; 3 허가를 청하다; 4 청하다
pernah	뻐르나	*adv* 해 본 적이 있다(경험을 나타냄)
pérs	뻬르스	*n* 1 출판/인쇄 업무; 2 언론업; 3 언론 보도; 4 언론인; 5 언론 보도 기관/업체
perséntase	뻐르쎈따스	*n* 백분율; 비율; 퍼센트
persis	뻐르시스	*a* *cak* 1 (사실에 대해) 올바르게; 명확하게; 2 (시간이) 꼭 맞는; 틀림없이; 3 (표적에) 제대로; 정확히
pertama	뻐르따마	*num* 1 제1의; 첫 번째의; 2 우선적으로; 처음; 먼저 3 으뜸의; 최우선의;
pertama-tama	뻐르따마~따마	*adv* 1 처음; 처음에; 2 최우선으로; 3 우선적으로; 먼저
pertanda	뻐르딴다	*n* *Jw* 표시; 부호; 기호
perunggu	뻐룽구	*n* 동; 청동; 청동 제품
perut	뻐룻	*n* 1 배; 복부; 2 위; 3 kas 음식; 창자; 4 가운데 부분; *ki* 1 자궁; 2 복부처럼 볼록한 물건

perwira	뻐르위라	*n* 장교; 사관; *a* (고어) 용감한; 용맹스런; *n* (고어) 영웅
pesan	뻐산	*n* 1 지시; 충고; 요청; 위임명령/ 지시; 2 유언, 당부; *cak* 주문; 주문품; 주문사항;
berpesan *(kepada)*	버르뻐산/ 꺼빠다	*v* ~에게 주문하다. 지시하다, 충고하 다, 유언하다;
memesan	머머산	*v* (주로 상품을) 주문하다; 요청하다; *cak* 사다;
pemesan	뻐머산	*n* 주문자; 고객
pemesanan	뻐머사난	*n* (상품 따위의) 주문 방법/과정/행위;
pesanan	뻐사난	*n* 1 주문; 2 메시지; 전언; 맡겨논 것
pesat	뻐삿	*a* 1 빠른; 신속한; 2 급성장하는
pesawat	뻐사왓	*n* 1 기계; 기구; 도구; 2 비행기
pésék	뻬섹	*a* (코가) 납작한
pésimis	뻬시미스	*n* 비관론자; 염세주의자
pésing	뻬싱	*a* 지린내 나는
pesona	뻐소나	*n* 1 매력; 2 주문(呪文); 주술;
memesona	머머소나	*v* 관심을 끌다; *a* 황홀한; 감탄스러운;
terpesona	떠르뻐소나	*v* 1 주술에 걸린; 홀린; 2 매료된; 홀 린; 놀라운
pésta	뻬스따	*n* 축제; 연회; 잔치; 의식;
berpesta	버르뻬스따	*v* 축제를 열다; 연회를 하다; 잔치를 열다; 의식을 거행하다
péstisida	뻬스띠시다	*n* 살충제
peta	뻬따	*n* 지도; 지형도;

pemetaan	뻐머따안	⑦ 지도화; 지도를 만드는 과정/행위/방법
petik	뻐띡	⑦ 따다;
memetik	머머띡	⑦ 1 (과일, 꽃 따위를) 따다, 뜯다; 2 (문장, 책 따위를) 인용하다; 3 (현악기, 기타 따위를) 치다; 타다; 퉁기다;
petikan	뻐띠깐	⑦ 1 딴 것; 뜯은 것; 2 인용물; 발췌물
petir	뻐띠르	**천둥 번개; 뇌성벽력**
piagam	삐아감	⑦ 1 (돌, 금속 등에 새긴) **문서, 명문; 패(牌) (공로패, 감사패 따위); 헌장; 토지 등에 대한 권리증서;** 2 증서; 졸업장; 학위 기;
memiagamkan	머미아감깐	⑦ 명문화하다; 증서로 만들다
piala	삐알라	⑦ 1 다리가 달린 금/은 잔; 2 우승컵; 배(盃)
pianis	삐아니스	⑦ 피아니스트
piano	삐아노	⑦ 피아노
picik	삐찍	⑦ 1 (생각, 시각, 지식이) **편협한, 짧은; 속이 좁은; 소심한;** 2 검소한; 3 (공간, 폭 등이) 좁은, 협소한
picu	삐쭈	⑦ (총포의) **방아쇠;**
memicu	머미쭈	⑦ 1 방아쇠를 당기다; 쏘다; 2 유발시키다; 초래하다; 촉발시키다;
pemicu	뻐미쭈	⑦ 1 방아쇠를 당기는 자; 2 당기는 도구; ⑦ 요인; 촉발자;
pidana	삐다나	⑦ 형사상의 일; 형(刑) (살인, 강도, 뇌물 수수 따위) **범죄;**
terpidana	떠르삐다나	⑫ 1 처벌된; 2 처벌받은 자
pidato	삐다또	⑦ 연설; 강연; 강론;
berpidato	버르삐다또	⑦ 연설하다; 강연하다

pihak	삐학	⒩ 1 측(側); **부분**; 2 편; 자(者); 3 **그룹**;
berpihak	버르삐학	⒱ ~편에 들다; ~측에 서자; 편들다;
memihak	머미학	⒱ ☞ berpihak;
sepihak	스삐학	⒩ 한 편(측); 한 쪽; 일방
pijat	삐잣	⒱ **마사지하다; 누르다**
memijat	머미잣	⒱ 1 (손가락으로 세게) 누르다, 압박하다; 2 (근육 따위를) 마사지하다;
pijatan	삐잣딴	⒩ 안마; 누름;
pemijat	뻐미잣	⒩ 안마사
pikat, memikat	삐깟, 머미깟	⒱ 1 (관객, 구매자 등의) **마음을 끌다, 유혹하다**; 2 (적을) 유인하다; **(감언이설로) 꼬이다**; 3 (길들인 새로) **새를 잡다**;
terpikat	떠르삐깟	⒱ 1 유혹 당하다; 꼬임에 빠지다; 2 매료되다; 마음을 빼앗기다; 3 사랑에 빠지다;
pemikat	뻐미깟	⒩ 1 유혹/유인하는 사람; 2 덫으로 놓는 새; 미끼
pikir	삐끼르	⒩ 1 **생각; 사고**; 2 **의견; 판단**;
berpikir	버르삐끼르	⒱ 생각하다; 사고하다;
berpikiran	버르삐끼란	⒱ 생각을 갖다; 사고를 갖다;
memikirkan	머미끼르깐	⒱ 1 (일의 종결을 위해 골똘히) 생각하다, 숙고하다, 사고하다; 2 기억하다; 상기하다;
pemikir	뻐미끼르	⒩ 사색가; 철학가;
pikiran	삐끼란	⒩ 1 생각; 사고; 2 기지; 지혜; 3 견해; 이상; 4 의도; 목적;
pemikiran	뻐미끼란	⒩ 생각, 숙고, 고려, 사고(과정, 방법, 행위)

P

piknik	삐끄닉	⑩ 피크닉; 소풍
pikul	삐꿀	⑩ 1 (어깨에 두는 막대로 지고 나르는) **짐**; 2 무게의 단위(약 62.5kg);
memikul	머미꿀	⑩ (어깨에 이는 막대로) 짐을 지어 나르다 ⑫ 책임지다; 떠맡다
pikun	삐꾼	⑩ 건망증이 심한; 치매 끼가 있는
pilek	삘륵	⑩ (기침을 동반하는) 코감기
pilih	삘리	⑩ 1 **선택하다**; 2 고르다;
memilih	머밀리	⑩ 1 선택하다; 2 고르다; 가르다; 선별하다; 3 (투표) 뽑다; 선출하다;
memilih-milih	머밀리-밀리	⑩ 1 너무 고르다; 2 지나치게 세세히 고르다;
memilihkan	머밀리깐	⑩ ~를 위해 골라주다; 선택해 주다;
terpilih	떠르삘리	⑩ 1 선택되다; 뽑히다; 2 우연히 선택하다; ⑳ 독점적인, 한정적인, 엄선된;
pilihan	삘리한	⑩ 1 선택, 선출, 선발된 것; 2 (우수해서) 선택된 자;
pilih-pilih	삘리-삘리	⑳ 차별적인; 선별적인;
pemilih	뻐밀리	⑩ 1 투표자; 선거인; 2 (선택하는 데) 까다로운 사람; 고르는 도구;
pemilihan	뻐밀리한	⑩ 선택, 구분, 구별, 선출, 선거 행위/방법/과정
pimpin, memimpin	뻼삔, 머밈삔	⑩ 1 (회의, 모임을) **이끌다, 주재하다**; 2 최다 승리를 이루다; 3 (손을 잡아) **이끌다, 길을 안내하다**; 4 (뱃길 등을) 안내하다; 5 **훈련시키다**; 연수시키다;
pimpinan	뻼삐난	⑩ 이끌음; 지도;
pemimpin	뻐밈삔	⑩ 1 지도자; 지휘자; 상사; 2 감독자; 경영자

pincang	삔짱	ⓐ 1 **절름발이의; 절뚝거리는;** 2 균형이 안 맞는; 결함이 있는; 3 (기계류가) 소리가 일정치 않은; 불협화음이 나는
pindah	삔다	ⓥ (장소를) **이전하다; 옮기다;**
berpindah	버르삔다	ⓥ 1 이전하다; 2 (장소, 지위, 사무실 따위를) 옮기다, 이동하다; 바꾸다;
berpindah-pindah	버르삔다-삔다	ⓥ 감염되다, 전염되다, 옮겨가다;
memindahkan	머민다깐	ⓥ 1 이동시키다; 옮기다; 2 번역하다; 3 전염시키다; 감염시키다;
perpindahan	뻐르삔다한	ⓝ 1 이전; 이동 2 변경; 교체; 전환;
pemindahan	뻐민다한	ⓝ 이전/이동시킴
pindah tugas	삔다 뚜가스	ⓥ **전근시키다**
pinggang	삥강	ⓝ **허리;**
kepindahan	꺼삔다한	ⓝ 이전/이동하는 일; ⓥ 전염되다; 감염되다
pinggir	삥기르	ⓝ **가장자리; 가; 주변;**
pinggiran	삥기란	ⓝ 천의 가장자리; *cak* 변두리; 경계; ⓐ 가장자리에 있는; 가장자리로/변두리로 내몰린
pinggul	삥굴	ⓝ 1 **둔부; 엉덩이;** 2 대퇴부
pingsan	삥산	ⓥ **정신을 잃은; 기절한; 졸도한**
pinjam	삔잠	ⓥ **빌리다;**
meminjam	머민잠	ⓥ 빌리다; 차용하다;
pinjam-meminjam	삔잠-머민잠	ⓥ 서로 빌려주다;
meminjami	머민자미	ⓥ 1 ~에게 빌려주다; 2 함께/공동으로 빌리다;

meminjamkan	머민잠깐	⒱ 빌려주다; 대여하다;
pinjaman	삔자만	⒩ 빌려주거나 빌린 것;
peminjam	뻐민잠	⒩ 빌린 사람; 차용자;
peminjaman	뻐민자만	⒩ 대여, 대출, 차용(과정/방법/행위)
pintar	삔따르	⒜ 1 **영리한: 총명한;** 2 **유능한; 잘하는; 능통한;** 3 **현명한;**
kepintaran	꺼삔따란	⒩ 1 영리함; 총명; 2 유능함; 3 현명함
pintas, memintas	삔따스, 머민따스	⒱ 1 (길을) **가로지르다; 지름길로 가다;** 2 (남의 말을) **가로채다/자르다;**
memintasi	머민따시	⒩ 가로지르다; 통과하다; ⒦ 1 해결하다; 극복하다; 대처하다; 2 막다; 방해하다;
pintasan	삔따산	⒩ 1 첩경; 지름길; 2 가로지름;
sepintas	스삔따스	⒜⒟⒱ 잠시; 잠깐
pintu	삔뚜	⒩ 1 **출입구;** 2 **문;** 3 **창구; 통로**
pipi	삐삐	⒩ **뺨**
piring	삐링	⒩ **접시;**
piringan	삐링안	⒩ 접시 모양의 물건
pisah	삐사	⒩ **갈라진; 헤어진;** ⒞⒜⒦ **갈라서다;**
berpisah	버르삐사	⒱ 1 헤어지다; 갈라지다; 2 서로 분리되다, 떨어지다, 멀어지다;
terpisah	떠르삐사	⒩ 헤어진; 분리된; 갈라선; 고립된; 격리된;
perpisahan	뻐르삐사한	⒩ 이별; 송별; 헤어짐
pisau	삐사우	⒩ **칼**
pluralisme	쁠루라리슴	⒩ **복수성; 다원론**

pohon	뽀혼	ⓝ 1 수목; 나무; 2 근간; 3 기원; 근원;
pepohonan	뻐뽀호난	ⓝ 각종 수목; 나무류
pojok	뽀족	ⓝ 1 구석; 가장자리; 코너; 2 외진 곳; 후미진 곳;
memojokkan	머모족깐	ⓥ 1 구석으로 몰다; 2 상대방이 대항할 수 없게 하다; 코너에 몰다; 3 궁지로 몰다;
terpojok	떠르뽀족	ⓥ (어찌할 수 없는) 궁지에 몰린
pokok	뽀꼭	ⓝ (식물의) 줄기, 근간
pola	뽈라	ⓝ 1 (바띡의) 바탕 그림, 기본 문양; 2 무늬; 3 (의상 제작용) 종이본; 4 체계; 작업 방법;
berpola	버르뽈라	ⓥ 기본 문양을/무늬를 사용하다; 무늬가 있는
poligami	뽈리가미	ⓝ **일부다처제 혹은 일처다부제;**
berpoligami	버르뽈리가미	ⓥ 일부다처제/일처일부제를 이행하다
polisi	뽈리시	ⓝ **경찰; 경찰관;**
kepolisian	꺼뽈리시안	ⓝ 경찰 업무; 경찰에 관한 일
politéknik	뽈리떼크닉	ⓝ **기술교육; 기능교육**
politik	뽈리띡	ⓝ 1 **정치; 정치학; 2 정책;**
berpolitik	버르뽈리띡	ⓥ 정치에 참여하다; 정치를 수행하다
politikus	뽈리띠꾸스	ⓝ 1 **정치가;** 2 정계에 몸을 담고 있는 사람
polos	뽈로스	ⓐ 단색의; 원단의; 무늬 혹은 장식을 하지 않은; 꾸미지 않은 ⓚⁱ 나쁜 뜻이 없는; 순진한; 정직한
polusi	뽈루시	ⓝ **오염**
ponakan	뽀나깐	ⓝ ⓒᵃᵏ **조카**

populér	뽀뿔레르	ⓐ 1 인기 있는; 유행의; 2 대중적인; 통속적인; 3 평판이 좋은;
kepopuleran	꺼뽀뿔레란	ⓝ 인기; 유행
porsi	뽀르시	ⓝ 1 (일이나 책임 지어야 할) 부분, 몫; 2 음식 접시; 사발
pos	뽀스	ⓝ 1 우체국; 2 우편, 우편물; ⓒⓐⓚ 기차역
posisi	뽀시시	ⓝ 1 위치; 소재지; 2 직위; 직책
positif	뽀시띱	ⓐ 1 확실한; 실재적인; 2 (수학) 양(陽)의; 플러스의; 3 긍정적인
poténsi	뽀뗀시	ⓝ 힘; 에너지; 잠재력; 권력; 능력;
berpotensi	버르뽀뗀시	ⓥ 힘을 갖다; 잠재력을 갖다
potong	뽀똥	ⓝ 1 조각; 일부분; 덩어리; 2 (수량사로 빵, 천 따위의) 조각, 토막; ⓒⓐⓚ 자르다; 조각내다
potongan	뽀똥안	ⓝ 1 잘린 것; 조각; 일부(keratan; penggalan); 2 할인
potrét	뽀뜨렛	ⓝ 1 사진; 2 상; 모습; 그림;
memotret	머모뜨렛	ⓥ 사진 찍다; 촬영하다;
pemotretan	뻐모뜨레딴	ⓝ 사진; 촬영
praktik	쁘락띡	ⓝ 1 실행; 실제; 실시; 2 (의사나 변호사 등의 업무) 업무; 영업; 실무;
mempraktikkan	멈쁘락띡깐	ⓥ 실행하다; 실시하다; 실습하다; 실지로 응용하다; 데모하다
praktis	쁘락띠스	ⓐ 1 실제의; 실제상의; 실리상의 2 실용적인; 실제/실무의 소용에 닿는; 쓸모 있는
pramugara	쁘라무가라	ⓝ (비행기, 배, 육지) 승무원
pramugari	쁘라무가리	ⓝ 여승무원
pramuka	쁘라무까	ⓝ (인도네시아) 보이스카웃; 소년단

pramuniaga	쁘라무니아가	*n* 점원; 판매원
prangko	쁘랑꼬	*n* 1 우표; 2 화물 발송인이 기 지 불한 운임
prédiksi	쁘레딕시	*n* 예언; 예측;
memprediksi	멈쁘레딕시	*v* 예측하다
préséntasi	쁘레센따시	*n* 발표; 소개;
mempresentasikan	멈쁘레센따시깐	*v* 제시하다; 제기하다
présiden	쁘레시덴	*n* 1 대통령; 2 의장;
kepresidenan	꺼쁘레시데난	*n* 대통령 관저
préstasi	쁘레스따시	*n* 성취; 성과; 달성;
berprestasi	버르쁘레스따시	*v* 성취하다; 달성하다; 성과를 이루다
pria	쁘리아	*n* 사람; 남자; 남성
pribadi	쁘리바디	*a* 개인인; 개개의; 사적인;
kepribadian	꺼쁘리바디안	*n* 1 성격; 개인; 개체; 2 개성; 성격; 개인성
prihatin	쁘리하띤	*a* (사업 실패, 역경, 불운 등으로) 슬프거나 힘든; 걱정 근심의; 우려; 절제하다; 억제하다;
memprihatinkan	멈쁘리하띤깐	*v* 슬프게 하다; 걱정하게 만들다
prinsip	쁘린십	*n* 원칙; 근본;
berprinsip	버르쁘린십	*v* 원칙이 있다; 원칙을 따르다
prioritas	쁘리오리따스	*n* 우선; 우선권; 보다 중요함; 앞섬
produk	쁘로둑	*n* 1 생산품; 산출물; 2 제작물; 생산고
produksi	쁘로둑시	*n* 1 생산; 산출; 제조; 제품; 2 제작; 저작; 저서; 제작;

memproduksi	멈쁘로둑시	ⓥ 생산하다; 제품을 출하하다
produktif	쁘로둑띱	ⓐ 1 생산적인; 2 이익을 가져오는; 3 (접사 등이) 생산력이 있는/다양하게 적용되는
produsén	쁘로두센	ⓝ 생산자; 제작자
produser	쁘로두서르	ⓝ (영화, 연극, 방송) 제작자
profésional	쁘로훼시오날	ⓐ 1 직업상의; 2 전문직의; 3 (돈이 거래되는) 프로의
profésor	쁘로훼소르	ⓝ 교수
profil	쁘로휠	ⓝ 1 옆 얼굴상; 2 측면 인물상; 인물소개; 프로필; 3 단면도; 4 특정한 일의 요약 혹은 소개
program	쁘로그람	ⓝ 1 프로그램; 진행 순서; 2 컴퓨터 프로그램
progrés	쁘로그레스	ⓝ 전진; 진보
proklamasi	쁘로끌라마시	ⓝ 선언; 선포; 공포; 공고;
memproklamasikan	멈쁘로끌라마시깐	ⓥ 선언하다; 선포하다; 공포하다
promosi	쁘로모시	ⓝ 1 승진; 진급; 2 (박사학위) 획득, 수여; 3 조장; 촉진; (상품 등) 소개;
mempromosikan	멈쁘로모시깐	ⓥ 선전하다; 판촉하다; (기업, 상품 등) 소개하다
protéin	쁘로떼인	ⓝ 단백질
provinsi	쁘로뷘시	ⓝ (행정구역으로서의) 도(道); 주(州); 성(省)
psikolog	쀠시꼬로그	ⓝ 심리학자
psikologi	쀠시꼬로기	ⓝ 심리학; 심리상태
puas	뿌아스	ⓐ (욕구가 충족되어 느긋한, 즐거운, 배부름 등으로) 흡족한; 만족한; 즐거운; 뿌듯한;

memuaskan	머무아스깐	ⓥ 1 만족시키다; 욕구를 채우다; 2 만족을 주다; 흡족하게 하다; 3 (기대, 열망 등을) 충족시키다, 즐겁게 하다;
kepuasan	꺼뿌아산	ⓝ 만족; 즐거움; 한가로움, 느긋함;
sepuas-puasnya	서뿌아스-뿌아스냐	〔adv〕 만족할 때까지; 너무 만족해 싫증 날 때까지; 흡족할 만큼
puasa	뿌아사	ⓥ 1 (회교의) 금식을 하다; 2 금식(기간);
berpuasa	버르뿌아사	ⓥ 금식하다; 금식 기간을 지키다
pubertas	뿌버르따스	ⓝ 사춘기
publik	뿌블릭	ⓝ 공중; 대중; 민중
publikasi	뿌블리까시	ⓝ 1 공포; 공표; 발표; 2 발행; 출판; 간행;
memublikasikan	머무블리까시깐	ⓥ 공포하다; 대중에게 발표하다; 출판하다; 발간하다
pucat	뿌짯	〔a〕 창백한; 핏기 없는; (빛깔이) 희끗한;
memucat	머무짯	ⓥ 창백해지다
puisi	뿌이시	ⓝ 시; 운문;
berpuisi	버르뿌이시	ⓥ 시를 낭송하다/읽다
puji	뿌지	ⓝ 칭찬; 찬양; 찬미; 숭배;
memuji	머무지	ⓥ 1 칭찬하다; 찬미하다; 2 숭배하다; 찬양하다;
terpuji	떠르뿌지	〔a〕 1 매우 좋은; 평이 좋게 난; 2 찬양받는;
pujian	뿌지안	ⓝ 칭찬; 찬미; 칭송; 찬양;
puji-pujian	뿌지-뿌지안	ⓝ 칭찬; 찬미; 숭배
pukul¹	뿌꿀	ⓝ 때림; 두들김; 침; ⓥ 〔cak〕 때리다;

memukul	머무꿀	ⓥ (연장, 도구 등으로) 치다; 때리다; 두 들기다 등; ⚅ 1 (상대를) 공격하다; 격파하다; 물리치다; 패배시키다; 2 등치다; 폭리를 취하다;
pukul-memukul	뿌꿀–머무꿀	ⓥ 서로 때리다;
berpukul-pukulan	버르뿌꿀–뿌꿀란	서로 치고 박다; 서로 때리다;
memukuli	머무꿀리	ⓥ 계속해서 치다; 마구 때리다; 두들겨 패다;
terpukul	떠르뿌꿀	ⓥ 1 맞다; 2 (가격당해) 힘이 없는;
pukulan	뿌꿀란	ⓝ 1 펀치; 주먹질; 2 타격; ⓒⓐⓚ 치는 혹은 때리는 도구
pukul[2]	뿌꿀	ⓥ 시; 시각
pulang	뿔랑	ⓥ 돌아가다/오다; 귀가하다; 퇴근하다; 귀환하다; 돌아오다; 돌아가다
pulau	뿔라우	ⓝ 섬;
kepulauan	꺼뿔라우안	ⓝ 군도; 도서
pulih	뿔리	ⓥ 병 혹은 상처가 회복되다; 다 낳은; 복구되다; 개선되다;
memulihkan	머물리깐	ⓥ 1 회복시키다; 복구시키다; 2 돌려주다;
pemulihan	뻐물리한	ⓝ 1 복구; 회복; 2 (권한 따위의) 반환, 반납, 돌려줌
pulpén	뿔뻰	ⓝ 만년필
puluh	뿔루	ⓝ 십 단위;
berpuluh-puluh	버르뿔루–뿔루	ⓝⓤⓜ 수십의;
puluhan	뿔루안	ⓝ 열 개로 이루어진 단위; ⓒⓐⓚ 수십;
sepuluh	서뿔루	ⓝⓤⓜ 일십; 열

pun	뿐	ⓟ 1 역시, 또한; 문장 속에서 일상적으로 juga와 함께 상용하는 경향이 있음; 2 (양보를 나타내는 문장을 형성할 때) 비록 ~이지만; 아무리 ~일지라도; 3 ~라도; ~하더라도; ~도; 심지어; 4 (문장을 강조하기 위하여)
punah	뿌나	ⓓ 1 파괴되어 사라져 버린; 2 소멸된;
kepunahan	꺼뿌나한	ⓝ 소멸; 절멸; 사라져 버림
puncak	뿐짝	ⓝ 1 꼭대기; 가장 높은 곳; 정상; 정점; 봉우리; 2 삼각형의 위 꼭짓점; ⓕ (직위, 재산 등의) 가장 높은, 정상, 정점;
memuncak	머문짝	ⓥ 1 정상으로 향하다; 2 최고조에 달하다; 극점에 이르다
pundak	뿐닥	ⓝ 어깨
punggung	뿡궁	ⓝ 1 (사람, 동물의) 등, 등판(bagian belakang tubuh); 2 (산, 언덕 등의) 등판과 같이 생긴 것
pungut	뿡웃	ⓥ 집다;
memungut	머뭉웃	ⓥ 1 (땅, 마루에 떨어진 것을) 집다, 줍다; 2 (비용, 세금, 기부금 등을) 걷다, 수거하다, 징수하다;
memunguti	머뭉우띠	ⓥ 계속해서 따다; 거두다; 채집하다 등;
pungutan	뿡우딴	ⓝ (수확물, 기금, 비용 등의) 거두어들인 것; 수거한 것
pemungutan	뻐뭉우딴	ⓝ 수거; 징수; 수확; 거두어들임
punya	뿌냐	ⓥ 가지고 있다; 소유하다; 지니다 ⓝ 소유;
mempunyai	멈뿌냐이	ⓥ 소유하다; 지니다; 가지고 있다;
kepunyaan	꺼뿌냐안	ⓝ 소유물; 소유

pupuk	뿌뿍	n 비료; 거름;
memupuk	머무뿍	v 비료 주어 땅을 기름지게 하다; 비료를 주다; ki (신체, 동물을) 살찌우다
pura	뿌라	n 1 힌두교 사원; 2 궁궐; 성
pura-pura	뿌라-뿌라	adv ~체하다; ~시늉을 하다; 가장하다
berpura-pura	버르뿌라-뿌라	v (행동으로) 하는 체하다
purba	뿌르바	a 옛날의; 고대의
purnama	뿌르나마	n 1 보름달; 2 달이 찬; 만월의
pusat	뿌삿	n 1 중심; 중앙부; 2 중심점; 핵심;
berpusat *(kepada)*	버르뿌삿 (꺼빠다)	v ~에 집중하다; ~에 요지, 핵심, 중심이 있다; 중심에 두다;
memusatkan	머무삿깐	v ~을 집중시키다
pemusatan	뻐무삿딴	n 집중화; 중앙화
pusing	뿌싱	v 돌다, 회전하다; a 1 현기증이 나는; 2 머리가 핑 도는; a ki 골치 아픈;
memusingkan	머무싱깐	v 1 돌리다; 돌아가게 만들다; 2 혼란스럽게 하다; 3 골치 아프하다; 4 신경을 쓰게 하다; 염두에 두다
puskésmas	뿌스꺼스마스	n 보건소
putar	뿌따르	n 회전; 선회;
berputar	버르뿌따르	v 1 돌다; 회전하다; 2 방향을 바꾸다; 나돌다; 통용되다; 3 돌다; 선회하다; ki 줄곧 생각하다; 골몰히 생각하다; cak (돈이) 장사하느라 회전되다;

berputar-putar	버르뿌따르–뿌따르	⒱ 1 돌다; 회전하다; 2 빙빙 돌다; 선회하다; 3 돌아가다; 우회하다; 돌려 말하다; 4 바람을 쐬러 다니다
perputaran	뻐르뿌따란	⒩ 1 **회전**; 2 **상황의 변화**; 3 (돈, 자금의) **유통, 회전**; 4 **순환되는 사건, 삶**; 5 (사물. 경제의) **순환, 유통, 흐름**;
putaran	뿌따란	⒩ 1 회전; 돌아감; 선회; 2 (라디오 등의) 돌리는 스위치/기구/장치; 3 돌아가는 것;
seputar	스뿌따르	⒩ 주변; 주위
putar balik	뿌따르 발릭	⒱ **되돌아오다; 왕복하다;**
memutar balik	머무따르 발릭	⒱ 되돌리다; ⒦ᵢ 1 사실을 말하지 않다; (말을) 돌리다; 2 사실/소식을 왜곡하다; (약속을) 지키지 않다;
putih	뿌띠	⒩ 1 **흰색; 백색;** ⓐ 2 **흰; 하얀; 백색의;** ⓐ ⒦ᵢ 3 **순수한; 깨끗한;** ⒦ᵢ 4 **(얼굴이) 창백한;**
memutih	머무띠	ⓐ 1 하얗게 되다; 백색으로 변하다; 2 희게 보이다;
memutihkan	머무띠깐	⒱ 1 하얗게 만들다; 흰색을 칠하다; ⒞ₐₖ 표백하다;
pemutih	뻐무띠	⒩ 1 표백업자; 희게 만드는 사람; 2 표백제;
pemutihan	뻐무띠한	⒩ 1 표백; 2 감세; 조세감면
putus	뿌뚜스	⒱ 1 **끊기다;** 2 (자본이) **끊기다;** 다 **떨어지다;** 3 **끝나다; 종료되다; 마치다;** 4 **확실시 되다;**
putus-putus	뿌뚜스–뿌뚜스	ⒶⒹᵥ 여러 차례 끊기다; 계속 끊기다;
memutuskan	머무뚜스깐	⒩ 1 끊다; 2 결정하다; 확정하다; 3 멈추게 하다; 단절하다; 끊다; 4 (약속. 애정 관계 등) 취소시키다, 없었던 걸로 하다; 5 종결시키다;

P

| **terputus** | 떠르뿌뚜스 | ⓥ 1 잘린; 2 단절된;
3 (대화, 애정 관계 등) 끝난; |
| **keputusan** | 꺼뿌뚜산 | ⓝ 1 확정; 종결; 2 결정; 3 (글의) 결론 |

| **Quran** | 쿠란 | 코란; 이슬람교의 성전/경전 (Alquran) |

raba	라바	ⓥ 1 만지다; 더듬다; 2 예측하다; 짐작하다; 어림잡다;
meraba	머라바	ⓥ (손으로 찾으려고 혹은 느끼려고) 만지다; 더듬다; ⚆ 주머니를 뒤지다; ⚆ 짐작하다; 예상하다
rabiés	라비에스	ⓝ 광견병
Rabu	라부	ⓝ 수요일
rabun	라분	ⓐ 희미한; 침침한; 눈이 어두운
racik, meracik	라찍, 머라찍	ⓥ 자무를 제조하려 약재를 섞다;
racikan	라짜깐	ⓝ 자무 약재를 섞어 놓은 것
racun	라쭌	ⓝ 독; 독극물; 독약;
beracun	버라쭌	ⓥ 독을 포함하다;
meracuni	머라쭈니	ⓥ ~에게 독을 주다; 독살하다; ⚆ 생각, 정신을 해치다;
keracunan	꺼라쭈난	ⓥ 중독되다; 독에 당하다
radang	라당	ⓝ (각종) 염증;
meradang	머라당	ⓥ 열이 나며 붓고 고름이 나오다; 염증을 일으키다;
peradangan	뻐라당안	ⓝ 열이 나며 부음; 부어서 염증을 일으킴
radiasi	라디아시	ⓝ 1 (빛, 열 등의) 방사, 복사; 2 발광(發光); 방열(放熱); 복사선; 복사 에너지; 3 방사선 치료
ragam	라감	ⓝ 1 태도; 행동; 2 종류;

beragam	버라감	〚v〛여러 종류의; 각양각색의; 여러 가지의;
keragaman	꺼라가만	〚n〛다양성
ragu	라구	〚a〛1 주저하다; 머뭇거리다; 망설이다; 2 의구심을 갖는; 믿음이 가지 않다; 의심하는;
ragu-ragu	라구-라구	〚v〛주저하다; 머뭇거리다; 망설이는; 의구심을 갖다; 의혹을 갖다;
meragukan	머라구깐	〚v〛1 ~에 대해 의혹/의구심을 갖다; 2 의심스럽게 하다; 의심스런;
keraguan	꺼라구안	〚n〛1 주저함; 망설임; 2 의심; 의혹
rahang	라항	〚n〛턱
rahasia	라하시아	〚n〛1 비밀; 기밀; 은밀한 일; 2 암호; 은어; 쉽게 이해하기/풀기 어려운 것;
merahasiakan	머라하시아깐	〚v〛(~에 대해) 비밀로 하다, 숨기다
rahim	라힘	〚n〛자궁;
meraih	머라이	〚v〛도달하다, 이루다; 힘들여 획득하다
raja	라자	〚n〛왕; 임금; 통치자; 군주;
kerajaan	꺼라자안	〚n〛1 왕이 통치하는 국가; 2 왕의 상징
rajin	라진	〚a〛1 부지런한; 근면한; 열심히 하는; 2 자주; 줄곧;
kerajinan	꺼라지난	〚n〛1 근면; 부지런함; 2 수공예품; 3 가내공업; 소규모 공장
rak	락	〚n〛선반
rakét	라껫	〚n〛(스포츠) 라켓
rakit	라낏	〚n〛뗏목;
merakit	머라낏	〚v〛1 조립하다; 2 뗏목을 만들다; 〚ki〛고안하다; 창안하다

rakus	라꾸스	ⓐ 탐욕스러운; 닥치는 대로 먹어 치우다; ⓗ 욕심이 많은;
kerakusan	꺼라꾸산	ⓝ 탐욕스러움; 욕심
rakyat	라캿	ⓝ 1 국민; 2 대중; 민중; 일반인
Ramadan	라마단	ⓝ 회교력의 9월(금식의 달)
ramah	라마	ⓐ 부드럽고 마음이 좋은; 점잖은; 붙임성이 있고 사근사근한; 사교적인;
peramah	뻐라마	ⓝ 점잖은 사람; 사교성이 있는 사람
ramai	라마이	ⓐ 1 소란한; 시끄러운; 떠들썩한; 2 (분위기가) 신나는, 왁자지껄한; 3 (시장, 장사 등이) 붐비는; 활성화된; 바삐 돌아가는;
meramaikan	머라마이깐	ⓥ 활기 있게 만들다; 신나게 하다;
keramaian	꺼라마이안	ⓝ 1 소란; 난리법석; 2 (기념 등을 위한) 공연
ramal	라말	ⓝ 1 점치는 모래; 2 ark 점보는 데 쓰이는 모래알;
meramalkan	머라말깐	ⓥ 예언하다; 운명을 점치다; 예보하다; 예견하다;
ramalan	라말란	ⓝ 예언; 예보
rambat, merambat	람밧, 머람밧	ⓥ 1 (식물이) 많이 증가하다; 2 (식물, 불 등이) 퍼지다, 번지다; 병이 퍼지다
rambu	람부	ⓝ 1 경계 말뚝; 2 표지; 신호; 교통 표지판;
rambu-rambu	람부-람부	ⓝ 표시; 신호
rambut	람붓	ⓝ 1 머리카락; 두발; 2 머리칼과 같은 가늘고 긴 것
rampas	람빠스	ⓥ 강탈하다; 빼앗다; 탈취하다;

merampas	머람빠스	ⓥ 1 강탈하다; 2 빼앗다; 탈취하다; 약탈하다; 3 압류하다
rampok	람뽁	ⓝ **강도;**
merampok	머람뽁	ⓥ 1 강도질하다; 빼앗다; 약탈하다; 강탈하다; 2 대량으로 훔치다;
perampok	뻐람뽁	ⓝ 강도, 약탈자;
perampokan	뻐람뽀깐	ⓝ 강도질; 약탈 혹은 강탈 행위
rancang	란짱	ⓥ ~ bangun 건물 디자인 (desain bangun);
merancang	머란짱	ⓥ 기안하다; 기획하다; 디자인하다;
rancangan	란짱안	ⓝ 기안; 기획안; 준비된 것:
perancang	뻐란짱	ⓝ 기안자; 기획자; 디자이너
rangka	랑까	ⓝ 1 **기안; 계획; 틀; 연관;** 2 **기본도면; 도안; 디자인;**
kerangka	꺼랑까	ⓝ 1 요약; 줄거리; 2 틀; 계획; 도안
rangkai	랑까이	ⓝ ☞ rangkaian
rangkaian	랑까이안	ⓥ 1 **연결체; 체인; 이어진 것; 대열;** 2 (문학 등의 관련 글의) 모음집
rangkap	랑깝	ⓝ (2~3개를) 하나로 묶음; 한 벌; (2~3개의) 복수; 이중;
merangkap	머랑깝	ⓥ 1 한 번에 두 개 이상을 사용하다; 두개 이상의 물건을 하나로 묶다/엮다; 2 겸임하다; 겸직하다
rangkum	랑꿈	ⓥ 요약하다;
merangkum	머랑꿈	ⓥ 1 품에 안고 가져가다; 2 말의 요지를 하나로 묶다; ⓚ 포옹하다
rangkuman	랑꾸만	ⓚ ⓝ 1 포옹; 껴안음; 2 요약; 요점 정리한 것
rangsang	랑상	ⓝ 1 (오감에) 자극을 주는 것; 2 (기쁨, 슬픔 등) 감정을 일게 하는 것;

merangsang	머랑상	ⓥ 1 자극시키다; 2 흥미/감정 불러일으키다; 3 활력을 불어넣다;
terangsang	떠랑상	ⓥ 1 자극받을 수 있는; 이미 자극받은; 2 감정/흥미가 일어난
rangsangan	랑상안	ⓝ 1 ☞ rangsang; 2 자극제; 자극;
perangsang	뻐랑상	ⓝ 자극; 동기부여; (슬픔, 즐거움 등의) 감정의 요인
rantai	란따이	ⓝ 1 체인; 2 목걸이; 3 고리; 고랑 ⓚ 연관; 연결; 1 사슬; 2 (화학) 원자의 연결체/고리;
berantai	버란따이	ⓥ 1 사슬을 사용하는; 사슬이 있는; 2 연결되어 있는; 3 꽉 연결된
rantaian	란따이안	ⓝ 사슬; 연결체; ⓚ 죄수; 죄인; 고랑 찬 사람
rantau	란따우	ⓝ 1 만이나 강가에 뻗어 있는 해/강변; 2 객지; 타지;
merantau	머란따우	ⓥ 1 (강/해변을 따라 생계를 위해) 항해하다; 2 (생계/지식 등을 위해) 객지/타지로 가다;
perantauan	뻐란따우난	ⓝ 1 (생계, 지식을 위한) 객지, 타지; 2 (생계, 지식을 위한) 타향, 외지; 정착지
rapat¹	라빳	ⓐ 1 밀착된; 붙어 있는; 2 빽빽한; 촘촘한; 3 틈새가 없는;
merapat	머라빳	ⓥ 1 근접하다; 바싹 다가가다; 2 친해지려고 노력하다; 친하게 되다
rapat²	라빳	ⓝ 회의; 집회
rapi	라삐	ⓐ 1 깔끔한; 정갈한; 말끔한; 2 잘 정리된; 질서정연한; 정돈된;
merapikan	머라삐깐	ⓥ 정돈하다; 정리하다
rapuh	라뿌	ⓐ (부러지거나, 깨지거나, 찢어져서) 고장난; ⓚ 1 (몸이) 병약한, 연약한; 2 (마음이) 여린

ras	라스	ⓝ 인종
rasa	라사	ⓝ 1 (오감에 의한) **감각**; 2 (육체의 자극에 의한) **느낌**; 3 (물체에 대한 좋고 나쁜 혹은 공포 등에 대한 마음의) **감정**; 4 (좋고 나쁜 것 등에 대한) **판단, 견해, 느낌**;
rasanya	라사냐	ⓐⓓⓥ 느끼기에; 생각하건대;
merasa	머라사	ⓥ 1 (감각에 의해 ~을) 느끼다, 느낌이 들다; 2 ~한 감정을 느끼다/기분이 들다;
merasakan	머라사깐	ⓥ 1 느끼게 되다; 2 즐기다;
terasa	떠라사	ⓥ 느낄 수 있는; 문득 느끼다;
perasaan	뻐라사안	ⓝ 1 느낌의 결과; 감각; 2 마음; 3 감정; 4 의견; 느낌
rasional	라시오날	ⓐ 이성이 있는; 이성적인; 합리적인
rasisme	라시스머	ⓝ 인종주의; 인종차별주의
rata	라따	ⓐ 1 면이 평평한; 고른; 2 균일한; 골고루; 동등하게; 3 동등하게; 균등하게;
rata-rata	라따–라따	ⓐ 1 골고루; 평균하게; 2 동등하게; 3 일반적으로; 4 (수치, 총계가) 평균;
merata	머라따	ⓥ 1 평평해지다; 균등하게 되다; 2 골고루/고르게 퍼지다;
meratakan	머라따깐	ⓥ (~을) 평평하게 만들다, 평탄 작업을 하다, 펼치다
ratu	라뚜	ⓝ 1 여왕; 왕비; 2 여성의 선발대회 우승자; 3 (각종 분야별) 최고의 여성
ratus	라뚜스	ⓝ 백 단위; 100 단위;
beratus-ratus	버라뚜스–라뚜스	ⓝⓤⓜ 수백의;
ratusan	라뚜산	ⓝⓤⓜ 100단위 짜리의; ⓒⓐⓚ 수백의;

seratus	스라뚜스	_num_ 일백
rawan	라완	_a_ 1 측은한; 동정심이 있는; 연민의; 2 치안이 불안한; 위험한; 위협적인; 심각한; 위기의
rawat	라왓	_v_ ~ inap 입원 (환자/치료);
terawat	떠라왓	_v_ 간호 받다; 보살핌을 받은; 치료를 받을 수 있는;
perawat	뻐라왓	_n_ 간호사; 간병인; 돌보는 사람;
perawatan	뻐라왓딴	_n_ 돌봄; 보살핌; 간호
rayu	라유	_n_ 위로; 달콤한 말; 유혹의 말;
rayuan	라유안	_n_ ☞ rayu
réaksi	레악시	_n_ 1 반발; 2 응답; 대꾸; 3 반작용; 반응;
bereaksi	버레악시	_v_ 반응을 보이다/나타내다
réalisasi	레알리사시	_n_ 실현; 현실화; 달성; 실감을 나냄; _cak_ 실체; 존재; 현실(화); 사실(화);
merealisasikan	머레알리사시깐	_v_ 실현하다; 현실화하다
réalistis	레랄리스띠스	_a_ 실제적인; 진실의; 이성적인; 논리적인
réalitas	레알리따스	_n_ 1 사실; 현실(성); 2 실재; 실체
rebus	러부스/르부스	_v_ 삶다; 끓이다;
merebus	머러부스/머르부스	_v_ 삶다; 끓이다
rebusan	르부스/러부산	_n_ 삶은 것: air ~ 끓인 물
rebut	르붓/러붓	_v_ 강탈하다;
berebut	버르붓/버러붓	_v_ 1 (서로 앞다투어) 경쟁하다; ~을 얻으려 시합하다; 2 시작하다; 3 (자리, 승리 등을 차지하려고) 경쟁하다;

merebut	머러붓	⒱ 1 탈취하다; 빼앗다; 2 강탈하다; 쟁취하다; 3 (시합, 대회에서) 어렵게 ~를 차지하다; 빼앗다;
rebutan	러붓딴	⒩ 1 쟁취/쟁탈의 이룸; 2 쟁취/쟁탈 대상; 3 르바란 명절 시기에 열리는 장대 따먹기 대상물; ⒸⒶⓀ 놀이에서 앞다투어 싸우다;
memperebutkan	멈뻐러붓깐	⒱ 쟁취하려 겨루다
reda	르다	⒱ 1 줄어들기 시작하다; (비, 바람이) 잠잠해지다, 거의 멈추다; 2 진정되다; (욕구가) 가라앉다
redup	러둡	⒜ 1 구름이 낀; 날씨가 흐린; 2 (구름이 껴) 어둠침침한, 우중충한; 뜨겁지 않은; 3 흐린; 구름이 낀 ⓀⒾ 즐겁지 않은
réferensi	레훠렌시	⒩ 1 참조; 참고; 2 참고서; 참조문헌; 참고문; 3 도서관의 외부 유출 불가한 서적; 4 (언어) 지시; 지시 관계
réfléks	레흘렉스	⒩ 반사운동
régistrasi	레기스뜨라시	⒩ 기입; 등기; 등록; 기명
régulasi	레굴라시	⒩ 조절; 조정; 규정; 정리
réhabilitasi	레하빌리따시	⒩ 복구; 부흥; 재건; 복권; 복위;
merehabilitasi	머레하빌리따시	⒱ 1 복구하다; 2 (명예) 회복시키다
rekam	르깜	⒩ 1 자취; 흔적; 느낌; 인상; 2 각인; 자국; 3 자수; 4 (음반, 영상물 등의) 녹음;
merekam(kan)	머르깜(깐)	⒱ 1 도장을 찍다; 인쇄하다; 2 수놓다; 3 녹음하다; ⓀⒾ (마음에) 새기다;
rekaman	르깜안	⒩ 녹음한 것; 기록한 것
rekan	르깐	⒩ 1 직장 동료; 2 동료

rékapitulasi	레까삐뚤라시	*n* 핵심 정리; 개괄; 요약
rékayasa	레까야사	*n* (제반 학문의) 적용; 응용; 수용; *ki* 음모; 공모; 작당;
merekayasa	머레까야사	*v* 1 응용하다; 적용하다; 수용하다; 2 조정하다; 통제하다; 기획하다
rékening	레끄닝	*n* 지불계산서; 지불 고지서; (은행의) 계좌; 계정
réklame	레끌라머	*n* 광고; 선전
rékomendasi	레꼬먼다시	*n* 1 추천; 2 권고; 충고; 건의;
merekomendasi	머레꼬먼다시	*v* 추천하다
rékonstruksi	레꼰스뜨룩시	*n* 1 재건; 재현; 2 개축; 개조;
merekonstruksi	머레꼰스뜨룩시	*v* 재건하다; 재현하다
rékrut	레끄룻	*n* 1 군 예비자/후보; 2 신입회원;
merekrut	머레끄룻	*v* 신입 후보로 등록하다;
perekrutan	뻐레끄룻딴	*n* 1 신입 후보 회원 등록; 2 (정치) 필요한 적정인의 선택 및 영입
réla	렐라	*a* 1 기꺼이 ~하는; 마음으로 동의하는; 아까워하지 않다; 2 승인하다; 허가하다; 3 흔쾌히; 거리낌 없이; 4 바라는 것 없이/ 자발적으로:
merelakan	머렐라깐	*v* (기꺼이/충심으로) ~을 허락하다; ~을 흔쾌히 주다;
kerelaan	꺼렐라안	*n* (흔쾌히) 동의, 허가, 승인함
rélasi	렐라시	*n* 1 관계; 연관; 2 지인; 아는 사람
rélatif	렐라띱	*a* 비교적; 상대적
rélevan	렐러반	*a* 관련된; 적절한; 타당한
réligius	렐리기우스	*a* 1 종교(상)의; 종교적인; 2 신앙의; 신앙심이 깊은

remaja	르마자	ⓐ 성인이 돼가는; 결혼 적령기가 된 ⓐ 젊은; ⓝ 젊은이;
meremajakan	머르마자깐	ⓥ 1 젊어지게 하다; 2 젊은이로 바꾸다 *ki* 개선하다; 개량하다; 새로 고치다;
peremajaan	뻐르마자안	ⓝ 1 젊어짐; 2 개선함; 개량함
remas, meremas	르마스, 머르마스	ⓥ 1 (야자, 반죽 등) 손으로 쥐어짜 다; 다지다; 반죽하다; 2 (젖은 천 등) 짜다
réméh	레메	ⓐ 사소한; 가치가 없는; 하찮은; 중요하지 않은; 작은;
meremehkan	머레메깐	ⓥ 얕보다; 무시하다; 사소하게 보다; 하찮게 보다
rempah	름빠	ⓝ (약재, 양념 등의) 향신료; 양념;
rempah-rempah	름빠–름빠	ⓝ 여러 종류의 향신료; 양념류
remuk	르묵	ⓐ 1 산산조각난; 박살난; 2 파산한;
meremukkan	머르묵깐	ⓥ 박살내다; 산산조각내다
renang, berenang	르낭, 버르낭	ⓥ 수영하다; 헤엄치다
rencana	른짜나	ⓝ 1 계획; 플랜; 2 초안; 도면; *cak* 의도; 목적;
berencana	버른짜나	ⓥ 계획을 갖다; 의도하다;
merencanakan	머른짜나깐	ⓥ 1 초안을 잡다; 고안하다; 구상하다; 2 계획을 세우다; 기획하다;
perencanaan	뻐른짜나안	ⓝ 기획; 계획; 고안
rendah	른다	ⓐ 1 짧은; 낮은; 2 지위가 낮은; 부족한; 하찮은;
merendahkan	머른다깐	ⓥ 1 낮추다; 2 타인을 낮게 보다; 깔보다
renggut	릉굿	ⓥ 끌어당기다;

merenggut	머릉굿	*v* (강제로) 끌어당기다, 확 잡아당기다; 뽑다; 탈취하다
rénovasi	레노봐시	*n* 쇄신; 혁신; 수리; 수선;
merenovasi	머레노봐시	*v* 수리하다; 수선하다; 쇄신하다
rentan	른딴	*a* 1 병에 잘 걸리는; 약한; 2 쉽게 느끼는; 민감한; 예민한
renung, merenung	르눙, 머르눙	*v* 곰곰이 생각하다;
merenungi	머르눙이	*v* ☞ merenungkan;
merenungkan	머르눙깐	*v* ~을 깊이 생각하다; ~을 곰곰이 생각하다
renyah	르냐	*a* 바삭바삭한 상태의; *ki* (소리가) 부드러운
réporter	레뽀르떠르	*n* 보고자; 보도 기자; 통신원; 탐방 기자; 뉴스 아나운서
répot	레뽓	*a* 바쁜; 분주한; 일거리가 많은;
repot-repot	레뽓-레뽓	*a* ☞ repot;
merepotkan	머레뽓깐	*v* 바쁘게 하다; 어렵게 하다; 복잡하게 만들다; 힘들게 하다
répréséntatif	레쁘르센따띱	*a* 1 대표적인; 전형적인; 2 대표자
réproduksi	레쁘로둑시	*n* 재생; 재제작; 재생산; 복사(물); 복제; 생식; 번식
républik	레뿌블릭	*n* 공화국
réputasi	레뿌따시	*n* 명성; 평판; 덕망
resah	르사	*a* 안절부절못하는; 불안해하는; 조바심하는; 안달하는;
meresahkan	머르사깐	*v* 1 불안하게 만들다; 불안을 조성하다; 2 겁먹게 하다;
keresahan	꺼르사한	*n* 불안함; 안달; 안절부절; *v* 불안해하다; 겁먹다

resap, meresap	르삽, 므르삽	*v* 1 (액체가 땅으로) 스며들다; 2 흘러나오다/들다; 땀이 나다; 3 (시야에서) 사라지다; 4 마음속에 파고들다; 강한 인상을 주다;
meresapi	머르삽삐	*v* ~로 스며들다; *ki* 즐기다;
resapan	르삽빤	*n* 스며듦; 파고듦
resép	르셉	*n* 약 처방; 약 처방전
resmi	러스미	*a* 1 합법적인; 공적인; 공무상의; 2 정형적인
meresmikan	머러스미깐	*v* 공식화하다; 공언하다; 공식적으로 선언하다; 합법화하다;
peresmian	뻐러스미안	*n* (구두, 문자 등으로) 공식화
résolusi	레솔루시	*n* 결심; 결의; 결의안
résonansi	레소난시	*n* 공명; 반향; 울림
réstoran	레스또란	*n* 식당; 음식점
restu	르스뚜	*n* 1 축복; 기도; 2 (좋거나 나쁜) 영향; 주술;
amerestui	머르스뚜이	*v* 1 축복하다; 기도해주다; 2 좋거나 나쁜 영향을 주다; 주술을 걸다
retak	르딱	*a* 금이 간; 갈라진; *ki* 1 결함이 있는; 2 (사이가) 갈라진; 소원해진; 이견을 보이는;
retak-retak	르딱–르딱	*n* 금이 많이 간
rétina	레띠나	*n* (눈의) 망막
révisi	레뷔시	*n* 개정; 교정; 수정; 정정
révolusi	레볼루시	*n* 변혁, 개혁; 혁명
rezeki	르즈끼	*n* (신이 주는) 일용 양식; *ki* 생계; 소득; 행운; 먹을 기회

N O P Q R S T U V W Y Z

riang	리앙	ⓐ 즐거운, 유쾌한;
periang	뻐리앙	ⓝ 즐거워하는 사람
rias	리아스	ⓥ 꾸미다; 장식하다;
berias	버리아스	ⓥ (스스로) 곱게 꾸미다, 장식하다, 단장하다, 화장하다;
merias	머리아스	ⓥ 곱게 꾸미다, 단장하다, 화장하다
ribu	리부	ⓝ (숫자) 천;
beribu-ribu	버리부–리부	ⓥ 수천의;
ribuan	리부안	ⓝ 1 천 단위; 2 수천의;
seribu	스리부	num 일천
ribut	리붓	ⓐ 1 몹시 바쁜; 분주한; 일이 많은; 2 소란스러운; 시끌벅적한; 3 말다툼을 하는;
meributkan	머리붇깐	ⓥ 소란스럽게 하다; 소동을 일으키다; 말다툼을 하다; ki 문제를 일으키다;
keributan	꺼리붇딴	ⓝ 소동; 야단법석, 소란, 혼란
riléks	릴렉스	ⓐ cak 1 즐거워하는; 2 편안하게; 느긋하게; 3 한가로이 휴식을 취하는
rilis, merilis	릴리스, 머릴리스	ⓥ 1 (방송에서) 공식적으로 내보내다; 2 (책, 영화, 음반 등을) 내보내다/출간하다
rimbun	림분	ⓐ 1 잎과 가지가 무성한; 2 머리숱이 많은; 3 배에 돛이 많은; 4 옷 혹은 장식이 많은
rinci	린찌	ⓐ 자세한;
merinci	머린찌	ⓥ 상술하다; 열거하다; 나열하다
rindang	린당	ⓐ 가지, 잎이 무성한; 울창한

rinding, merinding	린딩, 머린딩	*a* 오싹 소름이 끼치는; 무시무시한
rindu	린두	*a* 1 갈망하는; 그리워하는; 2 보고/만나고 싶어 하는;
merindukan	머린두깐	*v* 1 보고/만나고 싶어 하다; 2 ~를 그리워하다; ~와 사랑에 빠지다;
kerinduan	꺼린두안	*n* 만나고 싶어 함; 그리움; 향수
ringan	링안	*a* 가벼운; 무겁지 않은; *ki* 1 위험하지 않은; 심하지 않은; 2 쉬운; 용이한;
meringankan	머링안깐	*v* 1 가볍게 하다; 2 가볍게 생각하다/여기다
ringis, meringis	링이스, 머링이스	*v* 1 입을 내밀다, 삐죽거리다; 2 (실망으로) 인상을 쓰다, 얼굴을 찡그리다
ringkas	링까스	*a* 1 자리/공간이 많이 필요치 않는; 2 (말, 이야기 등을) 간략한, 줄인, 요약한;
meringkaskan	머링까스깐	*v* 1 줄이다; 2 (이야기, 말을) 단축시키다; 간략하게 하다; 요약하다;
ringkasan	링까산	*n* 요약; 줄임; 개괄
ringkuk	링꾹	*v* 1 (앉거나 자느라) 구부리다; 2 감금되다; 갇혀 있다
ringkus, meringkus	링꾸스, 머링꾸스	*v* (손, 발을) 묶다; 자박하다; *cak* 잡다; 붙들다
rintang, merintang	린땅, 머린땅	*v* ☞ merintangi;
merintangi	머린땅이	*v* 1 ~을 가로막다; 저지하다; 2 ~을 방해하다; 귀찮게 하다;
rintangan	린땅안	*n* 방해; 장애; 저지

rintih, merintih	린띠, 머린띠	*v* 아파서 끙끙거리다; *ki* 신음하다; 탄식하다; 불평하다;
rintihan	린띠한	*n* 신음; 끙끙거림; *ki* 불평; 투정
rintik	린띡	*n* 방울
rintik-rintik	린띡-린띡	*n* 이슬비
rintis	린띠스	*n* 밀림(숲)의 좁은 길;
merintis	머린띠스	*v* 1 (나무를 베어) 소로를 내다, 길을 트다; 2 길의 경계를 만들다; 3 개척하다;
perintis	뻐린띠스	*n* 1 선구자; 개척자; 2 최초의 노력; 3 경찰 기동 타격대; 4 초기 개척 주민
risau	리사우	*a* 1 불안한; 마음이 편치 않은; 싱숭생숭한; 2 (치안이) 불안한
risét	리셋	*n* 연구; 조사; 탐구; 탐색
risiko	리시꼬	*n* 위험 부담; 손해 부담
ritual	리뚜알	*a* (종교적) 의식의, 제식의
riwayat	리와얏	*n* 1 전래 이야기; 설화; 2 역사; 내력
robek	로벡	*a* (꿰맨 것이) 뜯어지다; 풀어지다; 찢어진;
merobek	머로벡	*v* 찢다; *ki* 혼란스런; 불안한;
merobek-robek	머로벡-로벡	*v* 갈기갈기 찢어진;
robekan	로베깐	찢어진 것; 째진 것
roboh	로보	*v* 1 무너지다; 붕괴되다; 2 (나무, 식물 등이) 넘어지다, 쓰러지다; *ki* 파산하다; 지다; 견디지 못하다;
merobohkan	머로보깐	*v* 1 무너뜨리다; 2 넘어지게 만들다; 3 쓰러뜨리다

robot	로봇	ⓝ 로봇; 인조인간
roda	로다	ⓝ 바퀴; ⓚⓘ 지속되는 활동/행위;
beroda	버로다	ⓥ 바퀴를 사용하다; 바퀴가 있는
rohani	로하니	ⓝ 정신; 영; ⓐ 정신적인; 영적인(rohaniah);
kerohanian	꺼로하니안	ⓝ 정신적인 성질; 정신적인 일
rokok	로꼭	ⓝ 담배; 궐련;
merokok	머로꼭	ⓥ 흡연하다; 담배를 피우다;
perokok	뻐로꼭	ⓝ 흡연가
romantis	로만띠스	ⓐ 낭만적인
Romawi	로마위	ⓐ 1 로마와 관련된; 2 로마 철자의; 3 로마 숫자의
rombak	롬박	ⓥ (완전히) 해체된;
merombak	머롬박	ⓥ 1 부수다; 해체하다; 무너뜨리다; 2 일부 혹은 완전히 부수다;
perombakan	뻐롬박깐	ⓝ 1 해체; 붕괴; 2 재구성
rona	로나	ⓝ 색; 색깔; ⓚⓘ 안색; 얼굴빛; 얼굴형;
berona	버로나	ⓥ ~한 색깔을 띠다; 색깔이 ~하다;
perona	뻐로나	ⓝ 색칠하는 도구
ronda	론다	ⓝ 순찰을 돌다
ronde	론드	ⓝ 권투 시합 한 회; 라운드
rongga	롱가	ⓝ 공간; 우묵 파인 곳; 구멍;
berongga	버롱가	ⓥ 공간을 이룬; 움푹 패인; 구멍 난
rongsok	롱속	ⓐ 완전히 망가진; (정신적으로) 피폐한;

rongsokan	롱속깐	ⓝ 폐품; 완전히 망가진 물건
rontok	론똑	ⓥ 1 (잎, 과일 등이) 떨어지다; 2 탈모가 되다; ⓚ 지다; 탈락되다(kalah);
merontokkan	머론똑깐	ⓥ 떨어지게 하다; 벗기다; ⓚ 지게 하다
kerontokan	꺼론똑깐	ⓝ 낙과; 하엽; 탈모; 벗겨짐; 뽑힘
rosot, merosot	로솟, 머로솟	ⓥ 1 미끄러져 내리다/떨어지다; 2 가격이 폭락하다; (영향, 의견 등이) 줄다; 퇴보하다;
kemerosotan	꺼머로소딴	ⓝ 떨어뜨림; 줄음; 퇴보
rotan	로딴	ⓝ 등나무
rotasi	로따시	ⓝ 1 회전; 윤번; 순환; 2 (농업) 윤번제로 심다;
berotasi	버로따시	ⓥ 회전하다; 돌다; 윤번제로 돌다
roti	로띠	ⓝ 빵
royalti	로얄띠	ⓝ 1 인세; 2 특허 사용료; 3 허가권 사용료
ruang	루앙	ⓝ 공간; 넓은 방; 홀;
ruangan	루앙안	ⓝ 1 방; 실 2 신문의 단; 칼럼
rugi	루기	ⓐ 1 손실; 2 손해; 피해; 3 불이익;
merugi	머루기	ⓥ 손해를 보다; 손실을 입다;
merugikan	머루기깐	ⓥ 1 ~에게 손해를 입히다/주다; 2 일 부러 원가보다 싸게 팔다; 3 피해를 입히다;
kerugian	꺼루기안	ⓝ 1 손해; 손실; 불이익; 피해 2 배상
rujuk	루죽	ⓝ ~ silang 1 참고; 참조; 2 참조 된 것;
merujuk	머루죽	ⓥ 참고하다; 참조하다; 살펴보다;

rujukan	루주깐	⃝ 참고; 참고 문헌
rukun	루꾼	⃝ 1 화목한; 사이 좋은; 2 한마음의; 일치하는; 뜻이 맞는;
kerukunan	꺼루꾸난	⃝ 1 화해, 진정; 2 조화, 융화, 일치
rumah	루마	⃝ 집; 가옥; 주택;
perumahan	뻐루마한	⃝ 1 주택가; 2 주택 공급; 3 택지, 주택문제, 울타리
rumah sakit	루마 사낏	⃝ 병원
rumah tangga	루마 땅가	⃝ 1 가정; 2 가사 일;
berumah tangga	버루마 땅가	⃝ 가정이 있는
rumit	루밋	⃝ 1 어려운; 힘든; 2 복잡한; 복합된;
kerumitan	꺼루미딴	⃝ 1 어려움; 2 복잡함
rumor	루모르	⃝ 소문; 풍문; 세평
rumput	룸뿟	⃝ 온갖 종류의 풀; 잡초; 잔디; ~ golf 골프장 잔디;
rerumputan	르룸뿌딴	⃝ 여기저기 나 있는 풀들
rumus	루무스	⃝ 1 공식; 2 (원칙 혹은 이론 정립 등에 대한) 일목요연한 약식 해설, 설명;
merumuskan	머루무스깐	⃝ 1 공식화하다; 공식으로 나타내다; 2 일목요연하게 줄이다
runcing	룬찡	⃝ 날카로운; 뾰족한; ⃝ (상황이) 점점 첨예화한;
meruncing	머룬찡	⃝ 날카롭게/뾰족하게 되다; 뾰족한 형태를 갖다; ⃝ (상황이) 첨예화 되다;
meruncingkan	머룬찡깐	⃝ 1 뾰족하게/날카롭게 하다; 2 상황을 어렵게 만들다;
memperuncing	멈뻐룬찡	⃝ 상황을 더 어렵게/첨예화하게 만들다

rumah sakit 루마 사낏 **병원**

bagian penyakit dalam 바기안 뻐냐낏 달람 **내과**

klinik bedah 끌리닉 버다 **외과**

klinik gigi 끌리닉 기기 **치과**

klinik saraf 끌리닉 사랍 **신경과**

klinik kulit 끌리닉 꿀릿 **피부과**

klinik anak 끌리닉 아낙 **소아과**

klinik THT 끌리닉 떼하떼 **이비인후과**

klinik ibu bersalin 끌리닉 이부 버르살린 **산부인과**

Klinik ortopedi 끌리닉 오르또뻬디 **정형외과**

klinik operasi plastik 끌리닉 오뻐라시 쁠라스띡
  성형외과

klinik mata 끌리닉 마따 **안과**

dokter 독떠르 **의사**

perawat; suster 뻐라왓; 수스떠르 **간호사**

pasien 빠시엔 **환자**

mobil ambulans 모빌 암불란스 **구급차**

memeriksa (periksa) 머머릭사 **진찰하다**

runding	룬딩	*n* *ki* 1 계산; 추산; 2 토론; 토의; 협의;
berunding	버룬딩	*v* 1 대화를 하다; 2 이야기하다; 협의하다;
merundingkan	머룬딩깐	*v* 협의하다;
perundingan	뻐룬딩안	*n* 1 협의; 협상; 2 토의; 토론
runtuh	룬뚜	*v* 1 **허물어지다; 붕괴하다; 무너지다;** 2 (과일이) **떨어지다;** 3 (산, 절벽, 흙 등이) **무너지다;** *ki* (권력, 힘 등이) **멸하다; 멸망하다; 붕괴하다;**
meruntuhkan	머룬뚜깐	*v* 1 허물어뜨리다; 붕괴시키다; 파괴시키다; 2 (산, 절벽 등을) 무너뜨리다; *ki* 멸망시키다; 붕괴시키다; *ki* (꿈, 이상, 신앙심 등을) 깨뜨려 버리다; 무너뜨리다;
reruntuhan	러룬뚜한	*n* 허물어진 잔재; 망가진 잔재; 붕괴된 잔재;
keruntuhan	꺼룬뚜한	*n* 1 붕괴; 허물어짐; 2 전복; 무너짐; 멸망
runtun, beruntun	룬뚠, 버룬뚠	*v* 계속해서; 줄지어;
runtunan	룬뚜난	*n* 줄; 열; 연속물
rupa	루빠	*n* 1 **태생적인 외형;** 2 **얼굴 모습; 안면; 얼굴 윤곽;** 3 **형체;** 4 **모습; 형태; 외형; 외관;** 5 **종류;**
berupa	버루빠	*v* 1 실제 모습을 갖다; 2 ~한 형태를 갖다; 3 ~로 이루어지다; 4 예쁜 모습의;
merupakan	머루빠깐	*v* 1 ~을 이루다; ~을 형성하다; 2 ~ 이다; 3 ~이 되다;
serupa	서루빠	*n* 1 유사한; 동질의; 2 동형의; 같은 종류의;
menyerupai	머녀루빠이	*v* 1 ~을 닮다; ~와 유사하다; 2 ~에/와 필적하다; 3 ~을 닮아가다;

rupanya	루빠냐	adv 1 보이기에; 2 아마도
rupiah	루삐아	n **루피아**(인도네시아 화폐의 단위)
rusak	루삭	a 파손된; 부서진; 망가진; ki 1 상처를 입다; 2 부패된; 3 (기계가) 고장난; 4 (언어, 전통 등이) 손상된; 5 파괴되다; 훼손되다; 6 (명예 등이) 더럽혀진; 실추되다;
kerusakan	꺼루사깐	n 파손; 손상; a 고장이 난; 손상을 당한; .
perusak	뻐루삭	n 1 파괴하는 도구; 2 파괴자; 고장 내는 자
rusuh	루수	a 1 (치안이) 불안정한; 2 혼란스런; 소란스러운; 폭동의; 소요의; 3 (언행이) 무례한; 4 (운동 시합이) 아주 거친; 5 불규칙적인;
kerusuhan	꺼루수한	n 치안의 불안; 소란; 소동; 혼란
rusuk	루숙	n 1 측면; 옆; 2 가장자리; 변두리; 3 갈비뼈
rute	루뜨	n 1 통로; 2 도로; 3 노선
rutin	루띤	a 1 판에 박힌; 2 일상(일의)의 과정

S

saat	사앗	ⓝ **순간; 때;**
sesaat	스사앗	ⓝ 잠깐; 잠시
sabar	사바르	ⓐ 1 **인내심이 있는; 참다;** 2 **느긋한; 침착한;**
penyabar	뻐냐바르	ⓝ 1 (성격이) 차분한 사람; 2 침착한 사람;
kesabaran	꺼사바란	ⓝ 침착함; 차분함; 인내
Sabtu	삽뚜	ⓝ **토요일**
sabuk	사북	ⓝ 1 (자동차, 비행기의) **안전벨트;** 2 **허리띠**
sabun	사분	ⓝ **비누**
sadap, menyadap	사답, 머냐답	ⓥ 1 (나무의 열매, 줄기, 뿌리에서 액을) **뽑아내다; 수액을 받다;** 2 (몰래) **듣다, 녹음하다**
sadar	사다르	ⓐ 1 **의식하다; 아는; 인식하다;** 2 **의식을 되찾다, 깨어나다;** 3 (잠에서) **깨다, 일어나다;**
menyadari	머냐다리	ⓥ 깨닫다; 알다
sadis	사디스	ⓐ **잔인한; 포악한**
sah	사	ⓥ 1 **합법적인;** 2 (종교적으로) **합당하다; 인정되다;** 3 **유효한; 인증된; 인정된;**
mengesahkan	멍어사깐	ⓥ 1 합법화하다; 공인하다; 공식화하다; 2 인정하다; 인준하다; 동의하다; 3 확정하다; 확인하다
sahabat	사하밧	ⓝ **친구;**

bersahabat	버르사하밧	(dengan) *v* (~와) 사귀다; 친교를 맺다; 사귀다; *a* 사교성이 있는; 사귀기를 좋아하는
saham	사함	*n* 몫; 주(식); 분담
saing, bersaing	사잉, 버르사잉	(dengan) *v* ~와 겨루다 (berlomba); ~와 경쟁하다;
persaingan	뻐르사잉안	*n* 경쟁; 경합
saja	사자	*adv* 1 단지; 2 (불특정을 위한) 역시; ~도; 3 항상; 늘; 4 ~게 더 낫다; 5 편한대로; 좋을대로; 6 강조사
saji, bersaji	사지, 버르사지	*v* 신에게 제물을 바치다;
menyajikan	머냐지깐	(kepada) *v* 상에 (음식을) 차리다; *ki* 토론할 문제들을 제시하다
sakit	사낏	*a* 아픈; 병든;
menyakitkan	머냐낏깐	*v* 아프게 하다; 고통스럽게 만들다;
penyakit	뻐냐낏	*n* 1 질병; 2 질환; 건강 이상;
kesakitan	꺼사낏딴	*a* 고통을 느끼다; *n* 통증
saksi	삭시	*n* 1 목격자; 2 증인; 3 참고인; 4 목격자 진술
salah	살라	*a* 1 잘못된; 틀린; 2 실수하다; 잘못 해석하다; *n* 실수; 잘못;
bersalah	버르살라	*v* 1 실수하다; 잘못 행동하다; 2 법에 어긋나는 행동을 하다; 3 잘못이 있는;
mempersalahkan	멈뻐르살라깐	*v* ~에게 잘못을 전가하다; ~잘못으로 여기다;
kesalahan	꺼살라한	*n* 잘못; 실수
salah guna, menyalahgunakan	살라 구나, 머냘라구나깐	*v* 잘못 이용하다; 남용하다; 유용하다;

penyalahgunaan	뻐날라구나깐	ⓝ 오용; 남용; 유용
salam¹	살람	ⓝ 1 평화; 2 안부; 인사말;
bersalaman	버르살라만	ⓥ 1 서로 인사하다; 2 서로 악수하다
salam²	살람	ⓝ 월계수; daun ~ 월계수 잎
saldo	살도	ⓝ 대차(貸借)의 차액; 잔고
salin	살린	ⓥ 바꾸다; 교환하다;
bersalin	버르살린	ⓥ 1 (이름, 옷 등) 바꾸다, 갈다; 2 (색, 형태 등) 변하다; 변화하다; 3 출산하다;
menyalin	머냘린	ⓥ 1 바꾸다; 옷을 갈아입다; 2 필사하다; 베끼다; 복사하다
saling	살링	〔adv〕 서로; 상호
salip	살립	ⓥ 〔cak〕 추월하다;
menyalip	머냘립	ⓥ 추월하다
salju	살주	ⓝ 눈(雪)
salon	살론	ⓝ (손님을 영접하기 위한) 방, 실
salur, menyalurkan	살루르, 머냘루르깐	ⓥ 1 (경로를 통해) 흐르게 하다; 보내다; 2 전하다; 넘겨주다; 3 분배하다;
saluran	살루란	ⓝ 1 수로; 통로(aliran); 2 배관; (talang); 3 (라디오, TV의 채널)
sama¹	사마	〔a〕 1 동일한; 같은; 2 동시에; 때를 맞추어; 3 등급이 같은; ~ sekali 1 모두; 전부; 2 전혀; 조금도 (sedikit pun);
bersama	버르사마	ⓥ 1 함께; 동시에; 2 모두; 3 더불어;
persamaan	뻐르사마안	ⓝ 1 동등(화); 평등; 2 유사; 3 일치;
kesamaan	꺼사마안	ⓝ 동질;

sesama	스사마	n 같은 부류의; 다함께
sama[2]	사마	p cak 1 함께; 더불어; 2 ~에 의해; 3 ~에게; 4 모두 함께; 일제히
samar	사마르	a 1 뿌연; 흐린; 분명히 보이지 않는; 2 소리가 희미한; 3 숨겨진; 위장된;
menyamar	머냐마르	v 변장하다
sama rata	사마 라따	v 1 균등하다; 2 ~와 평평한
sambal	삼발	n (고추를 다지거나 다져 볶아 혹은 발효시켜 만든) 양념류
sambar, menyambar	삼바르, 머냠바르	v 1 낚아채다; 잡아채다; 2 (불길이) 덮치다; ki 훔쳐 도망치다
sambil	삼빌	p 1 ~하는 동안; ~하면서; 2 동시에;
sambilan	삼빌란	n 1 부업; 2 중요하지 않은 것; 종속물; 보조물
sambung	삼붕	v 연결하다; 계속되다;
bersambung	버르삼붕	v 1 계속되다; 2 상호 연결된; 3 연관성이 있는; 적절한;
menyambung	머냠붕	v 1 연결시키다; 잇다; 2 계속하다; 연장하다; 지속시키다; 3 하나로 연결되다
sambut	삼붓	v 받다; 받아들이다;
menyambut	머냠붓	v 1 받다; 2 대답하다; 반응하다; 3 잡다; 받다; 붙들다; 4 손님을 맞이하다; 기념일 등을 환영하다
sampah	삼빠	n 쓰레기
sampai	삼빠이	v 1 도착하다; 2 미치다; 다다르다; 3 실현되다; ~에 도달하다; 4 충분한; 5 ~이상인; 6 ~까지; 7 목적에 다다르다; 끝내다; 졸업하다

samping	삼삥	[n] 1 옆; 측면; 2 늑골; 갈빗대; di ~ itu 그 외에; 그밖에
sampingan	삼삥안	[n] 부차물; 부대물; 객체
samudra	사무드라	[n] 대양; 큰 바다; [ki] 큰; 거대한; 위대한
sana	사나	[pron] (화자로부터) 먼 장소; 저쪽; 저기; ~ sini 여기저기
sandal	산달	[n] 샌들
sandang¹	산당	[n] 옷감; ~ pangan 의식(衣食)
sandang²	산당	[n] 1 (가죽, 천, 로땅으로 만든 짐을 옮기기 위한) 끈; 2 장식용으로 가슴에 두르는 띠;
menyandang	머난당	[v] 1 끈을 매어 옮기다; 2 어깨에 이다; 어깨에 걸치다
sandar	산다르	[v] 받치다;
bersandar	버르산다르	[v] 1 기대다; 받치다; 의지하다; 2 정박하다
sandiwara	산디와라	[n] 1 극; 연극; 2 극단;
bersandiwara	버르산디와라	[v] 1 연극 무대에 서다; 2 속이다; 가장하다; ~하는 척하다
sandung, menyandung	산둥, 머난둥	[v] (우연히 발이) 부딪히다, 걸리다;
tersandung	떠르산둥	[v] (발이 걸려) 채인; 부딪힌; [ki] 방해를 받다
sangat	상앗	[adv] 1 매우; 대단히; 2 (질병 등이) 심한
sanggah, menyanggah	상가, 머냥가	[v] 1 반박하다; 부인하다; 2 거부하다; 맞서다; 3 항의하다; 비판하다; 4 이의를 보이다
sanggup	상굽	[v] 1 준비되다; 원하다; 2 능력이 있다; ~할 수 있다;

menyanggupi, menyanggupkan	머냥굽삐, 머냥굽깐	[v] 1 준비하다; ~에 대해 약속하다; 2 이행하다; 준수하다;
kesanggupan	꺼상굽빤	[n] 1 능력; 2 이행할 의사
sangka	상까	[v] **추측하다; 생각하다;** [n] **의심; 추측;**
menyangka	머냥까	[v] 1 추측하다; 생각하다; 2 의심하다; 의혹을 두다; 혐의를 두다;
tersangka	떠르상까	[v] 의심받다; 여겨지다; [n] 피의자; 용의자; 기소당한 자
sangkal	상깔	[v] **부정하다;**
menyangkal	머냥깔	[v] 1 부정하다; 부인하다; 2 거부하다; 반박하다; 대들다
sangkar	상까르	[n] **새장**
sangkut, bersangkut	상꿋, 버르상꿋	[v] ☞ bersangkutan;
bersangkutan	버르상꿋딴	[v] 1 ~와 관련이 있는; 2 연루된; 3 이해관계가 있는
sanksi	상시	[n] 1 **처벌;** 2 **제재; 벌금;** 3 **법적 규제/조치**
santai	산따이	[a] 1 **한가로운; 긴장이 풀린;** 2 **평온한; 침착한; 느긋한;**
bersantai	버르산따이	[v] 1 한가하게 쉬다; 2 한담하다; 잡담하다
santan	산딴	[n] **야자를 갈아 짜낸 물; 야자액즙**
santun	산뚠	[a] 1 (언행이) **단정한; 점잖은; 예의 바른;** 2 **잘 베푸는; 정이 많은**
sapa	사빠	[n] **호칭; 말을 붙이기 위한 말;**
menyapa	머냐빠	[v] 말을 걸다;
sapaan	사빠안	[n] 1 붙임말; 인사말; 2 호칭

sapu	사뿌	ⓝ 빗자루; 먼지털이;
menyapu	머냐뿌	ⓥ 1 비질하다; 쓸다; 비로 청소하다; 2 닦다; 훔치다
saputangan	사뿌땅안	ⓝ 손수건
saraf	사랍	ⓝ 신경
saran	사란	ⓝ 건의; 제의; 제안; 충고;
menyarankan	머냐란깐	ⓥ 제안하다; 제의하다; (의견을) 상정하다
sarana	사라나	ⓝ 도구; 장치; 기구; 수단; 매체
sarang	사랑	ⓝ 1 (새, 곤충 등의) 집; 2 (다람쥐, 쥐 등의) 소굴;
bersarang	버르사랑	ⓥ 1 둥지를 틀다; 2 은둔하다; 숨어 지내다; 3 (주먹, 칼, 총알 등이) 박히다; 꽂히다; ⓚ 골이 골대로 들어가다; 골인되다
saring, menyaring	사링, 머냐링	ⓝ 1 여과하다; 2 (석유 등) 정제하다; 3 선택/선발하다
sarjana	사르자나	ⓝ 학자; 학사
sastra	사스뜨라	ⓝ 1 문학어; 2 문학; 문학작품; 3 힌두교 경전; 학술책; 4 문자; 글자
satelit	사뜰릿	ⓝ 위성; ⓚ 1 추종국가; 위성국; 2 인공위성 ⓚ 소형의; 작은
satpam	삿빰	ⓝ 경비; 경비원; 수위
satu	사뚜	ⓝⓤⓜ 일; 하나;
bersatu	버르사뚜	ⓥ 1 모이다; 하나가 되다; 뭉치다; 2 뭉치다; 동의하다; 일치하다
saudara	사우다라	ⓝ 1 형제/자매; 2 친족; 3 동료; 친구; 4 (호칭) ~ 군/양; ~씨; 동년배에 대한 호칭

sawah	사와	⒩ 논
saya	사야	*pron* 인칭대명사(aku)
sayang[1]	사양	⒜ ~에게 애정을 주다; ~를 사랑하다; ⒱ ~를 사랑하다; 좋아하다; ⒩ *cak* 애인, 자녀, 손자 등 사랑하는 혹은 정을 두는 사람;
menyayangi	머냐양이	⒱ 사랑하다
sayang[2]	사양	⒜ 1 가여운; 2 유감스러운; 안타까운; 3 손해 보는 듯한; 아까운; 꺼림칙한;
menyayangkan	머냐양깐	⒱ 1 동정심을 갖다; 연민의 정을 갖다; 2 유감으로 생각하다; 안타깝게 생각하다
sayap	사얍	⒩ 날개; *ki* 비행기 날개 등과 같은 날개 모양을 한 모든 것
sayur	사유르	⒩ 1 야채; 2 야채 국;
sayur-sayuran	사유르-사유란	⒩ 여러 종류의 야채(sayur~mayur)
se-	스	(접두사) 1 하나의 의미를 가진 접두사; 2 모든; 전(全); 3 같은 (sama)
sebab	스밥	⒩ 원인; 이유/사유; *p* 때문에;
menyebabkan	머녀밥깐	⒱ 원인이 되게 하다; 야기시키다; 일으키다;
penyebab	뻐녀밥	⒩ 요인; 원인
sebagai	스바가이	*p* ~로서; ~처럼(bagai)
sebal	스발	⒜ 열 받는; 성질나는; 불쾌한; 실망한; 짜증나는
menyebalkan	머녀발깐	⒱ 1 성질나게 하다; 불쾌하게 만들다; 2 싫증나는; 짜증나는

sebar, **menyebar(kan)**	스바르, 머녀바르/깐	*v* 1 소식, 돈, 소문 등을 퍼뜨리다/ 유포하다; 2 씨 등을 뿌리다; 3 초 청장 등을 배포하다; 유인물을 살 포하다/뿌리다;
tersebar	떠르스바르	*v* 뿌려진; 퍼진; 배포된
sebelah	스벌라	반(半); 쪽/측 ☞ belah
sebelas	스벌라스	열하나; 십일; ☞ belas
sebelum	스벌룸	*prop* 이전의 ☞ belum
sebentar	스번따르	*n* 1 잠시; 잠깐; 2 차후에; 나중에
seberang	스버랑	*n* 1 (길, 강, 바다의) 건너편; 2 앞쪽; 맞은편;
berseberangan	버르스버랑안	*v* 반대편에 있다; 서로 마주 하고 있는;
seberang- *menyeberang*	스버랑–머녀 버랑	*v* 서로 마주 하고 있는;
menyeberang	머녀버랑	*v* 1 길을 가로지르다; 2 (강, 길을) 횡단 하다; 3 옆으로 넘어가다; 상대편으 로 가다; 4 건너가다;
menyeberangi	머녀버랑이	*v* (길, 강 등을) 건너가다; 횡단하다; *ki* (어려움 따위를) 극복하다, 넘기다;
menyeberangkan	머녀버랑깐	*v* 1 넘기다; 건네다; 건네주다; 2 (물을 건너) 운송하다, 이동시키다;
penyeberangan	뻐녀버랑안	*n* 1 가로지름; 건너감; 도하; 횡단; 2 (다리, 강 등의) 횡단/도하 장소
sebut, **menyebut (kan)**	서붓, 머녀스붓/깐	*v* 1 명칭을 부여하다; 2 이름을 부 르다/외치다; 언급하다; 3 구술 하다;
tersebut	떠르서붓	*v* 1 언급된; 거명된; 2 알려진; 유명한
sedang¹	스당	*a* 1 중간; 2 적당한; 3 알맞은; 충 족한; 4 (옷 등의 치수가) 몸에 맞 는; 5 보통의; 일반적인

sedang[2]	스당	ⓟ ☞ sedangkan
sedangkan	스당깐	ⓟ 1 반면; ~조차; 2 반면에; 한편; 그러나 사실은
sedap	스답	ⓐ 1 즐거운; 편안한; 2 향기로운; 3 맛있는;
penyedap	뻐녀답	ⓝ 조미료
sederhana	스더르하나	ⓐ 1 수수한; 평범한; 검소한; 단순 한; 2 적당한
sedia	스디아	ⓥ 1 준비가 된; 채비가 된; 2 용의 가 있는; 할 각오가 되어 있는; 3 재고가 있는; 4 이미 ~한;
bersedia	버르스디아	ⓥ 준비되다;
menyediakan	머녀디아깐	ⓥ 1 준비하다; 2 조달하다; 확보하다; 3 예비로 (돈, 물품 등을) 갖추어 놓다; 비축하다;
sedih	스디	ⓐ 1 비통한; 2 슬픈; 비극적인;
bersedih	버르스디	ⓥ 슬퍼하다
sedikit	스디낏	ⓐ 1 조금; 약간; 2 얼마 되지 않는; 좀
sedot	서돗	ⓥ 빨아들이다;
menyedot	머녀돗	ⓥ 빨아들이다; 빨다; 흡입하다; 들이키다
seduh, menyeduh	스두, 머녀두	ⓥ 1 (더운 물을) 붓다, 따르다, 쏟다; 2 끓지 않을 정도로 (우유 등) 액 체를 데우다
segala	스갈라	ⓝⓤⓜ 1 일체; 모두; 2 전체의; 모든; 전부;
segalanya	스갈라냐	ⓐⓓⓥ 모두; 전부
segan	스간	ⓐ 1 하기 싫어하는; 마음이 내키지 않는; 2 (겁나거나, 공경하여) 어려 워하는; 꺼리는; 수줍어하는

segar	스가르	ⓐ 1 (몸이) 가뿐한; 2 공기가 신선한; 3 기운을 차린; 건강한 (sehat); 4 싱싱한; 5 식물이 파릇파릇한; 푸른;
menyegarkan	머녀가르깐	ⓥ 건강하게 만들다
segera	스그라	ⓐⓓⓥ 즉시; 조속히; 급히; 빨리
segitiga	스기띠가	ⓝ 삼각형
séhat	세핫	ⓐ 1 건강한; 튼튼한; 2 건전한; 3 회복된; 병이 나은; ⓚⓘ (생각이) 건전한;
menyehatkan	머녜핫깐	ⓥ 건강하게 만들다;
kesehatan	꺼세핫딴	ⓝ 보건; 건강; 위생
sehingga	스힝가	ⓟ 그래서; 고로 ☞ hingga
sejahtera	스자뜨라	ⓐ 1 평온한; 안정된; 2 번영하는; 복된
sejak	스작	ⓟ ~이래로; ~부터
sejarah	스자라	ⓝ 1 역사; 2 계보;
bersejarah	버르스자라	ⓐ 역사적인; 역사 깊은; 유서 깊은
sejuk	서죽	ⓐ 1 차가운; 2 시원한; 3 서늘한; 공기가 신선한; 상쾌한
sekali	스깔리	ⓐⓓⓥ 1 한번; 2 매우 ☞ kali; ⓐⓓⓥ 한 번(satu kali); 3 ⓝⓤⓜ 모두(semuanya); 한번에 (sekaligus); 4 ⓐⓓⓥ 전체적으로; 예외 없이; 5 매우; 6 ⓐⓓⓥ ⓒⓐⓚ 가장 ~ 한
sekalian	스깔리안	모두; ⓐ 한꺼번에; 동시에; 기왕에; ⓝⓤⓜ 모두, 전부
sekaligus	스깔리구스	ⓐⓓⓥ 한번에; 동시에

sekarang	스까랑	*n* 지금
sekitar	스끼따르	*adv* 사면에; 둘레에
sekolah	스꼴라	*n* 1 학교; 2 수업; 3 학업; *cak* 학교에서 공부하다; 학교에 가다; (급수에 따라);
bersekolah	버르스꼴라	*v* 1 학교에 다니다; 학교에 가다; 2 학교 교육을 받다; *cak* ~에게 배우다
sékertaris	세끄르따리스	*n* 서기; 비서; (정당의)
séks	섹스	*n* 1 성별; 2 성관계; 3 성욕
séksi	섹시	*n* 1 부문; (회의 등의) 부회(部會); (단체의) 당, 파; (관청 등의) 부, 과, 반; 2 반(半) 소대; (포병의) 소대
séksual	색수알	*a* 성(性)의; 생식상의; 성적인
séktor	섹또르	*n* 업무 분야; 부문(部門)
sél	셀	*n* 세포
sela	슬라	*n* 1 사이 공간; 물체 사이의 여백; 2 틈새; 3 여백; 간격 사이;
menyela	머녤라	*v* 1 두 사물 사이에 위치해 있다; 2 두 물체 사이에 놓다; 3 껴들다; 말을 자르다/방해하다
selain	슬라인	*p* ~이외에
selalu	슬랄루	*adv* 1 늘; 항상; 2 자주; 계속해서
selam	슬람	*v* 1 물속으로 들어가다; 2 (스포츠) 잠수;
menyelam	머녈람	*v* 1 잠수하다; 2 깊이 들어가다/박히다; 3 뭔가를 찾기 위해 잠수하다/깊이 들어가다
selamat	슬라맛	*a* 1 안전한; 2 건강한; 3 목적에 이른; 성공한; *n* 안전, 희망의 기도; 안녕;

keselamatan	꺼슬라맛딴	n 안전; 행복; 번영
selang-seling	슬랑–슬링	v 교대로 하다;
berselang-seling	버르슬랑–슬링	v 1 교대로 하다; 걸러 끔; 교차; 2 간격을 두고; ~걸러서; 교대로
Selasa	슬라사	n 화요일
Selatan	슬라딴	n 남쪽
séléksi	셀렉시	n 1 선택; 2 (인사) 선발; 선정
séléktif	셀렉띱	a 선택(성)의; 선택력 있는; (통신) 선택/분리식의
seléndang	슬렌당	n 1 스카프; 목도리; 숄; 목에 두르는 긴 천 2 짐을 옮기거나 아기를 업기 위한 멜빵
selenggara, **menyelenggarakan**	슬릉가라, 머녈릉가라깐	v 1 ~을 관리하다; ~을 돌보다; 2 (지시, 법 등을) 실시하다, 시행하다, 실행하다
seléra	슬레라	n 1 식욕; 2 욕구; 열망; 욕망; 3 의욕; 취향
selesai	슬러사이/슬러세이	v 1 완료되다; 할 일이 끝나다; 2 끝나다; 3 지불이 완결되다/종료되다; 4 (일, 사건, 토론 등이) 종결되다;
menyelesaikan	머녈러세이깐	v 1 일 따위를 완결하다/마무리하다; 2 끝내다; 3 빚 등을 청산하다; 4 (가격, 사건/일 등을) 해결하다, 종결짓다
selidik	슬리딕	a 세밀한, 면밀한;
menyelidik(i)	머녈리딕(이)	v 1 세밀하게 조사하다; 2 진지하게 연구하다/조사하다; 탐구자; 3 염탐하다; 4 수색하다; 검색하다
selimut	슬리뭇	n 이불; 담요; ki 은폐; 숨긴 것;
menyelimuti	머녈리무띠	v ~에 이불을 덮어주다; ki (불순함, 범죄 등을) 은폐하다

selinap, menyelinap	슬리납, 머녈리납	ⓥ 1 잽싸게/빠르게 숨다/피하다; 2 (가슴속) 안으로 들어가다; 스며들다; 3 재빨리 피하다
selingkuh	슬링꾸	ⓐ 1 솔직하지 않은; 개인의 이익을 위해 잘 은폐시키는/숨기는; 음흉한; 부정직한; 2 횡령을 잘하는; 부패한; 3 타락한; 퇴폐한;
berselingkuh	버르슬링꾸	ⓥ 1 부정직한 행위를 하다; 타락한 행위를 하다; 2 바람 피우다
selip, menyelip	슬립, 머녈립	ⓥ 재빨리 숨다; 숨어 들어가다;
terselip	떠르슬립	ⓥ 1 삽입된; 끼워 놓은; 2 ~ 안에 들어 있는/내포되어 있는
selisih	슬리시	ⓝ 1 차이; 격차; 2 (의견, 노선 등의) 불화, 분쟁;
berselisih	버르슬리시	ⓥ 차이가 있다; adv 견해차가 있다; 다투다; 논쟁하다;
perselisihan	빠르슬리시한	ⓝ 차이; 다툼; 분쟁
selokan	슬록깐	ⓝ 하수구(도); 논 물고랑
selubung	슬루붕	ⓝ (몸, 얼굴, 머리 등을 덮는) 가리개, 막; 차도르;
terselubung	떠르슬루붕	ⓥ 감춰진; 은폐된; 숨겨진
seluruh	슬루르	num 전부의; 전체의; 모두;
menyeluruh	머녈루루	ⓥ 1 확산되다, 퍼지다; 2 완전하게;
keseluruhan	꺼슬루루한	ⓝ 전체; 총계
selusur, menyelusur	슬루수르, 머녈루수르	ⓥ 미끄러져 내려가다/떨어지다; (나무에서) 미끄러져 내리다;
menyelusuri	머녈루수리	ⓥ 찾다; 추적하다; 파헤치다; 자세히 살피다
semai	스마이	ⓝ 모종;
menyemai	머녀마이	ⓥ 모종하다; 모종을 심다

semak, semak-semak	스막, 스막-스막	ⓝ 덤불; 잡풀
semangat	스망앗	ⓝ 1 열정; 정열; 패기; 2 생명; 영혼; 3 정신; 의식; 근성; 기질;
bersemangat	버르스망앗	ⓥ 1 기질/정신/열정이 있는; 2 정신/영혼을 갖다; 3 의욕을 갖다
sembah	슴바	ⓝ (손을 들었다 얼굴에 대고 하는) 경배; 절; ⓚ 인사말; 절/경배하며 드리는 인사말; 경의를 표하는 인사;
menyembah	머념바	ⓥ 1 경배를 하다; 절을 하다; 경의를 표하다; 2 (신을) 칭송하다; ⓚ 속국인 것을/지배하에 있는 것을 인정하다; 섬기다;
mempersembahkan	멈뻐르슴바깐	ⓥ ~에 대한 칭송을 하다/경의를 표하다; 제물을 바치다
sembahyang	슴바양	ⓝ 1 (무슬림의 하루 5번의 의무) 기도; 2 신에게의 간청 기도;
bersembahyang	버르슴바양	ⓥ 1 기도 드리다; 2 신에게 간청하다; 기도하다
sembarang	슴바랑	ⓐ 누구(무엇, 언제, 어디서) 간에; 마음대로; 임의의; 멋대로;
sembarangan	슴바랑안	ⓐ 아무렇게나; 마구
semboyan	슴보얀	ⓝ 표어; 슬로건
sembuh	섬부/슴부	ⓐ 회복되다; 병이 낫다; 완쾌하다
sembunyi	슴부니	ⓥ 숨다;
bersembunyi	버르슴부니	ⓥ 은밀히 있다; 숨어 있다;
menyembunyikan	머념부니깐	ⓥ 1 숨기다; 2 감추다; 비밀로 하다
sembur	슴부르	ⓝ (잡귀를 쫓아내거나 병을 고치기 위해 입에서 씹어낸 약 등) 품어낸 것;

menyembur	머념부르	*v* 1 내뿜다; 2 뿌리다; 뿜어대다; 3 (주문을 넣은 뭔가를 뿌려) 잡귀를 쫓거나 치료를 하다; *cak* 욕설을 해대다; *ki* 솟구치다
semenanjung	스머난중	*n* 반도(半島)
sementara	스먼따라	*p* 하는 동안; *n* 잠시; 한동안; 얼마 동안; 당분간 *num* 얼마간; 하는 사이
séméster	세메스떠르	*n* (반년) 학기
semi	스미	*n* 새싹; 싹;
bersemi	버르스미	*v* 싹이 트다; 발아하다
séminar	세미나르	*n* 세미나
semoga	스모가	☞ moga 바라건대/부디
sempat	슴빳	*v* 시간이 있다; 기회가 있다; *adv* ~한 적이 있는;
kesempatan	꺼슴빠딴	*n* 기회;
berkesempatan	버르슴빵딴	*v* 시간이 있다; 기회가 있다
sempit	슴삣	*a* 1 좁은; 꽉끼다; *ki* 2 생각/관점이 좁은; 옹졸한; 3 협소한; 답답한; *ki* 4 (돈, 소득이) 부족한; 5 불같은 성격의; 참을성이 없는; 6 (시간이) 빠듯한; 7 (생활이) 힘든
semprot	슴쁘롯	*n* 1 분무기; 2 (의약) 주사기; 3 질책; 질타; 비난; 욕설;
menyemprot	머념쁘롣	*v* 1 치솟다, 솟아오르다; 2 살포하다; 3 주사를 놓다; *ki* 질타하다; 화를 내다; 비난하다; 욕설을 하다
sempurna	슴뿌르나	*a* 1 완벽한; 완전한; 2 온전한, 제대로 갖춰진

semua	스무아	_num_ 1 모든; 2 모든 사람; 3 일체; 전부; 4 전체; 모두; 온통;
semuanya	스무아냐	_adv_ 일체; 전부
semut	스뭇	_n_ 개미; _ki_ 별 가치가 없는 것;
kesemutan	꺼스무딴	_a_ (팔, 다리 따위가) 마비되다; 저리다
senam	스남	_n_ 체조
senandung	스난둥	_n_ 콧노래; (자장가와 같은) 흥얼거리는 노래;
bersenandung	버르스난둥	_v_ 콧노래를 부르다; 흥얼거리다
senang	스낭	_a_ 1 즐거운; 기쁜; 유쾌한; 2 만족스러운; 즐거워하는; 3 행복한; 4 좋아하다; 기분 좋은; 5 정이 가는; 6 (컨디션, 건강 등이) 좋은;
bersenang-senang	버르스낭-스낭	_v_ 즐기다; 즐거운 마음으로 하다;
menyenangkan	머녀낭깐	_v_ 1 기쁘게 하다; 만족시키다; 2 ~을/~에 대해 좋아하다
sendat	슨닷	_a_ 1 (반지 등이) 꼭 끼는; 타이트한; 2 (교통, 의식 등이) 원활하지 못한, 순탄하지 못한 매끄럽지 못한; 3 (파이프, 구멍 등이) 막히다;
tersendat	떠르슨닫	_v_ 1 막히다; 침체되다; 끊기다; 흐르지 않는; 2 멈춰 서다
sendawa	슨다와	_n_ 트림
sendiri	슨디리	_a_ 1 혼자; 홀로; 2 독자적으로; 독립적으로; 3 스스로; 자동적으로 _n_ 1 자신의 소유; 2 자신; 몸소; 3 일일이; 하나하나;
menyendiri	머년리디	_v_ 1 (스스로를) 격리시키다, 고립시키다; 2 홀로 지내다
séndok	센독	_n_ 숟가락;

menyendok	머녠독	v 숟가락으로 뜨다
sengaja	승아자	adv 1 일부러; 의도적으로; 고의로; 2 인위적인; 의도적인
sengat	승앗	n (벌, 전갈 등의) 침;
menyengat	머녕앗	v (침 따위로) 쏘다, 찌르다; ki 1 따가운/찔리는 느낌을 주다; 2 찌르다; 일침을 가하다;
tersengat	떠르승앗	v 찔리다; 쏘이다; 쏘일 수 있는; 찔릴 수 있는; ki 일침을 맞다; 기분이 좋지 않다
sénggol	셍골	v 건드리다;
bersenggolan	버르셍골안	v 건드리다(bersentuhan);
menyenggol	머녱골	v 건드리다; 접촉하다
sengkéta	승께따	n 1 분쟁; 불화; 2 이견; 의견 차이; 불일치;
bersengketa	버르승께따	v 의견이 다른; 서로 다투는
sengsara	승사라	n 생의 고통; 고뇌; 고난; a 어려움을 겪다; 고난을 당하다;
menyengsarakan	머녕사라깐	v 고통을 주다; 괴롭히다; 구박하다; 어렵게 하다
seni	스니	n 1 예술; 2 전문 예술작품;
kesenian	꺼스니안	n 아름다움; 미; 예술에 관한 전반적인 사항
seniman	스니만	n 예술가; 예술인
sénior	세니오르	a 1 지위 또는 계급이 더 높은; 2 경험 능력이 더 많은; 3 선배의; 4 연배의; 나이가 더 많은
-senjang	센장	a 1 불균형의; 비대칭의 2 아주 다른; 같지 않은; 3 격차가 있는;
kesenjangan	꺼센장안	n 차이, 격차

senjata	슨자따	ⓝ 1 무기; 병기; 2 어떠한 목적을 얻기 위해 사용되는 것 (서류, 로고서류, 인장, 특수 메모 등); 3 (아랍철자의) 음운부호;
bersenjata	버르슨자따	ⓥ 무기를 사용하다; 무장한
sénsasi	센사시	ⓝ 1 마음; 기분; 감동; 흥분; 감동; 2 센세이션; 물의; 평판(이 대단한 것); 대사건
sénsitif	센시띱	ⓐ 1 민감함; 예민한; 느끼기 쉬운; 2 감수성이 강한
sénsor	센소르	ⓝ 1 (편지, 영화 등의) 검열, 검사; 2 검열관
sénsus	센수스	ⓝ 인구조사; 경제조사
sentil, menyentil	슨띨, 머년띨	ⓥ 1 (손가락으로 톡톡) 건드리다/치다, 잡아당기다; 2 건드리다; *ki* 질책하다; 비난하다
sentuh	슨뚜	ⓥ 만지다, 닿다;
bersentuh	버르슨뚜	ⓥ 살짝 닿다; 살짝 건드리다; *ki* 성교하다;
menyentuh	머년뚜	ⓥ 1 살짝 대다/건드리다; 2 ~에 대다; ~에 닿다/부딪히다; *ki* 감정을 불러일으키다; 마음을 찡하게 하다
senyum	서늄	ⓥ 웃다; 미소를 짓다;
senyuman	스뉴만	ⓝ 미소
sépak bola	세빡 볼라	ⓝ 축구
sepakat	스빠깟	ⓐ 1 동의하는; 2 일치하는;
kesepakatan	꺼스빠까딴	ⓝ (의견, 증언 따위의) 일치; 합의
sepat	스빳	☞ sepet 떫은
sepatu	스빠뚜	ⓝ 1 신발; 구두; 2 신발 형상

sepéda	스뻬다	ⓝ 자전거;
bersepeda	버르스뻬다	ⓥ 자전거를 타다; 자전거를 몰다
sepélé	스뻴레	ⓐ 사소한; 중요하지 않은; 하찮은; 보잘것없는;
menyepelekan	머녀뻴레깐	ⓥ 사소하게 여기다
seperti	스뻐르띠	ⓟ 1 ~처럼; 2 ~와 같은; 3 마치 ~와 같은/처럼; ~대로; ~에 따라; 4 예를 들면; 말하자면;
sepertinya	스뻐르띠냐	ⓟ 만일 ~한다면; ~경우라면
sepet	스쁫	ⓐ [cak] 1 (덜 익은 감, 살락, 밤 껍질 씹는 것과 같이) 떫은; 2 텁텁하거나 껄끄러워 맛없는
sepi	스삐	ⓐ 1 조용한; 고요한; 2 (거래, 행사 등) 활동/움직임이 없는; 적적한; 3 (위험, 귀찮음 등으로부터 벗어나) 적막한; 한적한; 한가한;
kesepian	꺼스삐안	ⓝ 조용함; 한적함; 적적함; 고요함
sepupu	스뿌뿌	ⓝ 사촌 관계
seragam	스라감	ⓝ (디자인, 모양이) 같은 형태;
berseragam	버르스라감	ⓥ 유니폼을 입다; 제복을 착용하다;
menyeragamkan	머녀라감깐	ⓥ 같은 형태로 되게 하다; 똑같은 모양으로 하게 하다
serah, berserah	스라, 버르스라	ⓥ 귀의하다; 승복하다; 따르다; 복종하다;
menyerah	머녀라	ⓥ 1 귀의하다; 2 항복하다; 투항하다; 의탁하다; ⓐ 복종하다; 따르다; 대립하지 않다; [ki] 잘못을 인정하다; 머리를 숙이다;
menyerahkan	머녀라깐	ⓥ 1 양도하다; 넘겨주다; 2 (확신을 갖고) 넘겨주다, 건네주다;

terserah	떠르스라	ⓥ 맡겨지다; 양도되다; 일임되다; ⓐ 알아서 하다; 마음대로 하다
serak¹	스락	ⓐ 1 (목소리가) 쉰; 목쉰 소리의; 2 목소리가 고르지/매끄럽지 못한; 3 (가래가 껴) 숨소리가 고르지/매끄럽지 못한
sérak², **berserak**	세락, 버르세락	ⓥ 여기저기 흩어져 있는;
berserakan	버르세라깐	ⓥ 엉망으로 널려 있다/놓여 있다; 널부러져 있다
serakah	스라까	ⓐ 탐욕스러운; 욕심 많은;
keserakahan	꺼스라까한	ⓝ 탐욕; 욕심
seram	스람	ⓐ 1 소름 끼치는; 2 으스스한; 3 겁나는; 무서운; 4 (얼굴, 눈 등이) 화난 듯한, 인상을 쓴 듯이 보이는;
menyeramkan	머녀람깐	ⓥ 1 소름 끼치게 하다; 털을 곤두세우다; 2 무시무시한; 소름 끼치는; 겁나는
serang	스랑	ⓥ 공격하다;
menyerang	머녀랑	ⓥ 1 공격하다; 습격하다; 2 (재난, 질병이) 닥치다, 덮치다; 3 비난하다; 이의를 제기하다
serangga	스랑가	ⓝ 곤충; 벌레
serap	스랍	ⓥ 흡수하다;
menyerap	머녀랍	ⓥ 1 스며들다; 침투하다; 2 빨아들이다; 흡수하다; 𝑘𝑖 1 (몸과 마음에) 와닿다, 스며들다; 2 아주 친한; 3 (문화 등) 받아들이다;
serapan	스랍빤	ⓝ 1 흡수한 것; 2 흡수 도구; 3 받아들인 것;
penyerapan	뻐녀랍빤	ⓝ 1 흡수 과정/방법/행위; 흡수 작용; 2 동화;
terserap	떠르스랍	ⓥ 흡수되다; 빨아들이다

serasi	스라시	ⓐ 일치하는; 필적하는; 어울리는
serat	스랏	ⓝ 섬유(질);
berserat	버르스랏	ⓥ 섬유질을 가지다
serbasalah	서르바살라	ⓐ 온통 잘못되었다고 간주하다
serbu	서르부	ⓥ 공격하다;
menyerbu	머녀르부	ⓥ 1 공격하다; 습격하다; 2 떼 지어 들어가다; 몰려 들어가다; 3 (뉴스를 얻거나 사진을 찍기 위하여) 우르르 몰려들다
serémpét, menyerempet	스렘뻿, 머녀렘뻿	ⓥ 1 살짝 스치다; 거의 닿을 뻔하다; 2 표적을 살짝 벗어나다
serentak	스른딱	ⓐ 한꺼번에; 동시에; 다같이
serét, menyeret	세렛, 머녀렛	ⓥ 끌어당기다; ⓚⁱ 1 연루시키다; (억지로) 끌고가다; 2 법정으로 가져가다; 가져가다
seri¹	스리	ⓝ 1 빛; 광채; 2 고귀함; 아름다움 ⓐ 예쁜; 훌륭한;
berseri	버르스리	ⓥ 1 반짝(번쩍)이는; 빛나는; 아름다운; 화려한; 2 (얼굴이) 밝아 보이는;
berseri-seri	버르스리–스리	ⓥ (얼굴이) 활짝 펴 보이다, 밝다
seri²	스리	ⓐ 1 무승부의; 2 (이익) 균형을 이루는; 대등한; 3 양측이 서로 원하는; ⓒᵃᵏ 본전인
séri	세리	ⓝ 시리즈; 연속; 연재;
berseri	버르세리	ⓥ 연속되다; 계속되다; 시리즈로 가다
sering	스링	ⓐᵈᵛ 종종; 자주
sérius	세리우스	ⓐ 1 진지한; 2 (병, 어려움, 실수 등) 심각한; 중대한;

keseriusan	꺼세리우스	ⓝ 진지함; 진솔함
serobot	스로봇	ⓥ 껴들다;
menyerobot	머녀로봇	ⓥ 1 (중간에 임의로) 껴들다; 2 교통 질서를 어기다; 길을 맘대로 다니다; 3 권리나 재산을 가져가다; 법을 무시하고 약탈하다; 멋대로 하다; 4 (멋대로 혹은 살며시) 공격하다, 덮치다
serta[1]	서르따	ⓟ 1 그리고(dan); 2 ~하자마자, 곧바로
serta[2]	서르따	ⓥ 함께하다; 끼다; 관여하다;
beserta	버서르따	ⓥ 1 ~와 함께; 2 따르다; 참여하다; 3 동반하다; 함께하다;
peserta	뻐서르따	ⓝ 동행자; 동반자; (회의, 세미나, 시합 등에 역할을 맡은) 참여자
sertifikat	세르띠휘깟	ⓝ 증명서
seru	서루	ⓝ 부름; 외침; 고함;
berseru	버르서루	ⓥ 1 큰 소리로 부르다; 2 또렷하게 말하거나 부르다
seruling	설룰링	ⓝ 피리(suling)
sérvis	세르뷔스	ⓝ 서비스; 봉사;
menyervis	머녜르뷔스	ⓥ 1 수리하다; 2 봉사하다; 접대하다
sesak	스삭	ⓐ 1 매우 비좁은; 2 만원의; 꽉 찬; 3 막힌; 숨쉬기 어려운; 가슴이 답답한
sesal	스살	ⓝ 유감; 후회; 실망;
menyesal	머녀살	ⓥ 유감스럽다; 좋지 않다; 뿌듯하지 못하다; 후회스럽다;
penyesalan	뻐녀살란	ⓝ 1 후회; 유감; 실망; 2 거부

sesat	스삿	ⓐ 1 길을 잘못 들은; 2 (정도, 가르침 에서) 아주 잘못된; 부끄러운 짓을 한; 빗나간;
menyesatkan	머녀삿깐	ⓥ 1 잘못된 길로 데려오다; 2 혼돈하게 하다; 오해를 불러일으키다;
tersesat	떠르스삿	ⓥ 길을 잘못 들다; 벗어나다; 길을 잃다
sesuai	서수아이	☞ suai 1 적합한; 알맞은; 2 일치하는; 부합하는
sesuatu	서수아뚜	어떤 것 ☞ suatu
setelah	스떨라	ⓟ ~한 후에 ☞ telah
setia	스띠아	ⓐ 1 (약속, 사고 등) 충실한; 순종하는; 충직한; 2 (우정, 마음이) 굳은, 견고한; 3 견고한 (건립, 약속 따위에서);
kesetiaan	꺼스띠아안	ⓝ 굳건한 마음; 충실함; 순종; 충성
setia kawan	스띠아 까완	ⓐ 일심의; 일치단결한; 동일(제)의; 같은 의견과 같은 관심사를 갖는;
kesetiakawanan	꺼스디아까와난	ⓝ 일치단결; 동일체; 결속
setiap	스띠압	☞ tiap 매(每)
setor, menyetor	스또르, 머녀또르	ⓥ 지불하다; 납부하다; 넣다; 불입하다; 맡기다;
menyetorkan	머녀또르깐	ⓥ (돈을) 지불하다; 넣다; 맡기다
setrika	스뜨리까	ⓝ 다리미;
menyetrika	머녀뜨리까	ⓥ 다림질을 하다
setrum	스뜨룸	ⓝ 전류; 전기;
menyetrum	머녀뜨룸	ⓥ 전류가 흐르게 하다; 전기를 넣다; ⓚ ~의 마음을 찡하게 하다;
tersetrum	떠르스뜨룸	ⓥ 전기에 감전되다;
kesetrum	꺼스뜨룸	ⓥ ⓒⓐⓚ ☞ tersetrum

séwa	세와	[n] 1 **임대; 2 임대료; 비용; 3 임대한 물건;**
menyewa	머녜와	[v] 세내다; 임대하다;
menyewakan	머녜와깐	[v] 세를 주다; 임대를 주다;
sewaan	세와안	[n] 임대하거나 임대 준 것
si	시	[p] **명사나 형용사에 사용하여 의인화를 나타냄**
siaga	시아가	[v] **준비된**
sial	시알	[a] 1 **재수 없는; 운이 없는; 2 불행한; 운이 없는; 염병할; 제기랄; 불길한**
sialan	시알란	[n] (거친 말) **제기랄 놈; 염병할 놈;**
kesialan	꺼시알란	[n] 불운, 불행한 상태
siang	시앙	[n] **낮; 주간** (대략 오전 11시부터 오후 3시경까지);
kesiangan	꺼시앙안	1 대낮에 나온, 대낮을 맞이한; 2 늦은, 지각한; 3 늦잠 자다
siap	시압	[v] 1 **준비되다; 2 이미 끝난; 완성된; 3 준비를 마치다; 4 (구령) 차렷;**
bersiap-siap	머르시압-시암	[v] (~을 위해) 모든 것을 정돈하다; 채비하다; 준비하다;
menyiapkan	머니압깐	[v] 1 준비하다; 2 (~을 위해) 모든 것을 정리하다; 3 끝내다; 4 개최하다; 형성하다; 5 채비하다; 준비하려 애쓰다; 강구하다;
mempersiapkan	멈뻐르시압깐	[v] 준비시키다;
persiapan	뻐르시아빤	[n] 1 사전 준비; 대비; 예비; 기획; 보충; 2 조치; 시행 준비
siapa	시아빠	[pron] (의문사) **누구; ~ pun 누구라도; 아무나**

N O P Q R **S** T U V W Y Z

siar, menyiarkan	시아르, 머니아르깐	ⓥ 1 균등하게 퍼뜨리다; 전하다; 2 (신문 혹은 전파를 통해) 대중에게 소식을 전하다; 3 (사고, 종교 등) 보급시키다, 전파하다; 4 출판하여 팔다; 5 (빛을) 발산하다; 6 (라디오를 통해) **방송하다, 전파하다;**
siaran	시아란	ⓝ 방송; 전파된 것;
penyiar	뻐니아르	ⓝ 1 전파하는 사람; 2 라디오 진행자; 3 송출자; 4 출판업자
siasat	시아삿	ⓝ 1 조사; 검사; 2 심문; 3 정확한; 4 비평; 평론; 비난; 5 전략; 정책; 조치; 6 전쟁의 전략; 전술; 7 업무 방법;
bersiasat	버르시아삿	ⓥ 1 조사하다 (연구, 검토); 2 정책, 전략을 이용하다; 3 질문하다;
menyiasati	머니아사띠	ⓥ 조사하다
sia-sia	시아—시아	ⓐ 1 헛된; 소용없는; 쓸데없는; 2 허튼소리; 난센스;
menyia-nyiakan	머니아—니아깐	ⓥ 1 쓸데없는 것으로 보다/간주하다; 2 등한시하다; 3 (시간, 돈, 힘 따위를) 쓸데없이 버리다; 4 (약속, 제안, 의무 따위를) 무시하다; 소홀히 하다; 실망시키다; 잘못 사용하다
sibuk	시북	ⓐ 1 할 일이 많은; 바쁜; 2 분주한; 활동적이며 부지런한; 3 붐비는; 복잡한;
kesibukan	꺼시부깐	ⓝ 1 분주함; 바쁜 상황; 2 활동; 해야 할 일
sidang	시당	ⓝ 1 회의; 회합; 2 전체(군집)를 나타내는 뜻; 3 회원; 단원;
persidangan	뻐르시당안	ⓝ 회합; 회의; 집회
sidik	시딕	ⓥ 1 (지문 등을) 조사하다; 검사하다; 2 (엄지) 지장;
menyidik	머니딕	ⓥ 조사하다; 검사하다;

penyidik	뻐니딕	📐 인도네시아 경찰 수사관;
penyidikan	뻐니딕깐	📐 (법적 절차에 따른) 검사; 수사
sifat	시핫	📐 1 외관; 외형; 양상; 2 성질; 성격; 3 특질; 특징; 4 천성;
bersifat	버르시핫	📐 ~한 양상을 갖다; ~성격을 지니다
signifikan	시니휘깐	📐 중요한; 의미 있는
sihir	시히르	📐 1 주술; 2 마법; 요술;
menyihir	머니히르	📐 마법/주술을 걸다
sikap	시깝	📐 1 태도; 자태; 2 체격; 신장; 3 확신에 찬 행동; 4 행동; 행위; 움직임;
bersikap	버르시깝	📐 1 꼿꼿이 서다; 차렷 자세를 취하다; 2 (사고, 생각 등) ~한 태도를 지니다;
menyikapi	머니깝삐	📐 ~에 대해 ~한 태도를 취하다
sikat	시깟	📐 1 솔; 브러시; 2 머리빗; 3 다발로 자라다; 4 (바나나) 한 손; 송이; 5 갈퀴; 농기구 써레; 📐 1 강탈하다; 훔치다; 2 싹 먹어 치우다;
menyikat	머니깟	📐 1 솔질하다; 2 써레질하다; 📐 몽땅 털어가다; 싹쓸이해 가다; 📐 ~을 모두 먹어 치우다
siksa	식사	📐 형벌; 고문; 학대;
menyiksa	머닉사	📐 1 고문하다; 2 학대하다;
tersiksa	떠르식사	📐 고문당하다; 학대당하다;
siksaan	식사안	📐 1 고문; 학대; 2 형벌; 3 처벌;
penyiksaan	뻐닉사안	📐 고문 행위; 학대 행위; 가혹 행위;
tersiksa	떠르식사	📐 고문당하다; 학대당하다

N
O
P
Q
R
S
T
U
V
W
Y
Z

siku	시꾸	[n] 1 팔꿈치; 2 총의 개머리판; 3 직각; 4 목수가 쓰는 T 혹은 L 모양의 자;
siku-siku	시꾸-시꾸	[n] 1 개머리판; 2 90도 직각; 3 (선박의) 늑재; 활처럼 휜 것;
menyiku	머니꾸	[v] 1 팔꿈치로 치다; 팔꿈치로 밀어젖히다; 2 90도 각도를 이루다
sila, silakan	실라, 실라깐	[v] (권유) 아무쪼록, 부디, 어서 (~ 하여 주십시오); 부드러운 권유 혹은 부탁;
mempersilakan	멈뻐르실라깐	~하도록 아주 공손하게 부탁하다/요청하다
sila	실라	[n] 1 행동 규정; 2 교양; 도덕; 예의; 3 원칙; 기초; 근거
silang	실랑	[n] 1 X표; 2 십자로 쳐진 나무(빗장); 3 십자가;
menyilang	머닐랑	[v] 교차로/엇갈리게 놓여 있다; 선을 교차로/엇갈리게 긋다;
persilangan	뻐르실랑안	[n] 1 교차점; 교차로; 2 교차; 엇갈림
silau	실라우	[a] 눈부신; 너무 빛나서 쳐다볼 수 없는; [ki] 현혹되다; 눈이 멀다;
menyilaukan	머닐라우깐	[v] 눈부시게 만들다
simbol	심볼	[n] 상징; 심벌
simpan	심빤	[v] 보관하다; 저장하다;
menyimpan	머님빤	[v] 1 보관하다; 저장하다; 2 저축하다; 3 (비밀 따위를) 쥐다; 간직하다; 숨기다; 4 (지식, 초능력을) 갖다; 5 내포하다
simpanan	심빠난	[n] 1 보관/저장된 것; 2 보관소; 보관함;
penyimpanan	뻐님빤난	[n] 1 저장고; 창고; 보관소; 2 보관 과정/방법/행위; 3 (경제) 물류 활동

simpang	심빵	ⓝ 1 중심에서 벗어난 것; 분리한 것; 2 중심로에서 갈라진 길;
bersimpangan	버르심빵안	ⓥ 1 서로 엇갈리다; 2 각자 갈라지지만 만나다;
menyimpang	머님빵	ⓥ 1 이탈하다; 다른 방향으로 틀어가다; 방향을 바꾸다; 2 (위반하지 않도록) 방향을 꺾다; 피하다
simpangan	심빵안	ⓝ [cak] 갈림길;
persimpangan	뻐르심빵안	ⓝ 1 벗어남; 탈선; 2 (길이) 갈라지는 곳
penyimpangan	뻐님빵안	ⓝ 1 벗어남; 갈라짐; 분리; 이탈; 2 (법) 이탈 행위; 규범 밖의 행동
simpel	심뻴	ⓐ [cak] 1 단순한; 간단한; 평범한; 2 (문법) 단순한
simpul	심뿔	ⓝ 매듭; 마디; 끈 묶음 매듭;
menyimpulkan	머님뿔깐	ⓥ 묶어 매듭을 짓다; [ki] (의견, 생각 등) 결론을 짓다; 요약하다
kesimpulan	꺼심뿔란	ⓝ 1 요약; 2 결론
sinar	시나르	ⓝ 광선; 빛;
bersinar	버르시나르	ⓥ (빛을) 발하다; 빛나다; 방출하다; 방사하다;
menyinari	머니나리	ⓥ ~에 빛/불을 비추다; [ki] (마음에) 빛/등불을 밝히다, 밝게 하다
sindir	신디르	ⓝ 깔봄; 우롱; 비평; 무시;
menyindir	머닌디르	ⓥ (간접적으로) 비평하다, 깔보다; 무시하다; 우롱하다
sindiran	신디란	ⓝ 조롱; 우롱; 풍자; 빈정댐; 조소
sinétron	시네뜨론	ⓝ (주로 TV 등 전자 매체를 위한) 영화; 연속극; 드라마
singgah	싱가	ⓥ (잠시) 기항하다, 머무르다, 들르다;
menyinggahi	머닝가히	ⓥ ~에 들르다, 머물다, 기항하다

persinggahan	뻐르싱가한	ⓝ 1 임시 휴식을 위한 정차지; 정박지; 2 항구
singgung, bersinggungan	싱궁, 버르싱궁안	ⓥ 서로 접촉하다; 맞닿다; ⓚ 관계가 있다; 관련이 있다;
menyinggung	머닝궁	ⓥ 1 (팔꿈치로) 밀다, 밀어붙이다, 물리치다; 2 손대다; 건드리다; 만지다; 3 언급하다; ⓚ (마음에) 상처를 주다; 고통을 주다; (감정을) 상하게 하다;
tersinggung	떠르싱궁	ⓥ 1 (모르고) 건드린; 닿다; 접촉되다; 2 언급된; 비방당한 듯이 느끼는
singkat	싱깟	ⓐ 1 (시간, 연대가) 짧은; 2 (이야기, 연설 등) 간단한; 간결한;
menyingkat	머닝깟	1 (시간을) 단축하다, 짧게 하다; 2 (내용을) 요약하다, 줄이다; 간추리다
singkatan	싱깟딴	ⓝ 1 축약어; 2 요약; 간략본
singkir, menyingkir	싱끼르, 머닝끼르	ⓥ 1 비켜서다; 물러나다; 피하다; 2 (~로부터) 떨어지다, 멀어지다, 탈피하다; 3 피난하다;
menyingkirkan	머닝끼르깐	ⓥ 1 ~을 치우다/제거하다; 2 잠시 제쳐두다/생각하지 않다/이야기하지 않다
singkong	싱꽁	ⓝ 카사바(뿌리의 녹말로 전분을 만듦)
sini	시니	ⓟⓡⓞⓝ 여기; ⓒⓐⓚ 이리로;
ke sini	꺼 시니	ⓟⓡⓞⓝ 이리로; 이곳으로;
kesinian	꺼시니안	ⓥ ⓒⓐⓚ 이리로 가까이 하다
sinonim	시노님	ⓝ 동의어
sinyal	시냘	ⓝ 1 신호; 2 신호등/판
sipit	시삣	ⓐ (눈이 작고) 가늘게 째진;
menyipitkan	머니삐깐	눈을 작게 하다; 눈을 찡그리다; 실눈을 뜨다

siram	시람	ⓥ 물을 뿌리다;
menyiram	머니람	ⓥ 1 물을 뿌리다; 2 물로 씻다
sirkulasi	시르꿀라시	ⓝ 1 순환; 유통; 2 총 발행부수
sisa	시사	ⓝ 나머지; 여분;
menyisakan	머니사깐	ⓥ 남겨 두다; 조금 남겨 두다;
tersisa	떠르시사	ⓥ 남겨지다/놓다
sisi	시시	1 옆; 측면; 2 가장자리; 3 쪽; 측면; 4 축; 5 편; 측
sisih, menyisih	시시, 머니시	ⓥ 벗어나다; 피하다; 멀리 떨어지다; 고립되다;
menyisihkan	머니시깐	ⓥ 1 격리시키다; 고립시키다; 2 떼어놓다; 예비로 두다; 3 분리하다; 축출하다
sisik	시식	ⓝ 비늘;
bersisik	버르시식	ⓥ 비늘이 있는; 비늘을 가진
sisip, menyisip	시십, 머니십	ⓥ 1 (둘 사이에) 끼워 넣다; 집어넣다; 2 깨진 기와를 바꿔 끼워 넣다; 3 천 등을 대고 꿰매다; 4 (언어) 삽입하다;
menyisipkan	머니십깐	1 집어넣다; 2 교체하다; 3 접사를 삽입하다;
sisipan	시십빤	ⓝ 1 끼워 놓은 것; 2 삽입사; 접요사
sisir	시시르	ⓝ 1 빗; 2 써레; 3 바나나 한 송이; 4 직조기의 당김 틀;
menyisir	머니시르	ⓥ 1 (빗으로 머리를) 단정하게 하다; 2 (흙, 마당 등) 고르다
sistém	시스뗌	ⓝ 체제; 체계; 시스템;
bersistem	버르시스뗌	ⓥ 체계를 갖다; 조직을 갖다; 체계가 있는; ⓐ 체계적인
sistématik	시스떼마띡	ⓝ 구성; 질서

sistématis	시스떼마띠스	_a_ **체계적인**
siswa	시스와	_n_ **학생**
siswi	시스위	_n_ **여학생**
sita	시따	_n_ **차압; 압수;**
menyita	머니따	_v_ **차압하다; 몰수하다; 압류하다;** _cak_ **강탈하다; 빼앗아가다;**
sitaan	시따안	_n_ **차압 물품; 압류품; 압수품;**
penyitaan	뻐니따안	_n_ **차압; 압류**
situ	시뚜	_pron_ **저기; 저곳; 거기;** _cak_ **너**
situasi	시뚜아시	_n_ **1 지위; 입지; 2 상황; 형세**
skripsi	스끄립시	_n_ **학사학위 논문**
slogan	슬로간	_n_ **(단체, 당파, 개인 따위의) 슬로건, 표어**
soal	소알	_n_ **1 질문; 2 문제; 3 일;**
mempersoalkan	멈뻐르소알깐	_n_ **문제 삼다; 문제화하다;**
persoalan	뻐르소알란	_n_ **1 토론; 논쟁; 2 문제**
sobék	소벡	_a_ **찢어진;**
menyobek	머뇨벡	_v_ **찢다**
sogok	소곡	_n_ **1 열쇠; 2 촌지; 뇌물;**
menyogok	머뇨곡	_v_ **(구멍 따위의 안으로) 찔러 넣다, 쑤시다** _ki_ **뇌물을 주다**
sogokan	소곡깐	_n_ **열쇠; 쑤시개;** _ki_ **뇌물**
sokong	소꽁	_n_ **지주; 지지대; 받침대;**
menyokong	머뇨꽁	_v_ **1 받치다; 무너지지 않도록 지지하다;** **2 (돈, 힘으로) 원조하다, 후원하다;**

menyokongkan	머뇨꽁깐	🅥 (~를) 원조하다, 후원하다
sokongan	소꽁안	🅝 1 지지물; 지지대; 2 (돈, 힘 등의) 지지, 지원, 후원, 원조;
penyokong	뻐뇨꽁	🅝 1 지지물; 지지대; 2 후원자; 기부자; 기증자
solidaritas	솔리다리따스	🅝 견고함; 단단함; 우정/결속이 굳건함
solusi	솔루시	🅝 해결
sombong	솜봉	🅐 거만한; 건방진;
menyombongkan	머뇸봉깐	🅥 1 건방을 떨다; 2 자랑하다; 자만하다;
kesombongan	꺼솜봉안	🅝 거만함; 자만심
sopan	소빤	🅐 1 공손한; 정중한; 2 (행동, 말, 옷 매무새 등이) 얌전한; 예의바른; 3 품행이 단정한/바른;
kesopanan	꺼소빠난	🅝 1 품행 단정; 예의; 2 품위; 예절; 문명;
sopan santun	소빤 산뚠	예절; 예의; 품행 방정;
bersopansantun	버르소빤산뚠	🅥 예의 바르게 행동/말하다
sopir	소삐르	🅝 운전수; 운전기사;
menyopir	머뇨삐르	🅥 운전하다;
menyopiri	머뇨삐리	🅥 ~에 운전 기사가 되다
soré	소레	🅝 오후
sorot	소롯	🅝 섬광; 빛;
menyorot	머뇨롯	🅥 1 비치다: 빛나다; 2 밝히다;
menyoroti	머뇨롯띠	🅥 1 밝히다; 2 (행동, 태도 등을) 감시하다; 주시하다
sortir	소르띠르	🅝 분류하다;
menyortir	머뇨르띠르	🅥 분류하다; 가려내다

sortiran	소르띠란	*n* 분류한 것; 분류물
sosial	소시알	*a* 사회의; 사회적인; *cak* 사교적인; 친목적인; 남을 잘 돕는
sosialis	소시알리스	*n* 사회주의자(그룹, 국가)
sosialisasi	소시알리사시	*n* 사회화; 사회주의화;
bersosialisasi	버르소시알리사시	*v* 사회화하다;
mensosialisasikan	먼소시알리사시깐	*v* ~사회화시키다; ~를 사회 일원으로 만들다/교육시키다
sosialisme	소시알리스머	*n* 사회주의
sosiolog	소시올로그	*n* 사회학자
sosiologi	소시올로기	*n* 사회학
sosis	소시스	*n* 소시지
sosok	소속	*n* 1 모습; 형태; (배 등의) 골격; 2 (몸의) 모습, 형태; 3 몸 그림자; 4 인물; 명사; 인사
sosor, menyosor	소소르, 머뇨소르	*v* (거위 등이) 부리로 공격하다
soto	소또	*n* (닭고기, 소 내장 등에 야자 즙을 넣어 만든) 고깃국의 일종
sotong	소똥	*n* 갑오징어
spésial	스뻬시알	*a* 특별의; 특수한
spésifik	스뻬시휙	*a* 특별한; 고유한; 특유한
spiritual	스삐리뚜알	*a* 영혼의; 정신의
sponsor	스뽄소르	*n* 1 (방송, 공연 따위의) 후원; 스폰서; 2 지지자; 후원자;

mensponsori	먼스뽄소리	ⓥ 1 ~을 주최하다; 2 (금전적, 물질적으로) ~을 후원하다; ~에 비용을 대다
spontan	스뽄딴	ⓐ 1 즉시; 즉각; 순간적인; 무의식적인; 2 자발적인; 자연발생적인
stabil	스따빌	ⓐ (시설, 정부 등이) 안정된, 견고한; 흔들리지 않다
stagnasi	스따그나시	ⓝ 1 정체; 침체; 부진; 고인 상태; 2 추락; 하락; 경제의 후진
standar	스딴다르	ⓝ 1 표준; 기준; 모범; 2 표준의
stasiun	스따시운	ⓝ (기차의) 역; 정거장
statis	스따띠스	ⓐ 정적인; 상태가 변하지 않는; 일정한
statistik	스따띠스띡	ⓝ 통계; 통계치
status	스따뚜스	ⓝ 지위; 신분; 입지; 상황; 자격;
berstatus	버르스따뚜스	ⓝ 지위를 갖다
stratégi	스뜨라떼기	ⓝ 전략; 전술; 병법
stratégis	스뜨라떼기스	ⓐ 전략적인; 전략적 요지의
strés	스뜨레스	ⓝ 스트레스; 억압; 강제; 압박
struktur	스뜨룩뚜르	ⓝ 구조; 조직; 체계;
berstruktur	버르스뜨룩뚜르	ⓥ 구조를 갖다
studi	스뚜디	ⓝ 학업; 스터디; 연구; 조사; 공부
sesuai	서수아이	ⓐ 1 정확한; 중간의; 적합한; 2 딱 맞는; 3 (쌍쌍이) 잘 어울리는; 4 어울리는;
menyesuaikan	머녀수아이깐	ⓥ 1 일치시키다; 맞추다; 2 조율하다; 조정하다; 3 균형을 맞추다
suai, bersuai	수아이, 버르수아이	ⓥ 어울리는; 조화를 이루는

suami	수아미	*n* 남편;
bersuami	버르수아미	*v* (여성에게) 이미 결혼한; 남편이 있는
suap	수압	*n* (밥) 한 입; 한 움쿰; *ki* 뇌물;
menyuap	머뉴압	*v* 1 손으로 먹다; 2 손으로 먹이다; 먹을 것을 주다; *ki* 뇌물을 주다;
menyuapi	머뉴압삐	*v* ~에게 손으로 음식을 먹이다; *ki* 뇌물을 주다
suara	수아라	*n* 1 음성; 목소리; 2 소리; 음향; 3 말; 4 철자의 음; 5 (의견, 사고 등의) 표출, 목소리; *ki* (선거에서의) 지지, 투표/표;
bersuara	버르수아라	*v* 말하다; 소리를 내다; *ki* 1 의견을 표출하다; 2 음/소리를 갖다
suasana	수아사나	*n* 1 대기; 2 공기; 3 상황; 분위기
suatu	수아뚜	*num* 어떤 것
sesuatu	서수아뚜	*pron* 어느 하나; 뭔가
subjek	수부젝	*n* 1 주제; 화제; 2 주어; 3 행위자; 4 학과; 과목; 5 주목 대상
subsidi	숩시디	*n* 보조금; 장려금
substansi	숩스딴시	*n* 1 실체; 본질; 요체; 2 요소; 내용; 요지
subuh	수부	*n* 1 새벽; 2 (무슬림) 새벽기도(시기)
subur	수부르	*a* 1 비옥한; 기름진; 2 (신체가) 건 강한; 3 식물이 잘 자라는; 4 잘 번식하는; 성장이 빠른; 5 생활 이 즐거운;
kesuburan	꺼수부란	*n* 비옥함; 생산성
subjéktivitas	수붕작띠뷔따스	*n* 주관

suci	수찌	ⓐ 1 깨끗한: 순수한; 2 부끄럼이 없는; 흠/결점이 없는; 3 신성한; 성스러운; 4 순결한; 순수한;
menyucikan	머뉴찌깐	ⓥ (마음, 내면을) 청결히 하다;
kesucian	꺼수찌안	ⓝ 1 (마음의) 청결, 청정; 2 신성함; 순수함
sudah	수다	ⓐⓓⓥ 1 이미; 벌써; 이미 끝난; 2 ～한 후에; 이미 ～한;
menyudahi	머뉴다히	ⓥ 1 끝내다; 종결 시키다; 마무리 짓다; 2 (요구를) 채우다, 충족시키다; (욕구 등을) 이행하다; ⓚⓘ 죽이다; 끝내다
sesudah	서수다	ⓟ ～한 후; ～이후
sudi	수디	ⓥ 1 준비가 된; 2 기꺼이 응하다; 원하다; 좋아하다
sudut	수둗	ⓝ 1 구석; 모서리; 모퉁이; 2 각; 면; 각도; 보는 견지/관점;
menyudutkan	머뉴둣깐	ⓥ 구석에 두다; ⓚⓘ 코너로 몰다; 대응하지 못하게 하다
sufiks	수픽스	ⓝ 접미사
suguh, menyuguhi	수구, 머뉴구히	ⓥ 향응하다; 음식 접대하다;
menyuguhkan	머뉴구깐	ⓥ 제공하다; 향응을 베풀다; 대접하다;
suguhan	수구한	ⓝ 제시된 것; 제공된 것; 접대 음식
suhu	수후	ⓝ 체온; 온도; 기온
sujud	수줃	ⓝ 1 무릎 꿇고 머리를 땅에 대고 행하는 이슬람교의 절; 2 무릎 꿇고 머리를 바닥에 조아리며 하는 인사
suka	수까	ⓐ 좋아하는; 즐거워하는; ⓥ 1 원하다; 기꺼이 ～하다; 2 좋아하다;

menyukai	머뉴까이	*v* 1 좋아하다; 2 사랑하다;
kesukaan	꺼수까안	*n* 1 즐거움; 유쾌함; 기쁨; 2 좋아하는 것; 사랑하는 것; 3 원함;
sesuka	서수까	*a* ~ hati 원하는대로
sukaréla	수까렐라	*a* **자발적인; 자원의;**
kesukarélaan	꺼수까렐라안	*n* 의용; 자원; 지원
sukarélawan	수까렐라완	*n* **자원봉사자**
suksés	숙세스	*a* **성공하다;**
mensukséskan	먼숙세스깐	*v* 성공 시키다; 성공으로 이끌다;
kesuksésan	꺼숙세산	*n* 성공
suku	수꾸	*n* 1 **다리;** 2 (단어, 문장의) **한 부분;** 음절, 단어, 구; 3 종족
sulap	술랍	*n* 요술; 마술;
menyulap	머뉼랍	*v* 마술로 모양을 바꾸다; *ki* 재빨리 뭔가를 바꾸다;
pesulap	뻐술랍	*n* (직업적인) 마술사
sulfur	술푸르	*n* 유황
suling, menyuling	술링, 머뉴링	*v* **증류시키다;**
penyulingan	뻐뉼링	*n* 증류
sulit	술릿	*a* 1 **어려운; 힘든;** 2 드물게 발견되는; 찾기 힘든; 3 은밀한; 찾기 어려운; 4 감춰진; 모호한;
menyulitkan	머뉼릿깐	*v* 어렵게 하다; 힘들게 하다;
mempersulit	멈뻐르술릿	*v* 더욱 어렵게 만들다;
kesulitan	꺼술리딴	*n* 어려움; 곤란; *v* 어려움을 겪다

sulung	술룽	ⓐ 장남의; 첫째의
sumbang	숨방	ⓥ ~ saran 충고하다;
menyumbang	머늄방	ⓥ 1 기부하다; 2 (생각, 노동력 등으로) 기여하다, 도와주다, 지원하다;
menyumbangkan	머늄방깐	ⓥ (~를) 기부하다, 기여하다, 지원하다;
sumbangan	숨방안	ⓝ 1 기부; 2 도움; 지원
sumbat	숨밧	ⓝ 마개; 뚜껑;
menyumbat	머늄밧	ⓥ 뚜껑으로 막다;
tersumbat	떠룸밧딴	ⓥ 1 막힌; 닫힌; 2 목이 메이는 듯한;
penyumbatan	뻐늄바딴	ⓝ 막는 과정/방법/행위
sumber	숨버르	ⓝ 1 우물; 샘(sumur; mata air; perigi); 2 원천; 출처(asal); ~ daya 1 생산요소; 2 자원; 3 총체적 요소; ~ daya alam 자연자원; ~ manusia 인력자원
sumpah	숨빠	ⓝ 맹세; 맹서; 선서;
bersumpah	버르숨빠	ⓥ 1 선서하다; 2 맹세하다; 서약하다
sumpit	숨삣	ⓝ 젓가락
sumur	수무르	ⓝ 우물; 샘
sungai	숭아이	ⓝ 강
sungguh	숭구	ⓐ 1 진실한; 바른; 진짜의; 2 실로 *adv* 1 매우; 아주; 2 물론; 사실은;
sungguh-sungguh	숭구–숭구	*adv* 실로; 성심껏; 장난이 아닌; 온 마음으로;
bersungguh-sungguh	버르숭구–숭구	ⓥ 1 최선을 다해서 노력하다; 2 성심껏; 온 마음으로
suntik	순띡	ⓥ 주사하다;

menyuntik	머뉸띡	ⓥ 1 피부에서 가시를 빼내다/파내다; 2 주사하다; 3 바늘로 찌르다; 바늘로 새기다/파다; *ki* 부추기다; 선동하다; 충고/가르침/언질을 주다;
menyuntikkan	머뉸띡깐	ⓥ 주사하다; *ki* 1 바늘로 ~을 집어넣다; 2 심어주다; 3 (자금 등을) 투입하다
suntikan	순띡깐	ⓝ 주사; 주입; *ki* 보조; 증가분
sunting	순띵	ⓥ 편집하다; 수정하다;
menyunting	머뉸띵	ⓥ 1 출판하기 위하여 원고를 준비하다; 2 출간을 계획하다 3 (영화, 녹음 등) 편집하다; 고치다; 수정하다
suntuk¹	순뚝	*Mk* ⓐ (생각이) 짧은; ~ akal/pikiran 생각이 모자란; (돈이) 부족한, 모자란
suntuk²	순뚝	*adv* 1 한계에 다다른; 2 시간상 너무 늦은/지난; 3 한밤중; 4 내내; 줄곧 (sepanjang); semalam ~ 간밤 내내
supaya	수빠야	ⓟ ~하도록; ~하기 위하여(agar; untuk)
supir	수삐르	☞ sopir 운전기사
suplai	수쁠라이	ⓝ 1 공급; 지급; 보급; 배급; 대비; 2 비축; 재고; 공급품; 재고품; 비축 물자;
menyuplai	머뉴쁠라이	ⓥ 공급하다; 배급하다; 비축하다
surat	수랏	ⓝ 1 편지; 서류; 2 문서; 증서
surat kabar	수랏 까바르	ⓝ 신문(koran; harian)
suruh	수루	ⓝ 명령;
menyuruh	머뉴루	ⓥ 1 명령하다; 지시하다; 2 가라고 지시하다

surut	수룻	ⓐ 1 물러나다; 퇴각하다; 되돌아 오다; 거슬러 오다; 2 (점차) 감소하다; 약해지다; (흥미가) 줄어 들다; 3 (수면이) 낮아지다; 물이 빠져나가다;
menyurutkan	머뉴룻깐	ⓥ 1 끌어내리다; 후퇴시키다; 되돌리다; 2 줄이다; 감소시키다; 3 흥미를 잡다; 흥미, 열정을 줄이다
survéi	수르베이	ⓝ 1 데이터에 의한 조사 관찰; 2 (토지) 측량;
menyurvei	머뉴르베이	ⓥ 1 조사하다; 관찰하다; 2 측량하다
susah	수사	ⓐ 1 힘든; 어려운; 2 염려스런; 3 (얻기가) 쉽지 않은;
menyusahkan	머뉴사깐	ⓥ 1 ~을 어렵게 만들다; 2 ~에 대해 불안해하다; 걱정하다; 염려하다;
kesusahan	꺼수사한	ⓥ 어려움을 겪는; ⓝ 슬픔; 어려움
susul	수술	ⓥ 뒤따르다;
menyusul	머뉴술	ⓥ 1 뒤따르다; 쫓다; 2 후속으로 따르다; 뒤이어 보내다
susulan	수술란	ⓝ 첨부/추가된 것
susun	수순	ⓝ 1 크지 않은 더미; 다발; 꾸러미; 2 층으로 혹은 쌓아 올린 물건; 더미;
menyusun	머뉴순	ⓥ 1 층층이 쌓다; 2 구성하다; 3 질서 정연하게 배열하다
susunan	수순안	ⓝ (조직; 작문 등) **짜임새, 구성**
sutradara	숫뜨라다라	ⓝ 연출가; 감독
swasta	스와스따	ⓐ 사립의; 사적인; 개인의
syarat	샤랏	ⓝ 1 요건; 조건; 자격; 2 규정;
persyaratan	뻐르샤랏딴	ⓝ 조건 사항들

S

syukur	슈꾸르	ⓝ (신에게) 감사함을 느끼다; ⓟ 다행인; 행운의; 운이 좋은;
bersyukur	버르슈끄르	ⓥ 감사드리다; 감사의 말을 하다

T

taat	따앗	ⓐ 1 (신, 정부 등에게) 복종하다, 따르다; 2 순종하는; 충실한; 신의 있는;
menaati	머나앗띠	ⓥ 1 ~에 복종하다; 2 ~에 순종하다/따르다
tabrak	따브락	ⓥ 부딪치다; 충돌하다;
bertabrakan	버르따브락깐	ⓥ 서로 충돌하다/부딪치다;
menabrak	머나브락	ⓥ 부딪치다; 들이받다; 충돌하다;
tabrakan	따브락깐	ⓝ 충돌; 부딪힘; 들이받음
tabung	따붕	ⓝ 1 대나무 통; 2 관; 3 우편함; 건의함; 4 저금통; 5 실린더;
menabung	머나붕	ⓥ 저축하다;
tabungan	따붕안	ⓥ 1 저금통(장); 2 저축금; 보관된 돈; 저금
tabur, bertabur	따부르, 버르따부르	ⓥ (색이) 얼룩덜룩하다;
bertaburan	버르따부란	ⓥ 여기저기로 흩어지다; 널부러지다;
bertaburkan	버르따부르깐	ⓥ 1 수가 놓여 있는; 흩어져 있는; 2 가득 찬;
menabur	머나부르	ⓥ (씨앗, 꽃 등등) 흩뿌리다;
menaburi	머나부리	ⓥ ~에 뿌리다
tadi	따디	ⓐⓓⓥ 1 아까; 조금 전; 방금; 2 조금 전; 방금 전
tagih	따기	ⓥ (돈, 세금, 기부금 등을) 내라고 요청하다;

menagih	머나기	ⓥ 1 (돈, 세금, 기부금 등을) 내라고 요청하다; 독촉하다; 2 (약속 이행을) 채근하다, 재촉하다; 3 (법) 채권
tahan	따한	ⓐ 1 견딜 수 있는; 상태가 지속되는; 2 참아내다; 견뎌내다;
bertahan	버르따한	ⓥ 1 (지위/위치가) 변함없이(tetap) 고수하다; 2 (공격이나 꼬임 등에서) 자신을 지키다; 견디다; 3 포기하지 않다;
menahan	머나한	ⓥ 1 멈추게 하다; 제지하다; 2 예방하다; 대처하다; 3 (지속적으로) 억제하다, 막다;
tahanan	따하난	ⓥ 1 방해; 장애; 저지; 제한; 2 구금자; 수감자; 3 교도소; 구금 장소; 감옥;
mempertahankan	멈뻐르따한깐	ⓥ 1 고수하다; 지속적으로 유지하다; 2 보호하다; 굳건히 쥐다; 3 (안전/안녕을 위해) 지키다, 돌보다;
ketahanan	꺼따한안	ⓝ 견딤; 스태미나; 견디는 힘; 지구력; 유지; 존속;
pertahanan	뻐르따한안	ⓝ 1 고수; 2 (국가 등의) 방어; 보호 유지; 3 요새; 기지
tahap	따합	ⓝ 단계; 등급; 수준; 국면;
bertahap	버르따합	ⓝ 단계가 있는; 단계적으로
tahu[1]	따후	ⓥ 1 (보거나 경험을 통해) 이해하다, 알다; 2 ~와 알다/~에 대하여 알다; 3 존중하다; 유념하다; 염두에 두다;
mengetahui	멍어따후이	ⓥ 1 ~에 대해 알다; 이해하다; 확인하다; 2 (특성을 구별하여) 알다;
pengetahuan	뻥어따후안	ⓝ 깨달음; 지식; 학문; 이해;
ketahuan	꺼따후안	ⓥ 1 이미 알고 있다; 인지하고 있다; 2 알려지다; 3 보이다; 밝혀지다
tahu[2]	따후	ⓝ 두부
tahun	따훈	ⓝ 1 12개월의 기간; 년; 2 년도; 3 (작물이나 식물이 성장하는 기간) 계절;

tahunan	따훈안	n 매년의;
setahun	스따훈	n 1 매년마다 혹은 일 년에 한번; 연간; 2 여러 해 동안; 오랫동안; 일 년
tajam	따잠	a 1 (칼, 연장이) 예리한; 날카로운; 2 뾰족한; 3 예민한; 과민한; 민감한
taksi	딱시	n 택시
taktik	딱띡	n 1 전략; 2 계책; 술책; 계략
takut	따굿	a 무서운; 두려운
takut-takut	따굿-따굿	adv 항상 두려운; 매우 두려운;
menakuti	머나꿋띠	v (~에게) 두려움을 주다, 겁을 주다, 위협하다;
menakut-nakuti	머나꿋-나꿋띠	v 다양하게 겁주다;
penakut	뻐나꿋	n 겁쟁이;
ketakutan	꺼따꿋딴	n 두려움; 공포; 무서운 상태
tali	딸리	n 끈; 줄; 실; 로프; ki 관계
taman	따만	n 1 정원; 2 공원; 유원지
tamat	따맛	v 끝나다; 완료하다; 종료하다
tambah	땀바	n 첨가; 증액; 증가; 더하기; cak 1 더 많아지다; 더 커지다; 2 추가되다; 더해지다;
bertambah	버르땀바	v 1 더 많아지다; 증가되다; 2 점점;
menambah	머남바	v 1 더하다; 첨가하다; 가산하다; 늘리다; 2 늘리다;
menambahkan	머남바깐	v 1 (완벽하게 하려) ~를 더하다/첨가하다; 2 늘리다; 증가시키다; 높이다;
tambahan	땀바한	n 1 증가/첨가된 것; 증가된 것; 첨가한 것; 2 추가/보충 된 것

T

tambal	땀발	ⓥ, ~ sulam (집 등을) 부분 수리 하다;
menambal	머남발	ⓥ (째지거나 구멍난 곳을) 때우다;
penambalan	뻐남발란	ⓝ 때움
tambang	땀방	ⓝ 광산;
pertambangan	뻐르땀방안	ⓝ 광업; 채광 업무
tampil	땀삘	ⓥ 1 (앞으로) 나가다; 2 드러내다; 나타나다;
menampilkan	머남삘깐	ⓥ 앞으로 내놓다; 제시하다; 선보이다;
penampilan	뻐남삘란	ⓝ 내보임; 선보임; 출현; 흥행/공연; 성취
tampung, menampung	땀뿡, 머남뿡	ⓥ 1 (비, 진액 등을) 받다; 2 받아들 이다; 모으다; (여러 지역에서) 수 집하다; ⓥⓘ 포함하다; 싣다; 출판하다;
penampungan	뻐남뿡안	ⓝ 받아들임; 수용함; 모음
tamu	따무	ⓝ 1 손님; 방문자; 2 숙박객; (상점의) 고객;
bertamu	버르따무	ⓥ 방문하다; 찾아가다
tanah	따나	ⓝ 1 대지; 땅; 2 토양; 토질; 3 토지; 4 땅; 육지
tanam	따남	ⓥ 심다;
bertanam	버르따남	ⓥ (직업적으로) 심다, 재배하다; 농사를 짓다;
menanam	머나남	ⓥ 1 (씨, 나무 등을) 심다; 2 (사물, 주검 등을) 파묻다, 매장하다; 3 투자하다;
menanami	머나나미	ⓥ ~에 심다;
tanaman	따나만	ⓝ 1 식물; 재배물; 2 묻힌 것; 매장품
tanda	딴다	ⓝ 1 표시; 기호/부호; 신호; 2 양 상; 조짐; 징조;

744 | 필수 단어

menandai	머난다이	⒱ 1 ~에 표시를 하다; ~에 기호/상징/심볼을 새기다; 2 얼굴 혹은 소리를 듣고 알다; 3 동물에게 낙인/숫자를 메기다;
menandakan	머난다깐	⒱ 1 말해주다; 나타내다; 2 징표가 되다; 신호를 주다; 3 (신호/기호/표시로) 설명해 주다, 알려주다; 4 증빙하다
tanda tangan	딴다 땅안	⒩ 서명; 사인; 조인;
menandatangani	머난다땅안이	⒱ 서명하다; 사인하다; 조인하다
tanding	딴딩	⒩ 1 맞상대; 호적수; 2 일대일;
bertanding	버르딴딩	⒱ 1 대결하다; 2 일대일로 겨루다; 3 비교하다; 상대하다; 4 대적하다; 경쟁하다; 필적하다;
pertandingan	뻐르딴딩안	⒩ 1 시합; 대결; 2 경합; 경쟁; 비교
tangan	땅안	⒩ 손; ⒦ 1 손 모양이거나 손과 같이 사용되는 것; 2 권력; 영향; 명령;
menangani	머낭안이	⒱ 1 마구 때리다; 2 (스스로) 일을 맡아 하다, 관리하다; (일, 문제를) 처리하다
tangga	땅가	⒩ 1 계단; 층층대; 2 사다리; ⒦ (학업 등의) 단계
tanggal	땅갈	⒩ 1 일; 날; 2 날짜
tanggap, menanggap	땅갑, 머낭갑	⒜ 1 즉각 파악하고 주목하는; 주시하는; 2 즉각 사태를 파악한/의식한;
menanggapi	머낭갑삐	⒱ (~에) 반응하다, 응답하다, 주목하다, 받아들이다;
tanggapan	땅가빤	⒩ (코멘트, 비평 등에 대한) 응답/반응
tanggulang, menanggulangi	땅굴랑, 머낭굴랑이	⒱ 1 대면하다; 직면하다; 2 대처하다; 극복하다;
penanggulangan	뻐낭굴랑안	⒩ 극복; 저지

T

tanggung jawab	땅궁 자왑	[n] **책임;**
bertanggung jawab	버르땅궁 자왑	[v] 1 책임 의무를 지다; 2 책임을 지다;
penanggung jawab	뻐낭궁 자왑	[n] 책임자;
mempertang-gungjawabkan	멈뻐르땅궁자왑깐	[v] ~에 대한 해명과 모든 결과에 대한 책임을 지다
tangis	땅이스	[n] **훌쩍거림; 눈물을 흘리며 하는 말;**
tangisan	땅이산	[n] 1 울음; 2 울음 요인; 우는 이유
tangkap	땅갑	[v] **잡다;**
menangkap	머낭깝	[v] 1 잡다; 2 덮치다; 3 (던진 물건을) 잡다; 4 잡아내다; 찾아내다; 5 수신하다; 6 이해하다; 파악하다;
tertangkap	떠르땅깝	[v] 잡히다; 체포되다;
penangkapan	뻐낭깝안	[n] 잡는 방법/절차/행위; 체포; 잡음
tani	따니	[n] **농사;**
bertani	버르따니	[v] 농사를 짓다;
pertanian	뻐르따니안	[n] 1 경작; 농사; 2 농업;
petani	뻐따니	[n] 농부; 농민; 경작자
tanpa	딴빠	[p] **~없이; ~이 없는**
tantang	딴땅	[v] **도전하다;**
menantang	머난땅	[v] 1 도전하다; 2 맞서다; 대항하다
tanya	따냐	[n] **질문;** [v] [cak] **묻다;**
bertanya	버르따냐	[v] 질의하다; 질문하다; 설명을 요청하다;

bertanya-tanya	버르따냐-따냐	ⓥ 아무 데나 물어보다; 여기저기 물어 보다; ⓐ 의아한; 이상하게 여기는;
menanyakan	머나냐깐	ⓥ ~에 대해 묻다;
pertanyaan	뻐르따냐안	ⓝ 1 질문(행위); 해명 요구; 2 질문한 것; 문제
tapi	따삐	☞ tetapi 그러나
tari	따리	ⓝ 춤; 무용; 댄스;
menari	머나리	ⓥ 춤을 추다;
tarian	따리안	ⓝ 춤의 종류; 춤의 타입
tarik	따릭	ⓥ 끌다, 끌어당기다, 잡아당기다;
menarik	머나릭	ⓥ 1 잡아끌다; 끌어당기다; 2 밖으로 가지고 나오다; 끄집어내다; 3 (아름 다움, 훌륭함 등으로) 즐겁게 하다;
tarik-menarik	따릭-머나릭	ⓥ 서로 끌어당기다;
tertarik	떠르따릭	ⓥ 뽑히다; ⓚⓘ ~에게 흥미를 느끼다; (마음이) 끌 리다
taruh	따루	ⓝ 1 건 돈; 상금; 2 담보; ⓒⓐⓚ 걸다; 두다;
bertaruh	버르다루	ⓥ 1 내기를 하다; 내기를 걸다; 2 내기를 걸며 말하다;
menaruh	머나루	ⓥ 1 두다; 2 (도장, 이름 등을) 넣다
tata	따따	ⓝ 배열; 법칙; 구성 방법; 조직; 규정;
menata	머나따	ⓥ 1 정리하다; 정돈하다; 2 배열하다; 구성하다
tata bahasa	따따 바하사	ⓝ 문법
tatap	따땁	ⓥ , ~ muka 얼굴을 마주하다;
bertatapan	버르따땁빤	ⓥ 서로 쳐다보다;

menatap	머나땁	⒱ 응시하다
tawa	따와	⒩ 소리 내어 웃음;
tertawa	떠르따와	소리 내어 웃다;
menertawai	머느르따와이	⒱ 1 ~에 대하여 웃다; 2 경멸하다;
ketawa	꺼따와	⒱ ⒞ak 웃다
tawan, menawan	따완, 머나완	⒱ 1 생포하다; 사로잡다; 2 적의 재산을 강탈하다, 탈취하다, 쟁취하다; 3 마음을 사로잡다; 매혹하다
tawar¹	따와르	ⓐ 무미건조한; 아무 맛이 없는; ⒞ak 1 시원한; 2 짜지 않은; 민물의
tawar²	따와르	⒱ ⒞ak 흥정하다;
menawar	머나와르	⒱ 1 흥정하다; 가격을 제시하다; 2 가격을 깎다; 3 깎아달라고 하다;
tawar-menawar	따와르–머나와르	⒱ 서로 가격을 흥정하다;
menawarkan	머나와르깐	⒱ 1 ~을 제시하다; 2 가격을 제시하다;
penawaran	뻐나와란	⒩ 가격/물건 제시
tayang	따양	⒱ , ~ bincang TV 대담;
menayangkan	머나양깐	⒱ TV 방영하다; 상연/공연하다;
tayangan	따양안	⒩ 1 공연/방영된 것; 2 (영화) 상영; 무대 공연;
penayangan	뻐나양안	⒩ 공연; 상영; 방영
tebak	떠박	⒱ 추측하다;
menebak	머너박	⒱ 1 어림잡다; 짐작하다; 2 추측하다; 예측하다;
tebakan	떠바깐	⒩ 1 수수께끼; 2 추측; 짐작

tebal	떠발	[a] 1 **두꺼운;** 2 (선, 철자 등) **거칠거나 확실하게 보이는; 짙은;**
mempertebal	멈뻐르떠발	[v] 더 두껍게 하다;
ketebalan	꺼떠발란	[n] 두꺼움; 두께; 굵기; (믿음/소신 등이) 독실함
tebang	떠방	[v] (나무를) **베다;** **~ habis 전체 벌목; 모두 베어 버리는 방식; ~ pilih 선택 벌목; ~ rawat 숲 상태를 개선하기 위한 벌목;**
menebang	머너방	[v] (나무를) 베다, 베어 넘기다, 벌목하다
tébar, bertebaran	떠바르, 버르떠바란	[v] **흩어지다, 산재하다, 널려 있다; 퍼져 있다;**
menebar(kan)	머너바르(깐)	[v] 1 (그물을) 펼치다; 2 뿌리다; 퍼지다; 흩날리다; [ki] (종교, 공지사항 등을) 전하다, 전파시키다
teduh	떠두	[a] 1 (거센 바람, 파도 등이) **잠잠해진, 멈춘;** 2 **그늘진;** 3 **우중충한; 구름 낀; 날이 밝지 않은;** [ki] **안정된; 고요한; 평정 상태의; 안전한;**
berteduh	버르떠두	[v] 1 (비, 햇빛을) 피하다; 2 ~로부터 보호 받다; 3 머물다; 거주하다
tegak	떠각	[a] 1 **똑바로 선;** 2 **꼿꼿한;** 3 **자세가 위쪽 방향으로 똑바른;** 4 **일어선 사람의 키;**
menegakkan	머너각깐	[v] 1 세우다; 설립하다 (비유적인 의미 내); 2 곧게 세워놓다; 곧게 세우다
tegang	떠강	[a] 1 (밧줄 등이) **팽팽한;** 2 (머리카락, 근육 등이) **뻣뻣한, 굳은;** 3 (정신, 마음이) **긴장된;** [ki] (외교 관계 등의 상황이) **긴장된, 위험한;**

menegangkan	머너강깐	ⓥ 1 조이다; 팽팽하게 하다; 2 긴장시키다; 긴장된
tegar	떠가르	ⓐ 1 마르고 단단한; 2 뻣뻣한; 딱딱한;
ketegaran	꺼떠가란	ⓝ 확고함; 단단함; 단단하게 먹음
tegas	떠가스	ⓐ 1 분명한; 명백한; 2 단호한; 확실한;
menegaskan	머너가스깐	ⓥ 1 명확하게 설명하다; 2 명확하게/확실하게/단호하게 말하다; 3 확실히 하다; 단언하다;
mempertegas	멈뻐르떠가스	ⓥ 더 확실하게 하다
tegur	떠구르	ⓝ (말을 걸기 위한; 건네기 위한) 말;
menegur	머너구르	ⓥ 1 인사/말을 하다; 말을 걸다; 2 비판/비평하다; 꾸짖다; 3 경고하다; 충고하다
tekan	떠깐	ⓥ 누르다;
menekan	머너깐	ⓥ 1 강하게 누르다; 2 멈추게 하다; 억제하다; 3 압박하다; 억압하다;
menekankan	머너깐깐	ⓥ 언성을 높이다; 억양을 올리다; ~에 악센트를 주다; ~을 강조하다;
tekanan	떠깐안	ⓝ 1 압력; 2 강요; 압박; 강요당함; 억눌림; 3 (언어) 강세; 악센트; 4 중요한 것; 5 (심적인, 정신적) 압박; 스트레스
téknik	떼크닉	ⓝ 1 기술; 기교; (예술의) 기법 3 작업 방법/솜씨
téknisi	떼크니시	ⓝ 기술자; 전문인
téknologi	떼크놀로기	ⓝ 과학/공업 기술; 응용과학
tekun	떠꾼	ⓐ 근면한; 부지런한;
menekuni, *menekunkan*	머느꾸니, 머너꾼깐	ⓥ 열심히 일하다/공부하다/연구하다; 몰입하다
telan	떨란	ⓥ 삼키다;

menelan	머널란	*v* 삼키다; ~ pil 알약을 삼키다; *ki* 비용이 많이 들다;
tertelan	떠르떨란	*v* 1 삼켜 버린; 삼킬 수 있는; 2 실수로 삼키다
telanjur	떨란주르	*v* 1 (목적지보다) 더 가다, 목적지를 지나치다; 2 이미 이야기해버린; 내밀리다; 강요당해 말을 한
telantar	떨란따르	*v* 1 버려진; 관심 밖에 놓여 있는; 2 (생활이) 부족한; 3 돌봐지지 않는; 방치되다; 관리되지 않는; 내버려진;
menelantarkan	머늘란따르깐	*v* 1 방치하다; 내버려두다; 2 ~소홀히 하다; 미뤄놓다
télépon	뗄레뽄	*n* 전화;
menelepon	머넬레뽄	*v* 전화하다; 전화를 걸다
teliti	떨리띠	*a* 1 정확한; 정밀한; 세밀한; 2 주의하는; 조심스럽게;
meneliti	머널리띠	*v* 세밀하게 조사하다/연구하다;
peneliti	뻐널리띠	*n* 조사자; 연구자;
penelitian	뻐널리띠안	*n* 1 정밀검사; 2 연구 조사 활동
telur	떨루르	*n* 1 알; 2 난세포; 알세포; 3 알 같이 생긴 물체;
bertelur	버르떨루르	*v* 알을 낳다; *cak* 배설하다
telusur, menelusuri	떨루수르, 머널루수리	*v* 1 (길, 강가를 따라) 걷다; 2 조사하다;
penelusuran	뻐널루수란	*n* 조사
téma	떼마	*n* 주제; 제목; 화제; 논지
teman	떠만	*n* 1 친구; 동료; 벗; 2 동료; 상대;

berteman	버르떠만	[v] 1 친구가 되다; 친구를 갖다; 2 혼자가 아닌; 친구가 있는; 3 동반하다; 함께하다;
menemani	머너만이	[v] 동행하다; 동반하다; 수행하다
témbak	뗌박	[v] (총을) **쏘다;**
bertembakan	버르뗌박깐	[v] 서로 사격하다/쏘다;
menembak	머넴박	[v] 1 (총, 대포를) 쏘다; 발사하다; 사격하다; 2 (축구의) 골을 향하여 공을 차다
tembakau	뗨바까우	[n] **잎담배; 연초; 담배;**
pertembakauan	뻐르뗨바까우안	[n] 연초업
tempat	뗨빳	[n] 1 **용기; 그릇;** 2 **공간**(ruang); **장소;** 3 (보관, 수집을 위한) **공간;**
menempati	머넘빳띠	[v] 1 ~에 위치하다; ~에 자리 잡다; ~에 살다; 2 직위/직책을 맡다; 3 ~에 두다
témpé	뗌뻬	[n] **뗌뻬**(콩을 바나나 잎에 싸서 발효시킨 음식으로 튀기거나 볶아 먹는 음식)
témpél	뗌뻴	[v] **붙이다;**
bertémpél	버르뗌뻴	[v] 아주 밀접한; 친분이 두터운; 어깨를 나란히 하다;
menempel	머넴뻴	[v] 1 달라붙는; 2 ~에 붙이다; 3 붙이다; [ki] (기거, 식사 등) 기생하다, 빈대 붙다
témperatur	뗌뻐라뚜르	[n] **온도; 기온**
tempuh, menempuh	뗨뿌, 머넘뿌	[v] 1 **지나가다; 가장자리를 따라가다;** 2 (숲, 덤불, 바다와 같은) **어려운 길로 가다, 들어가다, 지나가다**
temu	떠무	[v] **만나다; 마주치다;**
bertemu	버르떠무	[v] 1 얼굴을 마주하다; 얼굴을 맞대다; 만나다; 2 발견되다 또는; 3 만나다
tenaga	떠나가	[n] 1 **힘; 파워; 에너지;** 2 **활력; 노력;** 3 **노동자; 직원;**

tempat 뜸빳 장소

rumah 루마 집

apartemen 아빠르뜨멘 아파트

sekolah 스꼴라 학교

perpustakaan (pustaka) 뻐르뿌스따까안 도서관

bioskop 비오스꼽 영화관

mall 말 백화점

rumah sakit 루마 사낏 병원

apotek 아뽀떽 약국

toko 24 jam 또꼬 두아뿔루 음빳 잠 편의점

toko 또꼬 상점, 가게

hotel 호뗄 호텔

kantor pos 깐또르 뽀스 우체국

stasiun kereta api 스따시운 꺼레따 아삐 지하철역

kantor polisi 깐또르 뽈리시 경찰서

bertenaga	버르떠나가	*v* 1 힘이 있다; 2 강한; 활동적인
tenaga kerja	떠나가꺼르자	*n* 1 근로자; 2 노동력;
ketenagakerjaan	꺼떠나가꺼르 자안	*n* 노동자에 관한 일; 인력(수급)
tenang	떠낭	*a* 고요한; 평온한; 침착한; 조용한; 움직임 없는; 물이 잔잔한;
menenangkan	머너낭깐	*v* 평온하게 하다; 조용하게 만들다; 진정시키다
tendang	떤당	*v* 차다;
menendang	머넌당	*v* 1 (발로) 차다; 2 쫓아내다, 몰아내다; 해고하다; (회사, 집단 등에서) 내보내다;
tendangan	떤당안	*n* 찬 것/물체
tengah[1]	떵아	*n* 1 중간; 가운데; 2 중심; 중앙; 3 ~사이; ~틈; 4 절반; 반;
menengah	머넝아	*v* 가운데로 가다; *a* 중간 크기의; 크지도 않고 작지도 않은;
menengahi	머넝아히	*v* 1 중재하다; 화해시키다; 2 (대화를) 자르다, 개입하다;
setengah	스떵아	*num* 1 반; 절반; 2 일부;
setengah-setengah	스떵아-스떵 아	*adv* 어중간한; 완전히 끝나지 않은
tengah[2]	뜽아	*adv* ~중
tenggang	뜽강	*n* 1 생각/노력하는 기간; 2 (자구의) 노력; 자구책; 3 같은 분배량
tenggelam	뜽걸람	*v* 1 가라앉다; 2 침몰하다; 3 (해가) 지다, 기울다; *ki* 1 (불행, 고통에) 빠지다; 어려움을 겪다; 2 사라지다; 3 열정적인; 빠져 있는
tenggorok(an)	떵고록(깐)	*n* 목구멍; 후두부

tengkar, bertengkar	떵까르, 버르떵까르	*v* 다투다; 말다툼하다;
pertengkaran	뻐르떵까란	*n* 말다툼; 언쟁; 논쟁
tentang	떤땅	*p* 1 ~에 관하여; ~에 대하여; 2 바로 앞에 있는; 가까운; 마주하고 있는; 3 ~관한; ~에 대한;
bertentangan	버르떤땅안	*v* 1 서로 마주보다; 2 ~반대 되는; 일치하지/적합하지 않은
tentara	떤따라	*n* 1 군인; 2 군부대; 3 군(軍); 4 (집합적) 군인(사병), 하사관, 장교 등
tentu	떤뚜	*a* 1 확정된; 고정된; 일정한; 2 분명한; 긍정적인; 명백한; *adv* 확실히; 분명, 틀림없이;
menentukan	머넌뚜깐	*v* 1 확정하다; 2 결정하다; 3 한정하다;
tertentu	떠르떤뚜	*a* 1 확실한; 2 고정된; 정해진; 3 틀림없는; 특정한
tepat	떠빳	1 바른; 올바른; 똑바른; 2 정확한; 3 빈틈없는; 정확한; 정각의; 4 (예측이) 딱 맞는, 정확한; 5 확실한; 틀림없는;
bertepatan	버르떠빳딴	*v* (시간이) 일치하다; *cak* ~와 일치하는; *adv* 우연히;
menepati	머너빠띠	*v* (약속을) 지키다; (주문을) 이행하다
tera	떠라	*n* 1 (나무상자, 주석; 주요 서류, 서류봉투, 우편물, 봉인에 찍은) 도장, 인장, 압인, 고무인, 날인; 2 소인, 도장;
tertera	떠르떠라	*v* 1 찍힌; 날인된; 검인된; 2 포함된
terampil	떠람삘	*a* 능력 있는; 숙련된; 숙달된;
keterampilan	꺼떠람삘란	*a* *n* 유능; 재능; 능력; 숙련

terang	떠랑	_a_ 1 확실한; 분명한; 명확한; 2 환한; 빛이 나는; 3 (하늘, 대기 등이) 맑은, 깨끗한;
menerangi	머너랑이	_v_ ~에 밝혀주다, ~를 밝게 하다; 불을 비춰주다
terap, berterap	떠랍, 버르떠랍	_v_ **구성하다; (보석 등을) 꿰다; 조립하다;**
menerapkan	머너랍깐	_v_ 적용하다; 응용하다;
penerapan	뻐너랍빤	_n_ 1 적용; 응용; 2 조립; 3 사용; 이용
térapi	떼라삐	_n_ **치료; 간호; 회복**
teras	떠라스	_n_ 목재의 단단한 부분; _ki_ **요점, 핵심**
téras	떼라스	_n_ 1 (경사지 따위를 층층으로 깎은) 대지(臺地); 2 테라스; 베란다
terbang	떠르방	_v_ 1 날다; 비행하다; 2 (먼지 등이) 날아가다; 3 증발하다; 기화하다 _ki_ **사라져 없어지다; 도둑맞다;**
penerbangan	뻐너르방안	_n_ 1 비행; 날아감; 2 비행로; 3 항공; 4 비행의 제반 문제
terbit	떠르빗	_v_ 1 떠오르다; 뜨다; 2 (느낌이) 일다, 일어나다; 3 출간/출판되다;
menerbitkan	머너르빗깐	_v_ 1 (분쟁 등) 일으키다; ~을 나게 하다; (화 등이) 치밀다; 2 일으키다; 초래시키다; 3 출판하다; 발행하다; 발간하다;
terbitan	떠르빗딴	_n_ 출판물; 출간물; 발행물;
penerbit	뻐너르빗	_n_ 1 출판업자; 발행자; 2 출판사;
penerbitan	뻐너르빗딴	_n_ 1 출판, 출간, 발간; 2 출현시킴; 3 출판일/업
teriak	뜨리악	_n_ **외침; 절규;**
berteriak	버르뜨리악	_v_ 절규하다; 소리치다; 외치다; 비명을 지르다;

teriakan	떠리악깐	n 절규; 소리침; 비명; 외침
terima	떠리마	v cak 받다; 받아들이다;
menerima	머느리마	v 1 받아들이다; 수용하다; 받다; 접수하다; 2 비준하다; 확인하다; 동의하다; (요청을) 수락하다; 3 경험하다; 겪다;
penerimaan	뻐너리마안	n 1 받아들임; 영입; 2 접대; 맞이함; 환영; 3 자세; 태도; 4 의견; 견해; 생각; 5 수령(액); 영수
terima kasih	뜨리마 까시	n 감사; 고마움;
berterima kasih	버르떠리마 까시	v 감사의 표현을 하다; 감사하다고 말하다; 고마움을 나타내다
terjemah	떠르즈마	v 번역하다;
terjemahan	떠르즈마한	n 1 번역본; 2 번역한 것;
penerjemah	뻐너르즈마	n 번역가; 통역자(juru terjemah)
terlalu	떠르랄루	adv 지나치게; 과도하게;
keterlaluan	꺼떠르랄루안	adv (정도가) 너무 심한; 너무 지나친
ternak	떠르낙	n 가축;
beternak	버떠르낙	v 가축을 기르다; 사육하고 번식시키다;
peternak	뻐떠르낙	n 사육자;
peternakan	뻐떠르나깐	n 가축을 사육함; 축산업
tertib	떠르띱	a 질서정연한; 규정/질서에 의한; 정돈된;
menertibkan	머너르띱깐	v 1 정돈하다; 정리하다; 2 검색하다; 검문하다; 통제하다
terus	떠루스	v 1 ~향해 곧장 가다; 2 지속되다; 3 쉬지 않고; 4 계속되다; 이어지다;
terus-menerus	떠루스-머느루스	adv 계속해서; 끊임없이; 줄곧;

meneruskan	머너루스깐	ⓥ 1 관통하다; 2 지속하다; 계속하다; 3 (곧장) 보내다, 전달하다, 전송하다;
seterusnya	스떠루스냐	ⓐⓓⓥ 1 계속해서; 2 그리고 나서; 3 등등
terus terang	떠루스 떠랑	ⓥ 정직하게/솔직하게 말하다;
berterus terang	버르떠루스 떠랑	ⓥ 솔직히 말하다/털어놓다; 솔직하게 인정하다
tetangga	떠땅가	ⓝ 이웃(집);
bertetangga	버르떠땅가	ⓥ 1 이웃이 되다; 2 이웃을 갖다
tetap	떠땁	ⓐ 1 (위치, 거주 등이) **고정된: 정착된**; 2 (상태, 지위가) **정해진**; ⓥ 이동이 없는; 고정된; 변함없는;
menetap	머너땁	ⓥ 정착하다;
menepati	머너따삐	ⓥ 1 약속을 지키다; 이행하다; 완수하다; 2 (규정, 의무 등을) 충족시키다, 이행하다
tetapi	떠따삐	ⓟ 그러나
tétés	떼떼스	ⓝ 방울;
menetes	머네떼스	ⓥ (액체가) 똑똑 떨어지다
téwas	떼와스	ⓥ 1 (전쟁, 사고 등으로) **죽다**; 2 (전쟁, 싸움에서) **패하다, 지다**;
menewaskan	머네와스깐	ⓥ 1 (적, 상대를) 죽이다; 살해하다; 2 물리치다; 이기다; 패배시키다
tiap	띠압	ⓐ 1 **각기**; 2 **매(每)**; 각각의
tiba	띠바	ⓥ 1 **도착하다**; 2 (시간, 때 등이) **도래하다, 다가오다**;
setiba	스띠바	ⓥ 도착하자마자; ~이후
tiba-tiba	띠바-띠바	ⓐⓓⓥ 갑자기
tidak	띠닥	ⓐⓓⓥ (동사나 형용사를 부정할 때 쓰이는 부정사) ~이 아닌

tidur	띠두르	ⓥ 1 **자다**; 2 **눕다**;
tertidur	떠르띠두르	ⓥ 1 잠들다; 잠들기 시작하다; 2 (무의식적으로) 잠들어 버리다
tikét	띠껫	ⓝ **표; 입장권; 승차권**
tikus	띠꾸스	ⓝ **쥐; 생쥐**
tilang	띨랑	ⓝ **교통위반 딱지/스티커**;
menilang	머닐랑	ⓥ 교통법규 위반자를 잡다; 딱지를 발부하다
tim	띰	ⓝ **팀**
timba	띰바	ⓝ (배, 우물 등에서 물을 퍼내는) **양동이, 두레박**;
menimba	머님바	ⓥ 1 (두레박으로) 물을 퍼내다; 2 (배에서) 물을 퍼내다, 물을 말리다; 3 (지식, 학문, 경험 등을) 얻다, 획득하다;
penimbaan	뻐님바안	ⓝ 떠냄; 퍼냄
timbang	띰방	ⓐ **균형을 이루는**;
menimbang	머님방	ⓥ 1 무게를 달다; 2 숙고하다; 3 기억하다; 고려하다; 배려하다; 염두에 두다;
pertimbangan	뻐르띰방안	ⓝ 판단; 의견; 견해;
mempertimbangkan	멈뻐르띰방깐	ⓥ 1 심사숙고하다; 2 ~에게 판단을 요청하다; 상정하다
timbul	띰불	ⓥ 1 (땅, 물 위로) **부상하다, 떠오르다**; 2 (평평한 상태보다) **튀어나오다**; ⓐ (해, 달 등이) **떠오르다**; (질병, 언쟁, 느낌, 감정, 생각 등이) **떠오르다, 생기다, 일다**; ~ tenggelam 들 **쑥날쑥하다**; (파도 등이) **오르락내리락하다**;
menimbulkan	머님불깐	ⓥ 1 솟게 하다; 2 지난 일을 떠올리다; (감정, 질투심, 의구심 등을) 불러일으키다; (화재, 전쟁 등을) 일으키다

timbun	띰분	ⓝ 더미; 무더기; 퇴적; 다발;
menimbun	머님분	ⓥ 쌓다
timpa, **bertimpa-timpa**	띰빠, 버르띰빠-띰빠	ⓥ **많이 겹치다; 폭주하다;** **쏟아지다; 쇄도하다;**
menimpa	머님빠	ⓥ 1 내려꽂히다; 맞춰 떨어지다; 2 (재앙, 재난. 병마 등이) 들이닥치다, 떨어지다; 덮치다;
ditimpa	디띰빠	ⓥ 겹치다; 당하다
tindak	띤닥	ⓝ 1 걸음; 2 행위; 조치;
bertindak	버르띤닥	ⓥ 조치/행동을 취하다;
tindakan	띤다깐	ⓝ 1 행동; 행위; 활동; 2 조치; 방책;
tindak lanjut	띤닥 란줏	ⓝ 후속 행위; 후속 조치
tindas, **menindas**	띤다스, 머닌다스	ⓥ 1 조이다; 압착하다; 압박하다; 억누르다; 2 억압하다; 압박하다; 등치다; 3 억제하다; 제압하다;
tertindas	떠르띤다스	ⓥ 고통을 당하다; 억압당하다;
penindas	뻐닌다스	ⓝ 압박자; 억제자;
penindasan	뻐닌다산	ⓥ 압박; 억압; 진압
tindih	띤디	ⓥ 누르다; 압박하다; 압착하다;
menindih	머닌디	ⓥ 1 무거운 것을 올려놓다; 2 내려 누르다; 쥐어짜다
tinggal	띵갈	ⓥ 1 머물다; 묵다; 2 남아 있다; 3 뒤처지다; 4 거주하다; 살다;
meninggal	머닝갈	ⓥ 돌아가시다; 죽다의 존대어;
meninggalkan	머닝갈깐	ⓥ 1 데리고 가지 않다; 2 남겨두다; 3 떠나다; 벗어나다
tinggi	띵기	ⓐ 1 높은; 2 키 높이의; 3 해가 높 이 뜬; 날이 밝은; 이미 대낮의; 4 고귀한; 높은;

tertinggi	떠르띵기	ⓐ 가장 높은
tingkah	띵까	ⓝ 태도; 품행;
bertingkah	버르띵까	ⓥ 1 이상한 행동을 하다; 2 품행이 벗어나다; 상식에서 벗어난 행동을 하다
tingkat	띵깟	ⓝ 1 층; 2 급; 단; 계급의 단계; 3 국면; 단계; 시간적 한계;
bertingkat	버르띵깟	ⓥ 1 여러 층으로 된; 2 여러 급/단계로 이루어진;
meningkat	머닝깟	ⓥ 1 오르려 계단을 밟다; 2 (가격, 진급, 등) 올라가다, 상승하다;
meningkatkan	머닝깟깐	ⓥ (급, 수준을) 높이다; (생산 등을) 늘리다; 향상시키다
tinjau, meninjau	띤자우, 머닌자우	ⓥ 1 높고 먼 데서 관찰하다/감시하다; 2 시찰하다; 살펴보다; 검사하다;
peninjauan	뻐닌자우안	ⓝ 1 관찰; 조사; 2 관찰/조사 장소
tipe	띠뻐	ⓝ 타입; 양식; 형(型); 유형; 양식
tipis	띠삐스	ⓐ 1 얇은; 2 가는; 층이 얇은; 피막이 얇은;
menipis	머니삐스	ⓥ 1 얇아지다; 2 고갈되다, 적어지다
tipu	띠뿌	ⓝ 속임수; 트릭; 사기; 기만;
menipu	머니뿌	ⓥ 속이다; 기만하다; 사기 치다;
penipu	뻐니뿌	ⓝ 사기꾼;
penipuan	뻐니뿌안	ⓝ 1 속임; 사기; 기만; 2 사기 사건
tiris	띠리스	ⓐ (지붕, 기와, 배 등이) 새다, 새어들다, 누수 되다;
meniriskan	머니리스깐	ⓥ 새게 만들다; 끊임없이 새게 함으로써 물을 고갈시키다
tiru	띠루	ⓥ 흉내 내다;

meniru	머니루	ⓥ 1 모방하다; 흉내 내다; 모사하다; 모조하다; 2 다른 사람의 말을 따라 하다; 3 모조품을 만들다;
tiruan	띠루안	ⓝ 1 모방 행위; 2 가짜; 3 (지구본의 모습 과 같이 유사하게 만든) 모형
titik	띠띡	ⓝ **마침표; 점**
titip	띠띱	ⓥ **맡기다;**
menitip(-kan)	머니띱(깐)	ⓥ (물건을) 맡기다, 맡겨두다;
titipan	띠띱빤	ⓝ 맡겨진 것; 맡아놓은 것; 부탁한 것/물건
tiup	띠웁	ⓥ **불다;**
bertiup	버르띠웁	ⓥ (바람, 공기가) 빨리 불어 오다
toilét	또일렛	ⓝ 1 세면대; 2 화장실
toko	또꼬	ⓝ **상점; 가게;**
pertokoan	뻐르또꼬안	ⓝ 가게들이 밀집된 곳; 상가
tokoh	또꼬	ⓝ **모양; 형상; 형태; 모습;** ⓚⓘ 1 (정치, 문화 등의) **인물;** 2 (문학) **주인공**
tolak	똘락	ⓥ **밀다;**
menolak	머놀락	ⓥ 1 (앞으로) 밀다; 2 받지 않다; 거절하다;
penolakan	뻐놀락깐	ⓝ 예방, 거절하는 과정, 방법, 행동
toléh	똘레	ⓥ **보다 (téngok);**
menoleh	머놀레	ⓥ (좌, 우, 뒤로) 돌아보다; 두리번거리다
toléransi	똘레란시	ⓝ **관용; 아량; 포용력; 도량; 관용적 성격이나 태도;**
bertoleransi	버르똘레란시	ⓥ 관용적인/아량 있는/포용력 있는 자세를 갖는
tolong	똘롱	ⓥ **돕다;**

menolong	머놀롱	⒱ 1 (짐, 고통을 덜어주려) 돕다, 거들다, 조력하다; 2 후원하다; 지원하다;
tolong-menolong	똘롱-머놀롱	⒱ 서로 돕다
tongkrong, menongkrong	똥끄롱, 머농끄롱	⒱ ⒥ₖ 1 쪼그리고 앉다; 2 앉아 있다; 3 방치되어 있다;
tongkrongan	똥끄롱안	⒩ 1 앉아 쉬는 곳; 2 외관; 몸의 형태; 모습; 타입
tonjol	똔졸	⒩ (피부, 이마에 있는) 혹;
menonjol	머논졸	⒱ 1 부어오르다; 불룩하다; 2 (밖으로) 돌출하다, 나오다; 3 분명히 보이다; 눈에 띄다
tonton, menonton	똔똔, 머논똔	⒱ (공연, 영화 등을) 보다;
penonton	뻐논똔	⒩ 공연을 보는 사람; 관객
total	또딸	Ⓒₐₖ 합계; 총계; 총액; ⒜ 1 전체의; 2 완전한; 전적인; 절대적인
tradisi	뜨라디시	⒩ 1 전통; 관습; 관례; 2 전설; 구비(口碑); 구전; 전승(傳承)
tradisional	뜨라디시오날	⒜ 1 전통적인; 2 전통(관습)에 따른
tragédi	뜨라게디	⒩ 1 비극적인 연극/무대극; 2 비극적인 사건
tragis	뜨라기스	⒜ 비극의; 비극적인; 고통스러운; 슬픈; 애처로운
traktir	뜨락띠르	⒱ 대접하다; 한턱을 내다;
mentraktir	먼뜨락끼르	⒱ 대접하다; 한턱을 내다; 향응하다
transaksi	뜨란삭시	⒩ 거래 합의; 계약 합의
transfer	뜨란스퍼르	⒱ 장소를 옮기다; ⒩ 운동선수를 다른 팀으로 이적/방출시키다;

mentransfer	먼뜨란스퍼르	ⓥ 1 장소로 혹은 사람에게 옮기거나 보내다; 2 (돈, 권한을) 이전시키다, 보내다
transmigrasi	뜨란스미그라시	ⓝ (인구가 밀집한 지역에서 희박한 곳으로의) 인구 이주
transportasi	뜨란스뽀르따시	ⓝ 1 운송; 수송; 2 운송에 관한 일; 3 침전물, 퇴적물 등의 제거처리
tua	뚜아	ⓐ 1 늙은; 나이를 먹은; 2 오래된
tualang	뚜알랑	ⓐ 1 (벌 등이) 이리저리 날아다니는; 2 방랑자, 부랑자;
bertualang	버르뚜알랑	ⓥ 1 정처 없이 다니다; 방랑하다; 2 (집에 있지 않고) 배회하다; ⓗ 불장난하다; 부정한/쓸데없는 짓을 하다;
bertubrukan	버르뚜브루깐	ⓥ 서로 충돌하다, 부딪히다; ⓗ 맞지 않는; 충돌하는;
menubruk	머누브룩	ⓥ 1 (잡기 위해) 덮치다, 달려들다; 2 부딪히다; 충돌하다; 들이박다; 3 (도둑을) 잡다
tubuh	뚜부	ⓝ 1 신체; 2 몸통; 3 자기 자신(diri sendiri); 4 가장 중요한 부분; 5 (조직의) 중심부
tuduh, menuduh	뚜두, 머누두	ⓥ 1 고소하다; 2 고발하다
tugas	뚜가스	ⓝ 1 직무; 업무; 2 임무; 과제; 지시; 명령;
bertugas	버르뚜가스	ⓥ 임무를 행하다; 업무가 있다; 과제가 있다
Tuhan	뚜한	ⓝ 1 하느님; 신(神); ~ Yang Maha Esa 유일신; 2 신;
bertuhan	버르뚜한	ⓥ 1 신을 믿다; 복종하다; 믿음이 두터운; 2 숭배하다;
menuhankan, mempertuhan	머누한깐, 멈뻐르뚜한	ⓥ ~을 신으로 여기다;

ketuhanan	꺼뚜한난	[n] 1 신성; 신위(神位); 2 신과 관련된/종교적인 것
tuju, menuju	뚜주, 머누주	[v] 1 **~로 향하다;** 2 **~방향으로;**
tujuan	뚜주안	[n] 1 방향; 노선; 2 목적; 의도; 목표;
bertujuan	버르뚜주안	[v] 목적을 갖다; 의도를 가지다;
setuju	서뚜주	[n] 동일 목적; 같은 목적; [v] 1 동의하다; 같은 의견이다; 2 일치하다; 어울리다;
menyetujui	머녀뚜주이	[v] 동의하다;
persetujuan	뻐르서뚜주안	[n] 1 동의; 비준; 2 합의; 협의; 협정; 3 일치; 조화
tukar	뚜가르	[v] **바꾸다;**
menukar	머누까르	[v] 교체하다; 바꾸다; 변화시키다
tular, menular	뚤라르, 머눌라르	[v] **감염되다;** (질병 등이) **퍼지다; 번지다; 전염되다;** [ki] (좋지 않은) **영향을 미치다; 퍼지다**
tuli	뚤리	[a] **듣지 못하는; 귀머거리의**
tulis	뚤리스	[v] **쓰다; 적다;**
bertulis	버르뚤리스	[v] (펜 등으로) 쓴; 새겨진; 쓰여 있는;
menulis	머눌리스	[v] 1 (펜, 연필 등으로) 글씨/글자를 쓰다; 2 글로 생각 혹은 감정을 표현하다;
tulisan	뚤리산	[n] 1 글을 쓰는 방법; 쓰기; 글씨가 적힌 물건; 2 (잡지, 편지, 이야기, 동화 등) 작품; 글;
penulis	뻐눌리스	[n] 1 쓰는 사람; 2 작가
tulus	뚤루스	[a] **진실하고 순수한; 결백한; 정직한; 진실한; 참된;**
ketulusan	꺼뚤루산	[v] 진실, 순수함; 결백; 정직
tumbang	뚬방	[v] 1 **쓰러지다; 넘어지다; 엎어지다;** 2 (나라, 권력 등이) **넘어가다, 붕괴되다**

N O P Q R S T U V W Y Z

tumbuh 뚬부	v 1 (식물, 머리카락, 신체, 피부병과 같은 질병이) **자라다, 나타나다;** 2 성장하다; 자라다;
pertumbuhan 뻐르뚬부한	n 자라는 일; 성장; 발전
tumbuk 뚬북	n (절구)공이; **빻다; 찧다;**
menumbuk 머눔북	v 1 빻다; 찧다; 2 강타하다; 때리다; 3 충돌하다
tumpah 뚬빠	v (물건, 액체, 덩어리 등이) **엎질러지다, 쏟다**
tumpang 뚬빵	v , ~ gilir 윤작;
menumpang 머눔빵	v 1 위에 있다; 2 (차량에) 타다; 3 (가는 길/여행에) 동반하다/동참하다; (밤을 맞아) 기숙하다; 묵다; 밤을 보내다; (차량에) 동승하다, 얻어 타다; 끼어서 얻어먹다;
penumpang 뻐눔빵	n 1 승객; 2 투숙객
tumpu 뚬뿌	n **발판; 밟고 서는 곳;**
bertumpu 버르뚬뿌	v 1 (발, 손 등을) 누르다, 대다, 딛다; 2 (점프하거나 날 때) 발판을 딛다; v ki 강한 바탕이 있는; 뿌리가 있는; 확고한 근거가 있는; adv ki 전신의 힘으로; 전력으로; 노력을 집중하여;
tumpuan 뚬뿌안	n 1 발판; 디딤돌; 2 기초; 근거; 3 (공격을 위한) 토대, 근거지; ki 지원; 도움; ki 1 디딤돌; 2 관심의 초점이 되는 사람; 3 표적이 되는 것
tumpuk 뚬북	n (많지 않은) 더미; 쌓인 더미; v 쌓다; 모으다;
bertumpuk-tumpuk 버르뚬북–뚬북	v 1 무더기로 쌓여 있는; 2 집단으로, 떼를 지어; ki 매우 많은; 빽빽한; 밀집된;

menumpuk	머눔뿍	ⓥ (마구) 쌓아 올리다, 쌓다; 𝑘𝑖 1 많이 모으다; 2 모으다; 쌓다
tunaaksara	뚜나악사라	ⓐ 문맹의
tunai	뚜나이	𝑎𝑑𝑣 ⓐ 1 현찰의; 현금의; 2 지불 즉시 받다;
menunaikan	머누나이깐	ⓥ 1 현금/현찰로 지불하다; 2 (명령 등을) 이행하다; 실행하다; (약속, 서약, 직무 등을) 실천하다;
penunaian	뻐누나이안	ⓝ 실행; 실천; 이행
tunakarya	뚜나까르야	ⓐ 일자리가 없는; 실직자의; 백수의
tunanétra	뚜나네뜨라	ⓐ 눈이 먼; 보이지 않는; 장님의
tunang, bertunangan	뚜낭, 버르뚜낭안	ⓥ 1 약혼하다; 2 약혼자가 있다;
menunangkan	머누낭깐	ⓥ 약혼시키다;
tunangan	뚜낭안	ⓝ 1 약혼자; 2 약혼(성사);
pertunangan	뻐르뚜낭안	ⓝ 약혼 행위; 약혼하는 일
tunarungu	뚜나룽우	ⓐ 귀머거리의
tunasosial	뚜나소시알	ⓐ 비사회적인
tunasusila	뚜나수실라	ⓐ 부정한; 창녀의
tunawicara	뚜나위짜라	ⓐ 벙어리의
tunawisma	뚜나위스마	ⓐ 집이 없는; 거주할 곳이 없는
tunda¹	뚠다	ⓥ 연기하다;
menunda	머눈다	ⓥ 연기하다; 늦추다;
bertunda	버르뚠다	ⓥ 𝑐𝑎𝑘 오래 걸리다;
menunda-nunda	머눈다–눈다	ⓥ 항상 혹은 자주 미루다

tunda²	뚠다	ⓝ 줄로 배 뒤에서 끌어당기는 것; 끌어당기는 배; 예인선;
bertunda	버르뚠다	ⓥ 1 당길 줄이 있다; 2 끌차로 끌어당기다;
menunda	머눈다	ⓥ 줄로 끌어당기다
tunduk	뚠둑	ⓥ 1 (머리가) 숙여지다; (벼가) 수그러지다; 2 따르다; 준수하다; 항복하다;
menunduk	머눈둑	ⓥ (얼굴, 머리를) 숙이다; (벼가 고개를) 숙이다
tunggak, menunggak	뚱각, 머눙각	ⓥ ⓚⓘ 잔금을 남겨두다; 미납하다; ⓚⓘ 일을 남겨 놓다;
penunggakan	머눙각깐	ⓝ 미납; ⓚⓘ 일을 남겨둠;
tunggakan	뚱각깐	ⓝ 1 미납금; 2 남은 일(잔업)
tunggal	뚱갈	ⓝⓤⓜ 유일한; 하나밖에 없는; ⓐ 1 단수; 2 완전한
tunggang	뚱강	ⓥ 올라가다; ~ gunung 1 석양 무렵의; 2 늙은;
menunggang	머눙강	ⓥ (발을 걸치고) 올라타다, (자전거, 말 등을) 타다; ⓚⓘ (자신의 이익을 위해 협회, 운동 등을) 이용하다
tunggu	뚱구	ⓥ 기다리다;
bertunggu	버르뚱구	ⓥ (잠시 머물며) 지키다, 경호하다;
menunggu	머눙구	ⓥ 1 기다리다; 2 대기하다; 3 지켜 서다; 3 기대하며 기다리다; 4 기대하다
tunjang, menunjang	뚠장, 머눈장	ⓥ 1 **지탱하다; 지지하다; 받치다;** 2 (금전상으로) 지원하다;
menunjangkan	머눈장깐	ⓥ (~를 위해) 지원해 주다;
tunjangan	뚠장안	ⓥ 지원금; 후원금; 보조금; 수당; 보너스

tunjuk	뚠죽	_v_ _cak_ 1 **보여주다;** 2 **집게손가락;**
menunjuk	머눈죽	_v_ 1 집게손가락으로 가리키다; 2 (손가락으로 방향을 가리키며) 알려주다; 3 집게손가락을 들다; 거수하다; 4 지정하다; 지적하다;
menunjukkan	머눈죽깐	_v_ 1 ~을 보여주다; 언급하다; 입증하다, 증명하다; 2 알려주다;
petunjuk	뻐뚠죽	_n_ 1 (신호, 표시, 전등과 같이) 지시/안내하는 것; 2 충고; 조언; 3 가르침; 지시
tuntas	뚠따스	_a_ 1 **소진되다; 더 이상 흐르지 않다;** 2 **완전히 끝난; 완전한;** 3 **간단명료한;**
menuntaskan	머눈따스깐	_v_ 1 다 써버리다; 소진하다; 2 모든 것을 끝내다
tuntun, bertuntun	뚠뚠, 버르뚠뚠	_v_ 1 손을 잡고 걷다; (손을 잡아) 부축받고 걷다; 2 지침/규정에 따른다;
menuntun	머눈뚠	_v_ 1 손을 잡아 이끌다; 인도하다; 2 바른 길을 향하게 하다
tuntut, menuntut	뚠뚯, 머눈뚯	_v_ 강력히 요구하다/요청하다
turun	뚜룬	_v_ 1 내려가다; 내려오다; 2 (침전물이) 가라앉다; 내려앉다;
menurun	머누룬	_v_ 1 점차로 내려가다; 2 아래로 가다; 3 조금씩 하락하다; _ki_ 1 (건강이) 약해지다; 2 날이 다가오다;
keturunan	꺼뚜룬안	_n_ 후손; 자손; 세대
turut	뚜룻	_v_ 함께하다; 동참하다(ikut); ~ campur 간섭하다; 껴들다; 일정 부분에 참여하다;
berturut-turut	버르뚜룻–뚜룻	_v_ 1 이어지다; 규칙적으로 계속되다; 2 되풀이하다; 반복하다;

menurut	머누룻	*v* 따르다; 따라가다; *v* 1 모방하다; 표본으로 삼다; 2 (지시, 말을) 따라 이행하다; (충고, 지시, 가르침 등) 존중하다; ~에 충실한; 3 (조건, 규정, 요청 등에) 충실하다; *p* (뉴스, 의견 등) ~에 따르면/의하면
tusuk	뚜숙	*v* 쑤셔/찔러 넣다;
menusuk	머누숙	*v* 1 구멍을 뚫다; 2 찌르다; 쑤시다
tutup	뚜뚭	*n* 뚜껑; 마개; 덮개;
menutup	머누뚭	*v* 1 닫다; 2 덮다; *ki* 감추다; 숨기다

uang	우앙	*n* 1 돈; 2 재산; 부;
menguangkan	멍우앙깐	*v* (수표 등을) 현금으로 바꾸다;
keuangan	꺼우앙안	*n* 재무; 재정
uap	우압	*n* 증기; 김; 스팀; ~ air 증기;
menguap	멍우압	*v* 기화하다; 김이 되다; 김을 발산하다 *ki* 사라지다; 없어지다;
penguapan	뻥우아빤	*n* 증발(작용); 기화
uap menguap	우압, 멍우압	*n* 하품하다
ubah, berubah	우바, 버루바	*v* 1 변화되다; 2 바뀌다; 3 달라지다; 변경되다;
berubah-ubah	버루바–우바	*v* 항상 바뀌다, 자주 바뀌다;
mengubah	멍우바	*v* 1 바꾸다; 2 (형태, 색깔 등을) 교환하다; 3 재정리하다; 변경하다;
perubahan	뻐루바한	*n* 변화; 교체; 변경; 전환
uban	우반	*n* 백발; 흰머리;
beruban	버루반	*v* 흰머리가 난; *ki* 1 어떤 일에 경험이 많은; 오래된; 2 늙은; 장년의;
ubanan	우바난	*Jk v* 흰머리가 있는; 흰머리가 나는; *ki* 이미 늙은
ucap	우짭	*n* 단어; 말; 표현;
berucap	버루짭	*v* 말하다;
mengucapkan	멍우짭깐	*v* 표현하다; 말하다; 발음하다; 언급하다;

ucapan	우짜빤	*n* 1 말; 언사; 언급; 2 발음; 3 구술;
pengucapan	뻥우짭빤	*n* 발음; 말; 언급
udang	우당	*n* 새우
udara	우다라	*n* 1 공기; 2 대기; 하늘; 창공; 공중; 3 날씨; 기후; 4 항공; 5 분위기;
mengudara	멍우다라	*v* 1 공중/하늘에서 날다; 2 방송하다
uji	우지	*n* **시험; 실험; 평가;**
menguji	멍우지	*v* 1 테스트하다; 시험하다; 검사하다; 2 (금·은을) 시험 분석, 감식하다;
ujian	우지안	*n* 시험; 실험; 평가;
penguji	뻥우지	*n* 1 시험관; 검사관; 2 시험 기구; 검사 기구
ujung	우중	*n* 1 **끝**; **첨단; 2 꼭대기; 3 육지의 바다 쪽으로 돌출한 부분; 4 (담화, 연도 등) 끝부분**
ukir, berukir	우끼르, 버루끼르	*n* **조각이 있는; 그림 형태의 장식이 있는;**
mengukir	멍우끼르	*v* 새기다; 조각하다; *ki* 기록하다;
terukir	떠르우끼르	*v* 새겨져 있는/있다; 조각된/조각되다;
ukiran	우끼란	*n* 1 조각; 2 조각품; 새겨진 것; 조각된 것; 3 부조
ukur	우꾸르	*n* **치수; 계량; 측량:**
berukuran	버루꾸란	*v* ~ 치수를 갖다; ~만한 길이(폭, 높이)이다;
mengukur	멍우꾸르	*v* 1 측정하다; 치수를 재다; 2 계량하다; 계측하다; 점검하다;
ukuran	우꾸란	*n* 치수; (길이, 넓이 등의) 계측 결과; *cak* 자, 줄자, 뼘 등의 측정 도구; *ki* 표준; 기준;
ulah	울라	*n* (관습을 벗어나는) **행실, 행위;**

berulah	버룰라	ⓥ (비도덕적인/ 규범에서 벗어난) 행동을 하다, 처신을 하다
ulang	울랑	ⓥ **반복하다; 되풀이하다; 돌다;**
berulang	버르울랑	ⓥ 반복하다; 되풀이하다; 다시 일어나다;
mengulang	멍울랑	ⓥ 1 반복하다; 되풀이하다; 2 재수업/ 수강하다; 시연하다; 연습하다;
mengulangi	멍울랑이	ⓥ 새로 시작하다; 다시 반복하다; 되풀이하다; ⓚ 계속 찾아보다/찾아오다;
mengulang-ulang	멍울랑-울랑	☞ mengulangi;
ulangan	울랑안	ⓝ 반복 혹은 되풀이되는 것;
pengulangan	뺑울랑안	ⓝ 반복 행위/과정/방법
ulang tahun	울랑 따훈	ⓝ **1 생일; 2 기념일;**
berulang tahun	버르울랑 따훈	ⓥ 기념하다, 생일 기념하다
ular	울라르	ⓝ **뱀**
ulas, mengulas	울라스, 멍울라스	ⓥ **설명 혹은 평을 하다; 해석하다; 분석하다; 연구 검토하다; 파헤치다;**
seulas	서울라스	조금; sin sedikit;
ulasan	울라산	ⓝ 분석, 해설, 설명; sin kupasan
ulat	울랏	ⓝ (누에, 송충이 같이 기는) **벌레;**
berulat	버르울랏	ⓥ 벌레가 있는; 벌레 먹은; 벌레가 파 먹은
ulur, mengulur	울루르, 멍울루르	ⓥ 1 (밧줄 따위를) 길게 풀다, 풀어내다; 2 길게 늘어나다; 3 (혀, 손 등을) 길게 뻗다, 펼치다; ⓚ (나이를) 연장하다; (시간을) 연장하다, 연기하다
umat	우맛	ⓝ **신자**

umbi	움비	*n* 1 구근 식물; 2 고구마, 토란 등과 같이 뿌리를 먹는;
berumbi	버룸비	*n* 구근 뿌리가 있는:
umbi-umbian	움비-움비안	*n* 구근류; 식용의 뿌리 식물류(고구마, 토란 등)
umpan	움빤	*n* 1 미끼; 유혹물; 2 가공재료/원료; 3 쉽게 희생이 되는 표적; *ki* 미끼가 되는 사람 혹은 도구
umum	움움	*a* 1 일반적인; 총체적인; 전반/보편적인; 2 공중의; 공공의; 3 일반화가 된; 널리 퍼진; *n* 대중; 국민; 민중; 일반인;
mengumumkan	멍움움깐	*v* 대중에게 알리다, 통고하다; 공고하다; 대중에게 발표하다; 공표하다;
pengumuman	멍움움안	*n* 1 공고; 통지; 알림; 2 발표; 공표;
umumnya	움움냐	1 대개는; 보통은; 2 일반적인; (pada) ~ 일반적으로
umur	우무르	*n* 나이; 연세; *ki* 생명; 삶; 목숨/생명;
berumur	버르우무르	*v* 나이를 먹다; *a* 나이가 든; 성인의
undang	운당	*v* 초대하다;
mengundang	멍운당	*v* 초대하다; 오라고 하다;
undangan	운당안	*n* 1 초대; 초청; 2 (초대받은) 손님; 3 초대장
undang, undang-undang	운당, 운당-운당	*n* 1 법률; 2 규정; 3 법칙; 법;
perundang-undangan	뻐르운당-운당안	*n* 법률 제반; 법과 관련된 일; 법과 관련된 것
undi	운디	*n* 제비; 제비뽑기; 추첨;
mengundi	멍운디	*v* (추첨으로) 정하다, 뽑다, 결정하다; 제비를 뽑아서 정하다;

undian	운디안	⊞ 복권; 제비뽑기;
pengundian	뻥운디안	⊞ 추첨/제비뽑기 행위/과정/방식
unduh	운두	⊞ (컴퓨터) 다운로드;
mengunduh	멍운두	⊡ 다운로드하다
undur	운두르	⊡ 1 후퇴하다; 퇴각하다; 철수하다; 물러서다; 2 (자리에서) 스스로 물러나다;
mengundurkan	멍운두르깐	⊡ 1 뒤로 물리다/빼다; 2 퇴각시키다; 뒤로 당기다; 끌어내리다; 3 (자리에서) 물러서다; 물러나다; 4 연기하다; 뒤로 미루다
unggul	웅굴	⊞ 최상의; 최고의; 보다 우수한; 우량의; ⊡ 승리하다; 이기다;
mengungguli	멍웅굴리	⊡ 1 ~보다 낫다; 능가하다; 탁월하다; 우세하다; 2 이기다;
unggulan	웅굴란	⊞ 우세한 것
unggun	웅군	1 (나무, 짚단, 돈 등의) 더미, 무더기; 2 장작불; 야영의 모닥불; 캠프 파이어; api ~ 모닥불
ungkap	웅깝	⊡ 열다; 공개하다;
mengungkap	멍웅깝	⊡ 열다; 들추다;
mengungkapkan	멍웅깝깐	⊡ 1 (말, 표정 또는 몸짓 따위로) 마음을 나타내다; 표현하다; 2 (비밀, 숨겨진 것을) 지적하다; 밝히다; 3 제시하다;
ungkapan	웅까빤	⊞ 1 표현; 설명; 2 직유의 의미로 어떤 의도를 나타내는 말; 관용어
ungkit, **mengungkit**	웅낏, 멍웅낏	⊡ 1 (지렛대로) 들어 올리다; 2 지난 일을 들추어내다
ungsi, **mengungsi**	웅시, 멍웅시	⊡ 피난하다; 대피하다; 탈출하다;

mengungsikan	멍웅시깐	n 탈출시키다; 피난시키다;
pengungsi	뻥웅시	n 피난민; 난민;
pengungsian	뻥웅시안	n 1 피난; 대피; 2 피난처
ungu	웅우	n 자색; 보라색
unik	우닉	a 유일한; 독특한; 특별한; 특이한; 비길 바 없는;
keunikan	꺼우닉깐	n 독특함; 특별함; 특이함
unit	우닛	n 1 개체; 한 개; 한 사람; 2 단위
universal	우니버르살	a 보편적인; 일반적인;
keuniversalan	꺼우니버르살란	n 보편성; 광범성
universitas	우니버르시따스	n 대학교
unjuk, mengunjuk	운죽, 멍운죽	v 손을 위로 추켜 올리다
unjuk rasa	운죽 라사	n 시위; 데모;
berunjuk rasa	버룬죽 라사	v 시위를 하다;
pengunjuk rasa	뻥운죽 라사	n 시위자
unsur	운수르	n 요소; 성분
untuk	운뚝	p 1 ～를 위하여; 부분; 2 ～로 인하여; 3 ～용도의; ～을 위한; 4 ～대용으로; ～으로; 5 ～동안; 6 이미; 7 (접속사) ～할 것을
untung	운뚱	n 1 숙명; 운명; 2 이득; 이익; a 운이 좋은; 행운의;
beruntung	버르운뚱	v 1 이익을 내다; 2 운이 좋은; 3 성공을 하다;
keberuntungan	꺼버루운뚱안	n 1 길운; 행운; 2 성공;

menguntungkan	멍운뚱깐	🇻 1 이익을 주다; 이득이 되게 하다; 2 행운을 가져다주다; 이롭게 하다; 3 호의를 보이다, 편들다, 찬성하다; 4 호의를 보이는, 유리한, 형편에 알맞은;
keuntungan	꺼운뚱안	🇳 1 이익; 이득; 2 이윤; 3 행운; 4 유용; 유익; 용도
upacara	우빠짜라	🇳 1 (큰 우산 등과 같은) 왕가의 표장; 2 (종교 혹은 전통 의례와 같은) 의례; 3 격식을 갖춘 의식, 예식
upah	우빠	🇳 지불금; 임금; 급여; 급료; 보수;
upahan	우빠한	🇳 1 급여/보수를 받는 자; 2 계약으로 급여를 받는 사람
upaya	우빠야	🇳 수단; 방도; 방법; 방편; 방책;
berupaya	버루빠야	🇻 방도를 찾다; 방책을 강구하다;
mengupayakan	멍우빠야깐	🇻 ~방도를 찾기 위해; ~을 요청하다/방도를 강구하다
urat	우랏	🇳 1 힘줄; 2 나뭇결; 잎줄기; 3 뿌리
urus	우루스	🇻 돌보다; 양육하다; 보호하다;
berurusan	버르우르산	🇻 1 관련이 있다; 접촉하다; 2 (경찰 등과) 연관을 짓다; 관여되다;
mengurus	멍우루스	🇻 1 (업무, 일 등을) 다루다; 처리하다; 조치를 취하다; 2 정리하다; 정돈하다; 3 (행사, 회의 등을) 처리하다, 관리하다; 4 (회사, 학교, 모임 등을) 이끌다, 관리하다; 5 (문제, 조사 등을) 해결하다, 종결짓다
urusan	우루산	🇳 행사; 일; 활동; 업무; 용무; 문제
urut	우룻	🇦 정렬된; 순서에 따라;
berurutan	버루우룻딴	🇻 줄지어 걷다; 순서대로/일렬로 서다; 연결되다; 연속되다;
mengurutkan	멍우룻깐	🇻 줄을 세우다; 나열하다;

urutan	우루딴	ⓝ 줄; 열; 나열; 연결; 순서;
usaha	우사하	ⓝ 1 노력; 애씀; 진력; 분발; 2 (사업적) 활동; 사업; 장사;
berusaha	버루사하	ⓥ 1 노력하다; 전력을 다하다; 시도하다; 애쓰다; 최선을 다하다; 2 사업을 하다;
mengusahakan	멍우사하깐	ⓥ 1 ~을 위해 애쓰다/노력하다; 2 (논, 밭 따위를) 경작하다, 재배하다; (회사, 가게 등을) 운영하다, ~ 사업을 하다;
perusahaan	뻐루사하안	ⓝ 1 사업; 영업 활동; 2 기업; 회사;
pengusaha	뻥우사하	ⓝ 사업가; 기업가
usap, **mengusap**	우삽, 멍우삽	ⓥ 1 **문지르다; 닦다;** 2 **쓰다듬다;** **어루만지다;** 3 **칠하다, 문지르다**
usia	우시아	ⓝ **나이; 연령;**
berusia	버르우시아	나이가 ~이다
usik	우식	ⓝ **방해; 걸림돌; 고민; 혼돈; 혼란;**
mengusik	멍우식	ⓥ 1 괴롭히다; 귀찮게 하다; 방해하다; 2 건들다; 손대다; 3 비판하다; ⓚⓘ 간섭하다; 참견하다
usir	우시르	ⓥ **몰아내다;**
mengusir	멍우시르	ⓥ 몰아내다; 쫓아내다; 축출하다 ⓚⓘ 추적하다
usul[1]	우술	ⓝ **제의; 제안; 건의; 안;**
mengusulkan	멍우술깐	ⓥ ~을 제의하다/제안하다; 제시하다; (동의를 위하여) 제출하다;
usulan	우술란	ⓝ 제안한 것; 제안 내용;
pengusul	뻥우술	ⓝ 제안자; 발의자;
pengusulan	뻥우술란	ⓝ 제안/발언 행위
usul[2]	우술	ⓥ 조사하다;

mengusul(-i)	멍우술(리)	*v* 조사하다
usus	우수스	*n* 장; 내장; 창자
usut, mengusut	우숫, 멍우숫	*v* (사건을) 조사하다; 검사하다; 수사하다; 취조하다
utama	우따마	*a* 1 가장 좋은; 최고의; 현저한; 탁월한; 2 가장 중요한; 주요한
mengutamakan	멍우따마깐	*v* 중요시하다; 우선시하다;
terutama	떠르우따마	*a* 1 가장 중요한/필요한; 2 우선적인; 주요한; 3 특히; 특별한
utang	우땅	*n* 1 빚; 채무 2 외상;
berutang	버르우땅	*v* ~에게 빚을 지다; 빚이 ~ 있다;
mengutangi	멍우땅이	*v* ~에게 (돈/물건을) 빌려주다; 빚을 주다
utara¹	우따라	*n* 북; 북쪽
utara², mengutarakan	우따라, 멍우따라깐	*v* (의견 등을) 제시하다, 내놓다, 언급하다; 상세히 이야기하다
utuh	우뚜	*a* (처음 그대로, 자연 그대로의) 완벽한, 변형이 없는; 변함없는;
keutuhan	꺼우뚜한	*n* 완전함; 완벽함; 불변; 화합;
seutuhnya	서우뚜냐	*adv* 전반적으로; 완벽하게
utus, mengutus	우뚜스, 멍우뚜스	*v* 1 파견하다; 파견 보내다; 2 (대표로) 보내다
utusan	우뚜산	*n* 1 파견자; 2 사절; 대표; 3 (종교의) 사도;
pengutusan	뻥우뚜산	*n* 파견/사절을 보냄

V

vagina	봐기나	[n] 여성의 질 (성기 부분)
vaksinasi	봑시나시	[n] 백신 접종
vakum	봐꿈	[a] 1 진공의; 2 빈; 공백의; 공석의
valid	봘릿	[a] 확실한; 정당한; 효과적인; 들어맞는; 유용한
validitas	봘리디따스	[n] 타당성; 정당성; 유효성
valuta	봘루따	[n] 화폐의 가치; 환율; ~ asing 외환
variabel	봐리아벌	[a] 1 변하기 쉬운; 신축성 있는; 2 가변성의; 바꿀 수 있는; 변동의
varian	봐리안	[n] 1 변화; 변동; 변체; 변형; 2 (생물) 변이체; 변이형
variasi	봐리아시	[n] 1 변화; 2 변동; 변이; 3 부착 장식물; 변형물; 4 (생물) 변이; 변종; 5 (언어) 어미 변화; 6 음악의 편주(곡);
bervariasi	버르봐리아시	[v] 변화하다; 변이형을 갖다;
memvariasikan	멈봐리아시깐	[v] 변형시키다; 변화시키다
végetarian	붸거따리안	[n] 채식주의자
véntilasi	붼띨라시	[n] 환기; 통풍; 통풍 장치
vérifikasi	붸리휘까시	[n] (보고에 대한) 확인; 조회; 입증, 증명; 실증; 검증
vérsi	붸르시	[n] 1 버전; 유형; 2 (출판) 판본; 번역; 해석; 번역문; (소설의) 각색
vértikal	베르띠깔	[a] 수직의; 곧추선; 세로로 선

via	비아	_p_ ~을 거쳐; ~을 경유하여
vidéo	비데오	_n_ 1 영상; 2 비디오
vila	뷜라	_n_ 별장; 별장식의 집
virus	뷔루스	_n_ 병독; (여과성) 병원체; 바이러스; 세균
visa	뷔사	_n_ 사증; (여권 따위의) 비자
visi	뷔시	_n_ 1 (보이지 않는 것을 마음속에 그리는) 상상력, 선견, 통찰력; 2 (마음속에 그린) 광경, 상상도, 미래도; 3 환상, 환영, 곡두, 환상적인 입장; 4 환상의 장면
visual	뷔수알	_a_ 시각의; 눈에 보이는
visualisasi	뷔수알리사시	_n_ 눈에 보이게 하기; 시각화
visum	뷔숨	_n_ 1 사증; 2 진단서
vital	뷔딸	_a_ 1 생명의; 생명 유지에 필요한; 생명의 원천을 이룬; 2 생생한; 생기가 넘치는; 3 치명적인; (비유) 생사에 관한; 절대로 필요한; 극히 중요한
vitalitas	뷔딸리따스	_n_ 1 생명력; 활력; 체력; 2 지속력; 존속력; 3 활기; 생기
vitamin	뷔따민	_n_ 비타민; 영양소
vokal	보깔	_a_ 모음
vokalis	보깔리스	_n_ 가수; 성악가
voli	볼리	_n_ 배구
volume	볼루머	_n_ 1 용적; 용량; 2 책; 권
voluntér	볼룬떼르	_n_ 지원자; 독지가; 유지

vonis	뷔오니스	〔n〕 **판결;**
memvonis	멈뷔오니스	〔v〕 판결하다; 〔ki〕 고소하다; 고발하다
vulkanis	불까니스	〔a〕 **활화산의**
vulkanisasi	불까니사시	〔n〕 (고무의) **경화; 화류; 유화**(생고무 에 유황을 화합하여 경화시키는 처리)

wabah	와바	*n* 전염; 전염병의 확산; (질병의) 창궐;
mewabah	머와바	*v* 전염되다; (병이) 확산하다, 퍼지다
wacana	와짜나	*n* 1 담화; 대화; 2 (언어) 강독; (연설 · 토론 등의) 연제, 주제, 화제
waduk	와둑	*n* 1 배; 위; 2 저수지; 댐; 3 물 중앙 공급지
wafat	와홧	*v* (존칭의 의미로) 서거하다; 사망하다; 죽다; 세상을 떠나다
wajah	와자	*n* 1 얼굴; 2 외모; 모습; 용모; 3 그림; 양상
wajar	와자르	*a* 1 본래의; 자연적인; 자연스런; 2 있는 그대로;
sewajarnya	스와자르냐	*adv* 당연히; 온당한; 자연스러운
wajib	와집	*v* 의무인; 당연히 해야 하는;
kewajiban	꺼와지반	*n* 1 의무; 책임; 2 과제;
wakil	와낄	*n* 1 대리인; 2 대표, 사절; 3 대행자; 4 서리; 이인자;
mewakili	머와낄리	*v* ~를 대리하다, ~를 대표하다;
perwakilkan	뻐르와낄깐	*n* 1 대표 임명/위임; 2 대표자들의 모임/장소; 의회 3 대사관급 아래의 국가 대표기관; 4 지사; 5 대변인
waktu	왁뚜	*n* 1 시; 때; 2 기간; 3 시점; 시간; 때; 4 기회; 5 날; *p* ~할 때;
sewaktu	스왁뚜	*n* ~할 때; ~ 때; 그 당시;
sewaktu-waktu	스왁뚜-왁뚜	*adv* 언제고; 아무 때나

walaupun	왈라우뿐	*p* ~일지라도; ~하더라도
wangi	왕이	*a* 향기로운; (음식의) 냄새가 좋은;
pewangi	뻐왕이	*n* 향신료; 향이 나는 물건
wanita	와니따	*n* 여성; 성인 여성;
kewanitaan	꺼와니따안	*n* 여성다움; 여성과 관련된 일
waras	와라스	*a* 신체적으로 건강한; 완쾌한; 정신적으로 건전한
warga	와르가	*n* 가족, 단체의 일원;
kewargaan	꺼와르가안	*n* 회원 자격
warga negara	와르가 느가라	*n* 국민; 시민; ~ asing 외국인;
kewarganegaraan	꺼와르가느가라안	*n* 국적; 국적과 관계된 일
waris	와리스	*n* 유산 상속인; 후사;
mewarisi	머와리시	*vt* ~을 상속받다 (재산); *ki* ~을 물려받다;
mewariskan	머와리스깐	*vt* 1 ~을 상속해 주다/물려주다; 2 ~를 상속자가 되게 하다;
pewaris	뻐와리스	*n* 유산을 물려주는 사람; 상속해 주는 사람;
warisan	와리산	*n* 상속 재산; (명예, 유물, 재능 등의) 유산
warna	와르나	*n* 1 색; 색깔; *ki* 성분; 부류; 3 무늬; 성향;
berwarna	버르와르나	*vt* 색깔이 있는; 천연색의; TV ~ 컬러 TV;
mewarnai	머와르나이	*vt* 1 ~에 색을 칠하다; 2 ~에 색깔의; 다양한 색의; 총 천연색의; 특정 색깔로 표시하다; *ki* 영향을 주다;
pewarna	뻐와르나	*n* 색료; 안료; 염료

warna 와르나 **색, 색깔**

putih 뿌띠 흰색

hitam 히땀 검은색

abu-abu 아부아부 회색

perak 뻬락 은색

emas 으마스 금색

kuning 꾸닝 노란색

pink 삥크 핑크색

merah 메라 빨간색

jingga; oranye 징가; 오라녀 주황색

hijau 히자우 초록색

biru 비루 파란색

biru laut 비루 라웃 남색

ungu 웅우 보라색

coklat 쪼끌랏 갈색

W

warna-warni	와르나-와르니	[n] **다양한 색; 여러 종류의 색;**
berwarna-warni	버르와르나-와르니	[v] 다양한 색깔을 가진; 여러 가지 색깔이 있는
wartawan	와르따완	[n] **기자; 언론인(jurnalis)**
warung	와룽	[n] **노점 식당; 구멍가게; 작은 상점**
wasiat	와시앗	[n] **유언; surat ~ 유언장**
wasit	와싯	[n] 1 **심판;** 2 **중재자; 조정인**
waspada	와스빠다	[a] **경계하는; 조심하는; 태세를 갖춘**
mewaspadai	머와스빠다이	[v] ~를 경계하다/주의하다;
kewaspadaan	꺼와스빠다안	[n] 경계; 대기; 대비
watak	와딱	[n] **성격; 성질; 심성**
berwatak	버르와딱	[v] 1 ~한 성격/성질을 갖다; 2 ~한 정신을 갖다;
wawancara	와완짜라	[n] 1 **인터뷰;** 2 **면접;** 3 **면담;**
mewawancarai	머와완짜라이	[v] ~를/와 인터뷰하다
wayang	와양	[n] 1 **나무 혹은 가죽으로 만든 전통 공연을 위한 인형;** 2 **그림자 연극**
wenang, berwenang	워낭, 버르워낭	[v] **권한/권리/자격을 갖다; 관할하다**
wewenang	워워낭	[n] 1 관할 자격; 담당 권리/권한; 2 해당 지시 혹은 결정 권한/권리;
kewenangan	꺼워낭안	[n] 권한; 권능;
sewenang-wenang	스워낭-워낭	[adv] 1 자기 좋을대로; 멋대로; 2 독단적으로; 마음대로
wibawa	위바와	[n] 1 **권위; 신망; 권능;** 2 **권력; 세력; 영향력;** 3 **신망;**

berwibawa	버르위바와	⊽ 권위/권능을 갖다;
kewibawaan	꺼위바와안	⊓ 권위; 권한; 권능; 힘; 세력; 위신; 신망
wihara	위하라	⊓ (불교) **수도원; 절**
wilayah	윌라야	⊓ **지역; 지구; 관할구역**
wiraswasta	위라스와스따	⊓ **사업가** ☞ wirausaha;
berwiraswasta	버르위라스와 스따	⊽ 사업가로 행동하다;
kewiraswastaan	꺼위라스와스 따안	⊓ 사업
wisata	위사따	⊽ **동반여행; 수학여행; 관광;**
berwisata	버르위시따	⊽ 여행을 하다; 관광하다
wisatawan	위사따완	⊓ **여행자; 관광객**
wisuda	위수다	⊓ **임명식; 임관식; 학위 수여식; 졸업식**
wortel	워르떨	⊓ **당근**
wujud	우줏	⊓ 1 **모양; 형태; 외모; 외관; 2 존재; 실체; 3 실존;**
berwujud	버르우줏	⊽ ~한 형태/모양을 갖다; ⒜ 구체적인; 현실적인; 분명한;
mewujudkan	머우줏깐	⊽ 1 구체화하다; 형체를 갖게 하다; 2 실 현하다; 3 (분명한 실체를 보이며) 설명 하다;
terwujud	떠르우줏	⊽ 구체적인; 형태가 있는; 실현된; 증명된;
perwujudan	뻐르우줏단	⊓ 1 형체; 형태; 2 현실적인 것; (영혼의) 현 시(顯示); 3 (이상, 열망 등의) 실행; 4 형태 를 가진 물건

ya¹	야	ⓟ (긍정의 대답) 예; 네
ya²	야	ⓟ (부가 의문문에 쓰여) 그렇지요?
yaitu	야이뚜	ⓟ 즉; 말하자면; 다시 말하면
yakin	야낀	ⓐ 1 확신하는; 확실한; 틀림없는 (sin) percaya; 2 진실로; 진정으로;
meyakini	머야끼니	ⓥ ~에 대해 굳게 믿다/확신하다;
meyakinkan	머야낀깐	ⓥ 1 ~ 입증하다; 2 확신시키다; 3 진정으로 ~을 행하다; 4 확신하는; 단언하는; 진솔한;
keyakinan	꺼야끼난	ⓝ 1 확신; 2 믿음; 3 신념
yang	양	ⓟ 1 단어 혹은 문장의 수식어; 2 동사 혹은 형용사 앞에 사용하여 명사를 만든다; ~ kecil 작은 것/사람
yatim	야띰	ⓝ 어머니 또는 아버지를 잃은 아이; 고아; ~ piatu (부모 없는) 고아
yayasan	야야산	ⓝ (학교, 병원과 같이 공공의 목적을 위해 세운) 공익재단

Z

zaitun	자이뜬	[n] 올리브
zakat	자깟	[n] 1 회교 신도가 가난한 사람들에게 의무적으로 주는 보시; 2 자비; 자선
zalim	잘림	[a] 잔인한; 악독한; 인정 없는; 멋대로;
menzalimi	먼잘리미	[v] 혹사시키다; 학대하다; 멋대로 행동하다;
menzalimkan	먼잘림깐	☞ menzalimi
zaman	자만	[n] 시대; 시기
zamrud	잠룻	[n] 에메랄드; 취옥
zat	잣	[n] 신의 본질; 실체
zébra	제브라	[n] 얼룩말
ziarah	지아라	[n] 성지순례; 참배;
berziarah	버르지아라	[v] 성지순례하다; 참배하다;
peziarah	뻐지아라	[n] 참배자; 순례자
zig-zag	직-작	[a] 지그재그형의; 꾸불꾸불한
zikir	지끼르	[n] 1 알라 신에 대한 찬미/찬송; 2 (무함마드 탄생일에 행해지는) 기도 및 찬송;
berzikir	버르지끼르	[v] 알라신을 찬미하다;
pezikir	뻐지끼르	[n] 알라신 찬미자
zina	지나	[n] 간음; 간통; 밀통; 오입;

berzina	버르지나	🔟 간통하다; 간음하다;
menzinai	먼지나이	🔟 ~와 간통하다;
perzinaan	빠르지나안	🔟 간음; 간통
zona	조나	🔟 1 (한대 · 열대 따위의) **대(帶)**; 2 (동식물) **분포 지역**; 3 (특정한 성격을 띤) **지대; 지역; 지구**

초보자를 위한 **컴팩트** 인도네시아어 (한인＋인한) 단어

초판 1쇄 인쇄 | 2019년 1월 4일
초판 1쇄 발행 | 2019년 1월 10일

지은이 | 임영호
편 집 | 이말숙
디자인 | 박민희, 윤누리
제 작 | 선경프린테크
펴낸곳 | Vitamin Book
펴낸이 | 남승천, 박영진

등 록 | 제318-2004-00072호
주 소 | 07251 서울특별시 영등포구 영신로 40길 18 윤성빌딩 405호
전 화 | 02) 2677-1064
팩 스 | 02) 2677-1026
이메일 | vitaminbooks@naver.com

이 도서의 국립중앙도서관 출판예정도서목록(CIP)은 서지정보유통지원시스템 홈페이지
(http://seoji.nl.go.kr)와 국가자료공동목록시스템(http://www.nl.go.kr/kolisnet)에서 이용
하실 수 있습니다.(CIP제어번호: CIP2018041919)